CW01638980

DOUGLAS KENNEDY

Américain, né à New York en 1956, Douglas Kennedy a été dramaturge et journaliste. Il a écrit trois récits de voyages remarqués, mais c'est un polar, *Cul-de-sac,* qui l'a révélé. Il a publié par la suite *L'homme qui voulait vivre sa vie* (1998), satire grinçante de l'Amérique des banlieues et des conformismes qui a été encensée par la critique, traduite en une quinzaine de langues et dont les droits d'adaptation cinématographique ont été achetés.
Il vit actuellement à Londres avec sa femme et ses deux enfants.

LES DÉSARROIS DE NED ALLEN

DU MÊME AUTEUR
CHEZ POCKET

L'HOMME QUI VOULAIT VIVRE SA VIE

DOUGLAS KENNEDY

LES DÉSARROIS DE NED ALLEN

BELFOND

TITRE ORIGINAL :
THE JOB
Traduit de l'américain par Bernard Cohen

Tous les personnages de ce livre sont fictifs
et toute ressemblance avec des personnes
réelles, vivantes ou mortes, serait
pure coïncidence.

ISBN 2.266.10028.9

À mon père, Thomas J. Kennedy,
et à mon frère Roger

La voie juste conduit le long d'une corde raide qui n'est pas tendue dans les airs, mais juste au-dessus du sol. Elle semble plus conçue pour faire trébucher que pour être parcourue.

À partir d'un certain point, il n'y a plus de retour. C'est ce point qu'il faut atteindre.

Franz KAFKA

PREMIÈRE PARTIE

1

LES AFFAIRES ONT ÉTÉ BONNES, AUJOURD'HUI. J'ai misé, attaqué, contré, jacté. Et j'ai « conclu ».

À sept heures du soir, avant de jeter l'éponge pour la journée, j'ai suivi un petit conseil que m'avait donné mon premier patron, jadis : dresser la liste de ses principales réalisations au cours des dix dernières heures. Trois hauts faits ont été inscrits : un, avoir dealé une double page à Multi-Micro ; deux, avoir finalement réussi à décrocher un rendez-vous avec le chef du marketing de chez Icon vendredi prochain ; et trois, le coup de fil qu'Ivan Dolinsky, mon meilleur vendeur itinérant dans les trois États autour de New York, m'avait passé de Stamford pour m'annoncer, tout émoustillé, que GBS était sur le point de signer pour un gros cahier pub, contrat que je le pressais de réaliser depuis des semaines déjà.

Pas un mauvais jour, donc, et même un qui me rapprochait sacrément de mon objectif prioritaire, à savoir atteindre mon quota d'avril avec trois bons mois d'avance. Restaient les impondérables du métier, évidemment : par exemple, est-ce qu'Ed Fisher, le grand manitou du marketing chez Icon, allait finalement se rendre à mon baratin et daigner commencer à me refiler des marchés conséquents ? Est-ce qu'Ivan serait vraiment capable d'emballer cette vente à GBS, ou s'agirait-il encore d'un de ses coups foireux ? Car il en était à son troisième, entre parenthèses, ce qui commençait à sérieusement m'inquiéter... Et puis, il y avait cette histoire de la campagne de lancement pour le nouveau portable de chez AdTel, le SatPad DL : quand leur gros bonnet de la pub, Don Dowling, m'avait annoncé qu'il était partant seulement pour un encart, la déception n'avait pas été mince pour moi. D'autant que la plupart de nos conversations téléphoniques s'étaient résumées à mes efforts pour le cajoler, le rassurer, lui dorer la pilule en vue d'un budget bien plus important.

« Don ? Ned Allen à l'appareil.

— Ah, ça tombe mal, Ned, avait-il nasillé avec son accent banlieusard à couper au couteau. Je partais, là.

— Alors je vais aller droit au but.

— Non, je vous dis que je suis à la bourre...

— Don, vous savez qu'à 95 000 la double page en fin de magazine on est encore trente pour cent moins cher que les concurrents, n'est-ce pas ?

— Ouais, ouais, ouais, je sais. Mais leurs ventes sont trente-cinq pour cent supérieures aux vôtres, aussi.

— Si vous croyez leurs chiffres, oui ! Vous n'avez pas vu le dernier office des ventes qu'ABC a publié ? Pendant trois mois de suite, on a progressé de sept pour cent, nous.

— N'empêche qu'ils en sont encore à un million deux et vous à sept cent quatre-vingt mille. Quand il s'agit de mon argent, ça fait toujours une différence de taille.

— Écoutez, Don, vous savez aussi bien que moi qu'en termes de marketing ciblé, des chiffres pareils, ça ne signifie rien. *Nada !* Un million deux, et alors quoi ? Pour un produit haut de gamme comme votre SatPad DL, vous avez besoin de la tranche de marché à laquelle nous nous adressons, nous ! Tandis qu'avec eux vous atteindrez qui ? La clientèle des grandes surfaces de seconde zone, point ! D'accord, d'accord, ils ont les chiffres pour eux, mais eh, les Chinois aussi, non ? Un milliard de gus, qu'ils sont. Manque de pot, là-dedans, il y en a à peine mille qui peuvent se payer plus qu'un bol de riz par jour. Ici, c'est du pareil au même. »

Don Dowling avait poussé un long soupir avant de remarquer :

« Ned ? Ce numéro des Chinois, vous me l'avez déjà fait le mois dernier, dites !

— Et le mois dernier, vous n'auriez pas mordu. Tandis que maintenant on est en affaires, vous et moi. Une double page, eh, c'est pas un beau début pour une liaison, ça ?

— Quelle liaison ? Combien de fois faut-il que je vous le répète ? Entre nous, c'est pas une liaison. Un petit coup vite fait, au plus.

— Je sais, je sais ! Mais n'importe quelle liaison, ça commence par une passade d'une nuit, non ? Vous emballez la fille, vous arrivez enfin à l'emmener au lit et paf, avant que vous ayez dit ouf, on en est à causer amour et mariage. Et quand vous aurez vu les résultats que vous allez obtenir avec votre encart chez nous…

— Alors on en fera encore un autre, peut-être. Mais je ne m'engagerai sur rien de plus que ça.

— Même si je vous offre une réduc de vingt-cinq pour cent et un emplacement privilégié garanti pour tout le premier trimestre ?

— Écoutez, c'est du déjà vu, ça. Votre gars, cet Ivan, il m'a fait exactement la même proposition il y a une semaine.

— Non, Ivan vous a proposé vingt pour cent. Mais moi qui suis son chef, je suis en mesure de…

— De quoi ? D'essayer de me séduire avec un minable cinq pour cent de plus en guise de cerise sur le gâteau ? Vous rêvez, là !

— Faites vos calculs, Don. À ce stade, on parle de 22 sacs d'économie pour vous sur un espace de première catégorie.

— J'ai fait mes calculs, Ned. Et j'ai pris ma décision, aussi.

— Je vais vous dire encore quelque chose : allez, pour le numéro d'avril, vous avez votre pub en quadri. Cadeau !

— Cette conversation est terminée, Ned.

— Et si on déjeunait, la semaine prochaine ? Vous êtes par là ?

— À Dallas, je serai.

— La semaine d'après, alors ?

— Ned…

— Vous aimez la cuisine française, je sais ça. Si on se faisait le "Lutèce" ?

— Depuis quand *CompuWorld* peut se permettre d'inviter au "Lutèce" ?

— Depuis qu'on est devenus incontournables.

— Vous n'êtes toujours que troisième dans le secteur, oh !

— Mais on se bat, Don, on se bat. On dit à partir de lundi en quinze, donc ?

— Vous êtes vraiment lourd, Ned.

— Oui, et fier de l'être. Lundi en quinze ? »

Encore un long, long soupir à l'autre bout de la ligne.

« Appelez ma secrétaire », avait-il lâché avant de raccrocher.

« Dans la poche ! » Ouais, enfin, presque. Parce que, comme je l'ai déjà dit, il faut compter avec un tas de variables, ici. « Appelez ma secrétaire », c'est un truc vieux comme le monde pour envoyer bouler quelqu'un. Mais dans le cas de Don Dowling, ça pouvait signifier qu'il était enfin prêt à me rencontrer, d'après moi. Bien entendu, la perspective d'aller gueuletonner gratos au « Lutèce » ne devait pas y être pour rien. Après tout, déjeuner dans un resto à 100 dollars le couvert, environné par le Tout-New York, pour un type venu d'une banlieue aussi paumée que Canarsie, ça ne pouvait que lui donner l'impression d'avoir finalement atteint le sommet. À ce propos, en matière d'ascension sociale, je suis aussi un modèle du genre, moi qui ai grandi dans le trou du cul du Maine... Par ailleurs, il savait très bien que mon invitation aurait forcément une conséquence, Dowling : en acceptant de rompre un pain hors de prix avec moi, il reconnaissait qu'une barrière était tombée, qu'une nouvelle manche « pourrait » s'ouvrir entre nous. Ensuite, c'était à lui de décider s'il voulait vraiment jouer cette partie avec moi. Et cette décision dépendait entièrement de l'issue du déjeuner.

L'art de la vente, voyez-vous, se résume à un seul mot : « Persuasion. » En daignant accepter un repas avec moi, Dowling avait du même coup indiqué qu'il était prêt à m'observer déployer tous mes talents de négociateur, à découvrir si mon bagou serait capable de l'entraîner dans une relation d'affaires durable. Il désirait voir comment j'allais le baratiner, vérifier mon style : serais-je le vieux requin qui le ferait parler de tout et de rien jusqu'au café, attendant les dernières minutes pour porter sa botte ? Ou le flippé qui se mettrait à le harceler avant même de déplier sa serviette ? Le genre de vendeur compulsif prêt à brader sa vieille mère au plus offrant si cela permettait de renforcer sa position, ou le brasseur d'affaires plein de superbe qui s'abaissait à traiter avec un minable ? Le plus révélateur, pour lui, ce serait ma façon de l'aborder. Trop de déférence, et il penserait que j'en rajoutais et que c'était détestable. Pas assez, et il me soupçonnerait de le considérer comme un petit parvenu.

Là encore, tout ne reposait que sur quelques variables. C'est ce qui donne son sel à ce jeu, et c'est aussi ce qui me tenait éveillé à trois heures du matin, à me demander si le lendemain ne serait pas le jour du début de la fin, quand mon argumentation imparable ferait long feu, stoppée net par la parole que je redoutais le plus : « Non. »

Jusque-là – mais je n'étais dans cette branche que depuis quatre ans –, j'avais toujours réussi à conjurer ce cauchemar, cette hantise de tout vendeur professionnel : la disparition de son pouvoir de persuasion. Chuck Zanussi, mon patron, avait superbement résumé la question. « Voyez-vous, Ned, m'avait-il expliqué alors que nous déjeunions ensemble près d'un an et demi auparavant, il n'y a pas une seule fichue librairie dans ce pays qui ne soit remplie de bouquins dans lesquels on vous explique comment être le meilleur négociateur, le meilleur entrepreneur, la plus grosse queue dans votre secteur. Mais tous ces gourous du business, tous ces manuels à la con, vous pouvez les oublier. En un mot comme en cent, la vente, ça se résume à quelque chose d'aussi simple que fondamental : amener l'autre à vous dire "oui". Point final. C'est tout le truc, ça. Le moyen et la putain de fin en même temps ! "Oui." Le succès, c'est "oui". L'échec, c'est "non". Tout bête, hein ? En fait, je vais vous dire : dans la vie, tout se résume à persuader les gens de vous dire oui. À moins que vous soyez dans le trip viol, sans obtenir un oui, vous tirez jamais votre coup. Pour se marier, il faut un oui. Et pour obtenir un prêt immobilier. Et pour décrocher un job. Et pour le garder, ce job, vous avez encore besoin d'un paquet de oui ! D'ailleurs, Ned, regardez : c'est exactement ce que vous faites tous les jours, vous. Vous rapportez des oui à cette boîte. Et vous vous en sortez plutôt bien, je dois dire... Ce qui m'amène à vous envoyer l'ascenseur, là. »

Et c'est à ce moment qu'il m'avait annoncé ma promotion : chef de pub pour le Nord-Est dans la troisième revue d'informatique du continent américain.

Si *CompuWorld*, notre titre, ne se trouve qu'en troisième position, c'est uniquement parce que nous sommes les plus jeunes dans la course : cinq années d'existence seulement, mais sans conteste l'étoile montante dans un secteur très, très encombré. Attention, je ne vous dis pas de me croire sur parole, là. Vous n'avez qu'à méditer ce petit chiffre que je vous donne : depuis que nous avons débarqué en 1992, les deux plus grosses publications concurrentes, *PC Globe* et *Computer America*, ont perdu ensemble trente-quatre pour cent du marché. Oh, bien sûr, à l'époque, tous les analystes spécialisés vous disaient qu'on se retrouverait à la morgue d'ici à dix-huit mois, au plus. « On parle de presque deux millions de lecteurs pour les titres déjà existants, alors que viendrait faire un troisième ? Ces petits derniers n'ont aucune chance, etc. » Cause toujours.

Car ouvrez les yeux, ô vous, hommes de peu de foi ! Regardez-nous : sept cent quatre-vingt mille exemplaires placés, soit à peine cinquante mille de moins que le numéro deux dans la bataille, *Computer America*. Eh, il y a encore deux ans, le creux était de cinq cent mille ! Et maintenant, ils perdent leur sang comme un hémophile qui essaierait de se raser sans glace, alors que nous, on est en pleine ascension. Vous avez dû voir cet article dans *AdWeek*, « Le phénomène *CompuWorld* » : pour résumer, ils écrivaient que notre titre avait bénéficié du plus gros transfert de lectorat de la décennie. Et la raison, vous voulez la connaître ? Exigence rédactionnelle et visuel hyperclasse. En matière de mise en pages et d'illustration, on est le *Vogue* des canards spécialisés, tout simplement. Certes, j'accepte l'objection de Don Dowling : pour ce qui est du tirage, nous sommes encore à une certaine distance derrière *PC Globe*. Mais, comme je lui ai rétorqué, sur le plan de la qualité, entre eux et nous, c'est ce qui sépare une surface discount du magasin chic de la 5e Avenue. Ce que je veux dire, c'est que si vous ne ciblez que la masse, le tout-venant, vous avez encore intérêt à dépenser l'essentiel de votre budget pub dans quelques parutions mastoc à *PC Globe*. Mais si vous désirez atteindre l'acheteur exigeant, aisé, informé, eh bien, sincèrement, il n'y a qu'un seul partenaire possible sur ce marché, et c'est…

Oh, pardon, désolé, je me laisse un peu emporter, là. Ainsi que Lizzie – ma femme – aime à le répéter, il m'arrive d'oublier qu'il y a des heures du jour et de la nuit où je ne suis pas forcé de chercher à décrocher un « oui » de plus. C'est une activité très prenante, la vente. Jusqu'à l'obsession. Et qui exige des résultats, en permanence. Considérez seulement mes quotas mensuels et annuels : à douze parutions l'an, avec une moyenne de trois cent vingt pages au numéro, dont soixante-dix de publicité, mon domaine, en considérant que nous vendons la page 35 000 dollars – encore que les emplacements privilégiés, la der de couverture par exemple, atteignent trente pour cent de plus –, on arrive à soixante-dix fois 35 000, soit 2 450 000 dollars. Mon objectif mensuel. Vous multipliez par douze et vous obtenez quoi ? Mon bilan annuel exigé, 29,4 millions, un chiffre qui suffit à me faire chier dans mon froc chaque fois que j'y pense.

Grâce au ciel, je ne suis pas le seul chez nous à vivre dans la terreur de ces fatidiques 29 briques. En tant que chef des ventes publicitaires pour la région Nord-Est, j'ai dix personnes sous mes ordres, qui toutes doivent atteindre leurs propres objectifs de vente chaque mois. Il y a d'abord une demi-douzaine de téléopérateurs qui passent leur vie rivés au combiné, à essayer d'attraper le petit annonceur. Ça, c'est pour le menu fretin : ils (ou elles, en l'occurrence) sont chargés de traquer les détaillants modestes, les boîtes de software plus ou moins confidentielles et tous ces seconds couteaux qui viennent remplir les « Annonces classées » à la fin du magazine. Pas mal de frimeurs de la rédaction font des gorges chaudes sur les gagne-petit qui annoncent dans ces pages sans prétention, boutiquiers de province proposant des scanners code-barre à prix cassé ou monts-de-piété informatiques proclamant qu'ils sont prêts à vous reprendre votre vieille mémoire contre espèces sonnantes et trébuchantes. Mais, croyez-moi, tous ces « huitièmes de page » font partie intégrante d'une stratégie commerciale d'ensemble. Et ils ne représentent pas moins de vingt pour cent de l'espace que nous avons à gérer chaque mois !

Mon équipe de téléopérateurs travaille d'ailleurs en étroite collaboration avec mes quatre représentants itinérants : Ivan Dolinsky dans les trois États autour de New York, Phil Sirio pour les cinq communautés urbaines de la Grosse Pomme, Dave Maduro dans le Massachusetts – Boston et sa zone constituant probablement le cœur du marché de la production informatique dans le nord-est du continent – et Doug Bluehorn, qui couvre le reste de la Nouvelle-Angleterre. Ces gars-là sont maintenus sous pression non-stop dans le but de rafler les plus gros contrats et de cultiver leurs contacts dans les services de pub et de marketing des principales boîtes de la région, AdTel, Icon, InfoCom et enfin GBS, le géant, le monstre : Global Business Systems, le plus balèze constructeur informatique de l'univers, l'incontournable GBS.

En réalité, ces pages de pub, je n'ai pas à les vendre moi-même, directement, même si je dois bien descendre dans l'arène quand un gus comme Don Dowling refuse de traiter avec l'un de mes missi dominici. Mon boulot, c'est de concevoir la stratégie globale. Je suis l'entraîneur, le coach, et mes représentants les joueurs sur le terrain. Je coordonne toutes nos campagnes, j'enregistre et j'analyse les attaques de mon équipe. J'encourage, je galvanise, je menace. Oui, je peux menacer, parce que s'ils ne remplissent pas leurs objectifs c'est encore moi qui trinque le plus. Là, je ne parle pas seulement de me faire tirer l'oreille par Chuck Zanussi : les conséquences sont aussi financières, puisque ma prime est indexée sur les résultats de mon service. À la base, mon salaire n'est que de 60 000 annuels, quasiment le seuil de pauvreté pour un cadre supérieur à New York. Mais, quand mon équipe arrive à escalader la montagne de ces 29,4 millions, j'en reçois 60 000 de plus à la fin de l'année, et bien entendu mes gens sont eux aussi intéressés aux bénéfices sur chaque dollar qu'ils peuvent engranger. Et en toute logique, quand nous ne parvenons pas au quota annuel demandé, primes et bonus se voient proportionnellement réduits.

Depuis dix-huit mois que j'ai pris mon poste, pourtant, ce triste cas de figure ne s'est pas présenté. Et lorsque la récompense de fin d'année nous sera remise ce vendredi 12 décembre – une date soulignée en rouge dans mon calepin –, j'entends bien découvrir les mots « 60 000 dollars » sur mon chèque. C'est cet espoir qui me permet de trouver le sommeil, car je dois avouer qu'à l'heure actuelle je vis sur la corde raide, financièrement parlant : pas loin de 20 000 dollars de découvert sur mes cinq cartes bancaires, 325 dollars d'intérêts mensuels pour un prêt-relais de 25 000 que j'ai contracté il y a cinq mois, quatre semaines de retard dans le paiement de ma cotisation annuelle (795 dollars) au Tennis-Club de New York – sans parler de la semaine que je viens de réserver à l'hôtel « Four Seasons » de Nevis pour Noël, un coup de massue de 5 600 dollars rien que pour l'hébergement et le billet d'avion jusqu'aux Caraïbes, mais, comme je ne cesse de l'expliquer à Lizzie, ce sont les premières vacances que nous prenons depuis trois ans. Enfin, Barney Gordon, mon chirurgien-dentiste, m'a annoncé que j'allais devoir cracher 3 200 dollars pour remplacer le bridge qui est sur le point de céder après vingt et un ans de bons et loyaux services, souvenir d'un accident de vélo qui m'avait emporté mes incisives supérieures à l'âge de onze ans. Manque de chance, l'assurance maladie de ma boîte ne couvre pas les prothèses dentaires ; je me passerais volontiers de claquer plus de 3 sacs dans ma bouche, mais le Gordon en question affirme que c'est urgent, que ce vieux bridge menace de tomber à tout moment… Au beau milieu d'un déjeuner d'affaires avec Don Dowling au « Lutèce », par exemple.

En d'autres termes, cette prime de 60 000, je ne vais pratiquement pas la voir quand elle arrivera. Du moins me permettra-t-elle de remettre les pendules à l'heure et d'être enfin à jour, après trois années la tête sous l'eau. D'ailleurs, ma grande résolution pour le Nouvel An 1998 est claire et nette : « Ne plus jamais me fourrer dans un tel pétrin financier. »

Le téléphone a sonné devant moi. Levant les yeux de ma liste de hauts faits, j'ai appuyé sur la touche de communication.

« Oui, ici Ned Allen.

— Alors, Ned, combien d'argent vous m'avez fait gagner aujourd'hui ? »

Chuck Zanussi. Mon boss.

« Plein, mais j'ai tout claqué.

— Ah oui ? Dans quoi ?

— Dans ces petits trucs sans lesquels la vie serait invivable : une nouvelle Ferrari, un jet privé, des billets aux premières loges pour la saison des Knicks…

— Y en a un pour moi, de ces billets ?

— Je croyais que vous, vous étiez pour les Nets ?

— Vous savez que d'autres patrons pourraient vous mettre à la porte pour une telle remarque ?

— Oui, mais vous, vous avez un teeeel sens de l'humour, Chuck !

— Il en faut, dans ce métier… » Là, il a laissé tomber le ton badin. « Bon, racontez-moi un peu… »

Soudain, la ligne s'est mise à grésiller.

« Où vous êtes, Chuck ?

— Dans un zinc quelque part entre Chicago et La Guardia.

— Ah, j'ignorais que vous passeriez par Chicago aujourd'hui. Je pensais que vous reveniez direct de Seattle.

— C'est ce que je pensais, moi aussi. Jusqu'à ce qu'on m'appelle pour me demander de faire un crochet par là-bas.

— Qui, on ?

— Ça, c'est pour plus tard. Donc, vous disiez…

— Oui, je crois que j'ai réussi à convaincre ce gros bouddha, vous savez, Don Dowling, de traiter enfin cartes sur table.

— Il y a du concret ?

— Une page dans le numéro d'avril.

— Quoi, c'est tout ?

— Mais il est prêt à déjeuner avec moi dans une quinzaine.

— Ah, c'est déjà quelque chose… faut croire.

— Bien plus que ça, Chuck : c'est une percée, une vraie. Eh, depuis que Dowling a repris la pub chez eux il y a huit mois, AdTel n'a pas cessé de nous snober. Et Ivan ne l'a pas lâché une minute.

— Mais c'est vous qui avez scoré, pas Ivan.

— Oh, Ivan, il fait le max.

— Et moi, il m'inquiète. Voilà des mois qu'il n'a rien rapporté.

— *Deux* mois ! Pas tragique.

— Je trouve ça bien assez long.

— On remplit toujours nos objectifs, en tout cas.

— Parce que tout le monde se décarcasse pour rattraper son manque à gagner.

— Ivan a été un gagneur, il le sera de nouveau. Tenez, il est très près de décrocher un gros contrat avec GBS.

— J'y croirai quand je le verrai, ce fameux contrat.

— Allez, Chuck, vous savez quelle passe il a traversée !

— Ouais, ouais, ouais.

— Ah, un patron magnanime, c'est beau !

— Dites, quand il a eu un passage à vide du même genre il y a deux ans, je ne lui ai pas botté le cul, il me semble !

— Et il s'est bien ressaisi, à l'époque. Il a même fait vingt-deux pour cent de mieux sur son quota. Cette fois aussi, il va se remettre en selle et cravacher dur !

— Votre confiance en l'être humain me bouleverse, Ned. C'est vachement encourageant. Vachement.

— Et cette escapade à Chicago, alors ?

— Demain.

— Comment ?

— Je vous raconterai demain. Petit déjeuner à huit heures, au "Waldorf".

— Donc, il y a quelque chose dans l'air ?

— Peut-être.

— Comment ça, "peut-être" ?

— Peut-être, ça veut dire peut-être, point.

— C'est… c'est pas une bonne nouvelle, alors ?

— Ned, je répète, on en parlera de…

— C'est pas bon du tout, donc.

— J'ai pas dit ça.

— Alors, c'est comment ?

— C'est… intéressant.

— Ah, super.

— Toutes les révélations au petit déj. Ne le manquez pas ! »

J'ai raccroché. Mes doigts tambourinaient sur le bureau, je me mâchouillais la lèvre. Je rêvais d'une cigarette, et je me suis maudit d'avoir arrêté de fumer six mois plus tôt. « Intéressant. » Je n'aimais pas ça, pas du tout. Car le sens caché de ce terme ambigu ne pouvait être que « changement ». Et « changement », surtout dans une grosse multinationale comme celle-ci, est presque toujours synonyme d'« emmerdement ».

Voyez-vous, *CompuWorld* n'est qu'un titre parmi la douzaine de publications que le groupe Getz-Braun contrôle à travers le monde. Cette société d'origine américaine possède toute une série de revues de consommation – disques, vidéo, informatique – en Allemagne, en Grande-Bretagne, en France, au Japon, et bien sûr aux États-Unis. Un autre secteur, très profitable, est l'organisation de foires informatiques internationales. La grosse machine qui tourne sans frimer, mais qui tourne comme une horloge : une fois que vous êtes accepté dans la « famille Getz-Braun », vous êtes dans le cocon et vous y restez tant que vous êtes « productif ».

« Je vais vous donner deux petites présentations de Getz-Braun, la version officielle et la version entre vous et moi, m'avait déclaré Chuck Zanussi lorsqu'il m'avait reçu en 1993 avant de m'embaucher. Officiellement, donc, vous allez entrer dans l'un des groupes de presse les plus rentables de la planète. Rentable à quel point, vous voulez me demander ? Eh bien, il y a exactement treize mois, Bear-Stearns a racheté toute la boîte 1,7 milliard ; sept mois plus tard, ils l'ont revendue à nos patrons japonais actuels… 2,3 milliards. Pas mal, pour un petit intérim d'une demi-année, non ? Maintenant, passons à la version officieuse, à comment vous allez devoir fonctionner ici si vous ne voulez pas y laisser la peau. Ça se résume à une question toute simple : est-ce que vous pouvez être performant et pas chiant ? Quand il s'agit de baratiner les clients, vous avez carte blanche, vous avez le droit de flinguer à tout va. Mais quand il s'agit du fonctionnement interne, vous faites partie d'une équipe, vous ne jouez pas perso. En deux mots, si votre truc c'est "Hé, mate un peu, j'en ai une plus grosse que la tienne !", vous prendrez la porte avant d'avoir eu le temps de remonter votre braguette. Mais à part ça, tant que vous rapportez de l'argent au groupe, vous êtes peinard. Tout est affaire de productivité. Remplissez vos objectifs chaque mois qui passe, et vous serez le plus heureux. »

C'est ce que j'ai fait depuis mon entrée à *Compu-World*, et c'est ce qui m'a permis de gravir régulièrement les échelons. D'abord deux ans dans l'équipe des téléopérateurs, où j'ai brillé comme pas possible : bon sang, faire dix-huit pour cent de plus que les représentants eux-mêmes avec un seul bigophone, c'est consistant, non ? Ensuite, depuis que j'ai pris la responsabilité du Nord-Est, mes gens n'ont pas arrêté de battre toutes les autres divisions régionales en termes de bénéfices générés par la pub.

Alors, pourquoi ça deviendrait « intéressant », tout d'un coup ? Et pourquoi Chuck, grande gueule s'il en est, se mettait à jouer les mystérieux à propos de son escale à Chicago ?

Je me suis levé, laissant mon regard errer à travers les vitres de mon bureau. Pas vraiment un bureau, en fait, plutôt un bocal de cinq mètres carrés à l'arrière d'un immeuble tristounet des années soixante sur la 3e Avenue, au coin de la 46e Rue. Enfin, j'ai la chance d'avoir une fenêtre, au moins, et donc le privilège d'une vue panoramique sur un hôtel décati de Lexington Avenue, le genre d'établissement pouilleux qu'affectionnent les tour operators d'Europe de l'Est. Et de l'autre côté, par ma cloison vitrée, je peux garder l'œil sur ce qui se passe dans les minuscules clapiers où mes vendeurs restent attachés au labeur par leur cordon téléphonique-ombilical durant les huit heures réglementaires. Tous sauf, évidemment, l'as de l'équipe, le bourreau de travail qu'est Debbie Suarez. À sept heures passées, comme d'habitude, elle était encore là, jacassant à une vitesse sidérante dans son micro, tétanisant le pauvre inconscient qui, à l'autre bout de la ligne, avait commis l'erreur de la laisser se lancer dans son boniment.

Au journal, Debbie est connue sous le surnom de « Lucky » Suarez, simplement parce qu'elle parle plus vite que son ombre. Mais elle a aussi une ouïe extraordinairement fine, qui lui permet de tout savoir sur tout le monde à travers la boîte. Ce qui rend encore plus impressionnant son Niagara verbal, c'est qu'il tombe de la bouche d'une femme taillée comme une Polly Pocket, un mètre quarante-cinq à tout casser, une crinière noire bouclée, des yeux verts gigantesques et une constitution de boxeur poids mouche.

En passant devant son box alors que je quittais le bureau, je l'ai entendue distinctement. Elle était lancée à plein régime. « Je sais je sais je sais je sais, mais attendez, une audience pareille, vous en trouverez où ?... Comment ? Mais non mais non mais non ! C'est ce qu'ils vous disent, oui, mais ça vous mène à rien, ça. Et quand je dis rien c'est *rien* ! Vous croyez que je vous raconterais tout ça à plus de sept heures un mardi soir, alors que je pourrais être chez moi avec mon gosse, si je n'étais pas convaincue, con-vain-cue, que je peux faire quelque chose pour vous ? Hein ? Ce que j'entends par "quelque chose" ? Six quarts de page pendant six mois, voilà ce que j'entends ! Et là, je vous offre l'affaire de la semaine : 52 500, tout compris, on n'en parle plus !... Comment ? Mais oui, la page est à 35 000, chez nous. La *pleine* page ! Les quarts de page, eux, sont à 10 000 l'unité... Pourquoi ? Vous, vous me demandez pourquoi ? Allez, allez, ne faites pas l'innocent avec moi. Un quart de page, ça a jamais coûté le quart du prix d'une pleine page. *Jamais !* Y a toujours les dix pour cent de supplément, toujours… sauf maintenant, là, quand je vous offre exactement ce que vous espériez pour votre campagne sur six mois. Parce que donc, à 8 750 la parution, vous économisez la somme de… Hé, hé, vous êtes rapide en calcul, vous ! Mais allez-y, allez-y, faites “multiplié par six” sur la calculette que vous avez devant vous et… Exactement ! 7 500 dans votre poche ! C’est pas un rabais, ça ? Quoi ? Mais oui mais oui mais oui, vous avez le droit de regard sur l’emplacement avant publication, c’est évident. Seulement, je dois vous prévenir que ma proposition ne tient pas des siècles. J’ai déjà trois annonceurs potentiels pour cette page, et donc… Comment ? Mais non, vous avez ma promesse, vous avez ma promesse… Comment, vous voulez être sûr ? Allez, allez, pas avec moi, eh ! »

Je m’étais tapi dans le box attenant, tout au plaisir d’écouter cette démente logorrhée. Debbie, c’était ma grande découverte. La star de l’année chez *Compu-World*. Je l’ai engagée pour me remplacer au service de téléopération quand j’ai été promu. Il y avait d’autres candidats sérieux, mais elle m’a convaincu, et pas seulement par son débit de mitrailleuse lourde lorsqu’elle a plaidé sa cause – « M’sieur Allen, vous me le donnez, ce job, et vous ne le regretterez pas. Garanti garanti, et quand je dis garanti ça veut dire garanti ! » –, par sa « face cachée » aussi, les aspects plus sombres de sa vie, qui n’apparaissaient pas dans son CV, bien sûr, mais qu’avec mon tact habituel je l’avais amenée à me confier. Son enfance dans une cité-dortoir de New York-Est, par exemple. Et son père, qui s’était éclipsé à jamais, retour à San Juan, quand elle avait quatre ans. Enceinte à dix-sept ans, veuve à dix-neuf lorsque son voyou de mari avait provoqué l’ire de ses patrons dealers en empochant les recettes d’une livraison de coke, et le retour au lycée pour terminer au moins ça, le poste de secrétaire qu’elle avait décroché et qui l’avait enfin sortie de cette banlieue glauque, le studio riquiqui de Stuyvesant Town qu'elle occupait depuis avec sa mère et son fils, Raul. Et puis, qu'elle était capable de vendre n'importe quoi à n'importe qui, à condition que quelqu'un comme moi lui en donne l'occasion…

« Alors, on le fait ou on le fait pas ? Je vous l'ai dit, il est sept heures dix-huit présentement, la maison va fermer, et demain, demain sera un autre… Mais oui mais oui mais oui, cochon qui s'en dédie, vous n'avez pas à craindre les concurrents, et… Oui, c'est vous qui donnez le BAT, et… Oui, comme on a dit, 52 500… On est sur la même longueur d'onde, là ? »

D'un coup, j'ai vu tous les muscles de son visage se contracter et ses paupières tomber, tel un joueur qui n'arrive plus à regarder la roue de la loterie ralentir, ralentir… et puis, tout aussi soudainement, ses épaules se relever tandis qu'un intense soulagement apparaissait sur ses traits.

« Très bien, m'sieur Godfrey, vous l'avez. Je vous rappelle demain, on mettra au point les derniers détails. Passez une très, très bonne soirée. »

Elle a retiré son casque de la tête puis s'est plongé le front dans les mains.

« Conclu ?

— Conclu, oui… »

Elle paraissait aussi épuisée qu'une athlète venant de fendre le fil d'arrivée.

« C'était qui ?

— DustBust : "Personne ne déteste autant la poussière sur votre écran… que nous." »

Elle s'est ébrouée, a levé les yeux sur moi et a réussi un faible sourire. Je savais pertinemment ce qu'elle était en train de penser : « Je me tue, je m'esquinte les cordes vocales, j'en fais une question de vie ou de mort, et tout ça pour quoi ? Pour glaner une pub minable auprès d'un mec qui fabrique des housses pour moniteurs… »

J'ai eu une petite mimique résignée qui signifiait : « Bienvenue au club. » Dieu sait comme je la connais, la dépression qui vous envahit quand vous venez de « conclure ». Cette sensation de vide, de perte. On a gagné, d'accord… mais gagné quoi ? L'honneur d'avoir vendu un espace calibré dans une revue lambda. Dans l'immense concert de l'humanité, cette partition-là est négligeable, peut-être même totalement superflue. Mais, car il y a un mais, ainsi que je l'explique toujours aux nouveaux que j'embauche, la véritable finalité de l'exercice, la raison profonde qui vous pousse à flatter, embobiner, courtiser le client des heures et des heures, c'est vous, c'est l'image que vous voulez avoir de vous-même. Parce que « conclure », obtenir ce fameux « oui », c'est un petit pas vers la gloire. Vous avez convaincu quelqu'un, votre point de vue a été entendu, et reconnu. Vous avez vérifié ce que vous valez, vous. Jusqu'à la prochaine fois, du moins.

« Mais ils sont très bien, DustBust, ai-je déclaré. Dix, douze ans qu'ils sont dans le circuit, hein ! Un bon produit, un bon réseau de distribution, pas beaucoup de compétition sur leur terrain. Le client idéal pour vous, Debbie, sincèrement. Sans problème. »

Elle s'est redressée, rayonnante.

« Oh, merci, m'sieur Allen !

— Vous ne vous déciderez jamais à m'appeler Ned ?

— Seulement quand vous ne serez plus mon chef.

— Vous voulez dire quand ce sera vous qui serez aux commandes ici ?

— Vous voulez dire quand les poules auront des dents.

— Stop, Debbie ! Principe numéro un du bon vendeur : ne jamais se déprécier soi-même. À part ça, comment va la maman ?

— Comme ci comme ça. Cette dernière semaine, son angine n'a fait qu'empirer. Mais enfin, si au moins elle n'a pas besoin d'aller à l'hôpital avant le 5 janvier… »

Le 5 janvier, ce serait le premier anniversaire de son entrée à *CompuWorld* et aussi la date où, conformément au règlement intérieur de la société, Debbie serait autorisée à faire bénéficier de son assurance maladie un membre de sa famille autre qu'enfants ou époux, en plus de ces derniers. Je savais qu'elle comptait chaque jour la séparant du moment où sa mère, sans ressources ni Sécurité sociale et dont la santé avait décliné au cours de la dernière année, pourrait enfin être placée sous l'aile protectrice de Getz-Braun.

« Elle continue à s'occuper de Raul après l'école ?

— On n'a pas le choix, m'a-t-elle répondu. Je ne peux pas me permettre de payer une nounou. Et à six ans, ils ne l'acceptent plus à la garderie. Ah, je vous ai dit qu'ils le prenaient, à l'école Faber ? »

L'une des meilleures écoles privées de la ville, à trois pas de chez elle.

« Oui, j'étais au courant. C'est une supernouvelle. Il doit être très doué, ce petit.

— C'est le meilleur ! Ils vont même le laisser rentrer en janvier, au lieu d'attendre jusqu'à septembre. Ce qui me convient parfaitement, parce que la maternelle où il est en ce moment, c'est une vraie *mierda* ! Évidemment, c'est 9 000 dollars l'année, à Faber. Et ils ont même pas été fichus de lui accorder une bourse. Alors, vous imaginez comme je l'attends, ma prime !

— Ça devrait arriver à nettement plus que 9 sacs, non ?

— 13 400, à quelques dollars près. J'ai calculé ça, l'autre jour.

— Sans blague ? »

On a éclaté de rire ensemble.

« Dites, ils vont vraiment nous la verser vendredi prochain, vous croyez ? a-t-elle demandé, à nouveau très sérieuse.

— Debbie ! Ça fait trois fois que vous me posez cette question !

— Pardon.

— Pas de quoi. Mais arrêtez de vous faire du mouron là-dessus, hein ? Je vous l'ai dit et répété : cette boîte, ce n'est pas des petits joueurs. Et Yokimura tient toujours ses engagements, surtout vis-à-vis de ses employés. Ils ne sont pas japonais pour rien, allez ! Ils préféreraient se faire hara-kiri que de ne pas vous verser votre prime en temps et heure. Là, vous pouvez me croire.

— Je vous crois, m'sieur Allen. C'est juste que... Bon, c'est ma première année ici et puis, pour moi, cette prime, elle est vraiment très importante !

— Tenez, je vais vous dire : je vois Chuck Zanussi à un petit déjeuner demain, alors je lui demande de vérifier que... Quel chiffre vous m'avez donné, déjà ?

— 13 400.

— Oui. Donc, de vérifier que c'est bien 13 400 que vous recevrez le 12. Normalement, il a déjà toute la liste des bonus sous la main, à cette époque.

— Vous avez un petit déjeuner avec m'sieur Zanussi ? Mais je croyais qu'il était toujours à Seattle, en train de régler ce problème avec m'sieur Roland... »

Cette fille mériterait d'être embauchée par la CIA. Effectivement, Chuck avait eu vent que Bill Roland, chef des ventes pour la côte Pacifique-Nord, s'était mis à fréquenter trop assidûment un certain M. Jack Daniel's. Selon d'autres rumeurs non confirmées, ledit Roland, après avoir attiré le responsable du marketing de Microcom dans un déjeuner d'affaires crucial, avait sombré dans un délire éthylique avant l'arrivée des desserts : stratégie commerciale douteuse, surtout sur un marché aussi disputé que Seattle, et qui avait conduit

Zanussi à s'envoler pour là-bas même si, « officiellement », il ne s'agissait que d'une visite trimestrielle de routine au bureau régional. Typique des méthodes de Chuck, ça : faire comme si tout était normal et régler le « problème » avant que quiconque ait eu le temps de découvrir qu'il y en avait vraiment un.

« Vous avez des infos sur ce qui s'est passé à Seattle ? »

Debbie a contemplé un instant ses ongles, laqués dans une teinte qui devait certainement s'appeler « Rose Drag Queen ».

« Bill Roland a été éjecté », a-t-elle annoncé pour finir.

J'ai sifflé entre mes dents.

« Et… et c'est arrivé quand ?

— Hier matin.

— Il a pris ça comment ? Sans faire de scandale ?

— Je crois qu'il a été soulagé, en fait. D'autant que m'sieur Zanussi lui a proposé six mois de salaire et un séjour de huit semaines dans un centre de désintoxication s'il donnait sa démission sur-le-champ. Et c'est ce qu'il a fait, bien sûr. Je trouve que m'sieur Zanussi s'est montré vraiment, vraiment correct dans cette histoire. Non ? Parce que bon, ces soûleries… Ça durait depuis un bout de temps, visiblement. Il semble que la vie conjugale de m'sieur Roland tournait au vinaigre. En plus, sa fille – elle a dans les seize ans je crois – venait de se faire la malle avec un type pas très présentable, genre chaîne de moto et compagnie. Et puis, ils sont sans cesse sous pression, au bureau de Seattle… Résultat, m'sieur Roland s'était mis à picoler sec. Dès le premier café du matin, hop ! une bonne rasade de whisky dedans… »

Je l'ai dévisagée. Halluciné, j'étais.

« Mais comment vous pouvez savoir tout ça, bon sang ?

— J'ai mes sources, c'est tout.

— Oui ? Alors, vous n'auriez pas aussi une taupe dans notre équipe de Chicago, par hasard ? »

Nouvelle contemplation de ses ongles au rose aveuglant.

« Possible.

— Et si vous l'appeliez, votre agent à Chicago, histoire d'apprendre à propos de quoi Zanussi a eu une réunion là-bas aujourd'hui même ? »

Ç'a été au tour de Debbie d'encaisser le coup.

« Quoi, il a été convoqué à Chicago ? Aujourd'hui ?

— Oui, m'dame.

— Mais je pensais qu'il rentrait directement de Seattle…

— Moi aussi ! Seulement, il m'a appelé de l'avion pour me dire qu'on lui avait demandé de faire un détour par le bureau de Chicago pour l'après-midi. À quel sujet, pas un mot. Qui était l'organisateur de ce sommet impromptu, pas un mot non plus. Mais on peut parier que c'était quelqu'un de plutôt haut placé chez Getz-Braun, ou chez Yokimura.

— Et m'sieur Zanussi, il n'a rien dit de ce qui s'est passé à la réunion ?

— Non. Juste que c'était… "intéressant".

— *Caray !* »

Comme moi, Debbie savait parfaitement que, dans une grosse boîte, « intéressant » est un mot très lourd de sens, et de sens qui ne présage jamais rien de bon pour l'avenir. Elle a remis son casque à la hâte et s'est empressée de composer un numéro à dix chiffres sur son clavier.

« Passez-moi Maria Szabo, s'il vous plaît… » En attendant d'obtenir le poste demandé, elle mordillait nerveusement le câble de ses écouteurs. « Maria ? Ici Debbie à New York. Quoi d'neuf ?… Ouais, ouais, ouais. Comme d'hab, quoi. Bon, écoute, m'sieur Zanussi, notre bien-aimé directeur, tu l'aurais pas vu passer par chez vous aujourd'hui ?... Hein ? Et qui d'autre était là ?... Quoi ? Tu te paies ma tronche ! *Tout ça ?* Oh, meeeerde... Ne me dis pas ça à moi, qu'y a du vilain dans l'air ! Mais rien n'a filtré, alors ?... Quoi, même pas sa secrétaire ? D'acc, d'acc, mais attention, dès que tu entends quoi que ce soit d'autre, tu me passes un coup de fil, et *fissa* ! Moi de même, évidemment. Entendu ?... Alors merci, ma belle. À plus. »

Son casque retiré, elle m'a jeté un regard affolé.

« C'était ma copine Maria. Téléopératrice à Chicago. M'sieur Zanussi a débarqué chez eux vers midi pour s'enfermer aussitôt avec MM. Hertzberg... Getz... Watanabe...

— Oh, Jésus. Doux Jésus ! »

Elle venait de nommer respectivement le P-DG de Getz-Braun, Moss Hertzberg ; le président du conseil d'administration, Bob Getz ; et le samouraï en chef de notre compagnie mère, Hideo Watanabe. Une concentration de gros bonnets plus terrorisante que ça, impossible à trouver.

« Est-ce qu'elle a cité encore quelqu'un d'autre à cette réunion, votre amie ?

— Ouais. Un Européen avec ses deux cire-pompes.

— Comment ça, un *Européen* ?

— J'en sais rien ! C'est ce qu'elle a dit, Maria, “un mec qu'avait l'air d'un Européen”.

— Pas d'un Américain ? C'est ça qu'elle voulait dire ?

— Je pense, oui.

— Elle a dit s'il parlait l'anglais ?

— Ouais... mais avec un drôle d'accent.

— Un accent *européen* ?

— Faut croire.

— Et les deux cire-pompes avec lui ? C'étaient des gardes du corps ?

— Ils avaient des attachés-cases, elle a dit.

— Des avocats.

— Mais… mais qu'est-ce qui se passe, m'sieur Allen ? »

J'avais mon idée là-dessus, mais je me suis dit que si je la lui exposais elle ne fermerait pas l'œil de la nuit. À la place, je lui ai décoché mon meilleur sourire de commercial pro, ce sourire « Avec moi, pas de soucis » qui suscite presque toujours la confiance mais ne sert qu'à masquer une dure réalité : de nos jours, pratiquement personne ne sait si le sol qu'il est en train de fouler ne va pas se dérober sous ses pieds à la seconde suivante.

« On va dire comme ça, hein, Debbie : ça s'annonce "intéressant"… »

2

QUAND J'AI QUITTÉ LE BUREAU, il était sept heures et demie. À New York, c'est un moment de la journée où l'apparition d'un taxi libre est à peu près aussi courante que celle d'un troupeau de chevreuils sur la 3e Avenue, un moment où le flux contradictoire des cinéphiles en retard et des cadres pressés de rentrer chez eux se télescope au passage de la première voiture jaune, chacun adressant une gestuelle suppliante à la multitude de chauffeurs qui ont fini leur journée et ne sont aucunement tentés par une dernière course.

Il s'était mis à neiger un peu, circonstance qui faisait passer la probabilité de trouver un tacot de zéro à moins que zéro. Résigné, j'ai relevé le col de mon manteau et je suis parti vers le nord sur la 3e Avenue, neuf pâtés de maisons avant d'obliquer à l'ouest par la 55e. En route, je me suis débrouillé pour joindre sur mon portable Dave Maduro, notre représentant dans le Massachusetts. Il était quelque part au sud de Worcester, bloqué dans les embouteillages de la I-290.

« Mon maître me demande ? a-t-il lancé en reconnaissant ma voix.

— J'attendais un coup de fil de vous, Dave, ai-je répliqué posément.

— Vous savez bien que je suis resté avec Jack Drabble tout l'après-midi chez InfoCom.

— Et donc ? »

Soupir.

« Et donc, on n'y est pas encore !

— Y a un blême ?

— Il veut toujours pas s'engager sur le cahier pour juin. »

Oui. Pas étonnant que Dave m'ait eu l'air tellement à cran. Un « cahier », c'est un supplément publicitaire encarté, de six pages, que nous essayons de publier à chaque numéro. Comme il se négocie dans les 210 000 dollars, dernier prix, c'est, pour mes gars, l'aboutissement suprême, l'extase absolue. Et Dave faisait le siège d'InfoCom depuis des mois.

« Qu'est-ce qui le fait tousser ?

— Il veut pas aller au-delà de 180 000…

— Bon, c'est pas la mort, ça.

— … et il exige la quadri pour toutes les pages.

— Le salaud ! Vous voulez de l'aide, sur ce coup ?

— J'étais tellement sûr que j'allais conclure aujourd'hui ! Et puis, voilà que ce gros fils de pute commence ses conneries avec la quadri et…

— Dave, j'ai dit : VOUS VOULEZ DE L'AIDE SUR CE COUP ? »

Mon hurlement a été accueilli par un long silence plein de réticence.

« Euh… ouais, en fait.

— Donnez-moi sa ligne directe. »

Après avoir promis à Dave que je le contacterais le lendemain, j'ai composé dans la foulée le numéro du sinistre Drabble. Ce pauvre Dave… Il a toujours détesté me demander un service. Et jamais digéré le fait qu'à trente-deux ans, soit six de moins que lui, je sois tout de même son boss. Ajoutez à cela que, comme n'importe quel professionnel de la vente, une vague de désespoir l'envahit lorsqu'il n'arrive pas à « conclure ».

Le téléphone a sonné quatre fois. En réalité, je n'avais aucune envie de parler tout de suite à Drabble, j'espérais qu'il serait déjà rentré chez lui et je jouais à pile ou face là-dessus. Gagné : son répondeur s'est déclenché.

« Jack, ici Ned Allen de *CompuWorld*. Je ne vous ai pas revu depuis le séminaire d'AmCom en octobre, mais je crois que tout va superbien chez vous, hein ? Donc, à propos du cahier central... Écoutez, cet emplacement, les gus de GreenAp Computers, ils sont prêts à tuer pour l'avoir. Vous pouvez demander à votre homologue chez eux, si vous voulez. Bon, mais moi, j'ai vraiment, je répète, *vraiment* envie de vous le donner à vous ! Maintenant, vous dites 180 000, et moi je dis O.K., et entre parenthèses vous savez que vous gagnez 30 000 sur notre prix le plus ric-rac. Mais la quadri sur toutes les pages, Jack... ça, ce n'est pas réaliste. C'est infaisable, malgré toute ma bonne volonté. Par contre, par contre, et là c'est une offre qu'on ne leur a même pas faite, aux zigs de GreenAp, la une et la der de votre cahier, vous les aurez en quadrichromie, oui monsieur ! Et en plus pour un emplacement dont ils rêvent, chez GreenAp ! Ah, et puis encore une petite chose, Jack : notre action commerciale d'hiver. C'est à Vail, cette année. Du 13 au 16 février, dans *the* station du continent. Vous arrivez, vous skiez, et nous on paie. Et votre femme est aussi invitée, bien entendu. Mais il me faut une réponse ferme à neuf heures demain matin. Alors, Jack... à bientôt sur les pistes ! »

En rempochant mon téléphone, je ressentais cette griserie que suscite toujours en moi un bon baratin. « À bientôt sur les pistes, Jack ! » Oui, c'était le conseil que Chuck Zanussi m'avait donné un jour : « Une proposition, il faut que vous la concoctiez comme un scénario de film. Une mise en bouche rapide, juste de quoi accrocher l'intérêt, ensuite vous les tenez en haleine, vous les obligez à se demander où ça va, et puis paf, le dénouement surprise ! Souvenez-vous, la vente, c'est comme l'écriture : d'abord un style. Et peut-être un art, même. »

Il neigeait dru lorsque j'ai atteint Park Avenue. Pour moi qui ai passé la majeure partie de mon adolescence dans le nord de la Nouvelle-Angleterre, patauger dans la neige est un vrai plaisir. Et j'aime le silence qu'elle impose soudain à la hargne de Manhattan, la manière dont elle fait disparaître la foule sur les trottoirs comme par magie et vous donne l'impression d'être un trappeur solitaire dans les bois du Maine.

Ne vous méprenez pas sur mon compte : je n'ai pas la nostalgie des hivers interminables de l'« Est profond », des chemises en flanelle, des bottes fourrées et des bonnets à oreillettes. Quand j'avais seize ans, je n'avais qu'une idée : suivre le panneau qui indiquait « Sud », tailler la route le plus loin possible du Maine. Il m'a fallu attendre six années supplémentaires pour réaliser ce rêve. C'était il y a presque une décennie, et depuis je n'ai jamais ressenti le besoin de retourner en arrière, de céder à je ne sais quel « appel de la forêt ». Je suis un gars de la ville, désormais. Même au bout de dix ans à New York, je m'enivre encore de son rythme hallucinant, de sa puissance, de son arrogance et de ses airs de grandiose indifférence.

Traversant la chaussée, je me suis arrêté sur l'un des îlots érigés au milieu de la circulation de Park Avenue, comme toujours subjugué par le formidable canyon des gratte-ciel, la croix de Noël illuminée tout en haut du Helmsley Building dispensant sa silencieuse bénédiction sur tous les acteurs de cette épopée qui a pour seul thème l'ambition. C'est ma vue favorite de New York, ce panorama que l'on découvre depuis Park Avenue, parce qu'elle est venue chaque fois renforcer la conviction que, oui, j'étais enfin là où j'avais voulu être.

J'ai obliqué sur la 55e Rue pour me glisser à l'intérieur de l'« Hôtel Saint Regis », dont j'ai traversé le hall somptueusement moquetté. Après avoir laissé mon manteau au vestiaire, je me suis rendu aux toilettes, où un employé chenu a fait couler l'eau dans un lavabo tandis que je me vidais la vessie à côté, puis m'a cérémonieusement offert une serviette blanche lorsque je me suis rincé les mains. Sur un plateau où plusieurs eaux de toilette étaient proposées, j'ai choisi *Armani pour homme*. J'ai lu un jour quelque part – dans *GQ*, sans doute – que cet aftershave aurait « les subtils effluves du pouvoir et de la sophistication », et je reconnais volontiers que c'est un genre d'argument publicitaire plutôt racoleur. Mais c'est efficace aussi, surtout quand il s'adresse à la clientèle des jeunes cadres dynamiques. Autrement dit, aux types comme moi.

Le vieux majordome, un immigré italien aux yeux chassieux dont la petite tête d'oiseau était coincée dans ses épaules, m'a tendu un peigne et une brosse. J'ai remis un peu d'ordre dans ma chevelure encore mouillée par les flocons, puis je me suis tourné vers la glace afin d'inspecter la minuscule zone dégarnie à l'arrière de mon crâne, tout en haut. En disant minuscule, je n'exagère pas : de la taille d'une pièce de monnaie, guère plus, mais cette alerte à l'alopécie vient me rappeler que j'ai amorcé la descente en spirale vers la maturité. Pourtant, tout le monde me dit que j'ai toujours l'air d'un gamin de vingt ans, sans doute en raison de ma constitution d'épouvantail raisonnablement rembourré : un mètre quatre-vingt-six, soixante-quinze kilos, quatre-vingt-six de tour de taille. À part cette menue calvitie, les ravages du temps n'apparaissent pas sur moi : comparé à la plupart de mes collègues, je suis à moi seul un argument publicitaire en faveur d'une vie saine et équilibrée. À chaque A.G. biannuelle des commerciaux de *CompuWorld*, ou lorsque je me rends à l'une des foires informatiques internationales organisées par Getz-Braun, je suis sidéré de constater à quel point tous les autres ont l'air intoxiqués et hypertendus. Les itinérants ont immanquablement quinze kilos en trop, dus à la fréquentation des fast-foods sur la route mais aussi à l'habitude de puiser dans un double milk-shake ou un pack de six bières un bref (et ultrachargé en féculents) réconfort quand ils viennent de manquer une vente. Les filles de la télévente, au contraire, paraissent guettées par l'anorexie ou deviennent des accros de la remise en forme qui défoulent leur stress et leur ressentiment sur les haltères, arborant des biceps à faire pâlir d'envie le G.I. moyen. Quant aux responsables comme moi, ce sont ou des esclaves attitrés de la nicotine, ou des mâchouilleurs de stylo chroniques, ou des inquiets dont les ongles n'existent plus depuis des lustres.

Bref, il s'agit là d'une activité professionnelle à haut risque, à moins d'avoir une stratégie d'autopréservation bien au point. Exemple : jouer au tennis deux fois par semaine. Suivre un régime alimentaire strict. Ne jamais boire pendant les repas, à moins évidemment qu'il ne s'agisse d'un repas d'affaires avec l'un de ces nombreux clients qui ne vous proposeront pas un contrat à plusieurs zéros tant qu'ils ne se seront pas pintés avec vous. Et apprendre à surmonter le stress, toutes ces histoires de « reconversion en énergie positive » que l'on vous sert dans les « guides à l'usage des battants » et autres best-sellers débiles, et qui se résument selon moi à une technique très simple : « scorer » une vente spectaculaire dès que l'angoisse monte un peu trop en vous.

En fait, j'avais jusqu'ici réussi à bannir tous les « excès » de ma vie, à l'exclusion d'un seul : il fallait encore que je découvre le moyen de ne plus jeter l'argent par les fenêtres.

Du placard sous le lavabo, le Monsieur Pipi a retiré une petite boîte en bois qu'il a posée au sol derrière moi et sur laquelle il s'est hissé afin de brosser les peluches qui pouvaient s'attarder sur les épaules de ma veste à rayures.

« Un beau costume, ça, monsieur », a-t-il remarqué.

Comment ne l'aurait-il pas été, puisqu'il s'agissait d'un Cerruti à 1 200 dollars ? Si vous jetiez un coup d'œil à mon placard, vous en déduiriez aisément que j'ai un vrai faible pour les costards du bon faiseur, plus d'une douzaine alignés au-dessus des chaussures anglaises cousues main qui sont aussi une passion chez moi, ainsi que tous les accessoires coûteux en général. Attention, je ne suis pas pour autant un petit minet ou cette sorte d'arriviste persuadé qu'il lui suffit d'être fringué à mort pour exceller dans sa branche. À mon avis, la prestance n'est qu'une arme de plus dans la guerre de la vente, qui vous avantage auprès des clients et vous fait remarquer par vos supérieurs. Autrement, c'est de la frime et rien d'autre. Combien j'en ai connus, des raseurs qui relèvent leur bouton de manchette en diamants pour laisser apparaître une Rolex à 5 patates, ou qui me gonflent en me racontant pour la énième fois qu'ils sont vraiment arrivés dans la vie le jour où ils se sont payé une Porsche 911 ! Dans ces cas-là, je feins d'être très impressionné, pourtant en moi-même je me dis qu'un gagnant se repère non à sa montre en or massif, mais à une seule chose : sa capacité à « conclure ».

J'ai refilé un billet de 10 dollars au vieux loufiat. Un pourboire exorbitant, certes, mais vous imaginez ce que c'est, travailler dans des W.-C. ? Devant les pauvres hères réduits à des emplois dégradants, je ressens toujours une bouffée de culpabilité. Depuis que, lycéen, j'ai travaillé deux étés dans un fast-food, j'ai la hantise du bas de l'échelle. Quoi, un job mortifère où l'on n'est censé poser qu'une question unique du matin au soir :

« Les frites, vous voulez la grande barquette ou la normale ? »

En voyant la somme, il a tressailli. Puis il a glissé le billet dans la poche intérieure de sa veste.

« Une bonne, une excellente soirée, monsieur », m'a-t-il souhaité.

J'ai pris le chemin du bar, tout de marbre noir et de grands miroirs argentés avec un long zinc incurvé et d'opulents fauteuils art déco. Une foule de costards-cravates, dans la trentaine ou la quarantaine, membres de la caste affairiste new-yorkaise, tiraient sur leurs barreaux de chaise hors de prix en discutant d'importance.

Je venais juste de trouver une table dans un coin tranquille et de commander un martini quand mon portable s'est mis à sonner. J'ai bondi dessus.

« Oui, c'est moi. »

La voix de Lizzie était à peine reconnaissable tant la communication était mauvaise.

« Tu es en voiture ? » lui ai-je demandé en remarquant à ma montre qu'elle était en retard sur ses horaires habituels.

« Non, toujours bloquée dans un rendez-vous au "Royalton".

— Avec qui ?

— Un client potentiel. Miller, Beadle & Smart. Un cabinet moyen de Wall Street qui veut améliorer son image de marque.

— Ah, ça a l'air passionnant.

— Si on aime les étudiants attardés, oui.

— Tu veux que je vienne te rejoindre ? À pied, c'est seulement… à dix pâtés de maisons.

— Non, t'inquiète pas. Je devrais avoir tout emballé dans la demi-heure. Et ensuite…

— Ensuite ?

— Eh bien, j'ai une grande, grande nouvelle, a-t-elle annoncé avec une emphase comique.

— Grande comment ? ai-je demandé en entrant dans son jeu.

— Plus grande, tu peux pas. À te couper le sifflet !

— Tu me tues, avec ce suspense. »

Elle a marqué une pause, ménageant son effet.

« J'ai réussi à nous avoir une table au "Patroon".

— Attends… C'est pas le resto sur lequel j'ai lu un article dans *New York* la semaine dernière ?

— Non, c'est le resto sur lequel je t'ai dit, moi, que tu devrais lire l'article dans *New York* !

— Le snack de base, hein ? Très bons cheeseburgers, c'est ça ?

— "Le nouveau rendez-vous incontournable de tout ce qui compte à Manhattan", si tu veux croire ce qui se publie dans les journaux.

— Je n'ai jamais cru en quoi que ce soit que j'aie lu dans *New York*. Mais Geena, elle, elle gobe tout… C'est pas une idée à elle, des fois ?

— Vingt sur vingt en déductions trapues. Encore que, d'après elle, Ian serait prêt à *n'importe quoi* pour aller dîner là-bas, lui aussi. »

Geena, c'était la collègue de Lizzie chez Mosman & Keating, conseil en relations publiques assez bien lancé sur la place new-yorkaise. Son mari, Ian, tenait la rubrique « Échos de la ville » au *Daily News*. Tous deux terriblement *in*, et toujours prêts à faire étalage de leur surface mondaine, au grand amusement de Lizzie et de moi-même.

« Ils nous rejoignent là-bas. Avant, ils doivent passer au "fabuleux" vernissage d'un "fabuleux" artiste aborigène qui peint avec ses doigts. Quelque part à SoHo.

— Et je parie que la galerie sera pleine d'invités "fabuleux". Lou Reed y sera, non ?

— Bien sûr. Et Tim Robbins, et Susan Sarandon. Et Gore Vidal pourrait bien y faire un saut.

— Sans parler de John F. Kennedy Junior…

— … ni de Sharon Stone…

— … ni de l'inévitable, de l'incontournable, du “fabuleux” dalaï-lama ! »

On a ri ensemble, puis Lizzie a repris :

« En tout cas, Geena est renversée, positivement renversée. Au “Patroon”, tu vois, ils ne manquent jamais de te rappeler qu'ils sont complètement bookés cinq semaines à l'avance. Or, moi, j'ai pu m'intercaler dans les résas il y a seulement, voyons… trente minutes.

— Oserai-je demander comment ?

— Tout simplement en étant la plus forte de toutes les attachées de presse new-yorkaises, voilà comment !

— Ça, je ne discute pas.

— Écoute, il faut que je file reprendre cette réu. Le resto est 46e Rue, au 160. La table est réservée pour neuf heures et demie. À plus. »

Rafler à l'impromptu quatre places dans le restaurant le plus en vue de Manhattan, il n'y a que Lizzie pour cela. Si elle a une idée en tête, Lizzie, elle obtient inévitablement un résultat. Parce qu'elle appartient à ce genre d'êtres pour lesquels le résultat est tout. Comme moi.

Elle aussi est pourtant une plouc montée à la ville. Déjà entendu parler d'Utica, dans l'État de New York ? Pétaouchnok-sur-Neige. Le style d'endroits presque rayés de la carte six mois sur douze, et dont le plus beau cadeau qu'ils puissent offrir aux visiteurs est la route permettant de s'enfuir. Son père, sergent de la police locale, était un dépressif chronique qui avait pour coutume de noyer ses humeurs noires dans de la roteuse Utica Club. La maman, elle, était un modèle de maîtresse de maison qui gardait un éternel sourire en vaquant à dix mille tâches domestiques, ce qui ne l'empêchait pas de siroter de l'Irish Cream pour faire descendre tout le Valium qu'elle prenait.

« On n'était pas vraiment la famille heureuse, m'avait confié Lizzie peu après notre rencontre. Dès que j'ai eu dix-sept ans, je n'ai plus pensé qu'aux moyens de me tirer de là. Vite fait. »

Je n'ai eu aucun mal à comprendre un tel état d'esprit : depuis mon départ à l'automne 1987, je n'avais jamais remis les pieds à Brunswick. Aucun foyer ne m'y attendait, d'ailleurs : mon père venait de mourir ; ma mère, remariée à un joueur de golf professionnel, était partie vivre en Arizona. Quant à mon frère aîné, Rob, il avait tout plaqué pour une gogo girl philippine qui répondait au nom de Mamie, alors qu'il était basé à Subic Bay avec son unité de la Navy.

« On n'était pas vraiment la famille heureuse. » Et nous donc. En apparence, pourtant, un foyer sans histoires, rien à signaler sur le front domestique. Mon père, militaire de carrière, était natif d'Indianapolis : la marine lui était apparue comme l'unique porte de sortie d'un Midwest trop enclavé dans les terres. Engagé à dix-huit ans, il avait passé les vingt-neuf années suivantes dans l'ombre maternelle de la Navy, devenue pour lui une raison de vivre en même temps qu'un gagne-pain. Jadis plus que tête en l'air, ainsi qu'il aimait à nous le raconter, il y avait appris « la discipline, le sérieux, l'honneur ». Enseigne de vaisseau très jeune, il avait suivi des études supérieures d'ingénierie mécanique payées par l'Oncle Sam. Il était depuis deux ans à l'université de San Jose, sur les quatre que comptait son cursus, lorsqu'il avait rencontré ma mère, une étudiante invitée d'origine anglaise, si bien que, pour reprendre ses propres termes, la Navy lui avait même trouvé une femme ! Une semaine après l'obtention de leurs diplômes, ils se mariaient. C'était en 1962. Rob arriva l'été suivant, tandis que je faisais moi-même mon apparition en janvier 1965. Notre enfance s'égrena le long d'une succession de logements de fonction dans diverses bases navales ou aériennes du pays : San Diego, Key West, Pensacola – et finalement onze ans à Brunswick, ce fameux coin du Maine où mon père avait été responsable du service entretien au complexe aéronaval. Ce devait être sa dernière affectation. Il est mort le 2 janvier 1987, à quarante-sept ans, des suites d'une vie de fumeur impénitent.

Je ne peux pas me souvenir de lui autrement qu'avec une Winston coincée entre les lèvres, certes, mais je ne me rappelle pas non plus une seule dispute entre mes parents. Voyez-vous, mon père s'était entièrement voué au culte de l'ordre et de la propreté qu'on enseigne dans la marine de guerre. « Tu joues bien ton jeu et tu seras toujours gagnant » : encore une de ses expressions fétiches, typique de sa conviction que le « bon joueur », le « type correct », sera immanquablement récompensé de sa loyauté et de son dévouement. Excellent militaire, il s'efforçait aussi d'être un père et un époux modèles. Bien entendu, depuis mon adolescence, je sentais que la vie de couple de mes parents avait quelque chose de contraint, de répétitif. Ma mère était loin d'être comblée par son statut de femme au foyer à perpétuité, elle trouvait l'existence dans une base navale oppressante, et peut-être que l'amour s'était éteint entre eux depuis plusieurs années déjà. Mais dans le code d'honneur de mon paternel l'unité de la famille était un principe incontournable, de même qu'il tenait à ne montrer aucune préférence vis-à-vis de ses enfants. Pourtant, il ne faisait aucun doute pour moi que Rob était son favori, non seulement parce qu'il avait suivi sa voie en s'engageant dans la Navy dès la fin du lycée, mais aussi parce que, à l'inverse de moi, il paraissait se satisfaire parfaitement de la monotonie et de la grisaille militaires.

J'avais seize ans quand mon père m'avait découvert un soir en train de lire *Esquire* au lit.

« Si tu veux *Playboy*, je te l'achèterai au magasin de la base, m'avait-il dit. Mais *Esquire*… Bon sang, quel ramassis de petits frimeurs là-dedans ! »

C'était exactement pourquoi je l'aimais tant, ce canard : il était un symbole de l'univers urbain, raffiné, auquel j'aspirais de tout mon cœur. Oui, je me voyais déjà dans la peau du vrai New-Yorkais, déjeunant dans ces restaurants ultrachics qu'ils décrivaient à longueur de page, collectionnant les costumes à 600 dollars qu'ils présentaient dans leurs cahiers de mode, me délectant des potins de la ville qui inspiraient tous ces articles… Ou plutôt, je ne rêvais à tout cela que parce qu'il s'agissait, à mes yeux, des signes extérieurs de la « vraie » réussite.

Bien sûr, mon père était au courant de ce que j'avais en tête, tout comme il savait pertinemment que ma mère m'encourageait à ambitionner une vie au-delà de Brunswick et de l'US Navy.

« Tu vois, m'avait-elle déclaré à l'époque où je préparais mon dossier de candidature à plusieurs universités, il n'y a qu'une seule personne au monde qui puisse t'empêcher d'arriver là où tu as décidé d'aller : toi-même. »

Aussi avais-je visé très haut : je m'étais présenté à Bowdoin, un établissement privé, élitiste mais libéral, qui se trouvait à moins de deux kilomètres de la base. L'enseignement des beaux-arts à des étudiants triés sur le volet : c'était un monde prestigieux, presque mythique, dont je me sentais exclu mais qui s'ouvrirait peut-être à moi, enfin…

« Je suis sur la liste d'attente, avais-je expliqué à mon père en recevant la réponse de Bowdoin au printemps 1983, sans pouvoir masquer ma déception.

— Être sur la liste d'attente de Bowdoin, c'est pas trop minable déjà, non ?

— Mais je ne suis pas pour autant accepté, Pa. D'ailleurs, d'après M. Challenor…

— Qui est-ce, M. Challenor ?

— Mon conseiller pédagogique. D'après lui, ils m'auraient pris tout de suite si je n'avais pas demandé une bourse d'études. »

Je m'étais aussitôt mordu la langue. Mon père ne m'aurait pas regardé autrement si je lui avais envoyé un coup de genou dans le bas-ventre. « Discipline, sérieux, honneur » : sans réfléchir, je venais de mettre en cause son credo, sa crédibilité, j'avais contesté son sens des responsabilités paternelles.

« Combien coûte l'année dans cette boîte ? m'avait-il demandé d'un ton égal.

— Oh, c'est pas important, Pa.

— Combien ?

— En pension, tout compris, dans les 17 000… »

Il avait baissé les yeux sur le lino jauni de notre cuisine, avait poussé un long soupir puis, allumant une nouvelle Winston :

« C'est un sacré paquet d'argent, ça…

— Je sais, Pa.

— Et là je fais le compte, fils : l'intendance ne suit pas. Tu comprends ?

— Bien sûr que je comprends, avais-je menti. Je te l'ai dit, c'est pas grave.

— Là tu dis des conneries, petit. » D'un coup, l'abattement, l'humiliation s'étaient inscrits sur ses traits. « Si, c'est grave, tu le sais très bien, et moi aussi. Vraiment grave. »

C'est ainsi que j'avais échoué dans une fac très abordable et très peu prestigieuse de l'université du Maine, à Presque Isle, un campus où j'étais pratiquement le seul à ne pas étudier les sciences de l'agriculture. Inutile de préciser que je maudissais le sort qui m'avait jeté dans ce bled impossible, au milieu de types dont la thèse porterait sur la brucellose ou autre maladie bovine : comparé à Presque Isle, Brunswick paraissait un îlot de cosmopolitisme et de raffinement. Quand je revoyais mon père, pourtant, je me gardais bien de lui laisser entendre à quel point je haïssais cette université de pedzouilles, ni que je n'avais toujours pas digéré d'avoir dû renoncer à Bowdoin par manque d'argent, à Bowdoin et à l'univers qu'il symbolisait pour moi.

Mais il « savait ». Chaque fois que je passais un week-end à la maison et que ma mère posait la question anodine : « Alors, comment vont les études ? », papa prenait l'air défait que je lui avais vu lors de notre échange à propos de Bowdoin et se mettait à tirer sur sa énième cigarette. Il était convaincu de m'avoir trahi, d'une façon ou d'une autre, et son système de valeurs terriblement contraignant l'empêchait de comprendre que je ne lui en voulais pas de gagner une simple solde de la Navy. Peu à peu, son honneur blessé imposa entre nous une distance faite de gêne, une froideur mêlée de ressentiment. Même lorsqu'il apprit qu'il avait un cancer du poumon, à la fin de ma première année, il esquiva tous mes efforts pour me rapprocher à nouveau de lui.

« Mais tu pleures pourquoi, bon sang ? » s'était-il exclamé un soir, alors qu'il était déjà entré dans la phase terminale de sa maladie.

Ravalant mes larmes, j'avais tenté une note optimiste. Qui avait sonné affreusement faux.

« Écoute, dès que tu iras mieux…

— Exclu, m'avait-il coupé d'un ton très militaire. Donc, ne discutons pas ce qui est inévitable. Affirmatif ? D'ailleurs, dans pas si longtemps, quand tu auras eu ton diplôme et que tu seras parti aussi loin que possible, ça n'aura plus aucune importance, que je sois vivant ou pas…

— Mais non, c'est pas…

— Je te connais, Ned. Je sais ce que tu veux dans la vie… et ce que tu crois avoir à prouver. Et c'est pour ça que je sais aussi que, lorsque tu feras le compte, tu t'en tireras toujours bien, contrairement à moi. »

En réalité, il m'avait mieux compris que je n'acceptais de le reconnaître alors. Il avait perçu que « faire le compte », pour nous, c'est le début et la fin : ce qui nous pousse dans la vie, alimente notre ambition, nourrit nos inquiétudes, nous rend dingues ou hilares, nous oblige à nous sortir du lit chaque matin et à nous battre, à nous battre…

Mon martini était devant moi. J'ai levé le bord givré du verre à mes lèvres et laissé l'alcool couler dans ma gorge, engourdir mes cordes vocales. À cet instant, mon portable a sonné.

« Oui, ici Ned Allen.

— Ça vous arrive de ne pas travailler, vous ?

— C'est… Jack Drabble ?

— Peut-être.

— Comme mon père disait souvent, "les bosseurs seront les noceurs". Quoi, vous êtes encore au bureau, Jack ?

— Ouais. Je m'étais absenté une minute quand vous avez appelé.

— À huit heures et quart… Vous leur rapportez de l'or, à InfoCom !

— Et vous, vous essayez de me lécher ce que je pense.

— Que nenni, mon cher, que nenni. Présentement, je me trouve au bar du "Saint Regis" en train de siroter un martini bien tassé, puis je vais rejoindre ma ravissante épouse pour dîner, et demain matin, à neuf heures cinq, GreenAp me signera ce multipage si on ne fait pas affaire d'ici là. Alors franchement, Jack, sans vouloir vous fâcher, quand la vie est aussi belle, qui aurait envie de vous lécher ça ? Ni même de le regarder ?

— 175.

— Là, vous me prenez pour un niais. 180, c'est le deal à prendre ou à laisser… Enfin, à prendre avec les deux quadris en cadeau, j'entends.

— Et aussi le week-end à Vail, hein ? »

Dans la poche !

« Oui, mais seulement à 180 000 comme convenu.

— Oh, 5 000 dollars, quelle différence ça fait ?

— La différence entre aller bronzer au soleil du Colorado ou rester à vous les geler dans cette bonne ville de Worcester, Massachusetts. 180 000, dernier prix.

— Je vous rappelle demain.

— À prendre ou à laisser, Jack. Vous faites une ouverture ce soir, vous raflez la mise ce soir ! 180 000 une fois, 180 000 deux fois…

— D'accord, d'accord ! Je prends.

— Bien joué, Jack ! »

J'ai savouré une longue gorgée de martini. En reposant mon verre, je me suis surpris à murmurer : « T'avais raison, Pa. Quand je fais le compte, ça va pour moi. »

Et puis, bon Dieu, quel pied, la vente !

3

« CE SERAIT PAS RALPH LAUREN, ASSIS LÀ-BAS ? a fait Lizzie.

— Bien vu, a approuvé Geena.

— Et les deux types, là, dans le coin ? a chuchoté Ian en nous obligeant à nous pencher en avant tous les trois, tandis qu'il montrait du menton deux hommes très élégants en train de tailler une bavette à une table judicieusement placée. Le bien enrobé, en costard rayé, oui… Eh bien, c'est Graydon Carter.

— *Le* Graydon Carter ? a demandé Lizzie.

— Le seul, l'unique, oui.

— Tu n'as jamais publié dans *Vanity Fair*, toi ? l'ai-je taquiné.

— J'adorerais, a répondu Ian très sérieusement. Et le gars qui est avec Carter, c'est le célébrissime David Halberstam. »

Geena a hoché la tête d'un air entendu mais Lizzie, elle, a paru un peu décontenancée.

« David Halberstam ? C'est qui ? »

Elle a immédiatement regretté sa sincérité, car Ian adoptait déjà un ton doctoral :

« Lizzie ! Si tu vis à New York, tu *dois* savoir qui est David Halberstam, voyons ! »

Ma femme a tire-bouchonné une mèche de cheveux autour de son doigt, trahissant ainsi – mais seulement pour moi – qu'elle se sentait mal à l'aise après sa bévue.

« Oui, son nom me dit quelque chose, a-t-elle glissé.

— C'est tout simplement l'un des principaux journalistes de ces trois dernières décennies, a continué de pontifier Ian. Ancien du *New York Times*, auteur de livres aussi incontournables que *Les Années cinquante* et…

— … et un type "fabuleux", en plus, ai-je complété en lui lançant un grand sourire. Attends, attends, laisse-moi deviner : tu l'as rencontré à une soirée que donnait Tina Brown dans sa maison de campagne des Hamptons, pendant que tu étais en train d'évoquer la situation internationale avec Joan Didion…

— En fait, je parlais de la question moyen-orientale avec Henry Kissinger, qui m'a d'ailleurs appris que vous étiez copains d'enfance, lui et toi. »

Tout le monde a éclaté de rire. Même moi.

« Et comment ça se passe, au journal ? lui a demandé Lizzie.

— Un peu comme si on était en pleine Révolution française, tu vois. Tous les jours, le nouveau rédac-chef envoie quelqu'un à la guillotine. Enfin, il a pas l'air de vouloir ma tête. Pour l'instant.

— Parce que tu es une vedette, chez eux, a remarqué Geena.

— Tu es partiale, là. N'importe quel abruti capable d'aligner deux mots de suite et de faire jacter les célébrités peut tenir une bonne rubrique mondaine.

— Eh, Ian, tu te sens bien ? Ces accès de modestie soudaine, fais gaffe, ça peut être dangereux pour ta santé ! »

Il a levé les yeux au ciel.

« Avec des amis pareils…

— De toute façon, tu n'en as plus pour longtemps, avec ta rubrique, a annoncé Geena en se tournant vers Lizzie et moi. Vous avez appris, ce fabuleux contrat de free-lance que *GQ* propose à Ian ?

— Fabuleux comment ? me suis-je enquis.

— Pas mal, disons, a reconnu Ian.

— Pas mal ? a protesté Geena. 150 000 dollars pour six portraits !

— Wouaa ! a fait Lizzie.

— Faux derche ! ai-je lancé en levant mon verre à la santé de Ian. Mais c'est génial, ça !

— Bon, je ne suis pas encore au *New Yorker*, quand même.

— Ça viendra, l'a rassuré Geena, ça viendra.

— Tu commences par le portrait de qui ? a voulu savoir Lizzie.

— Le barde de nos forces armées, Tom Clancy.

— Ah, très populaire, ce monsieur, ai-je remarqué.

— Ouais, les commerciaux l'adorent, a approuvé Ian avec un clin d'œil.

— Et les petits journaleux, donc ! » ai-je contré, tout sourires.

Geena a observé Lizzie un moment.

« Tu n'as jamais l'impression qu'on est de trop, nous deux ?

— C'est comme ça, les mecs, a constaté sèchement Lizzie.

— Quoi ? ai-je protesté. Dans mon métier, on *déteste* la compétition !

— À part sur un court de tennis, hein ? est intervenu Ian. Non, franchement, Lizzie, ton mari a un instinct de tueur.

— Sans doute parce que j'ai appris mon tennis à l'école, pas au country-club chicos de papa… »

Cette pique facile était déplacée, je l'ai senti à peine l'avais-je prononcée. Lizzie m'a jeté un regard noir qui signifiait : « Excuse-toi, et vite. » Exactement ce que je m'apprêtais à faire.

« Juste pour blaguer, vieux. »

En réalité, je ne plaisantais qu'à moitié : une partie de moi jalousait vraiment le profil « gosse de riches » du mari de Geena. Comme elle, tout en lui proclamait une absolue confiance en soi, ce genre de conscience de sa propre valeur qui peut parfois friser l'arrogance. Mais c'est qu'ils avaient tous deux été élevés dans le saint des saints de Manhattan, fréquenté les meilleures écoles, utilisé la carte de fidélité de leur maman chez Bloomingdale's ou Saks Fifth Avenue, pris leurs vacances dans les camps d'été les plus huppés du Vermont ou du New Hampshire. Leurs pères respectifs, associés dans les cabinets d'avocats à la mode ou les conseils en gestion de patrimoine les plus lancés de Wall Street, n'avaient eu aucune difficulté à leur payer de coûteuses études, puis leurs séjours à l'étranger, l'un à Dublin, l'autre à Florence. Quand le moment était venu d'entrer dans la vie active, ils savaient que les portes s'ouvriraient devant eux, dans la carrière qu'ils avaient choisie, parce qu'ils disposaient de l'entregent nécessaire, évidemment, mais aussi de ce don qui fait de tout natif de Manhattan un être à part : la conviction d'être des « gagneurs-nés », la certitude que le succès était leur domaine naturel.

Alors, inutile de se cacher derrière des boîtes d'allumettes : Ian avait beau tourner en dérision son statut de colporteur de ragots au *Daily News*, c'était une place très en vue qu'il avait obtenue à l'âge remarquable de vingt-six ans. Et maintenant, à trente ans à peine, il se préparait à s'élever sans effort à une forme plus prestigieuse de journalisme. *Vanity Fair* ou le *New Yorker* l'accueilleraient bientôt, à tous les coups. Puis les maisons d'édition les plus en vue lui signeraient des contrats, il deviendrait une plume réputée, un membre à part entière de l'establishment littéraire qui aurait les honneurs de la presse écrite et de la télévision, et qui finirait par s'asseoir à la même table que ce David Halberstam et ce Graydon Carter. Tout simplement parce qu'il considérait que le succès lui était dû, que c'était un droit inaliénable. Alors que pour moi, parvenir à cette table de choix demandait un combat opiniâtre, et plus encore : même lorsque j'y serai arrivé, me suis-je dit, est-ce que j'aurai assez confiance en moi pour y prendre place ?

C'est ça, le hic d'être un provincial à New York : vous pouvez être super bien placé dans le bottin mondain, au fond de vous-même vous n'y croyez pas, vous continuez de lever la tête vers ces immenses gratte-ciel en vous disant que vous n'arriverez jamais en haut, vous cherchez désespérément à être chic jusqu'au bout des ongles sans cesser de craindre que les autres repèrent le bouseux derrière votre masque de citadin raffiné.

« Regardez un peu qui est là-bas, dans le coin à gauche », a commandé Geena, soucieuse de relancer la conversation après le froid qu'avait jeté ma remarque.

Ian a obéi.

« Ah ouais… Lui. » Puis, en me décochant une grimace ironique : « Tiens, en voilà un qui peut se payer son propre court de tennis…

— C'est Edgar Bronfman Junior ?

— Lizzie, tu es vraiment bonne, toi ! s'est exclamée Geena.

— C'est la meilleure, ai-je confirmé.

— Bah, je lis les potins, voilà tout. Comme n'importe qui. »

Cela m'a fait sourire, car c'était du Lizzie typique : bien qu'experte en arcanes de la mondanité new-yorkaise, elle ne se laissait pas prendre à ce petit jeu. Tout savoir sur tout le monde faisait partie intégrante de son travail, simplement. Pour elle, l'information n'était qu'une marchandise à négocier, mais des plus précieuses.

Nous nous connaissions depuis peu de temps lorsqu'elle m'avait expliqué en quoi consistait son job.

« Dans les relations publiques, il n'y a que deux choses importantes : qui vous connaissez et… qui vous connaissez.

— Mais vous êtes censée décrocher des contrats, aussi ? »

Elle avait effleuré ma main de ses doigts en m'adressant un sourire coquin.

« Vous, vous devez conclure. Moi, j'influence. »

Un toupet plus séduisant que ça, vous connaissez ? Pas étonnant que je me sois retrouvé aussitôt ensorcelé. Et puis, à y repenser maintenant, notre rencontre s'est produite précisément à l'époque où ma chance s'était enfin décidée à tourner depuis mon arrivée à New York. Printemps 1993. Jusqu'alors, je gagnais avec peine ma vie en tant que « conseil-carrière » dans une grande agence de recrutement en banlieue proche, dernier avatar dans une série noire de boulots sans avenir qui s'étaient enchaînés depuis six ans. Professionnellement parlant, je commençais à me juger fichu, ou du moins incapable d'arriver plus haut que les déprimantes perspectives de carrière proposées tout à la fin du cahier « Emploi » du *New York Times*. Au début, le simple fait d'avoir pu poser mon sac à New York m'avait paru un exploit jubilatoire, même si je résidais dans un studio glauque, 75e Rue, entre la 1re et York Avenue, à 850 dollars mensuels, et avec ce détail sans lequel un appart pourri de la Grosse Pomme ne serait pas complet : une baignoire-sabot dans la cuisine. J'avais saisi le premier boulot disponible, « téléopérateur principal » chez Brooke Brothers, en d'autres termes le pauvre type qui prend vos commandes de caleçons au téléphone. Je n'avais pas de projets professionnels bien définis, je ne savais pas qui je voulais être quand je serais grand. Ma seule et unique conviction, c'était que New York est le centre de l'univers, non, du cosmos. Un bastion que moi et mes semblables, c'est-à-dire tous ceux qui débarquaient avec des ambitions et un acharnement également incommensurables, finirions par conquérir haut la main.

Toutes ces illusions à la Horatio Alger n'avaient pas résisté longtemps à la réalité. Il m'avait vite fallu reconnaître qu'un jeunot du Maine diplômé d'une université de troisième zone et sans recommandations ne pouvait claironner si facilement « À nous deux, Manhattan ! » J'avais bien entendu tenté quelques percées du côté de Wall Street, mais la compétition y était féroce et ceux qui étaient « dans le bon créneau », autrement dit les poulains des écoles les plus réputées, gagnaient toujours la partie alors que les gars comme moi, à l'inverse, se voyaient promis à l'enfer du petit encadrement.

Bien que hanté par l'idée de parvenir à un « poste de responsabilité », j'avais dû me contenter de positions immanquablement subalternes, sans perdre pour autant l'espoir que l'une d'elles finirait par me conduire à une promotion. Même au temps où j'étais cloué au standard des ventes par téléphone chez Brooke Brothers, je m'entêtais à chercher la voie menant aux services de gestion, uniquement pour m'entendre signifier qu'un blanc-bec tel que moi devrait blanchir sous le harnais des années et des années avant que le début d'un avancement ne lui soit proposé.

Pas question, cependant, de rester rivé à mon casque et de finir ma vie en posant à mes correspondants des questions du genre : « Ce pull crème, vous le voulez avec le col rond ou en V ? » J'étais convaincu d'avoir un style bien personnel, un talent caché qui me permettraient de m'épanouir à New York. Mais je n'avais pas la moindre idée de ce que ce style et ce talent pouvaient être…

Alors, j'avais poursuivi ma dérive d'un job débile à l'autre, parmi lesquels un passage sans éclat au département de publicité des grands magasins Saks, quelques mois à m'abrutir en écrivant des présentations d'articles de lingerie féminine, puis le train-train de l'agence de recrutement déjà mentionnée plus haut. Et c'était là que j'avais fait la connaissance de Chuck Zanussi : comme il avait chargé ma boîte de lui trouver une nouvelle secrétaire et que cette mission m'avait été confiée, nous avions eu plusieurs contacts téléphoniques au cours desquels il avait soupesé les candidatures que je lui présentais.

J'avais dû l'impressionner avec mes allures de battant, puisqu'il me dit, lors de ce que je croyais être notre dernière conversation :

« Qu'est-ce qu'un type énergique comme vous fabrique dans un traquenard pareil ?

— Il cherche un moyen d'en sortir. Au plus vite.

— Vous pensez que vous pourriez faire un bon vendeur ?

— J'en suis certain, croyez-moi. »

Ce qui était faux, évidemment.

« Eh bien, passez me voir un de ces jours. »

Au bout d'une semaine chez *CompuWorld*, je m'étais rendu compte que le toupet phénoménal qui avait inspiré ma réponse n'était pas infondé, au contraire. Sitôt mon premier « score » réalisé – un encart d'un huitième de page pour des programmes de protection informatique que proposait une boîte au nom révélateur, Lock-It-Up –, j'avais compris que j'avais trouvé ma voie. Chaque vente, m'étais-je dit, est une petite victoire, une œuvre en soi… et quelques dollars supplémentaires sur ma feuille de paie, qui plus est. Au fur et à mesure que je vendais mes espaces, je m'étais initié aux finesses de l'argumentation commerciale, du bla-bla à la flatterie soigneusement dosée, de la sincérité la plus ingénue aux pièges les plus trapus.

« Une vente, il faut la voir comme un travail d'approche, un emballage de première classe, une entreprise de séduction, m'avait expliqué Chuck Zanussi peu après mes débuts à *CompuWorld*. Le but, c'est de fourrer les clients dans votre lit, oui, mais sans qu'ils puissent dire ouf, sans même qu'ils se rendent compte qu'ils n'ont plus une fringue sur eux. Si vous y allez trop fort, si vous vous mettez à grogner d'aise dans leur cou, ils vous enverront vous faire voir. Souvenez-vous : la vente, c'est de la séduction, et la séduction, c'est d'abord et surtout de la *finesse* ! »

J'avais encore ce conseil en tête quinze jours plus tard, alors que j'assistais à mon premier salon professionnel, « SOFTUS », la grande foire d'empoigne du secteur informatique aux États-Unis. En déambulant devant le bon millier de stands qui occupaient tout l'espace du Javits Center, j'avais remarqué celui de MicroManage, une compagnie qui se trouvait en bonne place sur la liste des priorités que Zanussi m'avait remise peu après mon embauche.

« Ces mecs de MicroManage, ils ont un excellent produit qu'ils appellent le “Disc Liberator”, m'avait déclaré Chuck. Mais ils ont aussi comme qui dirait une déficience décisionnelle quand il s'agit d'annoncer chez nous. Votre mission : lisez toute la doc possible et imaginable sur ce “Disc Liberator” et faites caner ces emmerdeurs. »

Jusqu'à ce jour-là, tous les appels téléphoniques que j'avais tentés chez eux étaient restés lettre morte. C'est donc avec le plus grand plaisir que je me suis jeté sur leur stand… et que j'ai constaté que la préposée était renversante. Dans la vingtaine, des jambes canon, les pommettes hautes, des cheveux d'ébène coupés court, exquise dans un tailleur noir très chic. Et entièrement accaparée par son téléphone quand je me suis approché. Enfin, elle a raccroché et m'a tendu la main.

« Bonjouuur. Lizzie Howard. Je peux vous aider ? »

Une poignée de main assurée, franche. La voix, sous son vernis sophistiqué, laissait deviner une enfance dans la province de l'État de New York.

« Ned Allen, de chez *CompuWorld*. Vous connaissez notre revue ?

— Peut-être, a-t-elle répliqué avec une lueur espiègle dans les yeux.

— Si vous êtes dans l'informatique, c'est obligé. On est l'une des principales publications spécialisées du continent, tout de même !

— La *troisième*, oui.

— Vous connaissez, alors ? »

Encore un sourire incisif, malicieux.

« Peut-être.

— Eh bien moi, je sais tout sur vous.

— Vraiment ?

— Mais oui ! ai-je répondu en m'efforçant d'ignorer la nuance sarcastique qu'elle avait eue. MicroManage, fabricant exclusif du “Disc Liberator”, “le moyen sûr et simple de libérer votre disque dur de tous les fichiers inutiles qui s'y accumulent”.

— Très impressionnant.

— En fait, ai-je poursuivi, le “Disc Liberator” est le plus fiable de tous les outils de nettoyage opérant sous Windows. Il est plus performant que le module de désinstallation de chaque application, et plus rapide que…

— D'accord, vous avez lu et bien lu notre matériel publicitaire.

— Ça fait partie de mon travail. Ce qui en fait aussi partie, c'est de vous amener à annoncer dans notre magazine.

— Mais c'est *PC Globe* qui domine le marché, et nous traitons déjà avec eux.

— Oui… Voyez-vous, Lizzie, quand on domine le marché, comme vous dites, on a plus que tendance à se croire le roi du pétrole. Puis on en vient à oublier que le client a droit à quelques égards…

— Seulement des égards ?

— De bons prix, aussi.

— Bons comment ?

— Eh bien, le prix plancher pour une pleine page dans le cahier central est à 35 000. Mais, en guise de bienvenue pour un nouveau client tel que MicroManage, nous serions en mesure de descendre à…

— 30 000.

— Ah, j'aimerais, j'aimerais beaucoup, seulement je ne peux pas aller jusqu'à douze pour cent du…

— 31,5.

— Cela fait encore dix pour cent, eh ! Mais 32,5, par contre, ce serait encore fai…

— Vendu.

— Comment ? »

Elle m'avait désarçonné.

« Vendu.

— Quoi ? Qu'est-ce qui est vendu ?

— La pub MicroManage. Une pleine page, dans votre numéro de juillet si possible.

— J'y veillerai personnellement.

— Bien. Encore un point : nous ne sommes pas intéressés par un emplacement privilégié, mais si jamais vous nous reléguez à côté de vos petites annonces, on ne se parle plus.

— Ça n'arrivera pas.

— Ravie de l'entendre.

— Ça n'arrivera pas parce que… euh, parce que ce serait bien de se parler encore.

— Ah oui ? a-t-elle fait en évitant mon regard, soudain très pressée de redresser une pile de brochures sur sa table.

— Oui. Vraiment. Si cela vous… euh, si cela vous intéresse, bien sûr.

— Peut-être. »

Et elle m'a tendu sa carte avant de reprendre son rangement.

« Relations publiques Mosman & Keating, ai-je lu à voix haute. Et quel rapport avec MicroManage ?

— Je suis leur attachée de presse.

— Mais… mais leur budget publicité, qui s'en occupe ?

— Bruce Halpern, de chez Ogilvy & Mather. En général, il approuve toutes les recommandations que je fais à cet égard. Bien entendu, si vous préférez le contacter directement…

— Non ! Je n'avais pas du tout cette idée, non…

— Je veux dire que si vous ne vous sentez pas de traiter avec une petite attachée de presse de rien du tout…

— Je vous ai froissée, c'est ça ? »

Elle a haussé les épaules.

« Oh, je n'en mourrai pas.

— Désolé.

— Excuses acceptées. Dites, vous êtes plutôt nouveau dans le circuit, non ?

— Ça se voit tant que ça ?

— Règle numéro un : ne jamais en faire trop. Surtout si votre interlocuteur a déjà laissé entendre qu'il est prêt à avaler votre boniment.

— Ce qui veut dire qu'on se parlera encore, alors ?

— Peut-être », a-t-elle répété, cette fois avec les sourcils un peu arqués.

La semaine suivante, je l'ai appelée à trois reprises à son bureau. Chaque fois, elle était « en rendez-vous ». La quatrième, elle a enfin daigné prendre son combiné.

« Vous êtes pas mal entêté dans le genre, non ?

— Et vous, vous jouez très bien les inaccessibles.

— Ah, je comprends ! Si une femme ne vous rappelle pas sur-le-champ, c'est tout simplement une tactique de flirt. Ça n'a rien à voir avec le fait qu'elle pourrait juste être débordée de travail.

— Donc, il faut en conclure que dîner ensemble demain soir est hors de question ?

— Je suppose que je pourrai passer une soirée à écouter votre numéro de commercial. »

Si ce n'est pas du caractère, ça, je n'y connais rien. Et assez chaud pour faire reculer pas mal de mecs. Mais moi, j'étais séduit par l'aplomb de Lizzie, et derrière ses airs de fonceuse j'avais perçu qu'elle et moi étions dans la même situation, qu'elle était née hors du sérail de Manhattan et qu'elle essayait elle aussi de trouver sa place dans la Ville avec un grand V.

« Vous, vous devez conclure. Moi, j'influence. »

Je me rappelle encore le moment où elle avait lancé cette formule tout en me caressant la main de son index. C'était lors de ce premier dîner en tête à tête. Il était tard, la table avait été débarrassée. Nous avions vidé un martini chacun, puis une bouteille de zinfandel, et nous venions de demander au serveur deux nouveaux verres de ce rouge californien bien sec, histoire de rester dans l'ambiance. Étais-je déjà un peu bourré ? Ou était-ce à cause des lumières tamisées qui la faisaient paraître encore plus séduisante que le jour où je l'avais rencontrée ? Ou bien le fait qu'au cours de ces deux dernières heures ensemble il n'y avait pas eu un seul silence, un seul flottement, ce qui prouvait d'après moi que le courant passait merveilleusement entre nous ? Quoi qu'il en soit, j'ai soudain braqué mes yeux dans les siens et j'ai lâché :

« Vous savez, je vais me marier avec vous. »

Pour le coup, un long, un interminable silence s'est installé après cette grotesque déclaration, pendant lequel j'ai littéralement prié pour que le sol s'ouvre sous mes pieds et m'engloutisse tout entier. Mais Lizzie n'a pas trahi la moindre perplexité, la moindre gêne devant cette proposition avinée. Au contraire, elle a laissé son doigt parcourir le dos de ma main tout en luttant pour refouler un éclat de rire. Et puis, avec un sourire un peu éméché, elle m'a dit :

« Vous avez décidément encore beaucoup à apprendre, question technique de vente.

— Oh, pardon, pardon, pardon… Plus stupide que ça, il n'y a pas trace dans l'histoire de l'humanité !

— Taisez-vous et embrassez-moi. »

Bien plus tard, dans le lit de son petit studio de la 17e Rue, près de la 2e Avenue, elle m'a dévisagé avant de remarquer :

« Tu vois, l'entêtement, ça paie vraiment.

— Et jouer les inaccessibles aussi.

— Tu es un petit malin, hein ?

— Comme on me donne, je rends.

— Ah oui : pareil que moi, c'est ça ?

— Il y a un vieux proverbe irlandais qui dit : "Quand on fait la paire, on fait la paire."

— Ah bon ? »

Je l'ai reprise dans mes bras.

« Je crois, oui. »

Elle s'est lovée contre moi.

Voilà. Quatre ans et demi après cette nuit d'ivresse – dans les deux sens du terme –, on continuait de « faire la paire ». Ne vous méprenez pas, je ne suis pas l'un de ces béats pathétiques qui vont claironner partout qu'ils ont fondé le « partenariat idéal » dans leur vie de couple.

Nous sommes, nous restons différents. Lizzie, ainsi, a une vision très « noir ou blanc » du monde, elle est persuadée que la ligne de démarcation entre le bien et le mal est toujours très visible. Pour ma part, même si je me pique d'être un gars moral, j'ai tendance à discerner tous les angles différents sous lesquels chaque situation ne demande qu'à se présenter.

Donc, bien que nous ne nous soyons presque pas quittés depuis ce dîner, union officiellement consacrée en 1994, nous avons traversé des zones de turbulences comme n'importe quel couple. Un mois plus tôt seulement, nous nous étions sortis d'une passe difficile qui aurait pu être la fin de notre histoire si nous avions laissé les choses se développer. Mais quel est le mariage qui n'a pas connu des avis de tempête ? Moi, j'ai toujours été intimement convaincu que le nôtre allait durer, parce que... Eh bien, disons-le comme ça : parce que des mots tels que « Ne fais pas ceci », ou « Tu ne peux pas penser ça », ou « Je ne le permettrai pas » n'ont jamais eu cours entre nous. Nous ne sommes pas rivaux sur le plan professionnel, nous ne jouons pas à des petits jeux déstabilisants, nous n'établissons pas de rapports de force entre nous. Nous nous entendons bien, vraiment. Et surtout, peut-être, nous demeurons capables de rire ensemble, ce qui est loin d'être le cas pour tout le monde après cinq années de vie conjugale.

Nous ne sommes pas toujours d'accord, bien sûr. Nos points de vue peuvent diverger – sur le compte de Geena et Ian, par exemple. J'aime bien Geena ; Ian est une agréable compagnie, à petites doses. Mais alors que Lizzie supporte stoïquement sa manie des mondanités, mes plaisanteries avec lui finissent chaque fois par prendre une tournure de confrontation. Qui sait si, au fond de moi, je ne suis pas impressionné qu'il ait fréquenté le même lycée que John F. Kennedy Junior, ou qu'il puisse signer un long portrait de Peter Jennings dans *Mirabella*, ou qu'il connaisse par leur petit nom tous ceux qui comptent dans le monde de la presse et de l'édition à New York.

Là réside la différence fondamentale entre Lizzie et moi : elle ne se laisse pas intimider par ce qui est « dans le coup », ces conventions non écrites qui, à Manhattan, fixent impérativement ce qu'il convient de manger, boire, regarder, lire et évoquer dans les conversations. Certes, elle s'efforce chaque jour de rester dans la course new-yorkaise, ce qui est une condition *sine qua non* de son efficacité professionnelle. Mais, contrairement à moi, elle n'est pas hantée par la peur de perdre son pouvoir de persuasion. Ni par le besoin de proclamer sa réussite sociale en sortant à tout bout de champ sa carte American Express Gold.

« C'est pour nous », ai-je annoncé quand l'addition est arrivée.

Lizzie a eu une moue pincée, mais elle n'a rien dit.

« Eh, Ned, c'est ruineux, ici ! a protesté Geena. Au moins, laisse-nous partager. »

Du bout des doigts, j'ai entrouvert la feuille pliée en deux que le serveur avait posée devant moi. 380 dollars. Ouille.

« La prochaine est pour vous », ai-je assuré en jetant négligemment sur le petit plateau en argent ma carte de crédit, non sans prier en mon for intérieur pour qu'elle ne soit pas refusée, puisque je venais de recevoir une lettre d'American Express me menaçant de représailles physiques si je ne comblais pas au plus vite mon découvert.

« J'avoue que pour une fois tout ce battage est justifié, a remarqué Geena. Leur risotto est proprement époustouflant.

— Et puis, au moins, ils ne vous facturent pas le privilège d'être si bien entourés, a glissé Lizzie.

— À propos de ça, regardez un peu qui vient d'arriver », a soufflé Ian.

Comme tous les convives de la salle, nous nous sommes brièvement dévissé le cou pour observer l'entrée d'un quidam exceptionnellement grand et bien bâti. La jeune cinquantaine, il irradiait une autorité naturelle du haut de son mètre quatre-vingt-dix, sans un pouce de graisse dans son imposante stature. Il arborait un bronzage éternel et une tenue qui sortait tout droit du meilleur tailleur londonien. Ses yeux gris clair forçaient le respect, mais c'est surtout ses mains qui ont retenu mon attention, immenses, de vraies pattes de grizzly. Les mains prédatrices de quelqu'un à qui rien ne résiste.

« Eh bien, eh bien, voici le Grand Motivateur… »

Par ce clin d'œil au « Grand Émancipateur » – Abraham Lincoln, excusez du peu –, Ian désignait Jack Ballantine, un homme dont vous connaissez certainement toute l'histoire si vous savez lire depuis vingt ans, ou moins. Fils d'un métallo de Harrisburg, en Pennsylvanie, génie du football américain révélé au lycée, étoile de la sélection junior au milieu des années soixante puis vedette de l'équipe des Cowboys de Dallas, qu'il conduisit à la victoire lors de trois Super-Bowls. Un sportif hors pair, mais aussi un play-boy vivant à deux cents à l'heure, qui collectionnait les Ferrari comme les actrices de Hollywood, disposait de luxueuses garçonnières dans tous les coins classieux des États-Unis et ne craignait pas de faire parler de lui en déclenchant des rixes dans les bars, en boxant les paparazzi trop envahissants ou en se montrant en public avec des individus notablement fichés par la police fédérale.

Tout le monde s'attendait à le voir terminer comme tant d'autres stars déchues, dilapidant sa fortune en poudres hallucinogènes diverses, ruineuses maîtresses et investissements malencontreux. Aussi la surprise fut-elle générale lorsqu'il vint s'installer à New York en

1975 et s'improvisa promoteur immobilier. Les cyniques en firent des gorges chaudes, lui prédisant une prompte banqueroute. Sauf que Ballantine se révéla un businessman plus qu'avisé : après avoir démarré avec de petits projets en périphérie, il prit progressivement pied à Manhattan, où il arracha au début des années quatre-vingt une série de marchés qui lui assurèrent un train de vie de multimillionnaire et une solide réputation de brasseur d'affaires.

Mais il n'aurait pas été fidèle à lui-même s'il s'était contenté de ce rôle un peu ennuyeux de promoteur malin. Il avait encore à devenir le « Grand Bâtisseur », celui qui, au plus fort du reaganisme économique, allait imposer sa griffe sur le paysage urbain de Manhattan. Gros immeubles, gros contrats, deux mariages qui firent couler beaucoup d'encre, deux divorces qui en firent couler autant : son image publique, entretenue avec soin, en fit un exemple incontournable de gagneur patriote, l'Avant-Centre du Capitalisme Triomphant.

Oh, certes, des rumeurs insistantes répétaient que l'empire Ballantine était construit sur des sables mouvants, qu'il marchait au bord d'un gouffre financier. On chuchotait à voix haute qu'il prenait des risques de joueur de poker et que les scrupules ne l'étouffaient pas. Finalement, en 1991, tout se délita. Un projet de casino géant à Atlantic City capota, une opération immobilière pharaonique à Battery Park City pulvérisa le budget prévu. Ballantine se retrouva les caisses vides et avec 200 millions de dettes. Ses banquiers, jugeant que le jeu n'en valait plus la chandelle, lui coupèrent les vivres. Le gratte-ciel Ballantine s'effondra.

Sa chute fut abondamment médiatisée, à l'intense satisfaction du public, qui, dans sa grande majorité, se délectait d'assister au Waterloo d'une épopée aussi mégalomaniaque. En Amérique, on voue un culte au succès mais on est également fasciné par l'échec, surtout quand la victime a commis le péché d'orgueil. « Que nous a rapporté la richesse unie à l'arrogance ? » interrogent les Écritures, n'est-ce pas ? En particulier dans la bonne ville de New York.

Bien qu'ayant subi un sérieux revers, Ballantine n'en était pas réduit à mendier dans la rue, loin de là. Il avait réussi à préserver la plupart de ses biens personnels, après sa faillite. Mais pendant trois ans environ il disparut tout bonnement de la scène : l'homme qui avait fait si longtemps la une de la presse new-yorkaise se volatilisa. D'autres rumeurs prétendirent alors qu'il avait été victime d'une dépression nerveuse et que, tel un Howard Hughes de l'immobilier, il vivait en ermite dans quelque îlot perdu des Caraïbes.

En réalité, il apparut qu'il avait mis à profit ces trois années sabbatiques pour prendre du recul et préparer son retour. Car en 1994, lorsque les projecteurs se braquèrent sur lui, ce fut pour découvrir un autre Jack Ballantine : le « Grand Bâtisseur » était devenu le « Grand Motivateur », qui se mit à parcourir le circuit obligé des conférences et des colloques pour répandre la bonne parole de la confiance en soi, un prêchi-prêcha béhavioriste dont il se faisait l'exemple vivant puisque, disait-il, c'était ce qui lui avait donné la force de se réinventer après avoir vu son empire partir à vau-l'eau.

Il commença aussi à pondre des guides « psychologiques » aux titres aussi édifiants que *Le Territoire du succès*, *Soyez motivé !* ou *À la conquête de vous-même*, tous best-sellers astronomiques qui, avec force métaphores footballistiques, résumaient le b a ba de ses théories : même si le fin tacticien peut se faufiler assez loin dans le camp ennemi, seul le joueur qui cogne le plus fort est en mesure de transformer l'essai.

Ainsi, après avoir connu la disgrâce, Ballantine était de nouveau au centre de l'attention générale. On l'invitait régulièrement aux débats télévisés, on se pressait pour assister à ses interventions, on ne voyait que son visage dans les devantures de librairie. Évidemment, le gratin new-yorkais posait un regard plutôt ironique sur cette résurrection, mais il était un fait indiscutable : la seule apparition de ce type dans une assemblée aussi blasée que celle réunie au « Patroon » réussissait encore à provoquer un moment de silence. Ce qui, à mes yeux, était le signe révélateur du Vrai Pouvoir.

Il arrivait flanqué de deux ombres. L'une, munie d'un attaché-case, était de toute évidence son secrétaire particulier. L'autre, à sa manière de scruter les alentours, ne pouvait être qu'un genre de garde du corps. Ballantine s'est arrêté un moment à la table d'Edgar Bronfman, grosse légume qui avait déjà bondi sur ses pieds et lui tendait les deux mains d'un air extasié.

« Vous voyez le mec avec le porte-documents ? a demandé Ian. Je parie ce que vous voulez que son boss va lui dire de faire le tour de la salle en proposant ses cassettes vidéo “motivantes” à prix réduit, *Connaissez votre propre valeur* et ainsi de suite.

— Ian ! Ne parle pas si fort ! a protesté Geena en chuchotant.

— Et alors quoi ? Tu penses qu'il va venir m'arranger le portrait ? »

Comme s'il l'avait entendu, l'autre s'est soudain mis en route vers notre table. Ian est devenu tout blanc, mais ce n'était pas sur lui que les yeux du second couteau de Ballantine étaient fixés. C'était sur moi.

« Ned Allen ? » a-t-il fait en s'arrêtant devant nous.

J'ai opiné du bonnet, assez hésitant. Il avait à peu près mon âge, des traits volontaires que j'avais l'impression de connaître.

« Jerry Schubert. Collège de Brunswick. Promo 83.

— Ça alors ! me suis-je exclamé en me levant pour lui serrer la main. Bon sang, si je m'attendais à ça…

— Le monde est petit. Tu es à New York depuis longtemps ?

— Depuis que j'ai terminé mes études. Et toi ?

— *Idem*. Et voilà trois ans que je suis l'assistant de M. Ballantine.

— Tu t'en es bien sorti. »

Remarquant la main de Lizzie posée sur le dossier de ma chaise, il lui a adressé un signe de tête approbateur.

« Toi aussi.

— Oh, pardon ! Lizzie, ma femme. » Elle a eu un sourire poli. « Et voici Ian et Geena Deane.

— Attendez ! C'est vous qui écrivez dans le *Daily News* ?

— Oui, en effet », a répondu Ian.

Il paraissait légèrement sur ses gardes.

« M. Ballantine a vraiment apprécié le passage que vous lui avez consacré dans votre rubrique de la semaine dernière. »

Ian évitait le regard peu amène que Schubert gardait sur lui.

« Oh, c'était une blague, rien de plus.

— Vous avez un sens de l'humour bien à vous, monsieur Deane… » Puis, l'air plus détendu : « Mais M. Ballantine comprend la plaisanterie. »

Il a jeté un coup d'œil vers son boss, qui venait de quitter Bronfman et dont le garde du corps, par de petites mimiques expressives, était en train de lui faire comprendre de loin que son retour était plus que souhaité.

« Bon, faut que j'y aille, a déclaré Jerry en sortant de sa poche une carte de visite et en me la tendant. On reste en contact, hein ? Ça serait super d'évoquer le bon vieux temps et tout ça.

— Tu fais toujours du hockey ?

— Dans mes rêves, seulement. » Il a examiné la carte que je lui avais donnée à mon tour. « Chef des ventes régionales. Dis donc… Bon, enchanté de vous avoir connus. Même vous, monsieur Deane. Ned, tu m'appelles, d'acc ?

— D'acc.

— J'y tiens. »

Dès qu'il a été hors de portée de voix, Geena a soupiré :

« Alors ça… Je suis bluffée.

— Mais qu'est-ce que tu as bien pu raconter sur Ballantine, toi ? ai-je lancé à Ian.

— Bah, un petit aparté rigolo à propos de son dernier bouquin. Comme quoi c'est plein de supertuyaux pour se retrouver en faillite sans perdre son yacht.

— Il est pas tordant, mon mari ? a remarqué Geena d'un ton excédé.

— Mais merde, c'est vrai, quoi ! Ce mec a connu pire que la chute de l'Empire romain, mais il s'est débrouillé pour continuer à vivre mieux que Donald Trump. Et puis hop, il se relève d'entre les morts ! Dans le genre indestructible, à côté de lui, Raspoutine n'est qu'un petit joueur.

— Ce Jerry, c'était un bon copain à toi ? s'est enquise Lizzie.

— On était dans la même section. En première année, on s'est pas mal vus, et puis il s'est lancé à fond dans l'équipe de hockey et moi, les drogués du sport… »

Si Ian n'avait pas été là, j'aurais ajouté qu'à part sa réputation de semer la terreur sur la glace Jerry Schubert avait eu aussi celle, bien moins reluisante, d'avoir trempé dans un scandale local : avec deux autres camarades, il avait été accusé d'avoir délibérément saboté un match de finale, de mèche avec des bookmakers du cru qui avaient parié gros sur l'équipe adverse. L'enquête n'ayant rien donné de concret, il avait finalement été dédouané. C'était une vieille histoire, bien sûr, mais un professionnel du cancan tel que Ian en aurait fait ses choux gras : « Il se dit beaucoup ces derniers temps que l'assistant de Jack Ballantine pourrait avoir été jadis impliqué dans une affaire peu ragoûtante... » Et qui aurait été accusé de colporter des saletés sur le compte d'un vieil ami ? Moi. Je me suis donc borné à conclure :

« J'ai dû lire dans un journal du coin qu'après la fac il a voulu entrer dans la sélection nationale de hockey. Faut croire qu'il n'y est pas arrivé.

— Et maintenant, il taille les crayons du Grand Motivateur », a complété Ian.

Geena l'a contemplé un moment.

« Tu sais ce qui me fait le plus craquer chez toi, chéri ? Cet amour débordant que tu portes à l'humanité.

— Comment pourrais-tu attendre d'un journaliste qu'il soit humain ? ai-je constaté en souriant de toutes mes dents à Ian.

— Ned a parfaitement raison. Ce serait comme d'attendre un peu de subtilité de la part d'un commercial. »

Je me suis forcé à rire, sans grand succès. Une fois encore, ce salaud avait eu le dernier mot.

Plus tard, dans le taxi qui nous ramenait chez nous, Lizzie a remarqué :

« J'aimerais vraiment que tu arrêtes de chercher Ian en permanence.

— Oh, on blague, c'est tout !

— Lui, oui. Mais chez toi, c'est sérieux.

— Non, tu te...

— Ned ! Je te l'ai dit et répété : tu n'as pas besoin de te mettre en compétition avec tout le monde, ni d'essayer de prouver que tu réussis dans la vie. Tu réussis, ça suffit.

— Mais je n'essaie pas de prouver quoi que ce soit !

— Ah oui ? Alors, pourquoi as-tu voulu payer l'addition ce soir ?

— Oh, une petite dépense, pas de quoi en faire un...

— Ce n'est pas une petite dépense. Et on vit très au-dessus de nos moyens. Beaucoup trop.

— Mais non.

— 60 000 dans le rouge, ce n'est pas vivre au-dessus de ses moyens ?

— Je touche ma prime dans une quinzaine et on efface tout.

— Et puis, tu recommenceras à jeter l'argent par les fenêtres.

— Après, je ferai attention.

— Non, tu ne le feras pas. Parce que tu te sens *obligé* de dépenser. Ça te rassure. »

J'ai eu envie de mettre fin à cette conversation dans les plus brefs délais.

« Mais c'est marrant, de claquer. Surtout quand c'est avec toi… »

Elle m'a pris la tête dans ses mains et m'a dévisagé avec un sourire contraint :

« Ça, c'est ce que j'appelle une façon galante de s'esquiver. »

Nous habitions sur la 20e Rue, entre les 5e et 6e Avenues, un quartier que les gazettes new-yorkaises ont surnommé le « SoHo nouveau ». Lofts retapés, restos à la mode, boutiques dans le vent… et loyers monstrueusement élevés. Exemple : notre une pièce très *in* avec son parquet délavé, ses baies vitrées et son coin cuisine superéquipé, 2 200 dollars par mois. Et le propriétaire nous menaçait d'une augmentation de quinze pour cent au renouvellement du bail, en février.

Le voyant de notre répondeur téléphonique clignotait lorsque nous sommes entrés. J'ai rembobiné la bande. Ivan Dolinsky. Il s'exprimait avec une jovialité forcée qui n'arrivait pas à masquer une hésitation de chien battu, devenue ces derniers temps un de ses traits distinctifs.

« Chef ? Ivan à l'appareil. Bon, je suis absolument confus, désolé de vous poursuivre chez vous. En fait, j'allais vous appeler sur votre portable et puis je me suis dit : Eh, il a le droit de vivre, quand même, il est pas obligé de m'entendre encore à point d'heure ! Alors, je me suis décidé pour le répondeur. Oh, tout est au poil, pas de souci ! L'annonce de GBS est dans la poche demain à midi maxi, et après, mon gars, je vais me sentir dans la peau de la meilleure gâchette du Far West. Ouais ! Non, le truc qui me chiffonne, ce pour quoi je vous embête à la maison… Bon, il y a un bruit qui court comme quoi Chuckie Zanussi a fait un crochet pas du tout prévu par Chicago… »

Merde et merde et remerde. Les tam-tams s'étaient mis en branle à *CompuWorld*. Et je devinais qui était en train de taper le plus fort dessus : Debbie Suarez, la vendeuse miracle. La grande gueule.

« … En tout cas, vous me connaissez, hein, toujours à me faire du mouron ! Avec moi, c'est pas que le verre est à moitié vide, c'est qu'il n'y a plus une goutte d'eau sur terre ! Enfin, ce que je veux dire, c'est : on a une embrouille qui se profile, là ? Une petite embrouille à la japonaise, peut-être ? Attendez, n'interprétez pas ça mal : Yokimura, ils ont toujours été corrects avec moi. Mais quand un Jap a décidé de vous niquer par-derrière… »

J'ai appuyé sur la touche « Stop ». Trop tard. Lizzie me fusillait du regard.

« Charmant !

— Euh, il a fait le Vietnam, tu comprends.

— Ah bon ? Je ne savais pas qu'on s'était battus contre les Japonais, au Vietnam. »

Et elle est partie dans la chambre à coucher. J'ai remis le répondeur en route.

« … Alors, si c'est pas trop vous demander de me passer un coup de fil vite fait quand vous serez rentré ?

Juste pour que je puisse dormir sur mes deux oreilles, juste pour ne pas penser à ce qui arrivera si on m'éjecte sous prétexte de compression du personnel, vous comprenez ? Vous pouvez appeler à n'importe quelle heure, ça m'est égal. Je serai en train de me ronger les ongles, de toute façon. »

Fantastique. Le rêve : avoir à baratiner un type qui, après avoir été le fleuron de mon équipe, semblait chaque jour plus promis à une psychanalyse de choc ! « Juste pour que je puisse dormir sur mes deux oreilles… » Cela ne lui était pas arrivé depuis plus de deux ans, à ce malheureux. Depuis que son unique enfant, Nancy, avait été emportée par une méningite. Sa naissance inespérée lui était apparue comme un miracle, d'autant qu'il avait déjà quarante-six ans et deux mariages stériles derrière lui ; sa mort, un coup du sort qui dépassait l'entendement. Quelques mois après, sa femme le quittait. Il n'arrivait plus à se concentrer. Il commença à oublier ses rendez-vous. Et à ne plus ramener de contrats.

Chuck avait failli le licencier un an plus tôt, lorsqu'il nous avait fait perdre un cahier de pub TechWorld qui était pratiquement signé, mais qui avait été annulé après qu'Ivan avait eu raté quatre réunions de travail consécutives. J'avais réussi à plaider-négocier sa cause avec le patron, forcé Ivan à consulter une psychologue, et je m'étais mis à lui repasser des clients faciles pour l'aider à reprendre progressivement du poil de la bête. Et il avait recommencé à assurer, au point que je lui avais fait assez confiance pour le charger du dossier GBS. Mais le bonhomme restait hyperfragile, et il avait pris la fâcheuse habitude de s'épancher dans mon giron dès que je l'avais au téléphone, ce qui devait être un simple appel professionnel dégénérant en un monologue de vingt minutes.

C'est pour cette raison que je ne me sentais pas du tout prêt à le rappeler, ce soir-là. Je suis donc allé à mon ordinateur, installé dans un petit renfoncement à côté de la cuisine, pour lui expédier un mail aussi bref que sédatif. « Ivan, pas besoin de perdre le sommeil à cause de broutilles. Moi, en tout cas, je dors peinard. Parce qu'il n'y a rien (je répète, RIEN) d'inquiétant dans l'air. Faites un tabac avec GBS demain. Et surtout, surtout, faites-vous du bien : SOYEZ COOL ! Ned. »

En relisant le message, je me suis dit : « Dieu, qu'est-ce que tu aimes croire aux conneries que tu racontes ! » J'ai cliqué sur « Envoi » et je suis parti me coucher.

Lizzie était déjà blottie de son côté du lit, en train de feuilleter un numéro de *Vanity Fair*. Elle m'a regardé approcher.

« Pourquoi tu ne m'as pas parlé de ce voyage de Zanussi à Chicago ?

— Parce que je n'en ai pas eu l'occasion, tout bêtement.

— Un gros truc qui se prépare ?

— Pas à ma connaissance, non.

— Alors, pourquoi Ivan a laissé ce message ? Il parlait comme s'il avait besoin d'une dizaine de Tranxène.

— Il a besoin d'une dizaine de Tranxène en permanence.

— Tu me le dirais, hein ?

— Quoi ?

— S'il arrivait quelque chose à ton travail ? »

Non. Franchement, non. Voyez-vous, j'ai été élevé dans l'idée qu'on ne doit jamais partager ce qui est anxiogène avec les êtres les plus proches de vous. Mon père me le répétait souvent : « Personne n'a à savoir que tu es à deux doigts de pisser dans ton froc. Ça ne ferait qu'inquiéter ta famille, et ceux qui te veulent du mal en seraient trop contents. »

Il s'agissait donc d'intérioriser la peur. De la garder hors de sa vue et, du même coup, hors de son esprit. Du moins était-ce la grande théorie de mon paternel, que je me suis efforcé de suivre des années durant non sans exaspérer ma tendre épouse – laquelle, au cours de nos très rares altercations, m'a parfois accusé de ne pas vouloir reconnaître que je pouvais avoir un ou deux talons d'Achille, moi aussi.

« Bien sûr que je te le dirais.

— Mon œil.

— Si ! Seulement, je…

— Tu ne veux pas que je m'inquiète.

— Exactement.

— Donc, il y a de quoi s'inquiéter.

— Pas du tout. Chuck est allé à une réunion à Chicago, point final.

— Une réunion *importante* ?

— Je ne m'en soucie pas.

— Alors, il y a *vraiment* quelque chose.

— Tout ce que je sais pour l'instant, c'est que cette réunion a eu lieu. Et demain matin, au petit déjeuner, Chuck…

— Oh non !

— Lizzie…

— Chuck te traîne à un petit déjeuner ?

— Ça nous arrive très souvent !

— Non, ça ne vous arrive jamais.

— D'accord, c'est vrai. C'est la première fois depuis pas mal de…

— Depuis toujours, dis plutôt ! Chuck, il déteste ça, les petits déjs de travail.

— Et comment tu le sais ?

— C'est toi qui me l'as dit !

— Possible, oui… Mais oh, c'est rien qu'un petit déj, hein ?

— Si au moins tu pouvais être moins cachottier, de temps à autre…

— Je *ne suis pas* cachottier. Un peu vierge effarouchée, c'est tout.

— Tu es impossible, voilà ce que tu es ! »

Je me suis glissé sous les draps à côté d'elle.

« Mais tu m'aimes quand même.

— Oui, hélas. »

Je l'ai attirée à moi. Elle s'est aussitôt écartée.

« Ned… Non. »

Un silence gêné, jusqu'à ce que je remarque d'un ton posé :

« Ça fait presque trois semaines.

— Je sais, je sais, a-t-elle reconnu dans un murmure. Mais… mais le médecin dit que ça peut prendre jusqu'à vingt et un jours avant que…

— C'est bon ! Je n'essaie pas de te forcer.

— Je sais bien que non. Et moi aussi je veux… je revoudrai bientôt. Simplement, pas…

— Oui, oui, l'ai-je rassurée en lui caressant les cheveux. Il n'y a pas urgence. Mais tu es sûre que, euh…

— Oui », m'a-t-elle coupé.

Encore un silence tendu, que nous avons eu du mal à rompre. Il y en avait eu beaucoup entre nous, dernièrement, de ces flottements. Beaucoup trop. Et tous avaient la même origine : la fausse couche de Lizzie, trois semaines auparavant.

Sa grossesse était survenue par pur accident, une « erreur technique » due, comme nous l'avions découvert ensuite, à une déchirure microscopique dans son diaphragme. La nouvelle nous avait donc causé un choc de plusieurs milliers de volts. La première surprise surmontée, Lizzie avait été ravie. Mais quand le test de grossesse avait viré au rose vif, moi, j'étais devenu vert.

« Allez, chéri, m'avait-elle raisonné en constatant mon état d'anxiété. On a toujours su qu'on aurait des enfants, un jour ou l'autre. C'est juste que la nature nous dit à sa manière qu'on ne peut pas tout prévoir…

— La nature n'a rien à voir là-dedans, avais-je contré d'une voix sombre.

— Ça te fait peur, c'est ça ?

— Peur ? Non, c'est seulement… préoccupant.

— Tu ne veux pas de cet enfant ? m'avait-elle demandé en posant instinctivement une main sur son ventre.

— Bien sûr que si ! avais-je menti. Simplement… Bon, c'est pas le meilleur moment, non ? Surtout avec le boulot dingue qu'on a, toi et moi.

— Dans ce cas, il n'y aura jamais de *bon moment* ! On aura toujours une date butoir complètement démente, un contrat impossible à conclure. C'est ça, la vie ! D'accord, avec un gosse, ça sera un peu plus compliqué. Mais aussi il, ou elle, sera ce qu'on aura eu de mieux dans toute notre existence.

— Je suis certain que tu as raison. »

Elle avait retiré sa main, m'avait dévisagé un moment.

« J'aurais aimé que tu sois plus content…

— Moi aussi, j'aurais aimé. »

À franchement parler, la paternité n'a jamais été pour moi une perspective enchanteresse. Pour être encore plus franc : c'est un état que j'espérais pouvoir retarder indéfiniment. L'idée même d'avoir des enfants me terrorisait parce que je savais d'instinct que je serais le genre de père à vivre dans l'angoisse permanente de mal m'y prendre avec eux, dans la crainte de ne pas faire assez pour leur bien-être. Et parce que je me souvenais toujours de la déception que je voyais passer dans les yeux de mon propre père chaque fois qu'il pensait ne pas avoir été à la hauteur de mes attentes.

En plus, me disais-je, à quoi bon se créer des complications inutiles au moment où, professionnellement parlant, je venais juste de trouver mon rythme ? Pour Lizzie et moi, tout se passait au mieux. Un jour, nous serions prêts à avoir un gosse, mais seulement lorsque nous serions certains de lui apporter le meilleur… Donc, je paniquais complètement, et l'effet déplorable que mes hésitations provoquaient sur Lizzie était évident. Même si je m'efforçais de les masquer, par exemple en me montrant des plus prévenants lorsqu'elle avait des nausées matinales, elle était un peu froissée. Typique de Lizzie, ça : on ne la berne pas si facilement. Elle est équipée d'un détecteur de foutaises hypersensible qui lui permet toujours de deviner si je suis sincère ou pas.

Pourtant, au bout d'environ deux mois, j'avais commencé à me persuader qu'il valait mieux prendre les choses avec philosophie, que Lizzie avait raison : avoir un enfant ensemble serait ce qui pourrait nous arriver de mieux. Ne serait-ce que parce qu'elle était, elle, ce qui était arrivé de mieux dans ma vie.

Et puis, un après-midi, Geena m'a appelé au bureau. Le ton qu'elle avait m'a aussitôt inquiété : tellement calme, tellement raisonnable.

« Ned ? Je ne veux surtout pas que tu t'affoles, mais… »

Je me suis affolé sur-le-champ.

« C'est Lizzie ? Qu'est-ce qu'il y a ?

— Tout va aller très bien pour Lizzie. Seulement, nous avons dû la conduire d'urgence à l'hôpital. Elle s'était mise à saigner beaucoup et…

— Le… bébé ?

— Ned, je suis désolée… »

Un quart d'heure plus tard, j'arrivais au New York Hospital. Aux urgences, le médecin de garde m'a expliqué qu'elle avait fait une fausse couche et qu'elle avait immédiatement été envoyée en salle d'opération pour un curetage.

« Elle sera très faible quand elle va se réveiller, m'a-t-il prévenu, sans parler du traumatisme consécutif à la perte de l'enfant. Mais, d'après les éléments dont je dispose, il n'y a pas eu de complications graves, donc aucune raison qu'elle ne puisse plus concevoir. »

J'ai dû attendre plus de trois heures avant d'être autorisé à la voir. Elle était étroitement bordée dans un lit, raccordée à un goutte-à-goutte, le visage livide à cause de la perte de sang. Mais ce sont ses yeux qui m'ont le plus frappé : les yeux d'un soldat qui vient de subir un bombardement.

Je me suis assis, j'ai serré sa main dans la mienne.

« Je... je suppose que tu es soulagé », a-t-elle murmuré.

Cela m'a fait l'effet d'une gifle.

« Tu sais bien que ce n'est pas vrai. »

Soudain, elle s'est penchée vers moi, a caché sa tête dans mon épaule et s'est mise à sangloter éperdument. Je l'ai gardée dans mes bras jusqu'à ce qu'elle recouvre son calme.

« Tout ira bien la prochaine fois, ai-je alors tenté.

— Je ne veux pas parler de ça. »

Nous avons donc laissé tomber le sujet. Mais le lendemain, quand je l'ai ramenée chez nous, j'ai commis l'erreur de lancer d'une voix faussement enjouée :

« Dès que tu seras remise, on réessaie, pas vrai ? »

Elle a baissé les yeux au sol, sans répondre. J'ai compris le message et je me suis abstenu de toute nouvelle allusion à sa grossesse malheureuse. La première semaine, sa détresse était palpable, de même que sa farouche détermination à ne pas aborder le sujet avec moi. En faisant peu à peu son deuil, elle construisait un mur temporaire entre nous. Et si je respectais son désir de préserver ce qu'il est convenu d'appeler son

« espace », je ne pouvais m'empêcher de redouter cette distance brusquement apparue, le fait que pour la première fois dans notre histoire une sorte de point d'interrogation pesait maintenant sur moi. Je me maudissais d'avoir accueilli la nouvelle avec tant de réticence, d'avoir laissé mes doutes égoïstes ternir ce qui aurait dû être une occasion de nous réjouir ensemble.

Après cette mauvaise passe, cependant, elle a semblé retrouver le moral. Sous mes yeux, le fossé qui s'était creusé entre nous a commencé à se combler. Ni elle ni moi n'étions revenus sur sa fausse couche jusqu'à ce soir, jusqu'au retour de l'un de ces silences contraints qui s'installaient de temps à autre, presque à notre insu…

Mais bon. Cela arrive certainement à d'autres couples qui ont subi une expérience aussi douloureuse. En général, nous n'avons rien de taciturne ou de renfrogné lorsque nous sommes ensemble. On s'entend comme larrons en foire, même. Ce n'est qu'une étape à passer. Et que nous passerons d'ici peu. Je veux dire très, très bientôt.

« Je vais essayer de dormir un peu, m'a dit Lizzie en se retournant pour m'embrasser.

— Ne te fais pas de souci, pour rien. Ça, c'est mon job à moi. »

Elle a éteint sa lampe, étreint son oreiller, et en quelques secondes elle a sombré dans les bras de Morphée. Moi, j'attendais le sommeil, les yeux au plafond. En me répétant : « Il n'y a pas de quoi s'inquiéter, vraiment. Parce que tu es un gagneur et un bosseur, hein ? Et les bosseurs seront les noceurs… »

4

DAN SUGARMAN S'APPRÊTAIT À SERVIR quand il s'est mis à douter de lui-même. Après m'avoir repris le service dans le sixième, il menait cinq jeux à trois, trente-zéro, tout près de remporter le set. Et là, il a commis deux fautes, sa deuxième balle de service fusant rageusement à l'est du court.

Trente-quinze.

J'ai jeté un coup d'œil à ma montre. Sept heures moins dix-neuf. Soixante-quatre minutes avant mon petit déjeuner avec Chuck Zanussi. « N'y pense pas, putain, n'y pense pas ! Sois au jeu ! »

Sugarman a expédié encore un autre service destiné à me pulvériser sur place, mais que ma raquette a rencontré sur sa trajectoire et renvoyé en un lob peu convaincu. Dan a couru à sa rencontre, prêt à m'infliger le coup de grâce. Il était si sûr de lui que son smash est parti droit dans le filet.

Trente partout.

Cette fois, il a tenté une nouvelle tactique d'engagement : une balle beaucoup moins rapide, mais très coupée. Je me suis débrouillé pour être bien placé, et j'ai répliqué d'un coup droit foudroyant.

Trente-quarante.

En retournant au fond du court, Dan secouait la tête en maugréant quelque chose d'inintelligible. Puis il m'a lancé un bref regard dans lequel se sont lus l'hésitation, la perplexité, le découragement, tout cela en moins d'une seconde. Et j'ai compris que j'allais remporter le set.

Un service brutal, à peine en dehors de la ligne médiane, suivi d'un deuxième ultraprudent, genre « Faut pas déconner, là », qui est arrivé en plein milieu de ma zone. Je me suis approché, ma raquette ostensiblement prête pour une réponse énergique. Mais alors que Dan se préparait au choc en fond de court, j'ai soudain changé de tactique en poussant à peine la balle au-dessus du filet. Dan s'est jeté en avant, inutilement : le temps qu'il se rapproche, elle avait déjà rebondi deux fois.

« Sacré fils de… ! »

Il avait failli percuter le filet, mais il a levé aussitôt la main pour s'excuser. Le tennis est un sport de gentleman, tout de même… Jusqu'au moment où vous vous mettez à perdre confiance et à commettre erreur sur erreur. Et, à ce point, cela devient un combat au couteau. Contre soi-même.

Dan Sugarman livrait une telle bataille depuis toujours, et pas seulement sur les courts. C'était un trader féroce comme un bouledogue, dont les subordonnés tombaient un à un victimes de dépression nerveuse et qui inspectait les fronts boursiers potentiels tel un général pris de démence. Ou du moins c'était ce que j'avais entendu sur son compte dans les vestiaires du Tennis-Club. Après l'avoir affronté derrière le filet deux fois par semaine depuis trois mois, à six heures du matin – c'était l'entraîneur du club qui nous avait mis en relation quand je lui avais dit que j'étais à la recherche d'un partenaire lève-tôt –, je n'en savais guère plus à son sujet, sinon qu'il avait la quarantaine, qu'il gagnait un max de thune, qu'il habitait Sutton Place, qu'il était marié à une accro du shopping répondant au doux nom de Mitzi, dont il ne semblait pas rechercher follement la compagnie, et enfin qu'il avait l'habitude d'envoyer valdinguer sa raquette Wilson en fibre de verre à 375 dollars dès qu'il perdait un jeu.

Oui, c'était l'archétype même du battant, programmé pour la compétition permanente, en sempiternel état de guerre. Et comme il faisait à peine un mètre soixante, il était inévitablement affligé d'une tendance napoléonienne à se surpasser sans cesse, de ce volontarisme épuisant qui affecte la plupart des hommes de petite taille. C'est tout le truc du tennis, ça : il vous suffit de jouer trois ou quatre fois avec un gus pour découvrir ses angoisses secrètes, ses interrogations les plus profondes. La victoire sur un court dépend beaucoup moins de l'entraînement ou de la forme physique que de la capacité à conserver l'avantage, surtout face à un joueur de même niveau. Et cet avantage, êtes-vous en mesure de le convertir en triomphe ? Avez-vous tant que ça envie de gagner, d'ailleurs ? Ou bien êtes-vous toujours guetté par une incertitude latente mais opiniâtre, la crainte diffuse de ne pas être à la hauteur pour « conclure » ?

C'était exactement son problème, à Sugarman : à chacune de nos parties, il démarrait très fort, puis il perdait son calme et finissait par tout bousiller. Peut-être parce que sa détermination était trop criante, trop entière. L'affrontement de deux démarches antagoniques, en fait : moi, j'étais dans la « compétition », je ne me concentrais que sur l'objectif de marquer le point suivant, la partie devenant ainsi une succession de victoires limitées, alors que lui était dans l'« ambition », concevant chaque match comme une guerre globale qu'il s'agissait de remporter à tout prix. Seulement, quand la capitulation paraît à portée de la main, il suffit que l'ennemi vous assène quelques mauvais coups pour que vous vous mettiez à perdre vos moyens.

Avec le service pour moi à quatre jeux à cinq, j'ai aisément profité des erreurs qu'il commettait tout seul. Mais à cinq jeux partout il a retrouvé ses engagements pleins de vigueur qui m'ont laissé bouche bée à deux reprises, et ensuite il m'a pris totalement à contre-pied avec un lob impeccable. Soudain, on était à quarante-rien, Dan au service avec un sourire carnassier qui voulait dire : « Et vous qui vous prenez pour un gagneur… »

C'est à ce moment que je suis repassé à l'offensive, lui renvoyant sa première balle dans les jambes, puis le smashant en fond de court.

Trente-quarante.

L'engagement suivant est arrivé coupé à mort, mais j'ai contré par un revers impossible à rattraper.

Égalité.

Deux services ratés : ses nerfs avaient flanché. Il m'a suffi d'un retour à la volée, tout au filet, pour mener six jeux à cinq.

Sugarman ne souriait plus du tout. Il savait que j'étais décidé à lui régler son compte au plus vite.

En effet, deux services en as et un smash explosif plus tard, j'ai engagé la balle de match. Très près de la ligne médiane, un coup fumant qu'il a tenté de parer en se précipitant au-devant. Pas assez vite : le boulet lui est passé sous le nez tandis qu'il chancelait à travers le court tel un poivrot.

« Merde, merde et MERDE ! »

Au même instant, les haut-parleurs ont carillonné : l'heure qui nous était réservée venait de se terminer. Il s'est rendu au filet d'un pas furieux. Nous nous sommes serré la main.

« J'avais pas la tête au jeu, ce matin.

— Moi non plus.

— Ah bon ? J'ai pas eu cette impression, moi ! Sur ce coup-là, vous avez été le juge, le jury et le bourreau, tout à la fois. Après une remontée pareille, votre journée est assurée, mon vieux.

— Dieu vous entende… »

Un quart d'heure plus tard, j'étais douché, costumé, cravaté et embarqué dans un taxi qui fonçait vers le centre. Enfin, jusqu'à la hauteur de la 49e Rue, où nous avons buté sur un embouteillage monstre. Pendant quinze longues minutes, nous n'avons pas avancé d'un centimètre.

« Il n'y a aucun moyen de se tirer de là ? ai-je fini par demander au chauffeur.

— J'suis pas un hélicoptère, moi ! »

Huit heures moins vingt-trois. Aucune chance d'arriver au « Waldorf » à temps. Alors j'ai jeté un billet de 10 sur le siège avant, j'ai ouvert la porte en jappant un « Merci, mais moi je me casse ! » et je me suis faufilé au milieu d'un concert de klaxons hystériques. Il y a eu ensuite un jogging épuisant, une course d'obstacles à travers piétons effarés, cyclistes zigzagants, teckels en laisse et livreurs kamikazes. 1re Avenue. Bon Dieu, pourquoi les pâtés de maisons sont-ils aussi énormes, dans ce quartier ? 2e Avenue. 3e. « Pouvez pas regarder où vous allez, abruti ? » m'a crié une vieille dame que j'avais failli renverser. Lexington. Park Avenue. Un crochet au sud. Huit heures moins douze. Gaffe au type qui sort de la « Cafétéria Starbucks » avec un plateau à bout de bras. Le « Waldorf » est enfin en vue. Cinq, quatre, trois, deux, un…

Après avoir franchi la porte comme une fusée, je me suis laissé aller contre un mur du hall, hors d'haleine. Il faisait à peine dix degrés dehors et pourtant ma chemise était trempée, j'avais la figure inondée de sueur. Pas question de faire un détour par les toilettes : j'avais déjà cinq minutes de retard. Je me suis donc résigné à demander un mouchoir au portier qui se trouvait là.

Il a tiré un paquet de Kleenex de sa poche et me l'a tendu. Je les ai tous sortis d'un coup pour m'éponger avec, puis je lui ai rendu la pochette en plastique vide, complétée d'un billet de 1 dollar.

« Merci. Ça devrait vous en payer un autre.

— Vous… Tout va bien, monsieur ? »

Je me suis redressé en contrôlant ma respiration.

« Parfaitement bien. Au poil. »

Chuck Zanussi était installé dans un coin du restaurant, sous une arche, mais il aurait été impossible de ne pas le remarquer. Avec son mètre quatre-vingt-cinq, ses cent vingt kilos, son triple menton, les battoirs qui lui servaient de mains et son ventre de champion de sumo, il était aussi incontournable que l'Everest. En approchant de sa table, j'ai aperçu la montagne fumante de crêpes qui s'élevait devant lui, baignant dans un lac artificiel de sirop d'érable.

« Pardon d'être en retard. Il y avait un de ces putains de bouchons… »

Chuck s'est éclairci la gorge en me montrant d'un signe de tête gêné un type d'une trentaine d'années qui était assis avec lui, un peu dissimulé par le pilier de l'arche. Grand, maigre comme un clou, des cheveux noirs plaqués en arrière, costume anthracite bien coupé, chemise blanche impeccable, discrète cravate à pois. Un *Européen*, à tous les coups. Et aussi, à en juger par la manière dont il était en train de scruter le bout de ses ongles, un numéro qui ne devait pas être commode.

« Oh, désolé… Je n'avais pas remarqué. »

Le transfuge du Vieux Monde m'a gratifié d'un nonchalant haussement d'épaules suivi d'un petit sourire patelin.

« Ned, je vous présente Klaus Kreplin.

— J'ai beaucoup entendu parler de vous, a déclaré ledit Kreplin avec une aisance effrayante.

— Ah oui ? » ai-je fait en lançant à Chuck un regard qui pouvait se traduire par : « C'est qui, ce branque ? »

« Bien sûr, a répondu Kreplin en m'invitant à m'asseoir. Il suffit de demander au premier venu à *CompuWorld* qui est le meilleur chef régional des ventes publicitaires, qui est le magicien de la pub, et on vous répondra : Ned Allen.

— Ça... euh, je suis heureux de l'apprendre », ai-je bredouillé en me laissant tomber sur une chaise et en glissant un autre regard interrogateur à mon boss.

Mais il n'a pas levé les yeux de son tas de crêpes. Et Kreplin a poursuivi sur sa lancée.

« Naturellement, dans notre maison, nous encourageons les talents... »

Notre maison : mon pouls s'est accéléré d'un coup.

« ... et nous croyons aux vertus de la récompense. Pour ceux qui se distinguent, qui se surpassent, qui, oui, ont quelque chose de surhumain. Pour les gens comme vous. »

Ma question suivante a été adressée à Chuck Zanussi.

« Il a racheté le canard ? »

Kreplin a laissé échapper un rire contraint.

« Non, non, non, ce n'est pas *moi* qui ai racheté *CompuWorld*, quoique je trouve l'idée amusante. C'est ma société qui a repris votre titre.

— Ainsi que toutes les autres publications du groupe Getz-Braun, a complété Chuck. Klaus est de chez Klang-Sanderling.

— Vous avez entendu parler de nous ? » m'a demandé le mielleux.

Tu parles. Une des plus grosses boîtes de communication en Europe, extrêmement bien placée sur les marchés asiatique et sud-américain du multimédia, en pleine expansion.

« Plutôt, oui. »

Encore un sourire hypocrite de M. Kreplin.

« Cela faisait un moment que nous cherchions une base en Amérique du Nord. Après réflexion, Getz-Braun nous a paru le cadre idéal pour notre développement de ce côté de l'Atlantique. »

Le « cadre idéal » : Klang-Sanderling avait sans doute dû claquer plus de 3 milliards pour absorber Getz-Braun, mais dans la bouche de Kreplin on aurait cru qu'ils s'étaient contentés de refaire les peintures dans leur nouveau pied-à-terre new-yorkais.

« Et quel est votre rôle dans ce “cadre”, exactement ? ai-je questionné.

— Klaus est notre nouveau directeur de la publication, a annoncé Chuck.

— Non, non, non ! Je vous l'ai dit, Chuck, c'est vous qui gardez les commandes de *CompuWorld*. Moi, je suis simplement *Überdirektor* de tous les titres de Getz-Braun spécialisés en informatique et en audio. Mais… » Là, Kreplin s'adressa à moi. « … mais laissez-moi vous assurer d'une chose : l'indépendance de chaque magazine sera scrupuleusement respectée. C'est ce que j'ai explicité à Chuck dans l'avion hier soir…

— Au moment où vous m'avez téléphoné », ai-je glissé à mon boss.

À nouveau, Kreplin s'est interposé.

« Non, au moment où j'ai moi-même demandé à Chuck de vous appeler pour organiser ce rendez-vous. Et la raison pour laquelle je voulais vous rencontrer sans tarder, Ned, est très simple : chez Klang-Sanderling, nous sommes des partisans résolus de la continuité bien ordonnée. Nous avons une solide expérience en matière de management transitionnel et nous nous flattons d'interférer aussi peu que possible dans les activités d'une entreprise, surtout lorsqu'elle est aussi prometteuse que la vôtre.

— En d'autres termes, je peux annoncer à tous mes collaborateurs que leur place est assurée ?

— Sans aucun doute, Ned. Entre parenthèses, j'apprécie énormément un manager qui se préoccupe du sort de ses… subalternes.

— Ce ne sont pas des subalternes, monsieur Kreplin ! »

J'ai senti une semelle cogner ma cheville. Chuck me conseillait de baisser le ton.

« Mais oui, mais oui. Quand on ne s'exprime pas dans sa langue maternelle, n'est-ce pas ? “Collègues”, ce serait ?

— Exactement. Et la meilleure équipe de vente dans la branche.

— Oui, eh bien, je puis vous garantir que votre équipe restera *votre* équipe. Ah, et puis, je vous en prie : appelez-moi Klaus, d'accord ?

— Pas de problème… Euh, si je commande une tasse de café, c'est O.K. ?

— Mon Dieu ! Quel rustre je fais ! » Il a convoqué la serveuse d'un claquement de doigts. « Café pour monsieur, et… ?

— Rien d'autre, merci.

— Vous prenez bien quelque chose, le matin ?

— Je n'ai pas faim.

— Vous, Chuck ? »

Zanussi a baissé les yeux sur son tas.

« Tout est parfait, Klaus. »

Après un coup d'œil à sa montre, Kreplin a sorti un minuscule portable de son attaché-case.

« Il faut que j'appelle la direction à Hambourg. Vous m'excuserez une minute ? »

Il est parti vers la réception de l'hôtel. Après un long silence au cours duquel Chuck a continué de barboter dans sa mare de sirop d'érable tout en vérifiant du coin de l'œil que Kreplin était loin, il s'est penché dans ma direction et, les dents serrées :

« Ce comportement de débile agressif, ça veut dire quoi ?

— Débile ? Débile ? ai-je répliqué sur le même ton de conspirateur. Le seul débile, ici, c'est vous ! M'attirer dans ce merdier sans même me prévenir…

— Parce que vous pensez que ça me fait marrer, moi ? J'ai reçu tout le truc sur la tronche hier, sans avoir le temps de crier ouf : "Hé, Chuckie, ça vous dirait pas de passer par Chicago en revenant de Seattle, histoire de casser une petite graine ensemble ?" Et là, badaboum, trois ou quatre grands chefs schleuhs qui m'attendent avec l'artillerie pour m'annoncer que c'est eux qui mènent la danse, maintenant !

— N'empêche, vous auriez pu me téléphoner et…

— Lâchez-moi la grappe cinq minutes, hein ? Figurez-vous que Herr Kreplin a joué les nounous avec moi jusqu'à ce qu'on se pose à La Guardia. Et qu'après môôôsieur voulait aller faire la fiesta. Moi, je ne rêvais que d'une chose : me faire ramener à Larchmont et tout envoyer bouler ; mais ce type a de la suite dans les idées, croyez-moi, et puisque c'était soudain mon patron, je pouvais lui dire quoi ? D'aller se faire voir chez les Grecs ? L'enfoiré m'a réquisitionné jusqu'à une heure et demie du mat ! Il m'a traîné dans un strip-tease de la 49e Rue, avec la boutanche de champ à 150 sacs. Z'avez déjà reluqué une nana avec un œil de verre en train de faire tourner les petites guirlandes qu'elle a accrochées au bout des nibards dans le sens inverse des aiguilles d'une montre ? Non ? Eh ben, pour Kreplin, c'est le summum de la bringue. Je suis pas rentré chez moi avant l'aube, j'ai pioncé deux heures et demie à tout casser, et me voilà de retour dans la panade. Avec une question qui n'arrête pas de me turlupiner : le Kreplin, il veut vraiment faire ami-ami avec nous, ou bien il a la langue fourchue ?

— Vous pensez qu'on est grillés, là ?

— Disons que j'ai la trouille… mais pas jusqu'à me chier vivant.

— Splendide.

— Écoutez, mon petit Ned, je ne demande qu'à croire leurs belles promesses, qu'on va rester une grande famille unie, etc. Mais bon, la dernière fois que vous avez cru les technocrates en chef, c'était quand ?

— “Management transitionnel”, “quelque chose de surhumain”… C'est rien qu'un putain de nazi, ce mec !

— Oh, moins fort ! S'il vous entend, vous êtes bon pour finir en cirant des groles sur le quai de la gare…

— “L'indébendanze zera zgrubuleusement rezbegtée.” C'est pas la même salade que Hilter a servie aux Tchèques en 39 ?

— Ned, Ned, Ned… Écoutez-moi, nom d'un chien ! Nous avons un problème, là, un problème que nous ne pouvons pas résoudre parce que, inutile de se raconter des histoires : ils ont toutes les cartes en main, chez Klang-Sanderling. Alors, commencer à jouer aux coqs avec Kreplin…

— Qui, moi ?

— Vous avez frisé l'esclandre, tout à l'heure. Ce qui n'est sans doute pas la meilleure des politiques, en ce moment. Surtout quand nous savons que notre nouveau *Überdirektor* peut nous foutre dehors d'une minute à l'autre. »

Là, il marquait un point. Je n'ai pu que hausser les épaules en signe d'acquiescement.

« Vous savez que vous êtes notre première gâchette sur le front commercial, Ned. Vous seriez capable de vendre un quart de page à Saddam Hussein, merde ! Pour l'instant, tout ce que vous avez à faire, c'est vous gagner les bonnes grâces de Kreplin. Je veux dire, il est pas con, ce mec : il a pigé qu'on ne racontait que du bien à votre sujet dans la boîte, et à mon avis il est capable de reconnaître que *CompuWorld* est une affaire qui roule.

Donc, à quoi sert de tout mettre sens dessus dessous ? Vendez-vous bien, vendez-vous jusqu'au trou du cul, et tout ira pour le mieux. O.K. ?

— D'accord, d'accord... L'offensive de charme commence à partir de tout de suite.

— C'est le bon sens, mon petit. Et, croyez-moi, c'est un sacré choc pour moi aussi : avec trois gosses à charge, un maousse crédit sur le paletot, des factures jusque-là et la folie des dépenses de Noël pour bientôt, ce petit renversement de situation a de quoi me rendre assez flippé, pour le moins !

— Est-ce qu'il y en a d'autres déjà au courant ?

— Pas pour l'instant, mais je parie que Radio Bruit-de-Chiottes doit fonctionner à plein régime. C'est pour ça que je vous demande de prendre votre bigophone dès qu'on sera au bureau, d'exposer de quoi il retourne à vos collaborateurs, un par un, et de... et d'essayer de les persuader que tout continue comme avant. »

C'est à ce moment que j'ai repensé au message laissé par Ivan Dolinsky la veille. Le malheureux : le Tranxène, c'est par intraveineuse qu'il allait le prendre, maintenant !

« Autre chose encore, que vous devez leur expliquer... » La tension était revenue dans la voix de Chuck. « C'est la manière dont ils vont percevoir leurs primes, à partir d'aujourd'hui.

— Bon Dieu ! » Beaucoup trop fort, mais ça m'avait échappé. « Ne me dites pas qu'ils vont nous baiser sur les primes !

— Nous ? Jamais. »

Je me suis retourné en sursautant. Klaus Kreplin était de retour, et ma gaffe semblait lui procurer un intense plaisir.

« Oh, monsieur Kreplin, je suis vraiment, vraiment désolé...

— S'il vous plaît, vous *devez* m'appeler Klaus.

— Je ne pensais pas à mal, Klaus.

— Et il n'y a pas de mal, Ned.

— Mais, je vous en prie, il faut que vous compreniez que…

— Je comprends, je comprends. Vous avez l'impression d'être tombé en terrain miné, c'est cela ? Nouvelle direction, nouvel esprit d'entreprise… Alors, naturellement, vous vous demandez : “Est-ce qu'ils vont tous nous licencier ?” *Ja ?* »

Je me suis retenu de répondre « *Jawohl !* ». « Ne joue pas les coqs, Ned ! »

« Eh bien, ces inquiétudes, je les comprends et je les respecte, a poursuivi Kreplin. Parce qu'elles reflètent une préoccupation plus générale, concernant l'avenir de ceux qui travaillent sous votre responsabilité. Mais s'il vous plaît, encore une fois, vous avez ma parole : tant que la productivité de votre département se maintiendra à un haut niveau, il n'y aura pas de licenciements.

— Je… je vous en suis reconnaissant.

— À présent, pour ce qui est des primes de fin d'année : chacun recevra *exactement* ce à quoi il a droit. Le problème… Non, ce n'est pas le bon terme, puisqu'il s'agit d'un simple détail de procédure. La nouveauté, c'est que chez nous la fin de l'année fiscale est fixée au 31 janvier et que notre principe est de ne verser aucune prime avant cette date. Cependant, pour respecter la tradition américaine qui veut qu'elles soient distribuées avant Noël, nous proposons l'arrangement suivant : cinquante pour cent le vendredi précédant Noël, le solde au 31 janvier. C'est bien, non ? »

Non. Tout le contraire de bien. Notamment pour quelqu'un d'aussi endetté que moi. Ou pour Debbie Suarez, qui avait besoin de son bonus intégral avant la fin de l'année si elle voulait payer les frais d'inscription scolaire de son fils. Ou pour David Maduro, qui devait débourser deux pensions alimentaires. Ou pour quiconque dans mon équipe, à bien y réfléchir : d'ailleurs, montrez-moi un seul commercial qui ne vive pas au-dessus de ses moyens... De sorte que non, monsieur Kreplin, votre proposition est totalement foireuse.

J'ai regardé Chuck à la dérobée. Ses yeux étaient éloquents : « Ne polémique pas avec ce salaud. On fait pas le poids, là. » Je me suis donc forcé à arborer un sourire d'honnête prolétaire :

« Cela me paraît un compromis parfaitement raisonnable.

— Magnifique ! s'est-il exclamé, tout heureux d'en avoir terminé avec cette sordide question. Autre chose, Ned : si votre emploi du temps vous y autorise, bien sûr, j'aimerais beaucoup vous inviter à dîner ce soir. Ainsi, vous pourrez me montrer un peu tous ces endroits de SoHo et de Tribeca dont la presse allemande n'arrête pas de parler. »

Le soulier de Chuck est venu une nouvelle fois m'égratigner le mollet.

« Mais comment donc, Klaus. Il suffit que je passe un coup de fil à ma femme et...

— Parfait, parfait. Je vais réserver pour huit heures et demie dans ce restaurant très "branché", Lafayette Street, qui a fait couler tant d'encre chez nous...

— "Pravda", vous voulez dire ?

— Il sait tout ! Est-ce que vous savez aussi ce que ça signifie en russe, *pravda* ?

— Oui. La vérité. »

Là-dessus, Kreplin s'est excusé : il remontait faire marcher à plein régime les lignes téléphoniques intercontinentales dans sa suite du « Waldorf ». Je suis parti au bureau avec Chuck, pas plus de cinq minutes à pied. Il n'a pas desserré les dents jusqu'au moment où nous sommes passés devant un Père Noël de l'Armée du Salut qui secouait sa clochette en piaillant « Bonnes fêtes, bonnes fêtes ! » d'une voix de crécelle.

« Je crois que je n'ai plus, mais alors plus du tout la tête à Noël.

— Mais vous disiez vous-même… Pourquoi il voudrait nous sacquer, puisqu'il sait qu'on est plus que performants ?

— Oui, je n'arrête pas de me dire : "Pas de panique." Et plus je me le dis, plus j'ai du mal à me convaincre. En tout cas, que ce soit clair, hein : aux autres, on lâche le morceau en douceur. Rien de spécial, le business continue. Dans le calme. »

Quand nous sommes arrivés au siège de *Compu-World*, pourtant, l'atmosphère n'était pas précisément au calme. Sitôt entré, Chuck s'est fait coincer par sa secrétaire, Louise. Elle paraissait aux abois.

« Le téléphone n'a pas arrêté depuis ce matin, monsieur Zanussi. J'ai pris au moins vingt messages pour vous. Tous urgents. Il faut que vous me disiez : j'ai toujours une place ici, ou non ?

— Il n'y a aucune inquiétude à se faire, Louise, aucune », a-t-il proclamé en l'entraînant gentiment dans son bureau.

En refermant la porte, il m'a adressé deux mots en silence : « Bonne chance. »

J'ai pris le couloir en direction de mon département, mais je ne suis pas allé très loin. Une furie m'a barré la route : Debbie Suarez.

« Ils nous versent pas la prime ? »

Une terreur animale déformait sa voix, mais elle se montrait une fois encore à la hauteur de sa réputation : plus rapide que CNN.

« Euh, Debbie…

— C'est ce qu'on vient de me dire.

— Qui, on ?

— Des gens.

— Quels gens ?

— Des gens bien tuyautés. D'après eux, on s'est fait racheter par des Allemands qui vont tous nous flanquer dehors. Et qui…

— Un instant, d'accord ?

— … et qui vont me souffler cette foutue prime, ces *cabrones* ! »

Tous les employés dont le bureau donnait sur ce couloir étaient à présent sur le pas de leur porte, à nous regarder. Et ils avaient tous l'air verts de trouille.

« Debbie, s'il vous plaît. DU CALME !

— Mais, m'sieur Allen, j'en ai besoin, de cet argent !

— Je le sais, je le sais, je le sais… » Le tout répété d'un ton apaisant tandis que je l'attirais doucement vers son box. « … et vous allez l'avoir. »

Elle a pilé sur place pour me dévisager.

« Vous me charriez pas, là ?

— Non, vous pouvez me croire. Et vous gardez votre emploi, aussi.

— Vous ne dites pas ça juste pour me faire taire ? »

J'ai produit un rire à peu près convaincant.

« Dites, et si vous demandiez à tout votre service de venir dans mon bureau, là, maintenant ? Comme ça, je pourrai vous expliquer ce qui se passe, hein ?

— M'sieur Dolinsky y est déjà, lui. »

J'ai levé les yeux vers l'étroite paroi vitrée qui délimitait mon espace de travail. Il était là, en effet, debout devant la fenêtre, regardant sans la voir la rue en bas.

« Il a dit quelque chose ?

— Non, rien, sauf qu'il devait vous voir tout de suite. Il m'a paru très, très secoué, franchement. »

Sans doute pas plus que n'importe lequel d'entre nous. Ou du moins c'était ce que j'osais espérer. Parce que, à vrai dire, j'avais autant envie de supporter Ivan à cet instant que de me faire greffer un rectum artificiel. Alors, j'ai prié Debbie de lui porter une tasse de café – ainsi que trois Valium, si par hasard elle en avait sous la main – et de lui dire que je serais à lui dans dix minutes. Entre-temps, le briefing destiné aux téléopérateurs se déroulerait dans la salle de réunion.

Dans cet espace exigu et renfermé, les huit membres du service de Debbie sont entrés, la mine longue. Rien que des femmes, qui ne se sont pas assises, non. Elles ont formé un demi-cercle éploré devant moi tandis que, appuyé d'une fesse contre la table de conférences, je me lançais dans un laïus sur le thème : « Il ne faut avoir peur de rien, sinon de la peur. » Klang-Sanderling, leur ai-je certifié, n'était pas une bande d'escrocs, mais une maison respectable qui désirait poursuivre un travail fructueux avec une équipe confirmée, bla-bla. Il n'y aurait pas de changement de personnel, la famille *CompuWorld* ne serait pas déchirée et continuerait de prospérer, bla-bla.

Quand il m'a fallu passer à l'épineux sujet des primes, cependant, la petite salle a dangereusement approché son niveau de saturation sonore.

« Ils peuvent pas faire ça, m'sieur Allen !

— Mais si, Debbie, ils peuvent ! Cette boîte est à eux, désormais. Ils peuvent faire tout ce qu'ils veulent.

— Et vous trouvez que c'est juste ? » a glapi Hildy Hyman.

Soixante-trois ans, jamais mariée, résidant à Kew Gardens avec sa très sénescente maman, et à vingt-quatre mois seulement de la retraite.

« Évidemment que ce n'est pas juste, Hildy. Mais le monde des affaires n'est plus ce qu'il était, hein ? De nos jours, c'est la lutte permanente. Si quelqu'un a assez d'argent pour vous absorber, il vous absorbe, point.

— Surtout si ce quelqu'un est allemand ! a-t-elle contré. Ah, vous devriez parler un peu avec ma mère ! De comment ils ont incendié la pharmacie de son père à Munich, en 32, et de…

— Hildy ? Hildy, je sais ce que votre mère a traversé, et c'est absolument affreux, mais…

— À l'époque, ils ont ruiné ma famille, et aujourd'hui ils veulent nous ruiner, nous !

— Non, c'est inexact. Ils ne touchent pas à l'équipe, alors qu'ils seraient parfaitement en droit de le faire… Bon, devoir attendre un mois pour le reste de notre prime, c'est rageant, bien sûr, mais au moins on l'aura ! Je veux dire qu'ils auraient pu nous prier d'aller voir ailleurs, si on n'était pas contents… De plus, d'après ce que je comprends, il n'y aura pas de changement en matière d'assurance maladie, ni de plan de retraite, ni de quoi que ce soit de ce genre. Je crois vraiment qu'ils essaient d'être honnêtes, dans cette histoire.

— Honnêtes et allemands ? a persiflé Hildy. C'est… antinomique. »

Et Debbie de s'exclamer à la cantonade :

« Merde alors, c'est quoi ça, “antinomique” ? »

À l'issue de cette réunion improvisée, j'avais réussi à calmer leurs craintes les plus obsédantes, mais en repartant dans leurs réduits respectifs elles n'avaient pas vraiment l'air d'une joyeuse bande de copines en goguette. Et qui aurait pu le leur reprocher ? Le rachat d'une entreprise, c'est une invasion. Du jour au lendemain, vous vous retrouvez sous la coupe d'une superpuissance. Vos nouveaux maîtres ont un pouvoir absolu sur votre avenir. Tout ce qui vous reste à espérer, c'est qu'ils n'ont pas fait leurs études à l'école supérieure de gestion Joseph-Staline.

En retournant à mon bureau, je suis tombé sur Debbie, demeurée dans le couloir à traîner. Elle m'attendait, c'était clair. Et elle suait le stress par tous les pores.

« Écoutez, m'sieur Allen, a-t-elle commencé après m'avoir entraîné dans un coin, j'ai encore quelque chose à dire, moi ! Cette prime, c'est très, très sérieux, vu que les droits d'inscription pour Raul, je dois les donner avant le 1er janvier. En plus, ils vous font verser un semestre de caution en rab, et vous ne le récupérez que si votre gosse réussit ses examens ou s'il quitte l'école. Total, c'est 9 000 dollars qu'il faut que je sorte. Alors, si je touche que 6 700 à Noël, je fais comment, moi ? Et puis, il y a les médicaments pour la maman, *pobrecita*, et mon découvert sur la MasterCard, et tout ce que je dois acheter pour les fêtes… Ah, je vais pas m'en tirer !

— Je vais vous dire ce qu'on va faire : trouvez-moi le nom de l'intendant à l'école de Raul et je l'appelle, moi. Je lui explique ce qui se passe chez nous, je le baratine jusqu'à ce qu'il accepte que vous versiez la moitié maintenant et l'autre fin janvier, quand le solde de votre prime tombera. La Faber Academy, hein ?

— Ouais. Une école très bien. C'est des quakers, là-bas.

— Donc, ils ne devraient pas être trop rats question fric.

— Merci, m'sieur Allen, merci !

— Et puis, encore un petit conseil, Debbie : on a une nouvelle direction, ça ne signifie pas qu'on est sous les ponts. Alors, continuez de bosser dur parce que, vous pouvez me croire, je suis sûr que tout va se passer au poil.

— Sûr que je vous crois, m'sieur Allen ! »

« Dans ce cas, que Dieu te vienne en aide, ma fille. » Pour ma part, j'étais convaincu que chaque mot sorti de ma bouche depuis le matin était une vaste fumisterie ; mais, mon rôle étant de faire régner le calme parmi mes troupes, tous les moyens étaient bons.

Debbie ainsi rassurée, je me suis préparé à passer au drame personnel suivant. Ivan Dolinsky. Il était toujours planté devant ma fenêtre, et tellement plongé dans ses pensées qu'il ne m'a pas entendu approcher.

« Mais vous ne deviez pas être à Stamford en ce moment, à cuisiner les mecs de GBS ?

— Le rendez-vous a été reporté, a-t-il répondu sans se détourner de sa lugubre contemplation.

— À quand ?

— À plus tard.

— Ivan ? Ça va ? »

Il s'est enfin décidé à me faire face. Un visage couleur papier mâché, des cernes vertigineux sous les yeux, un costard bleu marine raide comme la justice dans lequel il flottait tant il avait maigri et qui lui donnait un air d'épouvantail ou de missionnaire mormon, ou des deux à la fois. Ongles, que dalle, ses doigts n'étaient plus que des moignons hérissés de peaux mortes. J'ai été sidéré : on se parlait presque chaque jour au téléphone, d'accord, mais comme il était tout le temps par monts et par vaux je ne l'avais pas vu depuis plus de deux mois. J'ai dû faire un réel effort pour cacher l'effet que son allure générale provoquait sur moi. Je me suis demandé s'il voyait toujours la psychologue que je lui avais trouvée.

« Vous… vous êtes au courant des dernières nouvelles, je parie ? »

Il a hoché la tête avant de se détourner à nouveau.

« Quand je vous ai envoyé mon mail hier soir, je ne savais rien de plus, vraiment. Et puis, je ne voulais pas que vous vous fassiez du mauvais sang toute la… »

Il s'est mis à pleurer. D'abord sans bruit, un sanglot étranglé qu'il tentait de refouler mais qui montait rapidement dans les aigus. J'ai fermé ma porte d'un coup de pied, baissé en hâte les stores de la paroi vitrée et je l'ai fait asseoir sur ma chaise. Puis j'ai attrapé mon téléphone et j'ai demandé à Lily, notre standardiste, de ne me passer aucun appel jusqu'à nouvel ordre. Enfin, je me suis installé en face d'Ivan et j'ai attendu, attendu que cesse son accès de désespoir.

« Racontez-moi. »

Sans lever les yeux de ma table, il a réussi à former quelques mots.

« J'ai… je viens de perdre le contrat GBS. »

5

J'AI ACCUSÉ LE COUP, MAIS C'ÉTAIT un méchant uppercut au menton. Et Ivan m'a vu flancher sous le choc.

« Je suis désolé, désolé, vous pouvez pas savoir à quel point je suis désolé… »

Sa voix recommençait à trembler, alors j'ai essayé de paraître le plus rassurant, le plus stoïque possible.

« Que s'est-il passé, exactement ?

— Qu'est-ce que j'en sais, moi ? Ça fait deux, trois mois que je cultive Ted Peterson, le gars de leur service pub. Hier, on se met d'accord sur un six-pages pour avril. Ce matin, je suis en route sur la I-95, avec tous les papiers qu'il doit signer. À peu près à la hauteur de Rye, mon portable sonne. C'était lui : “Bon, alors, vous comprenez, on a changé notre stratégie de marketing pour les prochains mois. Donc, pas d'annonce avant un moment, O.K. ?” Putain, j'ai failli partir dans le décor en entendant ça !

— Et c'est tout ?

— Bien sûr que c'est pas tout, Ned ! J'veux dire, je joue mes roustons là-dedans, moi ! Je fiche trois mois en l'air à faire la cour à cette tafiole, et hier… HIER J'AVAIS CONCLU, BORDEL DE MERDE ! Alors, vous croyez que je vais prendre ça dans le genre : “Ah, ouais, évidemment, c'est assez décevant… mais le soleil peut pas briller tous les jours, hein ?" HEIN ? »

C'était assourdissant. J'ai levé les deux mains devant moi.

« Ivan ? Cool, vieux. Je ne suis pas fâché. » Mensonge. « Je n'ai pas la haine. » Plus gros mensonge encore. « Simplement, je veux, je dois savoir ce qui s'est passé. Fac-tu-el-le-ment.

— Pardon, pardon… C'est que je suis vraiment largué, Ned. Vous voyez, après tout le reste, un coup pareil, c'est comme…

— Je vous comprends. »

J'étais sincère. Sa fille. Son mariage. Sa réputation professionnelle. Tout lui avait filé entre les doigts. Quel ravage… Mais si une partie de moi-même sympathisait avec un homme sur lequel le sort semblait s'acharner, une autre zone de mon cerveau n'était occupée qu'à émettre des signaux d'alerte rouge. Parce que la défection de GBS nous laissait avec six pages vides dans le numéro d'avril, qui devait partir à l'imprimerie vendredi. Et six pages vides, c'était un manque à gagner de 210 000 dollars pour le département publicitaire. Autant dire qu'on apportait à Klang-Sanderling nos têtes sur un plateau. S'ils cherchaient un prétexte pour se débarrasser d'un paquet d'entre nous, il allait leur être servi tout chaud…

« Combien ils devaient payer pour ce cahier ? lui ai-je brusquement demandé.

— 189 000. La ristourne habituelle de dix pour cent, quoi.

— Il n'a pas fait allusion à une réduction de leur budget pub ? Ou peut-être à un de nos concurrents qui aurait voulu nous doubler sur ce coup ?

— Ned, je vous l'ai raconté, non ? Il a dit : "*Finito*", et il m'a raccroché au nez. J'ai essayé de le rappeler… je sais pas, moi, six fois en une heure ! Sur la route du retour, j'ai bien dû prendre mon bigo toutes les quinze bornes ! Pas de chance, ce trou du cul n'arrêtait pas d'être "en rendez-vous"...

— O.K., O.K. ! C'est une mauvaise surprise, mais...

— C'est une putain de cata, Ned ! Vous le savez très bien, moi aussi je le sais et... »

Je lui ai fait signe de se taire en posant un doigt sur mes lèvres.

« C'est la situation telle qu'elle est. Et il faut faire avec, mais attention : sans que tout le monde dans la boîte se mette à jaser là-dessus. Il suffit que ça transpire et, de situation délicate, ça devient une *crise*... C'est-à-dire quelque chose dont nous n'avons absolument pas besoin alors que nos nouveaux patrons nous surveillent du coin de l'œil. Donc, pour l'instant, on fait quoi ? On étudie les alternatives. Vous aviez une autre piste en cours ?

— Je... je sais pas. Il y aurait NMI... Ils ont parlé d'une double pour la sortie de leur "Powerplan", en mai.

— Vous pourriez les persuader d'avancer d'un mois ?

— Ça peut se tenter...

— Alors, allez-y ! Proposez-leur un rabais de vingt pour cent. Et dites-leur que la quadri est offerte par la maison, en plus. Entre-temps, je suis certain qu'on arrivera à faire caser les quatre autres pages par les filles de la télévente.

— Sauf que ça va avoir l'air sacrément crado, tous ces petits encarts de merde à un emplacement privilégié du canard. Et tout le monde saura que c'était l'espace que je devais assurer, moi...

— Ivan ! L'important n'est pas là. L'important, c'est que si ces pages sont payées, tout le monde est content.

— Ça ne se reproduira pas, Ned. Vous avez ma parole d'honneur que...

— Vous avez eu une mauvaise main, c'est tout. Ce salaud jouait avec des cartes truquées. Vous n'avez rien à vous reprocher.

— Facile à dire…

— Euh, ces séances avec la psychologue, vous les poursuivez ? Comment c'était, son nom, déjà ?

— Dr Goldfarb. J'ai arrêté il y a quinze jours.

— Elle n'était pas bien ?

— Très bien, si ! Elle m'a beaucoup aidé. Seulement l'assurance maladie de la boîte ne prenait en charge qu'une année.

— Je vais essayer de voir ce qu'on peut soutirer ailleurs. Laissez-moi passer quelques coups de fil.

— Merci, Ned. Je vous dois énormément. »

Il s'est levé en s'essuyant les yeux avec sa manche.

« Vous êtes sûr que ça va aller ?

— Pas si je continue à tout merder.

— Vous avez fait au mieux, Ivan. » Que de mensonges en une matinée… « Comme je dis souvent, un contrat foiré, c'est pas la fin du monde. Maintenant, allez me crocher NMI. Et rappelez-vous : vous êtes un bon ! »

Il a hoché la tête et il est parti. Dès que la porte s'est refermée, j'ai plaqué les deux mains sur mon front. « Merde et merde et remerde. Si, c'est la fin du monde ! Ma fin, en tout cas ! À moins que… »

Règle numéro un en cas de crise : rester rationnel. Explorer toutes les issues possibles, même si l'impasse dans laquelle on vous a précipité paraît hermétiquement close. J'ai commencé par appeler Joel Schmidt, le chef de fabrication du magazine. Quand je lui ai demandé quelques jours de grâce supplémentaires avant de remettre la copie GBS, il a sauté au plafond.

« Vous êtes marteau ou quoi ? Il y a dix minutes à peine, je vois entrer dans mon bureau une sorte de Walkyrie, Ute Machin-Chose, qui me dit qu'elle supervise la fab de tous les titres chez Klang-Sanderling, en conséquence de quoi elle veut tout savoir sur notre manière de procéder. En fait, elle était déjà au courant que le canard partait à l'imprimerie vendredi, ce qui, d'après ses calculs, nous place quatre jours en retard sur le timing normal, donc fait perdre tant de thune à la boîte, donc, etc. Vous voyez le tableau ?

— Pas commode, la nana ?

— Pas commode ? Cette petite est un iceberg ambulant, oui ! Et je vois d'ici qu'elle va me "superviser" jusqu'au trognon. Conclusion, je ne peux rien, mais absolument rien pour vous. Toute la pub doit être là vendredi, autrement c'est à vous qu'elle ira couper les couilles. »

L'option « gagner du temps » était donc à oublier. Le coup de téléphone suivant a été pour Ted Peterson à GBS. Sa secrétaire ? Un amour : à la seule mention du nom de *CompuWorld*, elle m'a informé que M. Peterson était en rendez-vous, et que ledit rendez-vous allait probablement se prolonger pendant les cinq années à venir. En tout cas, c'est le genre de vibrations ultrahostiles que j'ai perçues dans sa voix.

« Je ne prendrai pas plus de cinq minutes de son temps.

— Il *n'a pas* cinq minutes aujourd'hui, monsieur Allen.

— Allons, tout le monde a cinq minutes !

— Je lui dirai que vous avez appelé. Je ne peux pas faire plus. »

Ted Peterson. Je l'avais rencontré à un grand salon Getz-Braun un an plus tôt. Une caricature de l'arriviste qui raie le plancher avec ses dents. Trente-deux ans, et bien décidé à décrocher un poste de vice-président avant de souffler ses trente-cinq bougies. Pas un gagneur, ça : un tueur.

« Il paraît que vous êtes un tennisman hors pair, m'avait-il déclaré à un cocktail offert par la société Brighton Technology (« Les disques durs qui durent »).

— J'ai un peu joué dans mon jeune temps. Mais maintenant… Un amateur régulier, disons.

— Vous étiez dans quelle université ?

— État du Maine. Presque Isle. »

Ses lèvres s'étaient retroussées en un petit sourire carnassier.

« Ah, je ne pense pas que nous ayons pu vous affronter, alors…

— Pourquoi, vous étiez où ?

— Princeton. »

Après avoir marqué ce point, il avait fait dévier la conversation sur nos idoles respectives au tennis.

« Stefan Edberg, de très loin, avais-je reconnu. Un vrai gentleman, mais une pêche mortelle, aussi. Et vous ?

— Ivan Lendl. C'est l'exemple vivant de l'efficacité sans état d'âme. »

Nul doute que Peterson avait cru lui aussi incarner cette « efficacité sans état d'âme » lorsqu'il avait balancé Ivan par-dessus bord. D'autant qu'il ne devait rien ignorer de ses malheurs en série, le salopard… Encore un bon Samaritain, celui-là.

Les cinq voyants lumineux de mon poste clignotaient dans tous les sens. J'ai branché l'interphone.

« J'ai un ou deux messages, Lily ?

— Vous voulez dire deux douzaines, monsieur Allen !

— Super. Dites-moi l'essentiel.

— Nos représentants. Les gens de la pub chez AdTel, Icom, InfoCom, Microcom… Il y en a vraiment un paquet, vous savez. »

De pire en pire. La nouvelle de notre rachat s'était donc propagée comme un cancer dans l'ensemble de la profession, déjà. Et chacun de nos principaux annonceurs venait voir si nous étions encore dans la course ou pas.

« Ça ne vous embête pas de tous me les mettre dans un mail et de me les envoyer, Lily ?

— Pas de problème, monsieur Allen. Ah oui, autre chose : votre femme a appelé tout à l'heure. Elle est au courant. Elle veut vous parler immédiatement.

— Elle est encore en ligne ?

— Nooon. Mais vous avez M. Maduro sur la une, M. Sirio sur la deux, M. Bluehorn sur la trois… »

Tous mes hommes de terrain, donc. Qui voulaient évidemment savoir s'ils avaient toujours un job.

« Je vais prendre Sirio. Dites aux autres que je les rappelle sur-le-champ.

— Bien, monsieur Allen… Et dernière, dernière chose : est-ce que je dois commencer à éplucher les annonces d'emploi ?

— Je vais vous le dire comme ça, Lily : moi, je ne suis pas inquiet.

— Pigé, monsieur Allen ! »

J'ai appuyé sur la deuxième touche devant moi.

« Salut, Phil. Désolé de vous faire poireauter ainsi.

— Pas de lézard, Ned. Alors, on dirait que c'est un sale jour, par chez vous. »

Sacré vieux Phil. Jamais un mot de trop, toujours fiable. Le gars en or, et indiscutablement le plus facile à driver dans mon équipe de vendeurs itinérants. La quarantaine, rondouillard et fier de l'être, natif de Queens et resté fidèle à ce quartier pas évident, adepte du style chicos avec ses costumes croisés gris perle, ennemi congénital des branleurs. Depuis l'éclipse qu'avait connue Ivan, il était notre numéro un. Je n'ai jamais vu un charmeur pareil de ma vie : il lui suffisait de décrocher un téléphone pour scorer. Et ses clients ne bronchaient pas d'une oreille : jamais une contestation, jamais une défection, au point que je me suis parfois demandé si c'était son allure de caïd pépère qui les tenait en respect. Enfin, contrairement à ses comparses, il ne se plaignait jamais de son boulot ni ne renâclait à la tâche. Il était fait pour son job, et son job était fait pour lui.

« Donc, vous avez appris la nouvelle ?

— Ouais. Des Allemands. Ils vont bosser avec nous ?

— C'est ce qu'ils disent.

— Alors ça va. J'ai entendu une histoire de primes, aussi. Pas le grand pied, je trouve.

— Moi aussi, je trouve.

— Ils vont finir par cracher ?

— Ils me l'ont certifié...

— Alors ça va. »

J'adore ce type. Pas d'angoisses. Pas de foutaises.

« Dites, Phil, je voudrais vous demander un service.

— J'écoute. »

Je lui ai résumé l'affaire GBS et ses conséquences : six pages vides qui allaient nous narguer dans le numéro d'avril.

« Quoi, c'est cet enculman de Peterson qui nous a plantés ?

— J'en ai bien peur, oui.

— Des mecs pareils, je les châtrerais à la tronçonneuse, moi. Vous voulez que je lui cause ?

— Il ne répond pas. J'ai essayé, croyez-moi.

— Moi, il me répondra.

— Pourquoi ça ?

— Parce que je sais des choses.

— Quel genre de choses ?

— Sur son compte.

— Comme quoi, sans indiscrétion ?

— Vous vous souvenez de la semaine commerciale de l'an dernier, à Grande Caïman ? Eh bien, le dernier soir, je sors de l'hôtel, j'avais idée de faire une petite promenade sur la plage, quand tout d'un coup je vois surgir Joan Glaston qui courait comme une dingue, l'air parfaitement hallucinée, en larmes. Vous la connaissez, Joan ?

— Télévente Chicago ?

— Voilà. Une fille cool, et des cannes d'enfer, en plus. Bon, elle m'arrive droit dessus devant l'hôtel, au bord de la crise de nerfs. Je la ramène à l'intérieur, je l'installe à une table tranquille au bar, je lui paie un whisky, j'arrive à la calmer un peu et elle se met à me raconter son histoire. Comme quoi elle était allée à la réception de GBS à l'autre bout de la plage, au "Grand Hyatt", et qu'elle s'était retrouvée à parler avec Peterson. Quand elle a voulu partir, Ted, ce brave petit, lui a proposé de la raccompagner jusqu'à son hôtel. En chemin, ils s'arrêtent pour regarder la mer. La minute d'après, Peterson lui tombe dessus. Elle dit à ce bon père de famille d'arrêter, mais au lieu de piger le sagouin la jette sur le sable et cherche à lui écarter les jambes... Et là, Joan le chope entre ses jambes à lui, un rude coup de genou, elle réussit à se cavaler, et c'est à ce moment que je l'aperçois.

— La vache ! Elle l'a balancé aux flics, au moins ?

— J'ai voulu l'emmener au premier poste de police, mais elle avait la trouille que Peterson arrive à entortiller les bourres avec une histoire de son cru. Alors je lui dis : "D'accord, oublions les flics locaux. Va plutôt trouver directement ses chefs de GBS, raconte exactement ce qui s'est passé et oblige-les à virer ce malade." Mais là encore, elle flippe, et elle m'explique que même si GBS la croit ils ne voudront plus jamais traiter avec elle. Et comme son objectif mensuel dépend à cinquante pour cent de budgets dérivés de GBS, elle a une peur bleue de foutre en l'air ses bonnes relations avec eux. Mais moi je lui dis de ne pas se laisser intimider, ni par Peterson ni par GBS. Elle me répond qu'elle va y réfléchir, que la nuit porte conseil… En tout cas, le lendemain matin, à l'aéroport, qui je découvre à côté de moi dans la file à l'enregistrement ? Le Super-Romantique en personne. J'y lance : “Alors ça gaze, Ted ?”, et ce naze trouve rien de mieux que de se mettre à imiter mon accent. Ce fils de bourge à la con qui se prend pour un comédien ! Complètement délirant, du genre : “Et vous, Philie, *va bene* ? La *famiglia*, ça boume ?” Ce clown, je le connais à peine, hein, et puis j'aime pas qu'on se moque de moi devant tout le monde. Alors, je lui fais signe de s'approcher et je lui glisse à l'oreille : “Au moins, j'ai pas essayé de violer une fille sur la plage hier soir, moi. D'après ce que je comprends, le seul moyen qu'elle a eu pour t'arrêter, Joan, c'est de te botter sérieux sous la ceinture. Mon vieux, qu'est-ce que je donnerais pour voir la tronche de ta bourgeoise quand elle va compter tous les bleus sur ton attirail…” Eh bien, il est devenu blanc d'un coup, mais blanc… comme s'il avait été mordu par le comte Dracula.

— Il a dit quelque chose ?

— Il était trop scié pour ouvrir la bouche, l'ordure. Puis, deux ou trois jours après, Joan m'a appelé de Chicago. Elle voulait me remercier d'avoir été là à ce moment. À part ça, non, elle avait renoncé à porter plainte contre Peterson. Parce que le lendemain de son retour elle a reçu un coup de fil d'un sous-fifre du monsieur, comme quoi son chef avait tellement apprécié leur rencontre aux îles Caïmans qu'il lui faisait cadeau d'une pleine page GBS pour tous les prochains numéros pendant six mois. Alors Joan a fait ses comptes, elle a calculé la comm que ça représentait, et elle a dit oui… Même si elle savait qu'elle choisissait la sortie la plus facile, de cette façon. Au moins, ce triple salaud savait qu'elle le tenait, maintenant !

— C'est… incroyable.

— Attendez, non seulement c'est pas fini, mais le reste est encore meilleur. À peine j'ai raccroché après Joan qu'un représentant de GBS me téléphone. Il bosse à Queens, qu'il me dit à moi, et il est chargé de m'annoncer que sa boîte a décidé de m'offrir un modèle de leur tout dernier portable, le 804FE. Vous connaissez, hein, Ned ? "Prix généralement constaté" : 5 300 dollars. »

J'en suis resté sans voix. GBS, une entreprise tellement réglo, propre sur elle, légaliste jusqu'à en paraître vieux jeu… Si jamais ils apprenaient que l'un de leurs cadres supérieurs avait tenté d'acheter le silence d'un témoin, qui plus est après une tentative de viol, ils le vireraient dans la nanoseconde suivante…

« Et vous ne l'avez pas accepté, hein ?

— Ned ! Vous me prenez pour un branque ? Bien sûr que je l'ai pas pris, même si pendant un tout petit moment la tentation a été assez forte, franchement : il est superclasse, leur machin ! Mais j'ai fait autre chose, par contre. J'ai demandé au morpion de transmettre personnellement mes remerciements à Sa Seigneurie Peterson pour sa gentille attention, et de l'assurer que je ne l'oubliais pas… Que je ne l'oublierais jamais, même.

— Nom de nom. Nom de nom de nom de nom.

— Qu'Il soit sanctifié, oui. Vous m'avez suivi jusque-là, ouais ? Un, Ted Peterson, il a une dette envers moi. Deux, je prends mon bigophone et il me la paie, sa dette. Vous, vous avez vos six pages dans le numéro d'avril. Ivan, il s'en sort la tête haute. On s'en tire tous vachement contents. Sauf ce petit mac de Peterson. »

J'ai fermé les yeux. J'avais les mains moites et je ne reconnaissais que trop bien ce suintement poisseux qui, chez moi, accompagne toujours un accès de nervosité. Nerveux, il y avait de quoi l'être, non ? Et si, d'un coup, tout simplement, on échappait à cette catastrophe ? Il me suffisait de dire à Phil : « O.K., allez-y », et c'était réglé.

Mais. Parce qu'il y a toujours un mais, exact ? Mais si je donnais mon aval au scénario qu'il me proposait, je deviendrais soudain vulnérable. Un prêté pour un rendu, tu fais ci et je m'écrase sur ça, ni vu ni connu on les embrouille : l'entraîneur d'une équipe qui feint de regarder ailleurs quand un de ses poulains se met à dépasser les bornes. De plus, Phil me « tiendrait » moi aussi, à partir de ce moment. Non que je l'aie soupçonné une seule minute d'être capable d'abuser de cette position de force, à moins d'y être contraint, évidemment… Mais savoir, c'est pouvoir, après tout.

« Ned ? Vous êtes toujours là ?

— Absolument.

— Bon, alors, vous voulez que je le passe, ce coup de fil ? »

Encore un flottement sur la ligne. Suivre le droit chemin, c'est bien, mais qui trouve ça marrant ? Alors que frôler l'illicite, voire la supercherie, ça vous a un goût… On a tous cette pulsion en nous, ce besoin de flirter avec le danger. Le hic, c'est qu'en choisissant la seconde voie on renonce en général à la clause de la bonne foi. Et après, il faut assumer les conséquences.

« C'est vraiment sympa de votre part, Phil. Et ça réglerait tout un tas de problèmes, c'est sûr, mais…

— Allô ? Ouais, vous disiez quoi ?

— … mais je ne peux pas m'engager dans un truc pareil.

— Ned ? Vous êtes catholique, c'est ça ? »

J'ai caqueté un rire amusé.

« Simplement un gars du Maine, vous voyez…

— Très bien. Alors on fait quoi, pour ces six pages ?

— Vous n'auriez pas dans la manche un client ou deux à qui vous pourriez refiler un peu plus d'espace, vite fait ?

— Le bouclage pub, c'est quand ?

— Vendredi matin dernier carat.

— Ah… Et si je disais quelques *Ave Maria* pour Notre-Dame de Fatima, ça aiderait ?

— Vous pensez que c'est infaisable ?

— À moins de les brader totalement, ces pages…

— Eh bien, faites ça. On s'occupera de l'addition après.

— D'accord, chef. Je vais voir ce que je peux glaner. À plus. »

Je suis resté un moment figé dans la contemplation des voyants affolés sur mon téléphone. On n'était pas passés loin, cette fois. « Allez-y. » Deux mots, seulement deux mots. Mais les prononcer, ç'aurait été se salir les mains à jamais, entrer dans la catégorie des zombies éthiques… et ne pas se mettre pour autant à l'abri d'effrayantes retombées professionnelles. Un dilemme moral, ce n'est jamais noir ou blanc : il y a aussi toute une gamme de gris, plus laids les uns que les autres.

J'ai appuyé sur une des touches de numéros préenregistrés. Dave Maduro. Il ne paraissait pas au comble du bonheur.

« Je vous ai laissé je sais pas combien de messages ! C'est agréable, de se sentir la cinquantième roue du carrosse.

— Désolé, Dave, mais le ciel nous est tombé sur la tête, ce matin. Bon, je vais vous ex…

— Pas de jolies phrases, s'il vous plaît, Ned. Dites-moi seulement une chose : je suis au chomdu ou pas ? »

Cette question m'a poursuivi toute la journée. Chaque fois que l'un de mes collaborateurs l'a posée, j'ai dû débiter ma rhétorique apaisante, le flatter, l'exhorter à garder espoir et lui signifier qu'une productivité accrue était, à cet instant, la meilleure garantie pour l'avenir. J'en ai profité pour annoncer aux téléopératrices qu'elles auraient un espace publicitaire plus important que d'habitude à remplir. La tactique était très risquée, puisque le bruit ne tarderait pas à courir que le département des ventes du Nord-Est se retrouvait avec un « trou » inattendu dans sa grille. Mais je n'avais pas le choix, de toute façon. S'il ne faisait aucun doute que Chuck finirait par apprendre l'échec d'Ivan auprès de GBS, j'espérais que nos problèmes internes allaient l'accaparer entièrement au cours des prochaines trente-six heures. Et que dans ce laps de temps, avec l'aide d'Allah, nous réussirions à caser ces pages... Mais il fallait déjà qu'Ivan parvienne à décrocher quelque chose avec NMI. Autrement, Chuck réclamerait sa tête, cette fois.

Les heures ont filé à toute allure. Dès que j'en ai eu terminé avec mes troupes, je me suis mis à répondre à la vingtaine de clients importants qui me réclamaient des informations sur l'état actuel et à venir du magazine. À tous, j'ai servi la même salade : « L'arrivée du groupe Klang-Sanderling ne fait que renforcer notre titre et accélérer son rapide développement. À ce propos, les Allemands n'ont pas l'habitude de reprendre des boîtes qui battent de l'aile, vous n'avez pas remarqué ? Il leur a suffi de voir nos performances ce dernier trimestre. Une progression ir-ré-sis-ti-ble. *Computer America* ne va pas continuer longtemps à garder la deuxième place sur le marché, c'est moi qui vous le dis !... Pourquoi ? Parce que Klang-Sanderling a décidé de les rayer de la carte, voilà pourquoi ! Tenez, pour inaugurer en beauté leur ère, nos nouveaux partenaires m'ont demandé de vous proposer ceci : un cahier six-pages dans le numéro d'avril, à vingt-cinq pour cent de moins que le prix habituel. Attention, la demande est tellement forte sur cette offre promotionnelle qu'il nous faut une réponse ferme avant dix-sept heures... »

Personne n'a été preneur, évidemment, je ne m'attendais d'ailleurs pas à les voir mordre à l'hameçon. Les budgets publicitaires des poids lourds de l'industrie informatique étant boulonnés des mois à l'avance, la probabilité que l'un d'eux saute sur un six-pages impromptu – et nous fournisse une maquette dans des délais aussi brefs – était à peu près égale aux chances que j'avais d'être pris dans le prochain vol de la navette spatiale américaine.

Mais ça valait le coup d'essayer. En fait, désormais, *tout* valait le coup...

À cinq heures, j'avais ainsi baratiné la totalité de mes annonceurs importants. J'ai décidé de tenter le huitième (et dernier, ai-je résolu) appel de la journée au bureau de Ted Peterson. Je n'avais rien mangé, pas quitté mon téléphone depuis des lustres, et l'épuisement cérébral n'était pas loin. À ce moment, Debbie a passé la tête par la porte pour m'annoncer que la force d'intervention conjointe des téléventes rencontrait une résistance inopinée sur le front publicitaire.

« Tous ceux que j'appelle, ils arrêtent pas de me demander : "Vous existez toujours ?" Alors, les amener à acheter un huitième de page à la dernière minute, c'est loin d'être évident. Et puis, je dois vous prévenir que Hildy et les autres se font un sang d'encre à cause de ça, justement. Quoi, on travaillait déjà sur le numéro de mai, et là on se met à chercher partout comme des dingues pour boucler celui d'avril !

— Je comprends, Debbie.

— Ça ne veut pas dire qu'on rechigne, hein, m'sieur Allen ! Au contraire, on fait du mieux qu'on peut. Surtout parce qu'on sait toutes que m'sieur Dolinsky, il risque sa peau, sur ce coup-là. »

Hallucinant. Mon bureau devait être sur écoute. Inexplicable autrement.

« Bon, alors, vous voulez qu'on fasse quoi, m'sieur Allen ? »

J'ai soupiré. Bruyamment.

« Remettez-vous sur le magazine de mai. Je suis certain qu'un de nos représentants va décrocher quelque chose. »

Vœu pieux. Dix minutes plus tard, revenant avec ma vingtième tasse de café de l'après-midi, j'ai découvert que le panneau de contrôle de mon téléphone était repris par la danse de Saint-Guy. Dave Maduro, puis Doug Bluehorn, puis Phil Sirio se sont succédé pour me donner chaque fois la même nouvelle : aucun de nos clients n'était prêt à accepter notre proposition dans un temps aussi court.

« J'ai pas besoin de vous expliquer le truc qui nous fait très mal, là, m'a dit Phil : ça s'appelle Noël, tout simplement. Les budgets sont bouclés, personne n'a envie de faire du zèle à cette époque. Croyez-moi, j'ai tout tenté. Que dalle.

— Merci d'avoir essayé, Phil.

— Alors, comment on règle ce merdier ?

— Je ne vois pas ce qui me reste. À part aller trouver les Allemands et me faire hara-kiri devant eux.

— Laissez-moi causer au Peterson, chef !

— Ce serait du chantage.

— Oh, pas de grands mots, Ned ! Une mise au point, tout au plus. Genre : "Vous aviez *dit* à Ivan que le contrat était pour lui, or un engagement verbal a la même valeur qu'un bout de papelard !" Non ? »

J'ai plaqué une main contre mon front trempé de sueur.

« Je réfléchis jusqu'à demain, Phil. »

Six heures dix. Soudain, j'ai remarqué l'état de mes ongles. Rongés à mort. Comme ceux d'Ivan. Ça ne m'était pas arrivé depuis dix ans. Encore une journée de ce style et je commencerais à penser aux effets thérapeutiques de la nicotine...

Le voyant d'une de mes lignes clignotait toujours. Quoi encore ? Je me suis forcé à appuyer sur la touche.

« Mais où tu étais passé ? »

Lizzie. Dans tous ses états, ce qui était compréhensible puisque j'avais ignoré la demi-douzaine de messages qu'elle avait laissés.

« Pardon, chérie, pardon. Tu ne peux pas savoir ce que je viens de traverser…

— Tu es inconscient ou quoi ? J'étais folle d'inquiétude. Enfin quoi, j'arrive au travail ce matin, et tout le monde me saute dessus en criant que Klaus-Sanderling vient de racheter Getz-Braun. Et toi tu es injoignable !

— Écoute, Lizzie, c'était la crise totale, ici, et j'ai pas eu cinq minutes pour…

— Tout le monde a cinq minutes ! a-t-elle tranché, en un écho involontaire à la pique que j'avais lancée le matin même à la secrétaire de Peterson. Surtout quand c'est pour sa femme.

— Ne sois pas fâchée, Lizzie ! Je ne voulais pas que tu…

— Je ne suis pas fâchée. Je m'inquiétais, simplement. Pour toi ! » Son ton s'est radouci. « Comment tu vas ?

— Pas fort.

— Ils t'ont viré ?

— Non, mais… vendredi matin, ils le feront, à coup sûr. »

Je lui ai raconté tout ce qui s'était passé depuis que j'avais retrouvé Chuck Zanussi au « Waldorf ». Tout, sauf que Phil Sirio me proposait de faire chanter Peterson. Quand j'ai terminé, elle a murmuré :

« Oh, mon amour, quelle journée de merde !

— Plus merdique, impossible, ai-je approuvé avec un petit rire amer. Et elle n'est pas finie. Tu comprends, je ne sais toujours pas comment je vais remplir ce six-pages… À part avec des photos de Zanussi à oilpé, je ne vois pas.

— Bon, écoute, donne-moi une heure et je t'invite à dîner, on va se soûler un peu.

— Pas possible, Lizzie. Ce casse-burnes de Kreplin m'a réquisitionné pour passer la soirée avec lui.

— Ah, c'est agréable !

— Crois-moi que je me serais défilé si j'avais pu. Mais je n'ai pas le choix : *Mein Führer* avant tout !

— Compris, compris… »

Dans sa voix, il y avait de la déception. Et de l'inquiétude. Et autre chose encore.

« Tu es fâchée.

— C'est juste que je me sens un peu traitée comme une quantité négligeable, une fois de plus. Parce que, enfin, hier soir, tu savais plus ou moins qu'il y avait un rachat dans l'air, mais tu n'as pas voulu m'en parler.

— Je te l'ai déjà dit, Lizzie, à quoi ça sert de faire partager ses soucis ?

— À rien, si on n'est pas marié. Mais le mariage, c'est justement fait pour ça. Et puis, quand tu te conduis de cette manière, c'est assez vexant pour moi.

— Vexant ? Je ne chercherai jamais à te vexer, jamais.

— Peut-être pas délibérément, non. Mais moi, cette attitude de “Je ne voudrais pas que tu te mettes à flipper dans ta petite tête”, je trouve ça légèrement méprisant, et…

— S'il te plaît, Lizzie !

— Et si le contraire était arrivé, je veux dire si une chose pareille s'était produite à *mon* travail, tu aurais été le premier que j'aurais appelé. »

J'ai levé les yeux au ciel. Une petite dispute conjugale bien gratinée, il ne me manquait plus que ça… Mieux valait garder profil bas.

« Je plaide coupable.

— Je ne t'accuse de rien. Et je ne cherche pas à te blesser, surtout après ce que tu as vécu aujourd'hui.

Simplement… simplement, tu n'as pas à te conduire avec moi comme si tu étais au boulot. Toujours à faire comme si tout allait bien, toujours cet optimisme forcé, toujours… »

La voix de Lily à l'interphone l'a coupée dans son élan.

« Monsieur Allen ? Pardon de vous interrompre, mais j'ai M. Dolinsky sur la deux et c'est très urgent, d'après lui.

— Dites-lui que je suis à lui dans une seconde.

— Je te laisse, alors.

— Désolé, Lizzie, mais Ivan s'est fourré dans un pétrin pas possible, et…

— Arrête de t'excuser tout le temps, Ned ! Je comprends parfaitement ce qui vous arrive.

— Tu es super, Lizzie.

— Tu vas rentrer tard ?

— Oui, et même très tard, j'en ai peur. Le Kreplin a laissé entendre qu'il voulait passer la soirée de sa vie.

— Bon, je ne t'attends pas, alors. Et, Ned… Même si le pire arrive, on s'en tirera, tous les deux. N'oublie pas ça.

— Promis.

— Je t'aime.

— Moi aussi », ai-je affirmé en connectant la ligne deux.

Par-dessus les crachotements de son téléphone de voiture, la voix d'Ivan Dolinsky était d'une étonnante pétulance.

« Ned ! J'ai du nouveau pour vous !

— Vous avez conclu avec NMI ?

— Un peu, oui ! Et pas n'importe quoi : ils prennent un cahier six-pages complet pour leur nouveau “Powerplan”.

— D'en-fer ! » ai-je hurlé en envoyant un crochet du droit dans le vide.

On avait évité la crise.

« Et je suis même allé à leur siège pour qu'ils signent tout de suite. Je suis sur la route, là, je sors juste de la réunion.

— Fantastique.

— Il n'y a qu'un seul petit problème… »

Pitié, non !

« … Ils le veulent dans le numéro de mai, pas avant. »

Mon soupir a plutôt été un gémissement.

« Ivan…

— Je sais, je sais ! Vous pouvez me croire que je leur ai léché les bottes pour qu'ils le fassent dès ce mois-ci. La malchance, c'est que leur nouveau modèle ne sort qu'en mai. »

« Vous avez une idée de la cata dans laquelle vous m'avez fourré ? » C'est ce que j'ai eu envie de beugler dans mon combiné, mais cet accès de rage aurait été inutile. Phil avait raison : le coupable de tout, c'était Peterson. Certes, Ivan aurait dû le forcer à signer sur-le-champ, mais c'était sa seule faute car, pour le reste, il était légitime de penser qu'un responsable de GBS saurait tenir sa parole de scout. Non, il ne méritait pas d'être accablé. Et il venait de scorer un gros coup. Pas le gros coup dont j'avais immédiatement besoin, mais un beau contrat tout de même… J'ai donc pris mon ton le plus positif :

« Très, très bien joué, mon vieux.

— Et pour avril, qu'est-ce qu'on fait ?

— Je crois qu'on va pouvoir régler ça… Allez boire une bonne bière, Ivan. Vous l'avez méritée. »

Puis j'ai raccroché avant que mon personnage de Gentil Chef ne se décompose. Quel connard ! J'avais pitié de lui, et en même temps j'aurais adoré lui botter le cul. M'avoir fait miroiter un tel espoir…

Sept heures moins le quart. J'avais les yeux fixés sur mon téléphone, et mon esprit galopait. J'appelle, je tombe sur Peterson, et je découvre qu'à la suite d'une visite surprise de l'Esprit de Noël au moment où il utilisait les toilettes de l'étage directorial chez GBS le gus, assailli par le remords, a décidé non seulement de nous prendre le cahier d'avril mais aussi de financer de sa poche un Resto du cœur…

Rêve toujours.

Sept heures moins quatorze. Je continuais d'hypnotiser mon poste. Chaque fois que j'avais traversé une passe professionnelle difficile, j'y avais trouvé ma planche de salut. Composer un numéro, puis un autre, me laisser dériver sur mon propre déluge verbal qui arrivait finalement à emporter tous les barrages… Mais là, pour la première fois de ma vie, je ne voyais pas qui je pourrais appeler. Le téléphone avait cessé d'être mon allié.

Sept heures moins treize. On a frappé à ma porte. Sans même me donner le temps de crier « Entrez ! », Chuck Zanussi a surgi en trombe. À sa tête, j'ai immédiatement compris qu'il avait appris le fiasco d'Ivan.

« Quand vous avez commencé ici, il y a combien… quatre ans, hein ? quand vous avez commencé ici, j'avais dit que c'était quoi, la règle numéro un du fonctionnement avec moi ?

— Laissez-moi vous expliquer, Chuck !

— La règle numéro un, c'était quoi, Ned ?

— J'essaie de vous dire que tout baigne, Chuck…

— La règle numéro un, putain, j'avais dit quoi ? »

J'ai péniblement avalé ma salive.

« "Quand il y a un problème, m'en informer sur-le-champ."

— Excellent. Remarquable mémoire. Maintenant, êtes-vous prêt à reconnaître que la perte d'un cahier pub GBS, à seulement deux jours du bouclage, représente un "problème" ?

— Des problèmes, on en a eu tout un tas, aujourd'hui.

— Non, sans blague ? J'avais pas remarqué.

— Et c'est justement à cause de ça que je ne vous ai pas appelé.

— Mon cul ! Vous ne m'avez pas appelé parce que vous vouliez couvrir Ivan, c'est tout. Vous cherchez quoi, à être canonisé Saint Patron des Vendeurs à la Noix ?

— Non, je me suis dit que vous aviez déjà suffisamment à balayer devant votre porte pour ne pas...

— Eh bien, vous vous êtes mal dit !

— Je répète, il n'y a rien de tragique et...

— Encore des foutaises ! D'après mes infos, l'histoire GBS est en train de faire autant de raffut que si vous aviez publié un communiqué de presse annonçant qu'ils nous ont lâchés en route. Et donc, grâce à *votre* brillante stratégie, non seulement la profession au complet se demande si Klang-Sanderling ne va pas dynamiter l'équipe entière de *CompuWorld*, mais en plus ça ragote dans tous les sens sur pourquoi on s'affole tellement pour brader quelques malheureuses pages dans le numéro d'avril. Or, et il me semble vous l'avoir répété dix mille fois, l'affolement, dans le commercial, c'est un péché mortel. Mais votre fabuleuse mémoire a oublié ça, visiblement, de sorte que notre indice de crédibilité se situe maintenant plusieurs points au-dessous de zéro, et c'est à vous que nous devons ce superbe résultat. Mes félicitations, Ned.

— J'assume l'entière responsabilité de...

— Un peu, oui ! Et notamment du fait que ces pages *doivent* être remplies d'ici à vendredi ! Dans le cas contraire, je vous mets dehors. Pigé ? »

Vous avez déjà reçu un coup de latte en plein ventre ? La respiration coupée, les yeux noyés, tout se trouble autour de vous...

« Vous m'entendez, Ned ?

— Je… Oui.

— Vous savez, ça ne me réjouit absolument pas, de brandir une menace pareille. Mais c'est votre tête qui a décidé de me cacher cette merde pendant une journée, donc c'est votre tête qui tombera s'il le faut. Et croyez-moi, je ne demande qu'à ce que vous vous en tiriez.

— Je vais m'en tirer.

— Comment ? En priant le Tout-Puissant ? »

J'ai haussé les épaules.

« Je vais résoudre ça. Attendez de voir.

— J'attendrai pas longtemps, en tout cas ! Ah, autre chose qu'on va devoir faire…

— Quoi ?

— Virer Dolinsky.

— Chuck ! Vous ne pouvez…

— Sur ce point, il n'y a pas photo, Ned. C'est lui qui est à la racine de ce gigantesque foirage.

— Non, le vrai méchant, dans l'histoire, c'est Ted Peterson !

— Possible, mais Dolinsky a négligé les formalités contractuelles, et c'est *ça* qui a ouvert une porte grosse comme une maison à ce filou de Peterson. Écoutez, vous savez très bien que j'ai été ultrapatient avec Ivan depuis la mort de sa fille. Et que je l'ai couvert, comme vous, chaque fois qu'il a déconné un peu plus que d'habitude. Parce que j'ai sincèrement, réellement de la peine pour lui. Mais faut admettre, Ned : deux ans après, le type n'a toujours pas les yeux en face des trous. Maintenant, son incompétence va jusqu'à nous mettre en danger, vous et moi !

— Ivan n'est pas incompétent. Cet après-midi, là, il a conclu un six-pages couleur avec NMI. Pour mai. Il a un contrat *signé* dans la poche pour le prouver !

— Je veillerai à ce que sa comm là-dessus soit incluse à l'indemnité de départ qu'on va lui verser.

— Allez, Chuck, soyez raisonnable !

— Ma décision est prise. Il est débarqué. »

La voix de Phil Sirio a commencé à flotter dans mon esprit : « Une mise au point, tout au plus… Un engagement verbal a la même valeur qu'un bout de papelard ! »

« Et si j'arrive à obtenir le cahier de GBS, finalement ?

— Dans vos rêves.

— Mais admettons que je puisse convaincre Peterson de revenir en arrière, et que…

— Alors, je dirai que vous êtes capable de faire tomber la pluie. Et je continuerai de demander à Ivan de déguerpir.

— Vous n'êtes pas juste.

— Quelle justice, merde ? Le mec a totalement pété les plombs. D'accord, il vient de scorer avec NMI. Mais, eh, c'est la première fois en deux ans !

— C'est son come-back.

— C'est un coup de pot, rien de plus. Ils veulent faire du battage partout pour leur "Powerplan". N'importe quel mickey aurait pu les faire signer. Et vous savez aussi bien que moi qu'à la première occase Ivan nous fera retomber dans un caca majeur… Non, désolé, Ned. Il est rayé des effectifs. Si vous ne l'avez pas sacqué d'ici demain midi, c'est moi qui m'en chargerai.

— Et après ce sera mon tour, hein ?

— Vous réglez le problème, vous gardez votre job. C'est simple, non ? »

J'ai acquiescé de la tête. Avant de disparaître dans le couloir, Chuck s'est retourné et il m'a dit, tout doucement :

« Ne m'obligez pas à vous virer, Ned. S'il vous plaît. »

Un très long moment, je suis demeuré figé à ma table, les yeux perdus dans la nuit rayée de flocons de neige. Il n'existait qu'une seule et unique solution au

« problème », et donc un seul moyen de sauver ma peau. « Laissez-moi causer au Peterson, chef ! » Demain matin, à la première heure, bien plus que *laisser* Phil Sirio le faire, je lui *demanderais* de le faire. Au diable les conséquences. Désormais, c'était une question de vie ou de mort.

Ce soir encore, le mauvais temps avait poussé les taxis new-yorkais à retourner hiberner. Je suis allé à pied jusqu'à Grand Central pour attraper le métro de la ligne six, puis suis resté seul dans le wagon surchauffé jusqu'à la station de la 14e Rue, où un type est venu s'asseoir juste en face de moi. Le néoloubard type : peau grasse, moustache filasse, sweat-shirt à capuchon fermé jusqu'au cou, des Nike à 200 dollars aux pieds et un air plein de morgue. Comme ses yeux malveillants ne me quittaient pas, j'ai soutenu son regard. « Vas-y, essaie de lire dans mes pensées, tête de nœud ! Voilà, je suis à deux doigts de donner mon feu vert à une opération de chantage aggravé. Alors, qui c'est le vrai dur, ici ? »

« Tu mates quoi, bordel ? » a-t-il soudain éclaté.

J'ai répliqué du tac au tac.

« Et toi, bordel, tu mates quoi ?

— Tu cherches la cogne, mec ?

— Seulement si tu la cherches. »

J'ai glissé nonchalamment la main dans mon manteau, comme si je me préparais à sortir un flingue. Là, il a détourné les yeux.

« J'veux pas d'ennuis, moi.

— Alors, on est deux. »

Le silence est revenu jusqu'à l'approche de Lafayette Street, quand je me suis levé pour descendre.

« Hé !

— Quoi ?

— Joyeux Noël, mec.

— Toi aussi », lui ai-je répondu.

Et je me suis rendu compte que je souriais pour la première fois de la journée.

Il m'a fallu affronter une vraie tempête de neige pour parvenir jusqu'au restaurant. Klaus Kreplin était déjà assis à une table bien en vue. Il m'a adressé un sourire de vipère, m'a fait signe de prendre place. Il a tiré une cigarette du paquet de Dunhill posé près de lui et l'a allumée avec un interminable briquet en argent.

« Vous savez pourquoi j'ai choisi ce "Pravda" ? Pour le caviar et le tabac. C'est encore l'un des rares endroits où l'on puisse fumer sans risquer la prison, dans cette ville d'hypocondriaques. » Une serveuse, vêtue de même que ses collègues d'une robe noire moulante et très échancrée, venait vers nous avec un plateau au bout du bras. Kreplin l'a regardée avec insistance. « Et puis, l'"ambiance" est absolument charmante, vous ne trouvez pas ? »

La fille a posé son plateau sur la table. Il y avait dessus un gros bloc de glace et deux présentoirs en acier, délicatement ciselés, qui contenaient chacun six petits verres remplis d'un liquide translucide. Elle en a disposé un devant Kreplin, l'autre devant moi.

« J'espère que vous ne m'en voudrez pas. Je me suis permis de commander la même chose pour nous deux.

— Six vodkas d'un coup ?

— C'est leur formule de "dégustation". Un échantillon des meilleures. Qui doit s'accompagner de caviar, bien entendu. »

La serveuse était en train de placer le bloc de glace sur un plat en verre au milieu de la table. Pris dedans, une énorme coupe de béluga, dont je n'ai pas osé imaginer le prix.

J'ai imité Kreplin, qui levait déjà un premier verre.

« *Prosit !* »

Il l'a fait tinter contre le mien et l'a avalé d'un coup. J'ai bu cul sec, moi aussi, l'alcool glacé anesthésiant ma gorge et m'envahissant aussitôt d'une quiétude engourdie.

« Vous en aviez bien besoin, on dirait, a observé Kreplin.

— La journée n'a pas été facile... Mais je suppose que vous êtes au courant de tout, non ?

— J'ai en effet entendu que vous vous étiez retrouvé dans une situation... fâcheuse. Vous allez la surmonter ?

— Absolument.

— Alors, il faut boire à cette excellente nouvelle. »

À nouveau, « tink » et hop ! à la russe.

« Savez-vous pourquoi j'étais sûr que nous allions bien fonctionner ensemble, vous et moi ? m'a demandé le Kreplin en tartinant un blini d'une louche de caviar avant d'engouffrer le tout d'un seul mouvement de mâchoire. Parce que, la première fois que nous nous sommes vus, vous avez été un peu... réservé. Légèrement agressif, même. C'est ce qui me plaît, voyez-vous : un homme fidèle à son entreprise, qui sait à la fois mener et protéger ses troupes... oh non, pardon : ses collègues. Et qui, en même temps, n'est pas prêt à accepter tout ce que ses supérieurs hiérarchiques racontent. Quelqu'un qui est capable d'avoir un véritable “esprit maison” tout en gardant son indépendance, je lui tire mon chapeau. Tout le contraire de Chuck Zanussi, en fait...

— Chuck ? C'est un type super.

— Vous voulez savoir ce que je pense de votre patron ? Un, Chuck Zanussi est extrêmement gros. Deux, il me craint comme la peste, ce qui est une des raisons pour lesquelles je n'ai pas de respect pour lui. Ça, et le fait que son... physique trahit un manque total de discipline.

— Bon, il force un peu sur les sucreries, sans doute, mais la réussite du journal, c'est à lui qu'on la doit. C'est vraiment une bête de presse, et puis il connaît le secteur informatique sur le bout des doigts.

— Je suis très impressionné, Edward. Tant de loyauté envers quelqu'un qui, il y a une heure à peine, a menacé de vous jeter dehors si vous ne réglez pas au plus vite le problème avec GBS...

— Comment vous êtes au courant de tout ça ?

— Comment ? Mais parce que Zanussi n'a fait qu'appliquer les instructions que je lui avais données, moi !

— Ah... Merci. »

Il a grimacé un sourire volontariste.

« C'était une épreuve, vous comprenez. J'étais certain que vous la passeriez haut la main. Et même plus encore. D'ailleurs, il ne va pas vous licencier, n'est-ce pas ? »

Vas-y, Phil, prends ton téléphone !

« Non, Klaus. Pas de risque.

— Excellent. Je dis : excellent. D'autant que sitôt cette... crise surmontée, et Noël passé, bien entendu, je vais mettre Chuck Zanussi à la porte. Moi, personnellement. »

Je me suis mis à tripoter mon troisième verre de vodka. En faisant mon possible pour rester calme.

« Vous... vous parlez sérieusement, là ?

— En affaires, je parle toujours sérieusement, Edward. Toujours.

— Je n'en doute pas.

— À tel point que je connais déjà le successeur de Chuck Zanussi.

— Ah oui ? Et qui est-ce, ce veinard ?

— Vous. »

Un blanc.

« Moi ?

— Oui, vous.

— Vous rigolez.

— Non, tout est déjà décidé, Edward. Le 2 janvier, si vous l'acceptez, vous êtes nommé directeur de *Compu-World*. Félicitations ! »

Tel un automate, j'ai levé mon verre et je l'ai vidé d'un coup.

« Uhhhh… Merci. »

6

IMPOSSIBLE DE FERMER L'ŒIL. Le panneau lumineux de notre réveil indiquait trois heures douze, soit une de plus depuis que j'avais réussi à me dépêtrer de Klaus Kreplin, et pourtant je n'arrivais qu'à surveiller les ombres qui vacillaient au plafond.

Après avoir produit son effet en me proposant tout de go la succession de Chuck, Kreplin avait traqué les moindres idées que je pouvais avoir sur *CompuWorld*. Et je m'étais piqué au jeu, j'avais soutenu que nous pouvions le rendre davantage attractif sur le plan rédactionnel en développant une rubrique « Consommateurs » plus agressive et en publiant des enquêtes moins convenues, non sans plaider pour un développement substantiel de l'espace publicitaire, notamment en direction du marché nord-ouest, déterminant dans notre secteur.

À peine le cinquième verre de vodka vidé, je m'étais retrouvé à pérorer qu'il n'y avait aucune raison que nous ne devenions pas « numéro deux dans notre branche d'ici quelques mois », que mon « approche » serait de « conserver l'image de marque du magazine tout en l'ouvrant progressivement à un lectorat plus large, celui de l'informatique "familiale", et en même temps de travailler sur l'aspect visuel du support ».

« Bien sûr, ça n'a rien d'original, tout ça. C'est uniquement le bon sens du commercial qui parle, là. Et si j'acceptais ce poste, je ferais en sorte que…

— Mais vous l'acceptez, c'est entendu ! »

À la sixième tournée, j'avais tenté d'une voix assez hachée :

« Pour tout vous dire, Klaus, j'ai comme qui dirait un peu les boules de…

— Les boules ? m'avait-il interrompu en roulant les mots dans sa bouche comme s'ils avaient une texture inconnue du monde civilisé. Qu'est-ce que c'est, "les boules" ?

— Se sentir tendu. Inquiet. Coupable.

— Tendu et inquiet, je peux le comprendre. C'est une réaction très normale devant une promotion importante. Mais coupable ? Allons, Edward, je vous en prie ! Nous parlons business, là.

— Chuck, c'est mon boss.

— Et moi, je suis le boss de Chuck. Et Dietrich Sanderling est le mien. Et nos actionnaires sont, en dernier ressort, ceux de Herr Sanderling. On a toujours à rendre des comptes à quelqu'un plus haut que soi. Si ce quelqu'un n'est pas satisfait de vos résultats, alors…

— C'est lui qui m'a fait entrer dans la boîte, qui m'a donné ma chance…

— Edward, ainsi que je vous l'ai déjà dit, je suis très impressionné par votre sens de la loyauté. Mais ce n'est pas vous qui le mettez dehors, n'est-ce pas ? Vous n'avez rien fait pour provoquer sa chute, non plus. C'est moi qui ne veux plus de lui parce qu'il est… flasque. Au physique comme au mental.. Et si vous pensez qu'en refusant mon offre vous allez le protéger, vous vous trompez. Chez nous, Chuck est terminé. *Kaputt*. »

Après avoir ingurgité la suite du dîner, arrosée d'une bouteille de cabernet sauvignon hors de prix, Kreplin était revenu à la charge.

« Vous ne m'avez pas parlé salaire une seule fois, Edward. Comment cela se fait-il ?

— Nous sommes à table.

— Quel tact ! Merveilleux. Mais tout de même, les chiffres ne vous rebutent pas ?

— Absolument pas.

— Ha, ha, ha… Eh bien, les conditions sont très correctes, je pense. 150 000 par an, garantis. Mais, avec l'intéressement au profit de la société et les primes, c'est une somme que vous pourrez aisément doubler.

— Euh… Oui ?

— Sans parler de la couverture sociale habituelle, évidemment, ou plutôt tous frais médicaux payés. Vous aurez aussi un véhicule de fonction, bien entendu. De la marque de votre choix. À concurrence de, disons, 50 000 dollars. Les réparations et le parking sont à notre charge, inutile de le préciser. Et si vous appartenez à un club sportif… Vous êtes un fan de tennis, si je ne m'abuse ?

— Vous avez fait votre enquête, je vois.

— Naturellement. Donc, votre cotisation annuelle est pour nous. Klang-Sanderling aime que ses cadres… comment dites-vous, déjà ?… "pètent la forme", oui. » Après avoir demandé l'addition, il s'est tourné vers moi : « Alors, vous acceptez ces conditions ? »

C'était le jackpot. Le gros lot. Le casse du siècle. Enfin, pas tout à fait, mais 300 000 annuels… J'en avais le souffle coupé. Je passais dans la catégorie très, très supérieure.

« Évidemment que j'accepte, Klaus ! »

Et aussitôt après, je me suis dit en moi-même : « Mais de trahir Chuck comme ça, tu ne te le pardonneras jamais. »

« J'ai une petite faveur à vous demander.

— Bien sûr, Klaus.

— Non, le terme n'est pas exact. C'est une consigne absolue, plutôt. Voilà, vous ne devez parler à personne de la proposition que je viens de vous faire.

— Je n'en avais pas l'intention.

— Par "personne", j'entends que vous n'abordiez même pas le sujet avec votre épouse.

— Voyons, mais je dois la mettre au courant, dites ! C'est quand même une *grande* nouvelle…

— Accepté. Elle va l'apprendre, oui, mais vendredi 2 janvier. Le jour où vous rentrerez de vos vacances aux Caraïbes.

— Vous avez chargé quelqu'un de me filer, aussi ? » ai-je demandé sur le ton de la plaisanterie.

Il a condescendu à l'un de ses petits sourires.

« Il y a quelques mois, au moment où nous avons commencé à envisager le rachat de Getz-Braun, j'ai bien entendu entrepris d'éplucher les dossiers personnels des principaux collaborateurs qui allaient travailler sous ma supervision. Et comme Chuck Zanussi ne tarissait pas d'éloges à votre sujet, j'ai lancé mon enquête, oui. »

J'en suis resté bouche bée.

« Attendez ! Vous êtes en train de me dire que Chuck était au parfum depuis des mois, à propos du rachat ?

— Non. Tout ce qu'il savait, c'était que nous étions intéressés par Getz-Braun et que nous avions entamé une étude de faisabilité, laquelle supposait des rencontres avec sa direction et un examen des ressources humaines disponibles. Mais la vente elle-même, il ne l'a apprise qu'hier, quand on lui a demandé de faire un détour par Chicago. Dans une opération de ce genre, le secret est une question vitale.

— Eh bien, que Klang-Sanderling s'intéressait tant à nous, il ne l'a vraiment pas clamé sur les toits, Chuck…

— Parce qu'il avait reçu l'ordre de garder le silence. Il ignorait si le rachat aurait lieu ou non. Et il a été tenu en dehors du cercle des initiés jusqu'au moment où c'est devenu un fait accompli. Mais ce qu'il savait, en revanche, c'était que s'il parlait à quiconque de nos vues sur Getz-Braun son avenir dans la société serait réduit à néant. Et donc, très sagement, il a choisi de rester bouche cousue.

— Pourtant, vous allez quand même le vider…

— Là, ce sont les aléas de la gestion, mon cher. Mais ne vous inquiétez pas, on lui a prévu un joli parachute avant de l'éjecter en vol. Et nous ne le licencierons pas avant Noël car, après tout, il a le droit de passer les fêtes tranquille. Non, si j'exige le silence absolu, c'est encore pour d'autres raisons. Nos experts en marketing estiment que les annonceurs qui font confiance à *CompuWorld* pourraient être… troublés s'ils apprenaient le changement de directeur avant le 1er janvier. Chez Klang-Sanderling, nous sommes extrêmement pointilleux là-dessus. Tout remaniement de personnel doit s'effectuer avec un minimum de répercussions commerciales, et d'une manière qui garantisse une transition en douceur.

— Je comprends mais, sincèrement, ma femme n'est pas du tout une pipelette…

— Elle est dans les relations publiques, non ? Je le dis sans aucune animosité, mais les gens des relations publiques, par définition, par nature, parlent beaucoup. Admettons qu'elle le confie seulement à sa collègue la plus proche au travail. Celle-ci, à son tour, le raconte sous le sceau du secret à son mari, qui se trouve être l'avocat d'un client sur le point de faire réinformatiser toute sa société par GBS. Au détour d'une conversation, le mari glisse audit client qu'il a appris que *CompuWorld* changeait de directeur. À son rendez-vous suivant avec les commerciaux de GBS, le bonhomme ressort l'information, et avant que nous ayons pu nous retourner le secteur entier est au courant.

— Avec tout le respect que je vous dois, Klaus, il me semble que vous êtes un tantinet trop circonspect.

— Avec tout le respect que je vous dois, Edward, c'est moi que ça regarde et ma fonction m'oblige à vous demander d'obéir. Si la nouvelle de votre nomination se répand trop vite, cela peut mettre en danger certaines choses. Allez, quand vous l'annoncerez à votre charmante épouse le 2 janvier, ce sera un magnifique cadeau de Nouvel An pour elle. Et il faudra que vous l'appeliez du bureau, en faisant comme si vous veniez vous-même de l'apprendre. Vous êtes un vendeur hors pair, c'est-à-dire un acteur-né. Vous n'aurez donc aucun mal à feindre la surprise et l'enthousiasme.

— Je suppose, oui…

— Donc, j'ai votre parole que vous garderez ça pour vous ? »

« Si la nouvelle de votre nomination se répand trop vite, cela peut mettre en danger certaines choses. » 300 000 dollars, par exemple. J'ai opiné du bonnet. Kreplin m'a envoyé une tape dans le dos.

« Magnifique. L'affaire est conclue. »

Sa suite au dix-septième étage des « Waldorf Towers » avait une vue renversante sur Manhattan. Deux chambres, une cuisine complètement équipée, un salon de la taille d'un terrain de football.

« Vous ne manquez pas d'espace, ai-je observé.

— Ils aiment bien Klang-Sanderling, dans cet hôtel, alors ils nous surclassent toujours. Champagne ?

— Pourquoi pas ? »

Par téléphone, il a commandé une bouteille de Krug. S'il tentait de m'impressionner avec ses manières de grand seigneur pour qui l'argent ne compte pas, il avait réussi. Environ une minute plus tard, on a frappé discrètement à la porte.

« Ah, voici nos invitées, a-t-il lancé en allant ouvrir.

— Des invités ? Je ne savais pas que vous attendiez quel… »

Je n'ai pas terminé ma phrase. Deux filles très grandes, très blondes et très maquillées venaient de faire leur entrée. Toutes deux dans la vingtaine. Elles ont tendu leur manteau à Kreplin, apparaissant dans des robes noires presque identiques, aussi ajustées que des gants de chirurgien. Des caricatures d'escort-girl. D'un coup, je me suis senti mal à l'aise.

« Mesdemoiselles, a annoncé Kreplin en les poussant dans le salon, j'aimerais vous présenter mon associé, M. Allen. Edward, voici Angelica et voici Monique.

— Vous allez bien ? » a claironné la seconde, dont le nasillard accent new-yorkais prouvait à lui seul qu'elle n'avait de français que le prénom, au grand maximum.

Tandis qu'elles prenaient place sur le canapé, Kreplin m'a décoché l'un de ses sourires de requin. J'ai immédiatement compris qu'il était en train de me mettre à l'épreuve, d'essayer de voir jusqu'où allait ma loyauté. Si je jouais les offusqués devant le traquenard qu'il me tendait avec ces deux grues – car c'en était un, sans aucun doute possible –, je passerais à ses yeux pour un refoulé moraliste. Mais si je sautais dans un lit avec Monique, ou Angelica, il aurait une arme contre moi, il en conclurait que je n'étais pas fiable, que j'étais du genre à mettre en péril mon mariage dans le seul dessein d'obtenir une promotion.

Pendant que le duo de choc allumait des cigarettes, il s'est glissé près de moi pour me chuchoter à l'oreille :

« J'espère que cette petite surprise ne vous contrarie pas…

— Pour une surprise, Klaus, c'en est une, ai-je répondu en choisissant soigneusement mes mots.

— Mais agréable, n'est-ce pas ? Un délassement de fin d'année offert par Klang-Sanderling. Laquelle vous plaît le plus, vous savez déjà ? »

Angelica mâchait du chewing-gum en tirant comme une folle sur sa Salem. Monique, la malheureuse, était une version à peine améliorée de ces filles qui faisaient le trottoir sur la 8e Avenue dans le temps, à la différence qu'elle avait troqué les collants fluos pour une robe de soirée ultramoulante.

« Je vais vous dire, lui ai-je soufflé sur le même ton de conspirateur. Je vais pisser un coup, et quand je reviens on se met d'accord. Entendu ?

— Parfait ! »

Salle de bains pharaonique : des kilomètres carrés de marbre, une baignoire-piscine, robinetterie en or. Je me suis assis sur la margelle pour réfléchir à une issue. L'enfoiré m'avait entraîné dans une situation vraiment impossible, à tous les coups pour jauger mes réactions. M'esquiver sans un mot, c'était exclu tant cela paraîtrait aussi grossier que minable. Mais, par ailleurs, il était hors de question de me prêter à la mascarade… Machinalement, j'ai passé la main sur ma poitrine, et c'est alors, en sentant mon portable dans la poche de ma veste, que j'ai trouvé la solution. Ouvrir le robinet pour couvrir tout bruit suspect, composer le 1-5-1, mon service de messagerie qui assurait aussi les appels-réveil, consulter ma montre – il était une heure dix-sept –, marquer une heure vingt et une, presser deux fois la touche étoile, rempocher mon téléphone. Le tour était joué.

Quand je suis rentré au salon, un garçon d'étage était en train de déboucher la bouteille. Kreplin trônait entre les deux filles, avec lesquelles il échangeait des banalités tout en faisant courir un index négligent le long de la cuisse gainée de noir d'Angelica. Elles paraissaient s'ennuyer à mourir, n'attendant que le moment de passer au travail, d'encaisser leur dû et d'aller se coucher. Mais Kreplin, lui, s'entêtait à savourer la fête. Dès que les verres ont été remplis, il a congédié le garçon avec un pourboire de 10 dollars et a tendu une coupe à chacune de ses « invitées ».

« Vous connaissez le Krug, mesdemoiselles ?

— Un truc français avec des bulles, c'est ça ? a consenti à demander Angelica.

— Vous êtes une experte en la matière, je vois. » Puis, s'approchant pour me donner un verre, il m'a murmuré : « Alors, vous avez fait votre choix ? »

Les yeux braqués sur Angelica, occupée à cracher son chewing-gum dans un cendrier avant d'attaquer le champagne, j'ai cherché à gagner du temps. Pourquoi mon portable ne sonnait-il pas ?

« Je vous laisse la décision, mon cher Klaus.

— Non et non ! Je suis votre hôte, c'est mon devoir de vous accorder la primeur.

— Et... et vous les avez trouvées où, ces filles ?

— Par une agence que nous utilisons tout le temps à New York. Des gens *très* sérieux, donc aucun souci à se faire sur le plan de l'hygiène.

— Ah, ça, je suis ravi de l'entendre.

— Alors, Edward, je vous en prie ! Le compteur tourne, là. Vous avez choisi ?

— Bon, eh bien... »

Grâce au ciel, mon téléphone a enfin daigné s'animer. Kreplin et les deux dames ont sursauté. Moi, j'ai fait de mon mieux pour masquer mon soulagement.

« Allô, oui ? »

Afin que personne ne puisse surprendre la voix électronique qui était en train de répéter : « Radio-réveil, il est une heure vingt et une, radio-réveil, il est... », j'ai plaqué l'appareil tout contre mon oreille.

« Oh, Lizzie ! »

« Ma femme », ai-je articulé en silence à l'attention de Kreplin, qui a levé les yeux au plafond d'un air excédé.

« Oui, oui… Non, je suis avec Klaus Kreplin, au "Waldorf"… Comment ? Oh non ! Quand ?… Où ?… C'est grave comment ?… D'accord, d'accord, j'arrive ! Les urgences à Roosevelt ? Bon, dans dix minutes, pas plus. »

J'avais à peine coupé la « communication » que je bondissais sur mon manteau.

« Un problème, Edward ?

— C'était ma femme, Lizzie. Son père passait quelques jours chez nous, il a eu un malaise. Ils l'ont amené à l'hôpital Roosevelt… » Habillé de pied en cap, j'ai marqué une pause avant de me précipiter sur la porte. « Bon, Klaus, je suis désolé pour ça, mais…

— Faites ce que vous avez à faire, a-t-il rétorqué en haussant les épaules.

— Merci pour cette supersoirée, en tout cas. On se parle demain ? »

Je lui ai serré la main et j'ai adressé un petit signe d'adieu aux deux nanas, qui n'ont pas daigné répondre.

J'étais pratiquement dehors quand Kreplin m'a lancé, d'un ton carrément sarcastique :

« Et toute ma sympathie à votre charmante épouse… »

Une demi-heure plus tard, je m'allongeais à côté de ma charmante mais pour le moment comateuse épouse. Je me suis penché sur elle pour lui donner un baiser, auquel elle a répondu par un grognement indistinct avant de se recroqueviller plus loin dans le lit. J'ai attrapé un coussin et fermé les yeux avec le naïf espoir que le sommeil me terrasserait sur-le-champ. Je voulais oublier cette journée, tirer un trait sur tout, m'enfuir pendant quelques heures loin des diverses questions d'éthique que les événements avaient accumulées dans ma tête. Par exemple, pourrais-je encore regarder Chuck Zanussi en face alors que je le savais promis à l'échafaud et que j'allais devoir enjamber son cadavre pour prendre sa place ? Ou bien, étais-je vraiment obligé de laisser Lizzie dans l'ignorance de ce qui se passait, surtout après le petit piège que Kreplin m'avait tendu ? D'ailleurs, celui-ci n'allait-il pas revenir sur son offre de promotion parce que je lui avais gâché son réveillon anticipé en compagnie de deux call-girls ? Et puis, bien sûr, si la partie de bras de fer que Phil Sirio se proposait d'engager avec Ted Peterson venait à être connue, quelles seraient les conséquences pour moi ? Chômage à perpète, évidemment, mais aussi séances prolongées dans les bureaux du procureur de Manhattan, à coup sûr…

J'ai rouvert les yeux, assailli par la peur, et pendant une heure interminable j'ai été la proie d'une sérieuse attaque de chocottes nocturnes. Mais, contrairement à mes crises d'angoisse habituelles, cette fois le danger était très précis, tout à fait tangible.

Ne résistant plus à l'inévitable, je me suis levé à pas de loup pour aller m'effondrer sur notre grand canapé blanc au salon. Le regard perdu dans les faibles lueurs qui montaient de la ville endormie, j'ai prononcé en moi la phrase qui m'obsédait depuis l'après-midi. « Vas-y, Phil, prends ton téléphone ! » Et après ? Après, tout se passerait comme sur des roulettes, sans doute. Redoutant un scandale, Peterson s'inclinerait, les six pages seraient casées, je sauverais ma peau, et le 2 janvier je serais le nouveau patron de *CompuWorld*, plein aux as et peinard pour la vie. À part que…

À part que, même dans ce cas de figure, j'étais condamné à connaître moult nuits de ce genre, assailli par l'insomnie et les doutes : quoi, tu vas vraiment t'en tirer comme ça ? Sortir d'un carambolage moral de cette ampleur sans une seule égratignure ? Ou bien une petite voix va revenir te poursuivre, dans des moments de faiblesse semblables à celui-ci, pour te torturer avec des

« On ne peut pas avoir le beurre et l'argent du beurre, et le cul de la fermière »… ?

Putain, merci, Papa. Merci, Monsieur Grands-Principes. L'homme qui, des années durant, nous avait rentré dans la caboche son credo numéro un : « Quand on fait le mauvais choix, on en paie toujours le prix. » Oui, mais des fois il n'y a pas d'autre choix que le « mauvais », pas vrai ? Surtout dans le cas où la seule autre solution est de se suicider en beauté et, dans la foulée, de rater une promotion cruciale.

Ted Peterson. À cet instant, le gros connard devait certainement ronfler dans sa maison du Connecticut, se souciant comme d'une guigne que sa décision de renoncer à un banal cahier publicitaire était en train de menacer des vies professionnelles. L'amoralité typique du yuppie triomphant. Je baise mes partenaires commerciaux, je baise ma femme en essayant d'en baiser une autre. Fidèle à rien ni à personne, sinon à ses mesquines ambitions. J'avais encore en mémoire ce séjour à Grande Caïman, Peterson au bar du « Hyatt » un jour avant qu'il n'agresse Joan, en train de frimer avec des photos de la baraque qu'il venait d'acheter. À Old Greenwich, excusez du peu. « Il y en a pour 1,4 bâton, là-dedans ! » n'avait-il cessé de me répéter. La mer en face, une immense terrasse donnant sur la marina, la gare à cinq minutes en voiture, seulement trois quarts d'heure jusqu'à Grand Central, les meilleures écoles possibles. Et les seuls basanés du coin étaient les employés de maison.

Old Greenwich, Connecticut. Il fallait s'appeler Brad, ou Chip, ou Ames, ou Edward Arlington Peterson Junior pour habiter dans un coin pareil.

Old Greenwich, Connecticut. Trois quarts d'heure en train, ce qui donnait une heure en caisse. Encore moins, en pleine nuit…

J'ai tâtonné à la recherche du téléphone. Les renseignements pour la zone en question. L'opératrice m'a annoncé qu'elle avait deux réponses pour « E. Peterson » à Old Greenwich.

« Moi, c'est celui avec une adresse qui sent l'air marin…

— Route de la Marina, vous voulez dire ?

— Voilà ! C'est au 44, c'est ça ?

— Non, 96. Voici le numéro, bonne soirée, monsieur… »

Ayant ainsi extorqué son adresse, je suis allé à mon ordinateur, je me suis connecté à Internet et j'ai commandé au moteur de recherche Yahoo une carte d'Old Greenwich, dans le Connecticut, ajoutant « 96, route de la Marina » quand on m'a demandé de préciser ma question. Dix secondes plus tard s'est affichée sur mon écran une carte du coin hyperdétaillée que j'ai imprimée aussitôt.

À nouveau le téléphone. Avis Locations. Vous avez une agence ouverte vingt-quatre heures sur vingt-quatre, à Manhattan ? Sur la 43e, entre la 2e et la 3e Avenue ? Excellent. Et ils auraient une voiture pour moi, tout de suite ? Une Chevrolet Cutlass… ouais, ça ira. À ma montre, il était trois heures quarante et des poussières. Je leur ai dit que je passerais la prendre à quatre heures et demie.

Douché, rasé, cravaté, je me suis préparé une tasse d'instantané, j'ai avalé cinq vitamines « Énergie pure » et gribouillé un mot pour Lizzie : « Chérie, impossible de fermer l'œil. Comme j'ai un rendez-vous très tôt dans le Connecticut, je suis parti de bonne heure. Appelle-moi quand tu seras debout, je t'expliquerai tout. Je t'adore. »

La carte dans une main, mon pardessus jeté sur l'épaule, je me suis glissé dehors. Dix minutes après, un taxi me déposait devant l'agence Avis. À cinq heures, j'étais en route vers le nord, cap sur le Connecticut par la I-95.

J'avais décidé d'aller défier Peterson dans son domaine. Un face-à-face sur son perron. C'était le seul moyen de lui forcer la main : invoquer son sens de la respectabilité et lui « vendre » l'idée qu'il était dans son intérêt de bien se conduire. Mais s'il m'envoyait bouler, s'il s'obstinait dans son refus, alors je serais contraint de déployer les Pershing. En d'autres termes, je laisserais Sirio le coincer au bout du fil.

À six heures moins dix, j'étais à Old Greenwich. Avec mon plan du quartier, j'ai trouvé sa rue sans le moindre mal. Comme il faisait toujours nuit, j'ai descendu au ralenti l'artère résidentielle en tentant de distinguer les numéros sur les boîtes aux lettres. Le manoir des Peterson était tout au bout d'une longue allée, encore plus impressionnant que sur les photos qu'il m'avait montrées. Une demeure patricienne avec un sacré bout de terrain. Et il n'avait pas menti à propos de la vue : la terrasse surplombait carrément la mer, il y avait même un ponton privé. Du coup, le prix qu'il m'avait martelé ne paraissait plus du tout surprenant.

Phares éteints, je suis venu me garer juste derrière sa BMW et une Ford Explorer qui était sans doute réservée à l'usage de sa femme et de ses enfants. Il faisait froid dehors, moins six d'après le thermomètre de ma voiture ; j'ai donc laissé le moteur tourner en me reprochant de ne pas avoir acheté en route un journal et un café bien chaud. Tout ce qu'il me restait à faire était de me brancher sur WINS 10-10 et de croiser les doigts pour que le Peterson n'ait pas l'habitude de faire la grasse matinée. J'ai abaissé le dossier de mon siège, augmenté le chauffage – j'avais déjà les doigts de pied engourdis – et essayé de lutter contre un accès de fatigue en concentrant mon attention sur la radio.

« WINS 10-10, toute l'info et rien que l'info ! Pour ceux qui veulent être branchés sur le monde… »

Rien à faire, mon cerveau s'est embrumé à la vitesse grand V.

« WINS, le flash… »

Il y a eu un bruit sec, comme celui d'un objet en métal percutant du verre. J'ai sursauté, soudain ébloui par un vif soleil d'hiver.

« … il est sept heures. »

Bon sang de bon sang ! En me réveillant, je me suis retrouvé nez à nez à travers la vitre avec une femme d'une trentaine d'années, vêtue d'une parka noire et d'un col roulé blanc, ses cheveux d'un blond étincelant retenus par un bandeau également noir. Derrière elle, deux enfants bien astiqués, cartables dans le dos, observaient d'un air effaré leur maman en train de taper avec son alliance à la fenêtre d'une voiture qu'ils n'avaient jamais vue et dans laquelle se tenait un inconnu à moitié endormi, le tout bloquant leur allée privée.

« Monsieur ? Monsieur ? MONSIEUR ? »

Quand j'ai bondi dehors, la morsure du froid m'a définitivement éclairci les idées.

« Euh, tout à fait désolé, lui ai-je déclaré en me frottant les yeux. Je me suis assoupi, bêtement… »

Elle a fait un pas prudent en arrière.

« Vous… vous avez passé toute la nuit dans notre entrée ?

— Non ! À peine une heure. C'est bien ici qu'habite Ted Peterson ?

— Je suis sa femme. Meg.

— Enchanté, Meg. J'étais…

— Mais c'est Ned Allen, non ? » m'a interrompu une voix stupéfaite.

Je me suis tourné pour apercevoir Ted Peterson en personne sur le porche. Manteau gris de chez Brooke Brothers, mocassins scintillants, mallette noire du meilleur cuir, son visage hautain légèrement crispé par la contrariété, il arrivait à pas lents vers nous.

« En voilà une surprise ! »

Il m'a serré la main avec une décontraction étudiée. Certes, il ne pouvait qu'être stupéfait de me découvrir devant chez lui à sept heures dix du matin, mais il se retranchait derrière une aménité polie en attendant de voir ce qui justifiait mon intrusion. Un acteur confirmé, celui-là aussi…

« Bonjour, Ted, ai-je articulé d'un ton aussi posé que j'en étais capable. Pardon de débarquer comme ça, mais…

— Je comprends, je comprends, m'a-t-il coupé, désormais très amical. Vous êtes en plein bouclage et vous n'avez pas réussi à me joindre hier à propos de ce cahier, c'est cela ?

— Voilà ! » C'était à mon tour d'être estomaqué par son affabilité. « Écoutez, je suis honteux de vous envahir chez vous, mais on a comme un gros problème, là, tout de suite.

— Absolument, mon vieux, m'a-t-il assuré en m'envoyant une tape réconfortante sur l'épaule. Oh, désolé, je ne vous ai pas présentés ! Meg, voici Ned Allen, de *CompuWorld*. Ned…

— Nous avons déjà fait connaissance, a-t-elle constaté, assez sèchement.

— Et mes enfants, Will et Sarah.

— Salut, les enfants ! »

Rien à faire, ils ont continué de me scruter d'un air soupçonneux.

« Meg, ma chérie, si tu veux bien… J'ai une petite affaire urgente à régler avec Ned, juste trois minutes…

— Tu te rappelles que Sarah doit être à l'école à huit heures moins le quart, aujourd'hui ? » Puis, à mon adresse : « Ils vont en excursion à Mystic Seaport ce matin.

— Trois minutes, chrono !

— Mais pas plus, je t'en prie », a tranché Meg en reconduisant sa progéniture vers la maison.

Ted m'a indiqué de le suivre jusqu'à l'entrée. Lorsque nous avons été à une distance suffisante de son foyer, il m'a fait face. Son sourire avait disparu.

« Espèce de saligaud ! a-t-il sifflé entre ses dents.

— Attendez un peu, Ted, je vais…

— Comment osez-vous me faire un cinéma pareil ?

— Je suis venu uniquement parce que Ivan Dolinsky va être licencié dans moins de cinq heures.

— Ce n'est pas mon problème. Et maintenant, du balai !

— Si, Ted, c'est *votre* problème ! Vous aviez dit O.K. pour le six-pages et…

— Mes fesses, oui ! Il n'y a jamais eu d'accord ferme, et puis nous avons décidé de modifier notre campagne d'avril. Point final.

— Mais Ivan m'a certifié que vous lui aviez donné votre parole !

— Ivan a tout faux. Il raconterait n'importe quoi pour faire oublier que c'est un raté.

— Je travaille avec lui depuis quatre ans. Question boulot, il est d'une honnêteté totale.

— Les faits sont les faits : il n'y a pas eu de contrat signé, donc pas d'accord conclu. L'affaire est close… Vous avez une minute pour me dégager l'allée.

— Il va perdre sa place à cause de cette histoire.

— À chacun sa merde.

— Vous savez par quoi il est passé. S'il est lourdé, il va capoter pour de bon. Allez, Ted, soyez le brave gars ! Dites oui, ça ne va pas vous ruiner. Et… et c'est Noël, quand même !

— Nous n'avons plus rien à nous dire. »

Puis il a fait demi-tour vers chez lui.

C'était le moment ou jamais de placer ma botte. Les yeux fixés sur la façade, je lui ai crié :

« C'est vraiment une sacrée baraque que vous avez là, Ted ! Encore mieux que sur les photos que vous nous avez montrées à Grande Caïman l'an dernier, à Phil Sirio et à moi ! »

Il a pilé sur place. Au bout de quelques secondes, il a pivoté dans ma direction et m'a dévisagé avec inquiétude avant de lancer d'une voix sourde :

« Foutez le camp d'ici. »

Quand il s'est remis à foncer droit devant lui, j'ai été à deux doigts de hurler : « Et Joan Glaston, elle vous envoie bien le bonjour ! » À la place, je me suis contenté de quelques mots menaçants :

« Aujourd'hui midi, Peterson. Dernier délai. »

Puis j'ai sauté dans ma voiture de location, j'ai démarré en marche arrière et je suis parti comme une tornade.

Au bout de cinq minutes, mes mains tremblaient tellement que j'ai dû m'arrêter. Est-ce que je venais de me conduire en maître chanteur patenté ? La mention de Grande Caïman et de Phil Sirio n'avait pu être qu'un rude coup pour lui, mais… mais je n'avais pas abordé explicitement le sujet de Joan. Donc, même si je me sentais un peu miteux, je n'étais pas allé jusqu'au chantage délibéré. Pas pour l'instant, en tout cas. Car la réaction qu'il venait d'avoir prouvait qu'il était capable de s'entêter et de ne pas céder si facilement sur le cas Ivan. Ce qui signifiait que d'ici à midi je risquais fort de devoir recourir à cette extrémité. Pas seulement pour Ivan : pour moi aussi.

Un peu plus calme, j'ai repris la route. J'étais sur la I-95 Sud lorsque la sonnerie de mon cellulaire m'a fait sursauter.

« Elle a intérêt à être bonne, la nouvelle que tu veux m'annoncer. Ou bien il y a des chances que je ne t'adresse plus la parole pendant quelques mois ! »

Lizzie. Je lui ai donné une version colorée de ma rencontre matinale avec Peterson, en omettant le versant Grande Caïman de l'histoire.

« Eh bien... tu es complètement fou.

— C'est vrai. Et sans doute à la rue, en plus.

— Ça, tu n'en sais rien.

— C'est une vraie brute, ce mec. J'ai la trouille d'avoir un peu forcé la dose, quand même.

— D'après ce que tu dis, tu t'es contenté de lui demander de tenir sa parole !

— Il n'a aucun honneur, ce foireux.

— Mais toi si. Et c'est ça qui compte. »

Si seulement tu savais que ton mari plein d'honneur s'apprête à faire chanter quelqu'un, Lizzie...

« Bon, a-t-elle poursuivi, il faut que je file, j'ai un petit déjeuner de travail à huit heures. On dîne toujours ensemble, ce soir ?

— Absolument. Sauf que, vu ma situation de quasi-demandeur d'emploi, ce sera à toi de payer l'addition, je crains.

— J'accepte. Comment s'est passée ta soirée avec ce Kreplin ? »

Oh non, ce n'était pas le moment de revenir là-dessus. L'aurais-je voulu que l'écho de la voix de Kreplin me promettant les feux de l'enfer si je parlais avant le 2 janvier m'aurait dissuadé de me lancer dans les confidences. Quant à l'épisode avec les deux belles de nuit... Oublions, oublions.

« Juste histoire de faire connaissance, tu vois le genre.

— Un genre qui t'a gardé debout plutôt tard, non ?

— M'en parle pas ! Ce type adore picoler. Surtout passé minuit.

— Tant qu'il n'y a que ça qu'il adore faire passé minuit… »

D'où les femmes tirent-elles cet instinct infaillible qui leur permet de renifler l'arôme d'une infidélité présente ou à venir – et cela même lorsqu'elles sont au téléphone, à des kilomètres ?…

« En tout cas, moi, il n'y a rien d'autre.

— Ravie de l'entendre.

— À moins que tu ne sois dans les parages, bien sûr.

— Tu sais, des fois je me dis qu'en matière de baratiner les filles tu dois avoir facilement un doctorat.

— Ah, tu as découvert ça, finalement !

— À plus, Casanova. Garde ton flegme. Et appelle-moi dès que tu entends quoi que ce soit de GBS.

— Promis. »

Avec les bouchons du matin, il m'a fallu près de deux heures pour rejoindre Manhattan. Mon téléphone, que j'avais posé sur le siège à côté de moi, n'a plus sonné une seule fois. À neuf heures, j'ai appelé le bureau pour signaler que je serais en retard et consulter mes messages. Ted Peterson gardait le silence radio. Le temps de rendre la voiture, de trouver un taxi et d'atteindre mon QG, il était dix heures passées. Sur le trottoir, mon portable s'est mis à biper. J'avais les mains moites en le sortant de ma poche.

« Comment va, chef ?

— Phil ! Eh bien, maintenant je sais ce que les kamikazes de l'aviation japonaise devaient ressentir quand on leur annonçait que c'était à leur tour de s'envoler.

— Alors, vous avez pris votre décision, pour Peterson ?

— Pas encore.

— Vous n'avez qu'un mot à dire, et je fonce. »

J'ai regardé ma montre pour la énième fois.

« Donnez-moi deux heures, Phil. »

Un tas de messages sur ma table, mais aucun de GBS. À l'interphone, j'ai demandé à Lily d'interrompre tous les appels si Ted Peterson téléphonait.

« M. Zanussi, il est là, ce matin ?

— En rendez-vous, a-t-elle répondu. Et pas de retour avant déjeuner, il a dit. »

Tant mieux. Cela me laissait un petit répit – oh ! un tout petit. Réfléchis, grands dieux, réfléchis ! J'ai allumé mon ordinateur et reconsulté la liste de nos clients, avec l'espoir échevelé que j'aurais laissé passer un annonceur susceptible de lâcher son accord pour un cahier spécial du jour au lendemain. Impossible. En dernier recours, je suis parti en chasse de mes homologues *CompuWorld* à Seattle, Chicago, Houston et dans la Silicon Valley pour leur demander si par hasard ils n'avaient pas un six-pages en rab qui traînait dans leurs tiroirs. À travers tout le continent, j'ai obtenu la réponse à laquelle je m'attendais : « Ça va pas, la tête ? » Bob Brubaker, le chef des ventes à Palo Alto et certainement le type le plus agressif de la boîte, a même piqué une colère.

« Vous plantez un foutoir pareil alors qu'on vient d'être racheté, et après vous pleurez pour que je vous sauve la mise !

— Je n'ai planté aucun foutoir, Bob. On s'est fait salement griller par un client, et puis voilà.

— Mais ce ratage va avoir un impact sur nous tous ! Attendez qu'ils découvrent six pages vides dans le numéro d'avril, à Klang-Sanderling, et ils vont se dire que l'ensemble des publicitaires sont des branques, dans ce canard !

— Eh, la tête de Turc, dans cette histoire, ce sera moi ! C'est moi qu'ils vont éjecter, pas vous.

— Ouais ? En tout cas, je vous préviens, mon vieux : si jamais je me fais allumer à cause de vous…

— S'il vous plaît, Bob ! C'est une passe difficile pour tout le monde.

— J'ai deux pensions alimentaires et deux gosses en fac, moi ! Alors, vos paroles apaisantes, vous pouvez vous les carrer là où…

— Enfin, ils ne vont pas vous mettre à la porte parce que j'ai merdé, moi !

— Ah bon ? Mais s'ils le font, vous êtes un homme mort. Vous m'entendez bien, Allen ? MORT ! »

J'ai raccroché, de façon plutôt brutale. Il ne manquait plus que ça : un contrat sur ma tête ! Totalement givré, le mec. Mais aussi, j'avais été idiot de l'appeler : Brubaker, c'était Monsieur Semtex. Toujours à deux doigts de l'explosion. En fait, il exprimait à voix haute ce que nous éprouvions tous : une panique viscérale, animale.

À onze heures et demie, Ivan Dolinsky a essayé de me joindre. J'étais tellement à cran que j'ai fait répondre par Lily que j'étais en rendez-vous. Rien qu'en lui parlant, je risquais de craquer.

À onze heures quarante-sept, Chuck Zanussi en ligne. De nouveau, j'ai demandé à Lily de faire barrage mais elle est revenue à l'interphone après quelques secondes : M. Zanussi avait spécialement interrompu sa réunion pour m'appeler, il insistait. J'ai appuyé avec rage sur la touche un.

« Alors ?

— On y est presque.

— Vous me prenez pour un naze ?

— J'attends l'appel de Peterson d'une minute à l'autre.

— Il vous en reste treize, de minutes.

— Ce sera peut-être juste après le déjeuner…

— Treize minutes, Ned ! Pas une de plus.

— Pour l'amour du ciel, Chuck, on se croirait dans un mauvais film : le condamné est sur la chaise, et juste au moment où ils vont envoyer le jus le gouverneur téléphone pour accorder sa grâce !

— Pendant encore treize minutes, je suis toujours votre patron. Donc, je vous fais le cinéma qui me plaît.

— Je vous en prie, Chuck ! Là, je suis vraiment à genoux. Accordez-moi un minuscule délai et…

— Requête rejetée. »

La chute en piqué. Je savais quel effet ça faisait, à présent.

« M. Sirio sur la trois. »

À ma montre, il était midi moins huit. Je me suis rué sur le combiné.

« Quoi de neuf ?

— Peterson n'a pas moufté.

— Il est pratiquement midi, chef.

— Je m'en suis plutôt aperçu, merci.

— Alors, qu'est-ce qu'on fait ? »

Les paupières serrées, le cœur battant, j'ai revécu en une fraction de seconde la scène à Old Greenwich. J'avais été à un cheveu du chantage, et puis j'avais freiné des quatre fers. Fallait-il y aller, maintenant ? Décide, bon Dieu, décide !

« Désolé, Phil. On laisse tomber. »

Il a poussé un soupir.

« Bon, c'est votre enterrement.

— Ouais. Dans à peu près six minutes.

— Je peux dire quelque chose, là ?

— Allez-y.

— Jouer franc jeu avec les connards ne vous mènera jamais nulle part.

— Ça me paraît une épitaphe convenable pour moi. En tout cas, merci, Phil.

— Bon vent, chef. »

Moins cinq. Voilà. Jeu, set et match. Je me suis affalé dans mon fauteuil, tétanisé. Je venais de tout flanquer par terre. Quatre longues années à gravir l'échelle de la réussite, toute cette persuasion déployée, toute cette salive dépensée à satisfaire le besoin de « conclure ».

Pour arriver quelque part, atteindre le but, l'apercevoir déjà, à quelques mètres seulement du sommet, et soudain un pied dérape, le sol se dérobe et… au revoir.

Vous jouez le jeu, vous croyez en connaître les règles, jusqu'au jour où vous vous réveillez pour découvrir que c'est le jeu qui se joue de vous.

Des coups précipités à ma porte. Qui s'est ouverte à la volée devant l'irruption de Debbie Suarez.

« M'sieur Allen, il faut que…

— Non ! » J'avais levé une main, comme pour me défendre. « Pas maintenant, Debbie, hein ?

— Mais je dois vous montrer quelque chose !

— Ce n'est pas contre vous, c'est juste que je viens de perdre ma place, alors…

— Vous allez m'écouter, *de una puta vez* ?

— Je ne suis plus votre chef. Contactez Chuck Zanussi, il n'en est plus à un emmerde… »

Elle a abattu son poing sur la table, et c'était tellement inattendu que j'en suis devenu muet.

« Ça y est, vous m'écoutez ? » J'ai hoché la tête. « Alors, lisez-moi ça. Ça vient d'arriver par fax. Lily m'a demandé de vous l'apporter. »

J'ai posé des yeux hagards sur la feuille qu'elle me tendait. L'en-tête se résumait à trois lettres : G, B, S. Et dessous :

M. Edward Allen
Directeur des ventes Nord-Est
CompuWorld
Publications Getz-Braun

TÉLÉCOPIE

Cher Monsieur Allen,

J'ai le plaisir de vous confirmer la publication d'un cahier spécial pour le modèle « Minerva » de notre compagnie dans le numéro d'avril de votre magazine.

Votre service de fabrication peut se mettre immédiatement en contact avec notre studio de création afin d'obtenir les maquettes nécessaires.

Bien à vous,

Ted Peterson.

À la première lecture, je n'ai pas percuté. À la deuxième, je n'étais encore qu'à moitié convaincu. À la troisième, Debbie m'a interrompu :

« Qu'est-ce que vous avez bien pu lui faire, m'sieur Allen ? Une offre impossible à refuser ? »

J'ai levé les yeux vers elle. Ils devaient être tellement brillants qu'elle l'a remarqué. Elle m'a pris par le bras.

« Vous l'avez eu, m'sieur Allen, vous l'avez eu ! »

La sonnerie du téléphone a éclaté dans mes oreilles.

« M. Zanussi, ligne un !

— Lily ? Vous lui demandez le numéro de fax de là où il se trouve en ce moment, d'accord ?

— Il tient absolument à vous parler.

— Dites-lui que moi aussi, et comment ! mais seulement après qu'il aura lu le document que vous allez lui envoyer. Debbie vous l'apporte tout de suite. »

J'ai raccroché.

« S'il ne voit pas ce fax d'ici à deux minutes, Chuck me fiche à la porte. Donc, Debbie…

— Je cours, non, je vole ! »

J'ai appelé le bureau de Peterson. Sa secrétaire m'a immédiatement reconnu. Elle était aussi glaciale qu'à son habitude.

« M. Peterson est en réunion, monsieur Allen.

— Ouais, et moi je suis la réincarnation d'Elvis. Allez, passez-le-moi. Je veux juste lui dire un petit merci. »

J'ai à peine attendu.

« Allô, Peterson à l'appareil.

— Je ne sais pas comment vous remercier, Ted. C'est très chic, vraiment. Et j'espère qu'il n'y a pas de rancœur à propos de…

— Ne tournez pas autour du pot, Allen. C'est quoi, la suite ? Ou plutôt, quelles sont vos conditions ?

— Mes *conditions* ? Je n'en ai plus aucune, Ted. Vous avez honoré votre contrat verbal avec Ivan, donc…

— Cessez de faire la fine mouche avec moi, hein ? Vous voulez jouer, on va jouer. Je suis certain qu'on peut trouver un terrain d'entente et que tout le monde sera content. »

De quoi parlait-il, merde ?

« Je… je ne vous suis pas trop, là.

— Ah bon, d'accord. C'est juste une question de temps, il faut croire.

— Une question de temps avant quoi, Ted ? Franchement, je suis largué. »

Il y a eu un long silence. Quand il a repris la parole, Peterson avait perdu toute son agressivité.

« Dites, qu'est-ce que vous savez, exactement ?

— Ce qu'on m'a raconté, rien de plus.

— Et qui est QUOI ? »

J'ai avancé sur des œufs.

« Simplement qu'il y a eu du grabuge entre Joan Glaston et vous. »

Encore une pause interminable.

« C'est tout ?

— Eh bien… oui.

— Nom de Dieu ! » Sa voix était montée dans les aigus, d'un coup. « Espèce de petit roquet de merde ! Elle a déjà été bien contente du deal qu'elle a eue, cette allumeuse à la con ! Alors, si vous croyez que vous pouvez me soutirer quoi que ce soit de plus, allez vous faire mettre chez vos péquenots que vous n'auriez jamais dû quitter ! »

Et vlan, la ligne a été coupée. Comme un dingue, j'ai refait son numéro. La secrétaire ne m'a même pas laissé le temps de me nommer.

« Je suis contente que vous rappeliez, monsieur Allen. M. Peterson m'a demandé de vous transmettre un message au cas où vous nous retéléphoneriez.

— Et… c'est quoi ?

— Il voulait vous préciser qu'il avait donné son accord pour la parution en question, certes, mais qu'il ne traiterait plus jamais avec vous. Jamais. Et qu'il ne recevrait plus aucun de vos représentants, bien entendu. La coopération entre GBS et *CompuWorld* est terminée.

— Hé, attendez !

— Il n'y a rien à ajouter, monsieur Allen. À part au revoir. »

Quand elle m'a raccroché au nez, une seule conclusion occupait mon esprit : Phil avait raison, jouer franc jeu avec les connards ne me mènerait nulle part. Surtout avec un dangereux connard tel que celui-là. Un connard qui avait quelque chose à cacher.

7

« C'ÉTAIT SANS DOUTE DU BLUFF, NED.

— Ce mec ne bluffe pas, je t'assure.

— Il aime le pouvoir, donc…

— S'il aime le pouvoir, Lizzie ? Il se damnerait pour, oui ! Il en a autant besoin qu'un camé a besoin de crack.

— Eh bien, c'est juste sa manière de te signifier qui, de vous deux, a la plus grosse zigounette. D'après lui, évidemment.

— Si le canard perd GBS et si on me juge responsable de ça, je t'assure que…

— Vous n'allez jamais perdre GBS. Vous êtes un support essentiel, pour eux. Ils…

— C'est un enfoiré, Lizzie, et venimeux en plus.

— Attends jusqu'après Noël, qu'il se calme un peu, et je te parie qu'il sera obligé de traiter à nouveau avec toi. Parce que, bon, imagine qu'il aille au bout de sa menace et que ses supérieurs finissent par remarquer qu'il n'y a plus aucune pub GBS dans votre journal. Quand ils vont se mettre à poser des questions, qu'est-ce qu'il pourra répondre ? “Oui, j'ai joué un sale tour à *CompuWorld*, alors ce méchant Ned Allen est venu faire du scandale chez moi, et il m'a obligé à revenir en arrière ; mais moi, pour me venger, j'ai décidé qu'on n'annoncerait plus chez eux, na !” Même lui, il sait que s'il leur sort un raisonnement pareil ils vont le renvoyer à la maternelle, et à grands coups de latte encore ! » Lizzie m'a pris la main. « Conclusion, arrête de t'inquiéter à propos de ce niais. »

Oui. Mais si elle avait connu l'épisode Joan Glaston, et les réactions plus qu'étranges de Peterson au cours de notre dernière conversation téléphonique, elle se serait inquiétée, elle aussi. Beaucoup. Seulement, j'avais décidé de lui épargner cet aspect de l'affaire, sachant qu'elle aurait été révoltée d'apprendre que j'avais pu envisager de me transformer en maître chanteur. Cette prudente réserve, cependant, ne m'empêchait pas de m'enfoncer dans une spirale d'appréhension qui, au-delà du risque de perdre le compte GBS, se nourrissait de la manière dont Peterson m'avait envoyé bouler. Ce type avait décidément quelque chose de gros sur la conscience. Car enfin, au lieu de s'effondrer, il avait paru réellement soulagé de m'entendre confirmer que j'étais au courant de ce qui s'était passé avec Joan. Donc, il y avait autre chose, autrement plus grave, autrement plus débectant. Et j'avais le pressentiment qu'il n'allait pas tout déballer en vrac, au contraire : il avait repris l'avantage, et il était résolu à me faire payer un prix exorbitant pour avoir osé lui chercher des poux dans la tête.

« Tu l'as obligé à se conduire correctement, a résumé Lizzie en levant son verre à ma santé. Tu as gagné. Relax. Prends un autre martini.

— Bonne idée. »

J'ai fait signe au serveur. Nous dînions au « Circo's », un restaurant furieusement néo-italien de la 55ᵉ Rue Ouest. Le vrai coup de fusil – nous ne nous en tirions jamais à moins de 150 dollars –, mais la cuisine était exceptionnelle et les boissons servies avec une générosité exemplaire. Ce qui me convenait très bien, ce soir-là en particulier. Parce que après trente-six heures d'insomnie et de stress je ne rêvais que d'une chose : me soûler. Sérieusement.

« En tout cas, c'est Chuck Zanussi qui a dû être content d'apprendre la nouvelle, a remarqué Lizzie.

— Chuck Zanussi ? Ah ! Il s'est révélé sous son véritable aspect, aujourd'hui...

— C'est toujours ce qui arrive quand on est aux abois. Il avait tellement la trouille qu'il t'a trouvé comme bouc émissaire, toi.

— Il était assoiffé de sang, oui ! »

Et pas seulement du mien, d'ailleurs : de celui de Dolinsky itou. Juste après avoir reçu la télécopie de GBS, Chuck avait retéléphoné.

« Ce serait pas une lettre bidon que vous auriez concoctée, au moins ?

— Oh, merci, merci pour de si chaleureuses félicitations, Chuck !

— Je pose une question, c'est tout.

— Eh bien non, elle est vraie à cent un pour cent. Si vous ne me croyez pas, prenez votre bigophone et vérifiez auprès de Peterson.

— Mais comment vous l'avez fait caner, alors ?

— Tout simplement en faisant appel à la moralité élémentaire du bon chrétien.

— La quoi ? Ce type-là ? Le colonel Kadhafi en a plus que lui, si ça se trouve !

— Mais lui, au moins, il ne menace pas de virer ses subordonnés lorsqu'un contrat n'est pas signé dans les treize minutes...

— Vous savez pourquoi j'ai été obligé de vous mettre autant la pression !

— Oui, pour sauver votre peau. »

J'aurais pu ajouter : « Et parce que Kreplin vous en avait donné l'ordre. »

« Si j'étais vous, Ned, je n'essaierais vraiment pas de m'embarquer là-dedans. Et un peu moins de sarcasme ne ferait pas de mal non plus, pendant qu'on y est. Enfin, vous pouvez la ramener un peu, puisque vous avez conclu. Donc, mes félicitations. Ça vous va ?

— Alors, je ne suis pas encore au chomdu ?

— Mais bien sûr que non, enfin ! Oubliez ces quelques mauvais moments entre nous, bordel ! Vous êtes toujours mon bras droit. »

Qui s'apprête à te planter un couteau dans le dos, Chuck...

« Booon. Autre chose, maintenant : étant donné que nous avons rattrapé le contrat avec GBS, j'ai raison d'en déduire que la position d'Ivan Dolinsky n'est plus menacée, oui ?

— Ned ! Ce que j'ai dit hier n'a pas changé d'un iota : il est fini chez nous.

— Chuck. Ce n'est pas juste, pas du tout.

— Juste, mes couilles ! C'est vous qui avez trouvé l'astuce, pas lui... Vous le tenez à bout de bras depuis un an, Ned ! Regardez un peu la réalité en face, merde : il est condamné. Et dans le nouveau contexte, avec les gus de Klang-Sanderling qui nous surveillent comme si on était tous des malades du cœur en phase terminale, on ne peut pas se permettre de trimbaler les moribonds avec nous.

— Une dernière petite transfusion, ce n'est pas énorme.

— Il a failli nous faire sauter tous les deux, Ned ! Non, je répète : non. Là-dessus, je ne bougerai pas. Mais je vous garantis que son solde de départ ne sera pas mesquin, pas du tout. Six mois de salaire, je lui donne, et un an de plus pour la couverture maladie. Plus généreux que ça, c'est impossible.

— Écoutez, je sais qu'il doit partir dans le Michigan pour Noël. Voir de la famille plus ou moins éloignée. En l'état actuel, si on le sacque, il va tomber en morceaux.

Ce que je propose, c'est qu'on attende son retour. Le 5 janvier, disons.

— Vous rentrez de vacances le 2, non ? Vous n'aurez qu'à le faire à ce moment-là.

— Non, Chuck, pas le premier jour de ma reprise, certainement pas. Inaugurer la nouvelle année en annonçant aux gens qu'ils sont lourdés, ça ne me branche pas des masses, vous voyez ? Mais le lundi d'après, le 5, Ivan s'en va. On est O.K. là-dessus ? »

Comme il renâclait, prétendant que ces trois semaines de grâce allaient occasionner des dépenses inutiles à la société, j'avais avancé un tout autre argument. Le licencier avant Noël porterait un sale coup au moral de nos troupes, avais-je soutenu en désespoir de cause.

« En voyant Ivan se faire exécuter, ils vont tous penser : "À qui le tour, maintenant ?" Très mauvais pour le rendement, ça ! En fait, ce serait exactement le contraire de ce que nous voulons, et qui est quoi ? Que chacun dépasse de loin ses objectifs sur les prochains numéros, à en laisser babas les pontes de Klang-Sanderling. Je me trompe, là ?

— D'accord, d'accord ! Il disparaît le 5. Mais, d'ici là, je veux que vous vous mettiez à prospecter son remplaçant. Et sans faire de vagues, ça va de soi. »

Cela va de soi, mon cher Chuck, et si je pouvais je te refilerais un tuyau assez ébouriffant : dans pas longtemps, tu rêveras de pouvoir te porter candidat à ce poste !

Bien évidemment, je n'avais pas du tout mentionné la déclaration de guerre lancée par Peterson, ni mes craintes d'avoir à jamais perdu un client aussi déterminant que GBS. Et quand j'ai rapporté à Lizzie ma conversation avec Zanussi, je me suis également abstenu de lui révéler les véritables raisons pour lesquelles j'avais tant insisté afin de garder Ivan jusqu'au 5 janvier.

En fait, je brûlais d'envie d'annoncer à ma femme la formidable nouvelle de ma promotion. Mais ce qui me retenait, chaque fois que j'étais sur le point de me laisser aller, c'était le souvenir de l'échange téléphonique que j'avais eu avec Klaus Kreplin quelques heures auparavant, juste après la pause déjeuner.

Aucune entrée en matière, aucune formule de politesse. Ni bonjour ni merde. Il avait attaqué d'entrée de jeu :

« Votre beau-père, Ned. Il est mort en 1991. » Le borborygme que j'avais réussi à produire ne ressemblait que de fort loin à un rire, pourtant il s'était récrié : « Vous trouvez ça drôle ?

— Oui, Klaus. Très.

— Moi, je n'irai pas jusque-là. Assez amusant, à la limite. En tout cas, une preuve que vous avez beaucoup d'imagination.

— Il fallait que je rentre, Klaus. C'est aussi simple que ça. J'étais mort de fatigue.

— Non. Vous vous retrouviez dans une situation qui ne vous plaisait pas, et vous avez cherché un moyen d'en sortir sans contrarier qui que ce soit. Un brillant subterfuge, je dirais. J'aime beaucoup cette façon de s'en tirer en inventant une issue intelligente. De même que j'admire votre fidélité envers votre épouse... même si, à la faveur de ma brève expérience de la vie conjugale, je suis pour ma part arrivé à la conclusion qu'elle constituait un effort aussi inutile que mal récompensé... Enfin, tant de vertu force le respect.

— Je ne suis pas si vertueux que ça, Klaus.

— Oh, je le sais, je le sais bien ! Autrement, vous n'auriez jamais résolu le casse-tête GBS...

— Si vous voulez dire par là que j'ai piétiné la déontologie pour récupérer ce cahier pub, vous vous trompez.

— Non, je n'insinuais rien de tel ! J'imagine que vous vous êtes tout bonnement montré... inventif. Je vous félicite, sincèrement. » La sincérité et lui, ça faisait encore plus que deux. « Bon ! Alors, puisque nous n'avons pas à vous congédier, êtes-vous prêt à assumer la direction du magazine le 2 janvier ? »

J'ai pris mon souffle.

« Oui, je suis prêt.

— Je me permets d'insister à nouveau sur le fait que cette nomination dépend de votre discrétion absolue. Pas un mot à quiconque. »

Jawohl, mein Commandant !

Le temps que la seconde tournée de martinis arrive, j'avais résolu de me résigner à suivre les instructions de Kreplin. Mettre Lizzie dans la confidence, me répétais-je, n'était pas si vital après tout, et la situation au journal demeurait trop complexe. Je ne lui cachais rien de grave, finalement – sinon le fait que je m'apprêtais à trahir Zanussi –, et puis au final ce serait une excellente nouvelle. Quoi de mal à garder une bonne surprise pour plus tard, quelques jours à peine en l'occurrence ?

« Tu crois vraiment que tu vas devoir te séparer d'Ivan après les vacances ? » m'a demandé Lizzie.

Ce qui a provoqué encore un flash-back : l'appel que je lui avais passé dans l'après-midi. En apprenant la capitulation de Peterson, il s'était mis à sangloter de joie. Puis il s'était ressaisi, m'avait juré qu'il décrocherait le record des ventes l'an prochain. Et là, je m'étais surpris à penser : « T'as intérêt à t'y mettre rapidos, mon vieux. Parce qu'un autre plantage de ce genre, et je ne pourrai plus rien pour toi... »

« Le délai que j'ai obtenu sera à son avantage, j'espère. S'il score deux ou trois gros budgets d'ici à début janvier, j'arriverai peut-être à obtenir sa grâce. Mais franchement, je préférerais ne plus penser à ça jusqu'au 2... »

Après ce que je venais de vivre, j'avais besoin d'oublier tout ce qui concernait le boulot, sans parler du champ de mines éthique que j'étais en train d'essayer de traverser en zigzaguant. Mon seul recours, c'était de me répéter : « Tant qu'il y a de la confiance, il y a de l'espoir. À partir de début janvier, tout va être bien plus simple. Chuck va partir. Devant lui, et devant Lizzie, tu feras comme si tu n'avais été au courant de rien. Tu auras ta promo, Ivan conservera son job. Avec un peu de cirage diplomatique (une invitation dans un super resto, par exemple), Peterson retrouvera la raison et renoncera à son boycott. Kreplin oubliera que nous avons failli perdre notre principal client... »

... Et personne ne devinera jamais l'écheveau de bobards, d'omissions et de paris à la limite de la légalité que j'aurai eu à tisser pour m'en tirer.

La vie à *CompuWorld* a en effet retrouvé plutôt rapidement son rythme « normal », si ce mot peut convenir à notre état de quasi-transe habituel. Certes, nous avons eu à endurer un défilé permanent d'envoyés spéciaux de notre nouvelle direction hambourgeoise, managers constipés qui traversaient l'Atlantique pour venir nous enseigner la bonne parole de la « communication interne » vue par Klang-Sanderling, mais nous nous sommes tous adaptés sans difficulté aux exigences de nos lointains maîtres. Eux, en retour, se sont abstenus de toute démonstration de force inutile. Kreplin a tenu sa promesse : pas de règlements de comptes sanglants, pas de sabrage du personnel à la mode des chevaliers teutoniques, pas de représailles arbitraires. Lui et ses potes se sont révélés des modèles de rigueur professionnelle et de diplomatie. Et le vendredi précédant Noël, date où la première tranche de nos primes devait nous être versée, ils ont même offert un pot à toute l'équipe.

Nous avons été réunis dans une grande salle au vingt-neuvième étage du « Regal Plaza Hotel ». La réception était bien dans le style de Kreplin, c'est-à-dire d'une extravagante somptuosité : fleuves de Moëtet-Chandon, amuse-gueule aussi recherchés que des tartelettes d'œufs de caille, des sushis miniatures ou des toasts de carpaccio et, élégance suprême, un stylo à bille Mont Blanc offert à chacun des quatre-vingts invités. Herr Kreplin a prononcé un petit discours réellement chaleureux, dans lequel il nous a souhaité la bienvenue au sein de la « famille » Klang-Sanderling et s'est déclaré certain que nous allions tous faire le meilleur usage de ces stylos au cours de l'année prochaine, jusqu'à hisser *CompuWorld* au deuxième rang de la presse informatique spécialisée aux États-Unis.

Des hourras rendus encore plus exubérants par les flots de champagne ont salué cette dernière remarque. Parce qu'elle venait confirmer ce que nous voulions tous croire : que Klang-Sanderling était et serait avec nous.

« Leur stylo à la noix, j'en veux pas ! m'a pourtant crié Debbie Suarez quand je suis tombé sur elle devant le bar après le speech de Kreplin. Ce que je veux, c'est ma prime, à cent pour cent !

— On en est tous là, Debbie », ai-je répondu pour la calmer.

L'idée que je ne pourrais pas rembourser mon prêt-relais de 25 000 dollars avant le début de février n'était certes pas encourageante. Au moins avais-je été en mesure de résoudre une partie des difficultés financières de Debbie quelques jours plus tôt, ainsi que je le lui avais promis. Au prix de moult suppliques et appels à sa charité chrétienne, j'avais réussi à convaincre l'intendant de la Faber Academy, ce quaker modèle, d'attendre la fin de janvier pour recevoir la totalité des droits d'inscription de Raul.

« Je comprends bien les difficultés actuelles de Mme Suarez, m'avait-il d'abord répondu, sa vieille mère, tout cela… Mais nous avons besoin d'une garantie, vous comprenez.

— Une garantie ? Eh bien, nous venons d'entrer dans le groupe Klang-Sanderling, l'un des quatre premiers groupes de presse au monde !

— Dans ce cas, monsieur Allen, tout ce que je demande, c'est que vous m'adressiez une lettre sur papier à en-tête de votre société, signée par vous en tant que supérieur hiérarchique de Mme Suarez, dans laquelle vous me garantirez que le solde du versement, soit 4 500 dollars, nous sera réglé le 1er février au plus tard.

— C'est comme si vous l'aviez. »

Et j'avais faxé le document demandé, non sans être un peu plus qu'effleuré par l'idée que jusqu'au 2 janvier je n'étais pas en position de garantir quoi que ce soit. Mais bon, qui apprendrait jamais l'existence de cette lettre, de toute manière ?

« J'ai eu ce *maricón* d'intendant au téléphone ce matin, m'a annoncé Debbie en me tendant un autre verre de champagne. Il m'a dit qu'il avait reçu votre lettre et qu'il allait faire une exception parce que d'habitude, son principe, c'est : rien tant qu'on n'a pas vu tout l'argent. D'après lui, c'est vous qui l'avez fait changer d'avis. "Votre boss est un putain de vendeur !", il m'a sorti.

— Non, il n'a certainement pas dit "putain" de vendeur, Debbie !

— Ouais ! » Nous avons ri ensemble. « Enfin, je vous dois une fière chandelle, m'sieur Allen.

— Ça fait partie de mon job, Debbie. »

Soudain, elle s'est rapprochée de moi et m'a embrassé en plein sur la bouche. Cette démonstration de reconnaissance m'a pris au dépourvu, mais du moins ai-je eu la présence d'esprit de garder les lèvres fermées. Le plus confus des deux, cependant, a sans doute été elle : rouge de honte, elle a fait un grand saut en arrière.

« Oups !

— Oui, oups.

— Oh, m'sieur Allen, je suis une telle idiote !
— Pas de problème, Debbie.
— C'est… J'ai forcé sur le champagne.
— C'est l'excuse habituelle, non ? »

Elle s'est retournée d'un coup. Klaus Kreplin était là, nous observant d'un œil narquois.

« Ah, Klaus ! Très sympa, votre discours, ai-je tenté d'un air dégagé.

— Je ne suis pas de trop, j'espère ? a-t-il demandé avec une mimique suggestive.

— Mais pas du tout ! Klaus, je vous présente Debbie Suarez.

— Ah oui ! La magicienne des téléventes dont vous me parlez sans cesse ! »

Cette fois, c'est moi qui ai piqué un fard. Ce type n'avait pas son pareil pour mettre les gens dans l'embarras. Il lui a pris la main, l'a portée à sa bouche pour l'effleurer d'un baiser.

« Enchanté. »

À la tête qu'elle a faite (« Il est malade ou quoi ? » étant l'interprétation la plus modérée qu'on pouvait en proposer), il était assez clair qu'elle n'avait encore jamais connu l'expérience du baisemain.

« Ouais… de même, a-t-elle marmotté, à court de mots. Bon, vous m'excusez, les amis ? »

Et elle est partie à toute allure à l'autre bout de la salle.

« Délicieuse jeune personne, je dirais. Et vous paraissez entièrement de mon avis…

— Simple marque d'affection, Klaus. Rien d'autre.

— Mais oui, j'oubliais ! Vous êtes un parangon de moralité, c'est vrai ! L'expression est juste ? » Puis, devant mon sourire contraint : « Mais nous sommes tous soumis à la tentation, parfois.

— La vie n'est qu'une suite de tentations.

— Ah, et philosophe, en plus ! Mais un philosophe qui a compris la vertu du silence, j'espère.

— Je n'ai rien dit à personne, si c'est ce que vous voulez suggérer par là. Je sais respecter les ordres. »

Il m'a envoyé une tape amicale dans le dos.

« Vous savez, Edward ? Nous allons faire du très, très bon travail ensemble, j'en suis con-vain-cu ! » Il a sorti de la poche intérieure de sa veste une carte de visite. « Je repars à Hambourg demain soir. Vous avez ici tous mes numéros de téléphone, au siège, chez moi, mon portable… En cas de problème, le moindre problème, il faudra m'appeler.

— Il n'y aura pas de problème. Je serai au bureau lundi et mardi, ensuite Lizzie et moi prenons l'avion pour Nevis le 26. Vous me trouverez au "Four Seasons" là-bas, si besoin. Sinon… » Je lui ai tendu la main. « … sinon, on se voit à New York le 2 janvier.

— Je serai là, *Herr Direktor*, je serai là », m'a-t-il assuré dans un murmure.

En suivant des yeux son départ, j'ai remarqué Chuck dans un coin, en train de nous regarder. Je lui ai adressé un petit signe et une joyeuse grimace en me demandant si mon sentiment de gêne pouvait se deviner dans mon attitude, puis je me suis décidé à aller vers lui.

« D'enfer, la soirée, hein ?

— Qu'est-ce qu'il tenait tellement à vous raconter, Kreplin ? » a-t-il lancé sans préambule, la voix très légèrement pâteuse.

Il faut avouer que nous avions tous pas mal « forcé sur le champagne ».

« Ses conneries SS habituelles. Ah, et il voulait me dire bravo pour le contrat GBS, aussi. Vous lui en aviez touché un mot ?

— Ouais… J'ai vaguement raconté qu'on avait eu un pépin et que vous l'aviez réglé.

— C'est… c'est cool de votre part, Chuck.

— Oh, bon, j'ai toujours été un gogo, moi. »

Je n'ai pas bronché.

« Un gogo, vous ? Allez, allez ! Je ne vois même pas de quoi vous parlez, là.

— Non ?

— Mais non !

— Vous n'essayez pas de me baratiner ?

— À propos de quoi, enfin ? »

Il a paru soulagé.

« Faut croire… Bon, je dois devenir un rien parano, avec l'âge.

— Ces quinze derniers jours ont été durs pour nous tous.

— Là, vous n'exagérez pas. » Brusquement, il m'a tendu sa grosse patte. « Enfin, malgré ce beau merdier, on est toujours potes, hein ?

— Un peu, oui ! »

Tandis qu'il me prenait dans ses bras pour une accolade rendue encore plus fraternelle par l'alcool, j'ai été saisi d'une angoisse soudaine. Heureusement qu'il ne pouvait pas voir mon visage, car il y aurait décelé de la culpabilité au premier coup d'œil. D'accord, ce n'est pas moi qui l'avais vendu, la responsabilité en revenait à Kreplin. Mais, en répondant à sa manifestation d'amitié virile, je ne me suis pas moins fait l'effet d'un Judas des temps modernes.

« Va falloir que je file, Ned. On part demain dans la famille de MaryAnn, à Buffalo. Je serai au bureau le 26, si vous avez besoin de moi. Je vous envie d'aller aux Caraïbes, mon vieux ! Enfin, prenez le soleil pour moi !

— Je vais faire au mieux, chef ! »

En le regardant se diriger vers le vestiaire, je me suis mis à redouter la date du 2 janvier, et la scène abominable qui ne manquerait pas de se produire quand il apprendrait la nouvelle.

Pour ne pas me laisser envahir par de telles idées, cependant, et avec le souhait actif d'être gagné par l'« esprit de Noël », j'ai consacré les jours suivants à l'une des activités favorites du *Herr Direktor* : claquer de l'argent. Un maximum. La moitié de mes dettes étaient épongées, tous mes comptes bancaires revenus à zéro, la seconde partie de ma prime servirait à liquider mon prêt-relais, et à partir du 2 janvier (encore !) une nouvelle vie commencerait, alors pourquoi se priver de quelques petites folies en période de fêtes ? Et puis Barney Gordon, mon dentiste, a été absolument enchanté d'apprendre qu'il allait enfin mettre en place mes nouvelles dents, d'autant que le bridge était prêt depuis plusieurs mois et qu'il m'avait bombardé de messages de plus en plus courroucés pour me le rappeler.

« Il était temps, monsieur Allen, a-t-il lancé lorsque j'ai surgi dans son cabinet le 23 au matin. On commençait à se demander si vous n'aviez pas quitté le pays…

— Non, j'ai été atrocement occupé, c'est tout.

— Eh bien, je suis content que vous ayez finalement trouvé un moment pour venir. Mais, au cas où vous seriez débordé au point d'oublier mes honoraires, j'ai le plaisir de vous annoncer que nous acceptons les cartes Visa ou MasterCard, maintenant. Vous verrez ça avec l'assistante en partant, hein ? À présent, ouvrez grand la bouche… »

Une petite plaisanterie qui m'a coûté 3 200 dollars, mais j'ai volontiers reconnu que cette prothèse de luxe constituait un net progrès par rapport au sommaire râtelier qu'un médecin militaire m'avait coincé dans la bouche vingt ans plus tôt.

Et les frais de dentisterie m'ont paru encore plus raisonnables au vu des 3 400 dollars que j'ai engloutis dans l'achat d'une montre Jaeger-Le Coultre pour Lizzie. D'accord, j'admets que c'était une extravagance, mais je savais qu'elle rêvait de ce modèle depuis des années. Et *Herr Direktor* pouvait se le permettre, de même qu'il s'est permis d'envoyer à sa maman un jeu de clubs de golf Callaway en titane. Un cadeau de 2 000 dollars, expédié aux bons soins de Federal Express, qui m'a fait me sentir un peu moins coupable d'entretenir des relations aussi distendues avec elle.

Toujours au nom de mon futur statut, j'ai jugé nécessaire de nous offrir le surclassement en première sur le vol American Airlines pour Saint Kitts-Nevis que nous avons pris le 26 décembre au matin.

« Tu es tombé sur la tête ? » s'est exclamée Lizzie alors que je l'escortais jusqu'au comptoir d'enregistrement des premières.

Elle avait déjà éprouvé un vrai choc la veille, lorsque je lui avais tendu un paquet superbement emballé et qu'elle y avait découvert cette montre tant convoitée.

« Tu es dingue. Complètement dingue ! »

Il n'y avait aucune jubilation dans ce constat.

« Oh, c'est rien qu'une montre.

— Mais oui. Et le *Concorde*, c'est rien qu'un avion !

— Bon, mais est-ce qu'elle te plaît ?

— Elle est… splendide. Plus que ça, même. Mais ça me fait peur : c'est tellement au-dessus de nos moyens… »

Et là, pendant que nous attendions un instant derrière le cordon qui nous séparait du commun des mortels, elle m'a dévisagé avec inquiétude.

« Ned, tu me caches quelque chose ?

— Comme quoi ?

— Je ne sais pas. Cet accès de dépenses… Ou bien il y a un truc que je ne connais pas, ou bien tu es entré dans une phase d'autodestruction pathologique. Je ne comprends pas, voilà, je ne comprends pas !

— C'est rien que de l'argent, Lizzie.

— Je sais ce qu'une montre pareille peut coûter. Beaucoup d'argent !

— Je peux me le permettre.

— J'aimerais pouvoir te croire. »

Je l'ai embrassée.

« Relax, ma belle, relax. J'ai pas dévalisé une banque, promis. »

Nous avons fait tout le voyage jusqu'à San Juan au champagne. Ensuite, il restait un saut de puce pour Saint Kitts dans un petit appareil de soixante places, quarante minutes au cours desquelles Lizzie s'est assoupie un moment. En la regardant dans son sommeil, je n'ai pas réussi à faire taire la voix ténue mais persistante qui sait toujours trouver votre oreille interne lorsque vous vous reprochez quelque chose. Et que disait-elle ? « Tu délires, là. Elle se doute qu'il y a du nouveau dans l'air. Tu es loin du bureau, dans un autre pays, alors envoie bouler Kreplin et sa manie obsessionnelle du secret. C'est ta femme, bon sang ! Il est plus que temps de laisser tomber ce jeu débile et de tout lui raconter. Maintenant ! » J'ai décidé de le faire dès que nous serions installés dans notre chambre.

À la sortie de l'aéroport de Saint Kitts, nous avons plongé dans un air surchauffé, parfumé et enivrant comme du ti-punch. Un minibus de l'hôtel nous a conduits jusqu'à la jetée où une vedette nous attendait. Après avoir quitté le port à petite vitesse, nous avons filé à travers l'étroit bras de mer qui sépare Saint Kitts de Nevis. Soleil de feu, mer d'huile. Puis, face à nous, cette vue incroyable d'une haute montagne émergeant des flots de l'Atlantique, son sommet couvert d'une fine poussière blanche que l'on aurait pu prendre pour une pellicule de neige. De plus près, j'ai découvert que les flancs du piton s'élargissaient en coulées de jungle luxuriante. Encore plus bas que cet univers digne de Tarzan, un étroit cercle de sable, d'une blancheur immaculée, paraissait enserrer l'île tout entière.

« C'est Nevis ? ai-je demandé à l'un des marins.

— Et comment, mon ami, et comment ! »

Lizzie m'a adressé un sourire radieux.

« Moi aussi, c'est l'idée que je me faisais du paradis ! »

Nos quartiers étaient tout au bout du parc, loin de l'épicentre de l'hôtel et de son agitation. Quand nous nous sommes retrouvés sur la petite terrasse qui ouvrait sur l'immensité de l'océan, elle m'a demandé d'un ton beaucoup plus sérieux :

« Je croyais qu'on avait exclu les chambres avec vue sur la mer, à cause du prix ?

— J'ai pensé te faire la surprise.

— Tu n'arrêtes pas de me surprendre, en ce moment.

— O.K., mais admets que c'est grandiose, d'ici.

— Ça, c'est une autre de tes surprises ? s'est-elle enquise en montrant du menton le seau à glace qui nous attendait sur une table.

— Mais, chérie, c'est Noël ! »

Je suis allé prendre la bouteille de Dom Pérignon, que j'ai entrepris de déboucher.

« Et toi, tu es le Père Noël ? Ou Rockefeller ? Qu'est-ce qui se passe, Ned ? Je *veux* savoir ! »

J'ai rempli deux verres, je lui en ai tendu un et je me suis jeté à l'eau.

« Le 2 janvier, je serai le nouveau directeur de *CompuWorld*. »

Elle a sursauté comme si elle venait de recevoir une gifle, ce qui n'était pas du tout l'effet que j'escomptais.

« Lizzie ! Je désirais t'en parler depuis...

— Depuis quand ? Des jours ? Des semaines ?

— Depuis un certain temps, ai-je tenté, plutôt maladroitement. Il n'y avait rien de confirmé, tu comprends ?

— Donc, tu as gardé ça pour toi pendant... un certain temps.

— Je ne voulais pas te le dire tant que je n'étais pas certain.

— Là, je ne te crois pas.

— Klaus Kreplin m'a fait jurer de garder le secret. »

Devant sa réaction, j'ai aussitôt regretté l'aveu. Elle s'est muée en bloc de glace.

« Le secret... même par rapport à *moi* ?

— Attends, attends...

— Je n'attends rien du tout ! Oh, c'est toujours comme ça, avec toi !

— Comme ça quoi ?

— Des mensonges.

— C'est un peu exagéré de parler de mensonge, tu ne penses pas ? Bon, d'accord, je reconnais que j'ai eu tort. J'aurais dû te le dire.

— Non. Ce que tu aurais dû, c'est me juger capable de partager un secret.

— Mais c'est ce que je fais, ma chérie !

— Non, pas du tout. Pas plus que tu ne me prends assez au sérieux pour partager quoi que ce soit d'important avec moi.

— Tu sais bien que ce n'est pas vrai.

— Ah, s'il te plaît ! N'emploie pas ce mot devant moi, d'accord ?

— C'était seulement par précaution, Lizzie !

— C'était pour me snober, selon ton habitude.

— Moi, te... ?

— Va te faire foutre ! »

Puis elle a jeté son verre de champagne sur le sol en terre cuite avant de se précipiter dehors, vers la plage. Ma première réaction a été de lui courir après mais je me suis retenu, en partie parce que de précédentes escarmouches conjugales m'avaient appris qu'il valait mieux la laisser recouvrer son calme sans intervenir, et aussi parce que j'avais moi-même besoin de quelques minutes pour encaisser le coup de cette échauffourée verbale.

« Crétin, double abruti, triple connard ! Tu n'apprendras jamais, hein ? » J'ai englouti mon verre en regrettant qu'il ne contienne pas un breuvage plus stimulant, de la vodka par exemple. D'un coup, j'ai attrapé la bouteille et deux coupes propres, je suis sorti par la terrasse et j'ai commencé à arpenter le front de mer, passant devant des compatriotes blafards et adipeux en train de chercher le cancer de la peau sous l'impitoyable soleil des tropiques, des serveurs armés de plateaux de piñas coladas, deux garnements très occupés à se jeter du sable mouillé à la tête. Il y a eu la cabane de location des planches à voile, puis les derniers bâtiments de l'hôtel à l'est, puis la ligne de démarcation qui protégeait la plage du « Four Seasons » du reste de l'île, puis un groupe de jeunes du cru, coiffés à la rasta, qui proposaient des homards aux rares touristes aventurés par là, et puis plus rien que la mer, le sable et un enchevêtrement de palmiers.

Personne en vue. Sauf ma femme. Elle était assise au bord des vagues, les yeux perdus sur la baie émeraude. Je suis venu m'installer près d'elle. Elle n'a pas réagi, pas détourné la tête de sa contemplation.

« On trinque ? » J'ai versé deux coupes, en ai déposé une sur le sable devant elle, et j'ai levé la mienne en une tentative de toast : « Joyeux Noël !

— Ça ne prend pas avec moi, ça.

— Je suis désolé.

— Ce n'est pas suffisant.

— Je suis *vraiment* désolé.

— Notre mariage, tu y tiens réellement, Ned ?

— Bien sûr ! Tu es tout pour moi.

— Oh, je t'en prie…

— Je pense ce que je dis, Lizzie.

— Je ne sais pas. Tu ne te conduis jamais d'égal à égal avec moi. Tu dépenses des sommes dingues en te contentant de me répéter que je ne dois pas m'inquiéter. Tu gardes pour toi des trucs hyperimportants, ce qui m'incite à croire que tu ne me fais pas confiance. Tu as l'air tellement obsédé par l'idée que tu dois "assurer", prouver au monde entier que tu es dans la course…

Résultat, tu en oublies que dans un couple on est deux. Que ça marche ensemble, ou alors ça ne marche pas.

— Non, je n'oublie pas.

— Si ! Tout le temps. Et puis, quand j'ai su que j'étais enceinte… »

J'ai évité le regard accusateur qu'elle braquait sur moi. J'avais honte, pour tout dire.

« Je… j'ai paniqué, ai-je fini par avouer.

— Tu t'es conduit comme un égoïste débile, seulement préoccupé par ta petite personne et ta petite situation. À cause de toi je me suis sentie très seule.

— C'était pas seulement pour mon boulot… J'ai eu tort, voilà.

— Tu vas finir par me perdre, Ned. »

Je lui ai pris la main. Elle ne m'a pas repoussé.

« Je ne veux pas te perdre.

— Alors, débrouille-toi pour que j'y croie. »

Elle a attrapé sa coupe et l'a vidée d'un trait.

« Joyeux Noël, monsieur le directeur. »

Il n'y avait aucune nuance taquine dans sa voix.

À la fin de la journée, nous étions parvenus à un armistice tendu. Au cours du dîner, je lui ai exposé en détail la proposition qui m'avait été faite, lui jurant que je n'avais jamais intrigué contre Chuck et que l'idée était venue de Kreplin. Elle n'a pas été entièrement convaincue. Elle se demandait comment Chuck allait encaisser le coup, craignait que mes collègues en viennent à conclure que j'étais un opportuniste doublé d'un faux-jeton. En apprenant le montant du salaire qui m'était offert, elle a eu l'air à la fois impressionnée et mal à l'aise.

« C'est… dément.

— On va être riches, Lizzie.

— À l'aise, disons.

— Très à l'aise, disons ! Et tu sais ce qu'on assure, sur l'argent ? Que son seul intérêt, c'est qu'il te permet d'avoir le choix. Si on choisit d'acheter un appart, de louer une maison de campagne dans les Hamptons, d'avoir un enfant… »

Elle m'a coupé avec nervosité.

« Une chose à la fois, Ned ! »

Pas trop vite, mec ! Je lui ai donné un baiser avant de passer un bras autour de ses épaules et de l'attirer contre moi.

« Oui, tu as raison. Une chose à la fois. »

Nous nous sommes finalement laissé envahir par l'indolence tropicale de l'île, et le reste du séjour s'est passé en grasses matinées, petits déjeuners sur la terrasse, longues promenades sur la plage, siestes alanguies, repas en tête à tête dans les petits restaurants de poisson indigènes du bord de mer pour éviter la vue de nos semblables dans les vastes salles à manger du complexe hôtelier. Les jours ont succédé aux jours dans une quiétude bénie. Mes ongles ont repoussé, mon système nerveux surmené a commencé à retrouver son équilibre. Tout le monde avait mon numéro au bureau, mais il n'y a eu aucun appel. Et la paix est revenue sur le front domestique, même si j'ai surpris plusieurs fois Lizzie en train de m'observer d'un air préoccupé.

Avant que nous ayons pu nous en rendre compte, la semaine s'est terminée. Nous avons célébré le Nouvel An avec une bouteille de champagne et une balade euphorique le long des vagues. De temps en temps, nous nous étendions enlacés dans l'écume, laissant l'eau chaude imprégner nos vêtements, les yeux levés vers les guirlandes d'étoiles dans le ciel. À un moment, après un long silence, Lizzie a murmuré :

« Et si on restait là ?

— Ah, j'aimerais bien…

— Non, je parle sérieusement, là. Si on disait merde à tout ça ? La carrière, le rythme de cinglés, s'écraser tout le temps, ne plus dormir à force de flipper, accumuler des tonnes de trucs complètement inutiles autour de nous…

— Tu proposes quoi, alors ? Nous trouver une île comme celle-ci et nous installer dans une paillote ?

— C'est un beau rêve, non ?

— Oui, évidemment, mais…

— Mais quoi ?

— Mais au bout d'une semaine on se ferait chier comme des rats.

— C'est un vrai besoin chez toi, hein ?

— Quoi donc ?

— La ville. La pression continue. Vendre. Conclure.

— Ouais, j'aime ça. Pas toi ?

— Je l'ai toujours cru, oui. Maintenant, je n'en suis plus si sûre… Bon, c'est compris, j'oublie mon rêve.

— En théorie, ce serait super. Seulement…

— Oui, je sais. Faut retourner au charbon.

— Exact. »

C'est ce qui s'est passé le lendemain matin. Nous avons abandonné la brume de chaleur des tropiques pour le ciel plombé de Manhattan. Quand nous avons atterri, il tombait de la neige fondue, qui n'a pas cessé tandis que notre taxi avançait au pas sur la voie rapide congestionnée, comme si nous étions tous en train de suivre un interminable cortège funèbre. La voiture était étouffante, la radio beuglait du rock estonien. Une bouffée d'angoisse m'est soudain montée à la gorge. Lizzie, le devinant, a serré ma main dans la sienne.

« Tu penses à demain ?

— Oui… C'est un grand jour.

— Tout ira bien. Mais souviens-toi, Ned : le boulot, il n'y a pas que cela dans la vie. »

Je n'ai pratiquement pas fermé l'œil durant toute cette première nuit de l'année. Au lever du jour, j'étais avachi sur le canapé, surveillant d'un œil morne la lumière qui apparaissait au-dessus des gratte-ciel. Rasé, douché, harnaché d'un costume croisé gris, je suis allé dans la chambre. Lizzie venait juste de se réveiller.

« Tu en imposes, comme ça, m'a-t-elle déclaré en déposant un rapide baiser sur ma joue. Allez, bonne chance. »

Il était à peine sept heures lorsque j'ai quitté l'appartement, les rues étaient encore presque désertes. Je ne voulais pas arriver au bureau avant dix heures, puisque Kreplin m'avait informé avant Noël qu'il passerait à l'action dès que Chuck se présenterait au travail à neuf heures, comme à son habitude. Inutile d'apparaître avant qu'il n'ait été mis dehors, dans tous les sens du terme.

C'était une matinée radieuse, le ciel était pur, l'air glacé mais très supportable si on ne restait pas immobile. Pour tuer le temps, j'ai remonté la 5e Avenue en flânant, acheté le *New York Times* à un distributeur automatique, pris un petit déjeuner dans une cafétéria, marché en direction du fleuve avant de redescendre sans me presser vers la 46e Rue, au niveau de la 3e Avenue. À ma montre, il était dix heures moins cinq. « Allons-y. » Je suis entré dans le hall de notre immeuble, monté au onzième en ascenseur. La porte du couloir s'est ouverte, et…

C'était Debbie. Elle semblait effondrée, elle avait les yeux rouges et gonflés comme si elle avait pleuré toute la nuit. À son côté se tenait Hildy Hyman, les traits figés en un masque indigné. Chacune portait une pile de classeurs en carton dans les bras. Une femme massive, musclée, vraie dégaine de gardienne de prison, les suivait de près. Elle était vêtue d'un uniforme bleu marine et coiffée d'une casquette avec, au-dessus de la visière, quelques lettres : SÉCURITÉ.

« Debbie ! Hildy ! Qu'est-ce qui se… »

Debbie s'est mise à sangloter.

« Enculés ! Enculés ! »

La matone les poussait déjà dans l'ascenseur.

« Ils l'ont fait, monsieur Allen ! a crié Hildy. Je vous l'avais bien dit, que ces salauds de Boches étaient… »

Les portes coulissantes se sont refermées sur elles. Je me suis retourné pour découvrir deux équivalents mâles de la gorille en faction à l'entrée des bureaux de *Compu-World*. Une vigile appartenant à la même société de gardiennage était installée à la place de la réceptionniste. Par la baie vitrée, j'ai aperçu plusieurs de mes téléopératrices en train de quitter leur box sous bonne escorte.

J'étais sans voix. Pétrifié sur place. Au bout de quelques secondes, la réceptionniste improvisée m'a lancé :

« Oui, vous désirez ?

— Je… je travaille ici.

— Vous êtes salarié de *CompuWorld* ?

— Je suis directeur régional des ventes pour… »

Elle a claqué les doigts avec impatience.

« Votre passe-société ! »

J'ai sorti mon portefeuille pour en extraire la carte magnétique qui faisait usage de clé dans l'enceinte du magazine. Elle l'a posée à côté d'une liste de noms qui se trouvait sous ses yeux. Quand elle y a repéré le mien, elle m'a désigné du menton un de ses deux collègues de garde devant la porte.

« Bien, monsieur Allen. Lorenzo va vous accompagner au bureau des ressources humaines. »

J'ai chancelé sous le coup. « Ressources humaines », dans le jargon du management, cela signifie ni plus ni moins que la chaise électrique. Anciennement « direction du personnel ». En charge des embauches et… des licenciements.

« Je… je voudrais voir M. Zanussi.

— M. Zanussi n'est plus là.

— Bon, alors Klaus Kreplin.

— Vous allez suivre Lorenzo aux ressources humaines, monsieur Allen. »

J'ai commencé à craquer.

« Je n'irai nulle part tant que je n'aurai pas parlé à ce fichu K… »

Lorenzo avait fait quelques pas pour se placer devant moi. Une armoire à glace, avec un rictus menaçant qu'il n'était pas difficile de décoder : « Tiens-toi tranquille. » Il a prononcé quelques mots, d'une voix si basse que j'ai dû prêter l'oreille pour l'entendre.

« Je vous conseille de venir par là avec moi, monsieur. »

Avec une petite tape sur l'épaule, il me montrait l'ascenseur.

« Et… et mon passe ? ai-je tenté.

— On se le garde. »

Nous sommes montés sans desserrer les dents, puis il m'a escorté le long d'un étroit couloir ponctué d'une série de portes en verre dépoli. Il a frappé à l'une d'elles, a passé la tête à l'intérieur, m'a fait signe d'entrer et a refermé derrière moi. C'était un bureau mouchoir de poche. L'espace était entièrement occupé par une table et deux chaises en acier, le tout fonctionnel et froid. Après un court instant, un homme d'une quarantaine d'années a fait son apparition. Costume triste, grosses lunettes en écaille, une rangée de stylos dans la poche de sa chemise, des cheveux filasse avec quelques mèches grises. Le passe-muraille.

« Pardon de vous avoir fait attendre, monsieur Allen, m'a-t-il déclaré en prenant place au bureau. Bill Freundlich, des ressources humaines. Asseyez-vous, je vous prie. »

Pas de poignée de main, pas même un regard. Il a ouvert le gros dossier qu'il avait apporté avec lui. Sur le battant intérieur, ma photo retenue par un trombone.

« Vous devez vous demander ce qui se passe ici, a-t-il poursuivi d'une voix habituée à ne trahir aucune émotion.

— On me fout dehors, voilà ce qui se passe.

— Non, pas exactement. En fait, *CompuWorld* vient d'être vendu à…

— Comment, vendu ? »

Ce n'était pas une question, mais un hurlement. La porte s'est ouverte à la volée et Lorenzo s'est penché à l'intérieur.

« Tout va bien, lui a lancé Bill Freundlich avant d'ajouter en me lançant un regard glacial : N'est-ce pas ? »

Je me suis affaissé contre le dossier, tête basse.

« Je sais que ce doit être un choc, monsieur Allen, mais vous verrez, tout sera plus facile pour vous et pour moi si vous me laissez simplement vous présenter la manière dont les choses vont se dérouler. » Il a attendu une réaction, mais je suis resté silencieux, les yeux rivés au lino crasseux. « Ainsi que je vous l'ai dit, à compter d'aujourd'hui huit heures *CompuWorld* a changé de propriétaire. En conséquence, tous ses salariés sont remerciés. Cependant, la société mère, Klang-Sanderling, est résolue à respecter scrupuleusement la législation du travail new-yorkaise en matière de licenciements collectifs. Votre indemnité de départ sera d'un demi-mois de salaire par année d'ancienneté. Vous bénéficierez de votre assurance maladie jusqu'à la fin du trimestre en cours. Passé ce délai, vous aurez la possibilité d'obtenir une couverture sociale pendant dix-huit mois supplémentaires, au titre du système COBRA, à condition de verser vous-même une cotisation mensuelle. De plus, en tant que cadre, vous serez inscrit à un programme de conseil-reconversion de huit semaines, ce qui devrait vous permettre de retrouver une position au moins égale à celle que vous occupiez jusqu'alors. »

Il parlait telle une machine, sans aucune âme, déversant ses formules hautaines sur ma tête comme un pot de chambre. Je me suis demandé si du sang coulait dans les veines de ce rond-de-cuir inhumain.

« Et, oui, à ce propos, une bonne nouvelle : le cabinet de conseil-reconversion qui a été choisi pour vous est Gerard Flynn Associates, qui à mon sens est vraiment l'un des meilleurs spécialistes en terme de replacement des cadres supérieurs. Statistiquement parlant, ils atteignent un quotient de réussite optimal, avec une approche très innovante des profils-carrières qui… »

Je me suis décidé à lever les yeux pour l'interrompre.

« Et nos primes ? »

Il a marqué un infime temps d'arrêt. Mais un temps d'arrêt quand même.

« Je vais traiter ce sujet dès que je vous aurai parlé de…

— Traitez-le maintenant !

— Je préférerais que…

— La seconde moitié des primes. Elle devait nous être versée le 31 janvier !

— Là, je dois corriger : c'est ce qui avait été prévu par votre *ancienne* société mère, Klang-Sanderling. La *nouvelle*, Spencer-Rudman, estime que… »

Je n'en croyais pas mes oreilles. Spencer-Rudman, c'était la multinationale qui contrôlait notre principal concurrent, *PC Globe* !

« Je pensais que la boîte fermait ! À présent, vous me dites que nous appartenons à Spencer-Rudman ?

— C'est très simple, monsieur Allen : Klang-Sanderling a cédé *CompuWorld* à Spencer-Rudman, qui, pour sa part, a décidé de mettre fin à l'existence de ce titre.

— Vous rigolez, là !

— Pas du tout, j'en ai peur. Mais il est sans doute préférable qu'un représentant de Spencer-Rudman vous explique directement la situation… »

Il a pris son téléphone, composé un numéro de poste à trois chiffres. « Il est là », a-t-il chuchoté avant de raccrocher sans attendre de réponse.

« En fait, la personne en question m'avait demandé de la prévenir dès que vous seriez arrivé chez moi. »

Un coup sec à la porte.

« Entrez, monsieur Zanussi.

— Salut, Ned ! m'a-t-il lancé d'un ton guilleret pendant que Freundlich s'esquivait dans le couloir. Je parie que vous ne vous attendiez pas à me voir ce matin. »

Le don de la parole m'avait été retiré.

« Z'avez plus de langue, *Herr Direktor* ? » Si j'avais pu, je me serais enfui en courant. « Surpris ? Alors, vous pouvez à peu près imaginer comment je l'ai été, moi, quand un de mes vieux potes de chez Spencer-Rudman m'a téléphoné à Buffalo, la veille de Noël, pour me prévenir qu'ils s'apprêtaient à racheter le canard. Faut croire qu'on commençait à les titiller pas mal, puisque les gars de *PC Globe* en avaient marre de la concurrence qu'on leur faisait. “Pas de place pour trois titres sur un marché aussi pointu”, qu'ils ont dit ! Et hop ! décision prise, on rachète *CompuWorld* pour le faire disparaître. Mais vous savez ce qu'il y a de plus drôle, là-dedans ? Apparemment, ils ont fait leur offre d'achat à Klang-Sanderling mi-décembre. À peu près au moment où vous étiez en train de magouiller avec Klaus Kreplin pour me piquer ma place… »

Il s'est arrêté pour me laisser le temps de méditer sa dernière phrase.

« Écoutez-moi, Chuck, je n'ai rien magouillé du tout ! C'est lui qui voulait vous vider !

— Et que vous repreniez le job, hein ?

— Je lui ai dit…

— Oh, j'imagine très bien ce que vous lui avez dit ! “Chuck, c'est lui qui m'a fait entrer dans cette boîte.

C'est lui qui m'a tout appris sur mon métier. C'est un ami…" » Il a eu un sourire amer. « Heureusement pour moi, ce type de Spencer-Rudman en est un vrai, d'ami. Parce que, lui, il m'a proposé du boulot : superviser la liquidation de *CompuWorld* et prendre ensuite la direction de toutes les publications informatiques de leur groupe. Il m'a même encouragé à engager un adjoint. Naturellement, j'ai pensé à vous, j'ai cité votre nom, et là il m'a rapporté mot pour mot la conversation qu'il avait eue quelques jours plus tôt avec Klaus Kreplin, lorsque Klang-Sanderling avait donné son feu vert pour la vente. "Ce Zanussi a beaucoup de chance de passer chez vous, lui avait assuré Kreplin. Pourquoi ? Parce que dans une semaine il devait être licencié ! Et Ned Allen avait accepté de lui succéder." » Une nouvelle pause éprouvante. « Alors, vous devez pouvoir comprendre que j'ai été un brin troublé d'apprendre ça. D'entendre que, professionnellement parlant, vous vous prépariez à participer à ma mise à mort.

— Attendez, Chuck, je vous en supplie ! Je ne me préparais pas à…

— Je n'attendrai rien du tout. Ce que vous pouvez raconter n'a aucune valeur. » Il s'est penché sur moi. « Mais moi, je vais vous dire une chose : si cela ne tient qu'à moi, vous ne réussirez plus jamais à travailler dans ce secteur. Jamais. »

Il est allé à la porte et m'a décoché un dernier sourire. Mortel.

« Bonne année, vieux. »

Je suis demeuré sur ma chaise, effondré. Je me trouvais dans une galerie des glaces à donner le vertige, dans un labyrinthe sans issue. Et c'est seulement à ce moment que j'ai commencé à entrevoir, par petits flashes effrayants, l'enchaînement de conséquences à la fois professionnelles, financières et personnelles que ces quelques minutes allaient avoir. Le monde s'est mis à vaciller autour de moi. J'étais tellement hébété que j'ai à peine remarqué le retour de Bill Freundlich. Il a repris sa chaise et sa monstrueuse litanie, dont je ne percevais que des bribes incompréhensibles : « Vous recevrez le solde final par courrier... », « Les gens de Gerard Flynn Associates vous attendent à partir du... », « La soudaineté de tout cela ne doit pas vous empêcher de... »

Puis, soudain, Lorenzo s'est trouvé à côté de moi. Je l'ai entendu m'indiquer qu'il allait m'escorter à mon bureau, que j'avais un quart d'heure pour réunir mes affaires. J'étais dans un tel état qu'il a dû me soutenir par le bras quand nous avons redescendu le couloir vers l'ascenseur.

« Vous tenez le coup ? m'a-t-il demandé dans la cabine.

— Non. »

Dégringolade jusqu'au onzième. Les portes ont coulissé. Là, juste en face de moi, il y avait Klaus Kreplin. Il a sursauté en me découvrant mais il s'est vite repris, et une moue cynique est apparue sur ses traits ; ses lèvres ont formé un sourire de fouine.

« Ah, Edward, qu'est-ce que je pourrais dire ? Désolé, mais ça fait partie des... »

Il n'a pas pu terminer. Mon poing droit lui a fermé la bouche avant de l'atteindre en plein ventre. Il s'est plié en deux, je l'ai frappé une nouvelle fois au visage. Lorsqu'il s'est écroulé par terre, je suis devenu fou furieux, m'acharnant sur lui à coups de pied, dans les côtes, dans les dents... En tout, cet accès de rage n'a pas duré plus de cinq secondes. Déjà, des vigiles s'étaient précipités vers nous, et brusquement Lorenzo m'a immobilisé d'une clé au bras gauche.

Mais je restais étrangement détaché de toute la scène, comme si j'y assistais en spectateur lointain. Jusqu'au moment où, en desserrant mon poing droit, la douleur dans mes doigts m'a envoyé une décharge électrique à travers tout le corps. Soudain, je suis revenu sur terre et j'ai beuglé comme un veau à l'abattoir.

Mes yeux sont tombés sur la forme prostrée au sol. Klaus Kreplin baignait dans une mare de sang. Et il ne bougeait plus.

DEUXIÈME PARTIE

1

Le bureau de Nancy Auerbach était dépouillé, impersonnel. Une allure décidée, un regard scrutateur qui vous donnait l'impression qu'elle était en train de vous jauger, d'évaluer votre poids. Ce qui était en effet le cas puisque son travail était précisément d'apprécier les ressources professionnelles des autres.

Elle était l'efficacité faite femme. Cinq minutes plus tôt, lorsque nous avions fait connaissance, elle m'avait accueilli par un monologue *staccato* qui aurait presque pu paraître préenregistré.

« Bonjour bonjour, monsieur Allen. Je peux vous appeler Ned, n'est-ce pas ? Je suis Nancy Auerbach, votre orientatrice-carrière ; comment allons-nous, aujourd'hui ? Eh bien, eh bien, nous allons donc retrousser nos manches ensemble pendant… attendez que je reprenne votre dossier, oui, pendant deux mois. Amplement le temps de mieux se connaître, pas vrai, Ned ? Je peux vous offrir quelque chose ? Thé ? Café ?

— Un verre d'eau, ce serait possible ? J'ai des comprimés à prendre.

— De l'eau, mais bien sûr ! Toute l'eau que vous voudrez ! »

D'un tour de sa chaise pivotante, elle a atteint un plateau derrière sa table, sur lequel attendaient une bouteille de Perrier et un verre, a virevolté pour revenir face à moi et me les a tendus.

« Vous avez besoin d'un coup de main ? » a-t-elle continué en faisant glisser son regard le long de mon bras droit. Le bout de mes doigts émergeait encore du pansement qui m'enserrait à partir du poignet, mais le majeur, l'annulaire et l'auriculaire étaient immobilisés ensemble par une bande élastique. « Oh, pardon pour le mauvais jeu de mots !

— Je peux me débrouiller, ai-je répondu en dévissant la capsule avec le pouce et l'index, puis en me servant avec la main gauche.

— Dites, quels doigts vous avez ! De toutes les couleurs, ils sont !

— Bleus, surtout. »

J'ai sorti de ma poche deux flacons, j'ai retiré un comprimé de chaque et les ai avalés.

« Analgésiques ?

— Oui. Et anti-inflammatoires.

— Ç'a dû être un sacré accident…

— Ce n'était pas un accident, madame Auerbach. »

Elle m'a regardé droit dans les yeux.

« Je suis au courant, oui.

— Vous savez ce qui s'est passé ?

— Je sais *exactement* ce qui s'est passé. » Elle s'est éclairci la gorge. « Maintenant, Ned, il faut que nous examinions la complexité de votre cas en terme de carrière et ses conséquences possibles sur votre avenir. Mais avant tout je pense que nous devrions définir vos objectifs évolutifs, voir comment potentialiser au maximum notre intervention de soutien. »

« Objectifs évolutifs », « potentialiser notre intervention de soutien » ? Quelle langue parlait-elle ? Ah oui, le sabir de l'« outplacement ». Logique, dans un cabinet qui se consacrait à cette mystérieuse activité. Il fallait que j'arrive à le maîtriser dare-dare, ce jargon.

Son téléphone a sonné.

« Vous permettez, Ned ? »

Elle a attrapé le combiné. En quelques secondes, elle était lancée en pleine conversation.

« Alors là, ce qu'il faut faire, Matt, c'est glisser sur Banker's Trust dans votre C.V., d'accord ? »

Tandis qu'elle poursuivait sa démonstration, je l'ai examinée avec soin. Grande, la cinquantaine, bien faite, des doigts effilés – pas d'alliance mais il y avait sur son bureau une photo de deux adolescents qui lui ressemblaient énormément, donc elle était divorcée –, un tailleur gris à chevrons. Très « côte est », tout ça. Je la voyais bien native du comté de Fairfield, ayant passé ses vacances d'été au Country-Club de Greenwich, diplômée de Smith ou de Skidmore, (mal) mariée à un bêcheur d'avocat affublé d'un prénom dans le genre de Brad, condamnée au rôle de la mère de famille exemplaire en banlieue chic jusqu'au jour où son mariage avait tourné au vinaigre, revenue sur le marché du travail pour une miraculeuse résurrection qui l'avait placée au service des victimes des « restructurations », « compressions » et autres machinations des grosses boîtes américaines.

« Enfin, Matt, vous savez comment ils raisonnent… Bien sûr que je vous comprends ! Moi non plus, partir vivre à Rochester, ça ne m'enchanterait pas du tout. Mais c'est à prendre ou à laisser. Et croyez-moi, être décentralisé, c'est mieux qu'être déconnecté ! »

Je la voyais me lancer de temps à autre un rapide regard, ses yeux comme aimantés par ma main momifiée dans ses bandelettes et mes doigts tuméfiés. J'avais presque l'impression qu'elle me surveillait, qu'elle se demandait si je n'étais pas une sorte de forcené en costume-cravate, un psychopathe potentiel qui finirait par entrer un jour dans un McDonald's avec une

Kalachnikov dans son sac pour lancer à la cantonade : « O.K., je finis mon Big Mac et je vous emmène tous avec moi. »

« Je sais exactement ce qui s'est passé. »

Oui, de même que quiconque s'intéressait au secteur de la presse informatique. L'étrange saga qui avait conduit à la mort de *CompuWorld* avait retenu l'attention de la plupart des journaux. Dans leur rubrique « Entreprises », le *Wall Street Journal*, le *New York Times* et même *Newsday* avaient raconté comment nous avions été ballottés de Getz-Braun à Spencer-Rudman en passant par Klang-Sanderling, chacun se refilant ce bébé prometteur mais qui avait commis l'erreur de vouloir jouer au grand. Alors que le *Times* s'était contenté de trois paragraphes, le *Journal* nous avait consacré toute une colonne, avec une chute des plus alléchantes : « Selon plusieurs sources au sein de la rédaction, l'annonce de la liquidation du titre a provoqué la consternation générale des salariés, d'autant qu'ils avaient reçu avant Noël de M. Klaus Kreplin, directeur des publications du groupe Klang-Sanderling, l'assurance formelle que leur avenir n'était pas menacé. Le ressentiment que celui-ci avait ainsi inspiré devait pousser à bout l'un des responsables administratifs de *CompuWorld*, le directeur des ventes publicitaires pour la région Nord-Est : en apprenant qu'il était licencié, ce cadre, M. Edward Allen, a physiquement agressé M. Kreplin. Aucune plainte, cependant, n'a été déposée contre lui. »

Tout cela était vrai. Mais ce que le quotidien omettait de rapporter, Dieu merci, c'est que pendant deux terribles minutes après ce sursaut de rage j'avais réellement cru que je l'avais tué. Inerte, des flots de sang jaillissant de son nez et de sa bouche – où manquait désormais une incisive –, Kreplin avait aussitôt été assailli par deux vigiles, résolus à le tirer de son évanouissement par les méthodes les plus expéditives, des claques aux hurlements dans l'oreille. Une de leurs collègues qui essayait de prendre son pouls avait soudain glapi : « Oh merde, il bat plus ! » Et elle avait entrepris un massage cardiaque en lui boxant sauvagement le thorax. Avec un grognement de douleur, Kreplin avait repris conscience pour constater l'effet déplaisant que peuvent avoir sur un individu quelques côtes cassées.

Ils ont appelé les flics. En les attendant, Lorenzo m'a menotté à une chaise, du moins avec assez de tact pour ne pas emprisonner ma main droite fracturée. C'est le Samu qui est arrivé en premier. Alors que deux brancardiers emportaient un Kreplin gémissant, j'ai demandé à Lorenzo s'il pouvait me libérer. « Désolé, gars. Je dois faire mon job. » Puis il s'est penché pour me chuchoter à l'oreille : « Que je te donne un petit tuyau, quand même. La prochaine fois que tu veux sonner un zig, sers-toi du tranchant de la main, pas des phalanges. Ça lui fera très mal à lui, et très peu à toi. Si tu cognes avec le poing fermé comme ça, tu te feras un gros bobo. »

Les représentants de la force publique sont enfin apparus. Conduit en voiture de police à un dépôt au bout de la ville, j'ai été enregistré sous le motif « coups et blessures ». Magnanimes, ils m'ont laissé utiliser le téléphone. Grâce au ciel, Lizzie était à son bureau. Lorsque je lui ai annoncé où j'étais, et ce qui m'y avait conduit, elle s'est à moitié étranglée. Mais moins d'une demi-heure plus tard elle entrait dans le bureau où l'inspecteur de garde m'interrogeait, me serrait dans ses bras et m'annonçait qu'un avocat allait arriver tout de suite.

L'inspecteur, qui était alors en communication, s'est tourné vers nous en raccrochant.

« Laissez tomber l'avocat ! J'ai d'excellentes nouvelles pour vous, à tous niveaux. D'abord, votre victime est dans un état satisfaisant. Pas mal amochée, d'accord, et une dent en moins, mais rien de grave à part deux côtes cassées. Secundo, il paraît qu'il ne veut pas porter plainte. En ce qui me concerne, je ne vois pas pourquoi je vous retiendrais ici, mon vieux. »

Tandis que Lizzie m'aidait à me lever, il a ajouté *sotto voce* :

« Un petit conseil, en passant. La prochaine fois que vous aurez envie d'arranger le portrait à quelqu'un, ayez un peu plus de jugeote : allez-y avec le poing fermé ! »

Ce fameux poing me faisait désormais l'effet d'un sac de chair rempli de verre pilé. Dans le taxi qui nous conduisait à l'hôpital de Lenox Hill, les contrecoups de la fracture ont commencé à devenir insupportables. Serrant ma main valide dans la sienne, Lizzie a murmuré :

« Encore un moment, chéri. »

Et là, tout s'est éteint dans ma tête.

Quand je me suis réveillé, j'étais aux urgences, étendu sur un chariot. À mon côté, un médecin en blouse blanche examinait une radiographie.

« Ah, vous voilà de retour parmi nous ! Vous voulez voir comment vous avez esquinté votre main ? »

Il m'a placé la radio devant les yeux en me désignant quelques os à peine perceptibles. Encore gêné par les néons aveuglants au plafond, j'ai dû faire un effort pour les distinguer.

« Vous vous êtes cassé le quatrième métacarpien du majeur, de l'annulaire et de l'auriculaire. C'est la première fois que je vois un tiercé pareil. Vous avez tapé avec le poing serré, je parie !

— C'est grave, docteur ? Docteur… ?

— Harding. Jeff Harding. Je suis l'orthopédiste des urgences ici. Grave ? Si vous étiez pianiste professionnel, votre carrière risquerait d'être plus que compromise. Dans votre cas, il vous suffira de porter un bandage élastique pendant deux mois, deux mois et demi. »

Fantastique. Juste au moment où j'allais devoir chercher un nouveau travail. Enfin, dans le cas où quiconque serait assez fou pour m'embaucher. Même si les échos de ma conduite ne leur étaient pas parvenus avant l'entretien de sélection, le moment où ils m'interrogeraient à propos de cette paluche tuméfiée finirait toujours par arriver...

« Donc, à long terme, le diagnostic est très encourageant. »

C'est vous qui le dites, docteur.

Une heure plus tard, j'étais libre. Je me suis tourné vers Lizzie alors que notre taxi roulait vers le centre :

« C'est fini, plus personne ne va vouloir de moi.

— Non, tu te trompes, Ned. Dans la profession, tout le monde sait que tu es un très bon. Tout le monde sait aussi qu'on vous a joué un sale tour. Ils seront de ton côté, crois-moi. Tu t'es emporté, d'accord, mais vu les circonstances ils penseront tous que c'est assez compréhensible, en fin de compte. Tu n'as quand même pas un passé de brute épaisse !

— C'est l'aspect fric qui me fait totalement paniquer, Lizzie. Sans la seconde partie de la prime, je...

— Ne t'occupe pas de ça, pour l'instant.

— Mais mon banquier va me saisir à la gorge, quand il va être au courant !

— S'il te plaît, Ned ! Tu as subi un gros choc, tu es sous l'effet des calmants qu'ils t'ont donnés, c'est normal que tu voies un peu la vie en noir, pour l'instant. Mais je te dis que ça va aller. »

Elle avait raison. Ils m'avaient tellement drogué que le week-end a passé dans un brouillard, troué par de rares instants de lucidité où je me lamentais à voix haute sur ma carrière ruinée et où Lizzie devait me répéter que non, tout irait bien. Dimanche soir, pourtant, j'ai été en mesure de prendre deux appels téléphoniques. Le premier était de Phil Sirio.

« Je sais que vous devez vous reposer, chef, mais j'ai appris ce qui est arrivé et je tenais à vous dire simplement : vous avez été grand.

— Merci, Phil.

— Si vous ne l'aviez pas frappé avec le poing fermé, évidemment, ça ne…

— Ouais, Phil, je sais. Et vous, comment ça se passe ?

— J'ai relativement les boules, quoi. Surtout à cause de la prime. Ça me laisse comme qui dirait à poil.

— Vous êtes de combien dans le rouge ?

— 14 000.

— Aïe.

— Oui, c'est la joie pour personne. Mais il y en a qui me doivent de la thune, aussi.

— Alors vous allez faire quoi, maintenant ?

— Ceci, cela… J'ai des relations. Je m'en tirerai. Et vous, chef ?

— Aucune idée. Après ce que j'ai fait, la seule carrière qui me reste est videur de boîte de nuit, j'imagine.

— Vous retomberez sur vos pieds, chef. Vous turlupinez pas pour ça. Et n'oubliez pas que la danse que vous lui avez donnée, au Fritz, c'était pour nous tous aussi. Alors moi, ici présent, je vous dois la réciproque : vous avez le moindre problème, vous pouvez compter sur moi. Entendu ?

— Vous êtes de première classe, Phil.

— Allez, chef, à plus. »

L'appel suivant était de Debbie Suarez, qui, comme à son habitude, s'est mise à parler à une cadence infernale.

« Fallait que j'vous dise oh fallait que j'vous dise le plaisir que ça m'a fait d'apprendre que vous lui aviez remonté les bretelles. Vous êtes un héros, m'sieur Allen, un vrai héros. Enfin bon, je sais que vous vous êtes cassé la main mais ça en valait la peine, *cierto* !

— Je n'en suis pas si sûr, Debbie.

— Ouais, je comprends ce que vous devez penser mais croyez-moi, ils vont faire la queue pour vous proposer un travail. Je vous le dis, moi, vous êtes le meilleur ! »

À force d'entendre que j'avais le pied à l'étrier pour un superjob, que l'avenir me souriait, je me sentais de plus en plus nerveux. Parce que bon, c'était typiquement le bla-bla qu'on réserve au type sur son lit de mort : beaucoup trop optimiste.

Pour changer de sujet, je lui ai demandé comment elle allait se débrouiller sur le plan matériel. D'une voix nettement plus calme, elle m'a annoncé :

« J'ai retrouvé du boulot.

— Vous avez fait vite.

— Oui. En réalité, c'est Chuck Zanussi qui me l'a offert.

— Je vois…

— Je sais, m'sieur Allen, je sais que c'est un enfoiré. Mais enfin il m'a appelée hier pour me proposer de rejoindre l'équipe de la télévente à *PC Globe*. J'avais pas trop le choix, vous comprenez ?

— C'est une très bonne nouvelle, Debbie.

— À la vérité, je voulais lui répondre qu'il pouvait toujours se tripoter. Seulement, j'étais dans une mouise pas possible et…

— Vous n'avez pas à vous justifier, eh !

— Vous savez ce qui me donne le plus envie de latter ce Boche dans les *cojones* ? Eh bien, s'ils avaient attendu demain pour vendre le canard, la maman, elle aurait été prise sur mon assurance maladie. À un jour près, *caray* ! C'est complètement dégueulasse, vous comprenez ?

— Oh, je comprends, Debbie, croyez-moi.

— Mais il y a un truc génial qui va vous plaire. Vendredi, j'ai appelé l'intendant de l'école. Dans tous mes états, j'étais ! Bon, je lui annonce que le solde des droits pour fin janvier, c'est de l'histoire ancienne. Et vous savez ce qu'il m'a répondu ? Puisque votre boss nous a écrit une lettre de garantie sur papier de la société, qu'il me dit, la société sera obligée de payer pour moi ! »

Pour la première fois depuis des jours, j'ai réussi à sourire. Conformément à la législation, Spencer-Rudman était tenu d'honorer tous les engagements et les dettes du titre qu'ils avaient racheté, même s'ils le rayaient de la carte aussi sec. De sorte que, grâce à mon fax, la scolarité de Raul Suarez allait être en partie financée… par les nouveaux employeurs de Debbie.

« Comme je vous l'ai dit l'autre soir, m'sieur Allen, je vous dois une fière chandelle.

— On reste en contact, Debbie. »

Le lendemain matin, lundi, Manhattan s'est à nouveau retrouvé sous la neige. Assis dans le lit, j'ai regardé Lizzie se préparer pour partir au travail. Et c'est là que la révélation m'a atteint de plein fouet : elle était en tailleur, moi en pyjama ; elle avait un avenir social, moi pas.

Percevant mon abattement, elle s'est approchée.

« Ménage-toi, Ned. Repose-toi quelques jours avant d'appeler le cabinet d'outplacement. Quand tu vas t'y mettre, tu voudras donner une bonne impression et…

— Tu es en train de me dire que je suis imprésentable, là ? »

L'agressivité de ma remarque l'a un peu désarçonnée, mais elle a réussi à garder un ton apaisant.

« Je dis seulement que tu dois être encore un peu traumatisé par ce…

— Mais tu te prends pour qui ? Ma psychanalyste ou quoi, merde ? »

Cette fois, elle a été réellement choquée. Et moi aussi. D'un bond, je me suis levé et je suis allé poser ma tête contre son épaule.

« Oh, pardon, pardon, pardon. »

Elle s'est écartée, m'a pris le visage entre ses mains pour me regarder droit dans les yeux.

« Ne fais pas ça, Ned. S'il te plaît.

— Je te jure que je ne voulais...

— Je suis *avec* toi, pas contre toi. Ne l'oublie pas.

— Je n'oublie pas. »

Elle m'a donné un petit baiser sur le front.

« Il faut que j'y aille. Je te téléphone dans la matinée pour voir comment tu vas. »

Dès qu'elle a eu quitté l'appartement, je me suis effondré dans le lit et enfoui sous les draps. Comment avais-je pu être aussi gratuitement méchant avec elle ? Et surtout, *pourquoi* ? Pourquoi attaquer ainsi le seul allié qui me restait dans l'existence ? Lizzie avait raison, une fois de plus : j'étais toujours sous le choc, aucunement en état de faire bonne figure devant un conseiller professionnel. Tant que je n'aurais pas retrouvé mon équilibre, il fallait que je me terre.

J'ai attrapé le téléphone, appelé le fleuriste de notre rue, commandé un énorme bouquet de roses à livrer au bureau de Lizzie. Avec un message que je leur ai dicté : « Encore pardon. Je t'aime. »

J'ai passé les heures suivantes recroquevillé sur le canapé, les yeux fixés sur la neige qui tombait dru. Comme ma main me faisait toujours atrocement mal, j'ai avalé une dose supplémentaire de calmants. J'ai piqué du nez. C'est la sonnerie de l'interphone qui m'a réveillé. Je me suis traîné jusqu'à l'entrée pour me placer devant le haut-parleur.

« Hmm... Oui ?

— Edward Allen ? New York Livraisons. J'ai une lettre pour vous. »

J'ai appuyé sur le bouton commandant la porte au rez-de-chaussée, et attendu que le coursier surgisse de l'ascenseur. Il portait des bottes noires qui lui arrivaient au genou.

« Ils vous font sortir même avec un temps pareil ?

— Ouais, m'a répondu la voix qui sortait du casque. Ils font ça. »

J'ai signé le reçu et donné au jeune homme un billet de 5, non sans me dire rageusement aussitôt après : « Les pourboires royaux, tu ne peux plus te permettre ! » Il m'a remercié d'un signe de casque, a tourné les talons et est reparti dans le couloir comme un automate.

L'enveloppe portait le sigle de Spencer-Rudman. Je l'ai déchirée fébrilement.

Edward Allen
16 West 20th Street
New York, NY 10011

Cher Monsieur,

Comme vous le savez, le titre *CompuWorld* a cessé d'exister le 2 janvier 1998. En tant que salarié de ce magazine depuis 1994, les conventions couvrant les licenciements économiques vous assurent le versement d'un demi-mois de salaire par année d'ancienneté ainsi que le reliquat éventuel de vos congés payés.

Au titre de COBRA (Consolidated Omnibus Budget Reconciliation Act), vous êtes également autorisé à continuer de bénéficier de l'assurance maladie contractée par votre ancien employeur, et ce pendant une période de dix-huit mois, soit jusqu'au 2 juillet 1999. Votre cotisation mensuelle ayant été de 326,90 dollars, nous vous remercions de nous adresser un chèque de cette somme au 1er février et de veiller à ce que ce versement nous parvienne par la suite à chaque premier du mois.

Selon les informations dont nous disposons, vous aviez pris l'entièreté de vos deux semaines de congés payés en 1997. En conséquence, votre indemnité de cessation d'activité s'élève à quatre demi-mois de paie, soit, pour un salaire annuel de 60 000 dollars, un total de 9 230,76 dollars.

Par ailleurs, nous avons pris connaissance de la lettre que vous avez adressée sur papier à en-tête de *CompuWorld* le 20 décembre 1997 à M. Joseph Myers, intendant de la Faber Academy, dans laquelle vous vous portiez garant au nom de votre société pour une somme de 4 500 dollars que devait à cet établissement Mme Debbie Suarez, anciennement salariée de *CompuWorld*. Notre service juridique nous indique que votre position au sein du magazine ne vous conférait pas le pouvoir de rédiger une telle lettre, et encore moins de garantir le moindre paiement. Étant donné que vous avez par cette initiative engagé la responsabilité de notre société auprès d'un débiteur, notre service juridique estime que nous serions en droit d'intenter des poursuites contre vous sous le motif d'usurpation de biens de l'entreprise.

Cependant, prenant en considération votre situation de demandeur d'emploi et dans le souci de vous éviter les frais qu'une telle action en justice ne manquerait pas d'entraîner, nous avons jugé préférable de déduire ladite somme de votre indemnité de cessation d'activité. Vous trouverez donc ci-joint un chèque de 4 730,76 dollars, pour solde de tout compte.

Nous nous permettons de vous informer qu'au cas où vous contesteriez ce règlement à l'amiable nous serions contraints de saisir les autorités judiciaires compétentes en la matière.

Merci d'adresser toute question éventuelle à Mme Heather Nussbaum, DRH, Spencer-Rudman.

Veuillez croire, etc.

C'était signé Michael Krusiger, Directeur des ressources humaines chez Spencer-Rudman. J'ai roulé la lettre en boule et je l'ai envoyée de toutes mes forces contre la fenêtre. Puis je me suis précipité dessus, l'ai dépliée avec précaution et ai détaché le chèque qui était agrafé derrière. Même cette aumône comptait pour moi, désormais.

Je me suis écroulé sur le canapé et, tout en lissant sur mon genou le bout de papier froissé, me suis abandonné à mes idées noires. Salopards. Une énorme multinationale comme Spencer-Rudman, avec un C.A. annuel de 3 milliards, au bas mot. 4 500 dollars, pour eux, c'était quoi ? Une broutille, le prix d'un paquet de chewing-gums ! Alors que pour moi, soudain, cela devenait une petite fortune. Et pourtant ces rats avaient tenu à me refiler la note, même sachant pertinemment que j'avais voulu aider une mère en difficulté. Une bonne action, ça vous rapporte quoi ? *Nada !*

« Prenant en considération votre situation de demandeur d'emploi et dans le souci de vous éviter les frais qu'une telle action en justice ne manquerait pas d'entraîner… » Quelle prévenance ! Ah, les braves gens ! Et l'histoire de l'assurance maladie, alors ? L'autre faux derche qui me déclarait la veille que j'allais « bénéficier » de dix-huit mois de couverture avait simplement oublié de préciser que je devrais casquer pour. Et 326,90 dollars par mois, excusez du peu ! D'abord ils vous sucrent votre prime et ensuite, lorsqu'ils voient bien que vous êtes à terre, ils vous écrasent encore en chipotant sur quelques milliers de dollars !

Le téléphone a sonné.

« C'est moi. Ivan. »

Déprimé était un mot faible, à entendre sa voix.

« Ah, je comptais vous appeler.

— J'avais prévu d'aller vous voir à l'hosto, mais quand j'ai téléphoné là-bas samedi ils m'ont dit que vous étiez sorti. Ça fait toujours mal ?

— Toujours. Et vous, vous devenez quoi ?

— J'attends les huissiers. Sans cette prime de janvier, je suis foutu. 8 900, ils me devaient ! Et j'avais déjà tout dépensé !

— M'en parlez pas.

— Vous voulez savoir ce qui s'est passé pendant le week-end ?

— Je ne suis pas certain d'y tenir.

— C'est Phil Sirio qui vient de me l'apprendre. Paraît-il que Chuck Zanussi a contacté toute l'équipe de vente Nord-Est, Maduro, Bluehorn, Phil, pour leur proposer de venir à *PC Globe*. Tout le monde, sauf moi ! »

J'ai été sur le point de passer à nouveau mes nerfs sur le chèque, mais je me suis retenu.

« Impossible. D'ailleurs, Phil m'a téléphoné hier soir et il n'a jamais parlé de ça.

— Parce que Zanussi l'a eu il y a seulement une heure ! Alors, il a vérifié auprès des autres et il m'a appelé pour voir si j'avais eu l'offre, moi aussi.

— Donc, ils partent tous lécher le cul de Zanussi à *PC Globe* ?

— Maduro et Bluehorn ont sauté sur l'occase, oui, mais Phil l'a envoyé chier. Il lui a sorti qu'il préférait encore aller ramasser les poubelles.

— C'est un as, Phil.

— Ben, en tout cas je viens de perdre un temps fou à essayer de joindre Zanussi. Et il y a juste dix minutes sa secrétaire m'a rappelé. Avec le message suivant : "M. Zanussi tient à vous informer qu'aucun poste n'est disponible pour vous à *PC Globe* ni dans aucune publication du groupe.”

— Je suis vraiment désolé, Ivan.

— Et moi, Ned, je suis foutu. Terminé.

— Ivan ! Ça fait à peine trois jours que ça nous est tombé dessus. Vous allez avoir une aide au replacement, exact ?

— Ouais. Une boîte qui s'appelle Gerard Flynn Associates.

— Comme moi. Bon, ils sont là pour quoi, Ivan ? Pour vous trouver un job. Et ils vont vous le trouver, je vous assure. Vous retomberez sur vos pattes. Je ne me fais aucun souci pour vous, mon vieux. »

Ce qui était un parfait mensonge. La presse informatique étant un tout petit monde, on apprendrait très vite qu'Ivan avait été le seul vendeur pub de *CompuWorld* à être refusé par Zanussi. Même s'il finissait par décrocher une proposition, son futur employeur ne manquerait pas de passer un coup de fil à Chuck pour obtenir des infos sur lui, et il était à parier que le gros enfoiré ne le couvrirait pas d'éloges, à ce moment… À ses yeux, Ivan et moi étions deux zombies qui avaient failli l'envoyer au casse-pipe. Et qui méritaient donc sa haine éternelle.

« Merci pour l'encouragement, en tout cas. J'en avais bien besoin… Euh, vous êtes pris à déjeuner, aujourd'hui ?

— Vu la neige et l'état de ma main, je n'ai pas vraiment l'intention de mettre le nez dehors…

— Eh, j'ai une idée ! J'habite tout à côté de “Zanbar's”, vous savez ? Si je leur prenais un peu de viande froide, du fromage, une bouteille de bon rouge ? Après, je saute dans un métro et je suis chez vous en moins d'une heure. »

J'avais déjà assez de raisons de me jeter par la fenêtre pour ne pas en ajouter une autre.

« Euh, Ivan ? Avec tous les calmants que je prends, je suis assez naze, vous comprenez ?

— Compris, compris.

— On se verra chez Gerard Flynn, hein ? Et ne vous minez pas, promis ?

— Si seulement je pouvais avoir la moitié de vos nerfs… »

Tu parles. À peine avais-je raccroché que je suis parti à la recherche d'un bloc-notes pour me lancer dans les additions et les soustractions. Histoire de voir à quel point « faire le compte » se révélerait rassurant ou pas. Le résultat de mes calculs n'eut rien d'encourageant. Dans la colonne des actifs, il y avait l'indemnité de *CompuWorld* ainsi que mes économies bloquées en titres, PEA et autres obligations, soit un total de 27 330 dollars. Pour le passif, il fallait ajouter à mon prêt-relais les débits sur mes cartes Amex, Diners, MasterCard, Visa, ma cotisation au Tennis-Club, mon ardoise aux magasins Barneys : 46 540. Ensuite, j'ai tenté une estimation minimale de mes besoins mensuels, avec ma participation au loyer, la fameuse assurance maladie, les frais basiques en électricité, téléphone, câble, nourriture, ma part de restaurants et de sorties. 3 476.

En réduisant encore sur les restos, l'achat de fringues ou de CD, les cinémas, et même les 3 dollars pour *GQ*, bref en me condamnant à la réclusion chez nous, j'arrivais à 2 676. 32 000 annuels pour une existence minable, auxquels il fallait ajouter les inévitables taxes locales, générales et fédérales. Résultat, à moins de gagner 55 000 dollars par an, impossible de s'en tirer. C'était d'autant plus inimaginable que j'avais divisé toutes les dépenses par deux, compte tenu de la contribution de Lizzie. 100 000 dollars, c'était le minimum minimorum pour survivre à New York ! Pas étonnant que je me sois endetté à ce point, jusque-là. Ni que je sente l'ulcère à l'estomac me guetter à l'idée que même en disant adieu à mes maigres économies je demeurais dans le rouge de plus de 19 000 dollars.

Si seulement j'avais été plus prudent durant mes années fastes, si je m'étais constitué un petit matelas destiné à parer aux emmerdes du genre de ce qui était en train de m'arriver… Mais non, je m'étais pris pour le Tarzan du business, à l'abri du moindre pépin, menant la grande vie sous la bonne étoile de la Réussite. Jusqu'au moment où, d'un coup de mon poing fermé, j'avais tout esquinté. Et maintenant…

« Ne panique pas, bon sang, reste calme ! » Lizzie n'avait peut-être pas tort : un patron avisé ferait attention à mes impeccables antécédents plutôt qu'à cet accès de folie isolé. Face à face, je serais capable de le convaincre que cela avait été une réaction à des circonstances exceptionnelles, et que cela ne m'empêcherait pas de lui faire gagner plus d'argent que quiconque. Parce que, hein, vous avez vu comment *CompuWorld*, parti de rien, a été en passe de devenir le numéro deux dans son filon ? Non pas que j'essaie de revendiquer pour moi seul ce succès absolument remarquable, non, mais bon, je ne dirai qu'une chose : pendant les seize mois où j'ai eu la responsabilité des ventes pour le Nord-Est, nos revenus publicitaires, ils ont fait quoi ? Ils ont triplé, tout bonnement. Et les relations que j'ai pu tisser parmi les principaux acteurs du marché, je pense qu'elles sont assez…

Voilà, je m'étais une fois de plus emballé. Quand on est un vendeur, c'est pour la vie.

Et quand on est un vendeur aux abois ? Mon désespoir pouvait même se chiffrer : il valait 19 210 dollars. Le luxe d'une longue convalescence n'était pas pour moi. Il fallait que je redescende dans l'arène. Au plus vite.

Sitôt dit, sitôt fait. J'ai appelé Gerard Flynn Associates, obtenu un rendez-vous avec mon conseiller (ma conseillère) pour le lendemain. C'est ainsi que je me suis retrouvé assis en face de Mme Nancy Auerbach par un mardi matin toujours brouillé de neige, attendant patiemment qu'elle en termine au téléphone avec un pauvre connard qui ne voulait pas « se faire décentraliser » à Rochester, surveillant ses coups d'œil furtifs sur ma main bandée et me demandant si elle m'avait déjà classé dans la catégorie des cas sociaux.

« Je vous l'ai déjà dit, Matt, et je vous le redis : c'est à vous de choisir. Vous ne voulez pas de cet emploi, très bien, vous l'oubliez et on retourne à la case départ. Mais à votre place, Rochester, je n'en ferais pas une maladie… Comment ? Oui, oui, je sais, ce n'est pas Paris… Écoutez, Matt, je suis avec un client, on va devoir en rester là pour l'instant… Demain à la même heure ? Parfait. »

Elle a raccroché, les sourcils froncés. Puis elle a adopté un sourire très professionnel pour revenir à moi.

« Désolée pour cette interruption, Ned. Alors, cette main, comment elle est ?

— Toujours cassée.

— De l'humour. Excellent. À une époque comme la nôtre, c'est très, très important. L'humour et le sens de la perspective. C'est pour ça que, eh bien, juste pour nous mettre en train, d'accord ? pour commencer à identifier ce sur quoi on peut être le mieux en phase tous les deux, j'aimerais vous poser une petite question : là tout de suite, le plus gros problème que vous avez, vous le résumeriez comment ? »

J'ai soutenu son regard en prenant ma respiration.

« Est-ce que je retrouverai jamais un emploi ? »

Une nouvelle fois, ses yeux se sont arrêtés sur mes doigts multicolores. Elle a hoché la tête à plusieurs reprises, s'est mordue la lèvre d'un air pensif. Puis, du ton le plus logique, le plus rationnel, le plus « je-pèse-soigneusement-mes-mots », elle a commenté :

« Cela me paraît en effet une préoccupation justifiée. »

2

Nous étions dix autour de la table. Dix dans le même bain. Huit hommes, deux femmes. Tous en costume ou tailleur strict. De la trentaine à cinquante ans et quelques. Licence universitaire, au minimum. Revenus antérieurs : 75 000 et plus. Niveau professionnel : du cadre administratif au directeur général. Situation actuelle : sans emploi.

Il était huit heures et demie, au matin de la huitième journée du « Programme ». À l'ordre du jour, mon premier séminaire sur les « Principes et techniques de l'entretien de recrutement ». Auparavant, les thèmes traités étaient allés de « Un C.V. bien ordonné » jusqu'à « Reconversion à l'âge de l'informatique » en passant par « Évaluez vos potentialités après une perte d'emploi ». Ces « ateliers », ainsi qu'ils les appelaient, j'avais bien compté y échapper. La semaine précédente, alors que mon « Programme » ne faisait que débuter, j'avais cru que cette mascarade me serait épargnée : brusquement, un job m'était tombé du ciel.

C'était arrivé mercredi matin, le lendemain de ma prise de contact avec Nancy Auerbach, pendant laquelle nous avions évoqué mes « objectifs de carrière » et autres « alternatives acceptables », la nécessité de « mettre au point une démarche de repositionnement », et qui avait été l'occasion pour elle de reconnaître que ma recherche d'un nouvel emploi allait constituer une « véritable remise en cause ».

Tout cela m'avait permis de décoder en partie son jargon professionnel. « Mettre au point une démarche de repositionnement », par exemple, signifiait trouver une formule à placer dans son C.V. (et, plus tard, lors d'un entretien de sélection) qui explique élégamment pourquoi votre employeur précédent vous avait mis à la porte.

« Comme ça, au débotté, ça donnerait quoi, dans votre cas ? avait-elle lancé. Moi, j'écrirais quelque chose du genre : "Après avoir dirigé le département des ventes publicitaires pour la zone nord-est pendant quatre ans – au cours desquels ledit département a augmenté de trois cents pour cent sa part du marché –, j'ai été concerné par la restructuration qu'a menée le groupe Spencer-Rudman lorsqu'il a racheté le magazine et décidé de mettre fin à son existence." Tout en douceur, vous voyez ? Ainsi, vous rappelez que vous faisiez un tabac dans votre secteur, et indiquez en passant que votre licenciement est uniquement lié à une stratégie d'entreprise, pas du tout à une contre-performance de votre part.

— Une "contre-performance"… comme de casser la gueule au directeur des publications de ma société, vous voulez dire ? »

Elle avait eu un sourire pincé.

« Décidément, j'aime beaucoup votre sens de l'humour.

— Mais c'est bien là que le bât blesse, on est d'accord ?

— Disons que cela pourrait créer certains obstacles, oui.

— Des obstacles assez sérieux pour m'empêcher de retrouver le moindre poste à peu près convenable ? »

Elle m'avait considéré un moment.

« Écoutez, Ned, vous n'attendez pas de moi que je vous peigne la situation en rose, n'est-ce pas ? »

J'avais opiné du bonnet.

« Vous voulez la vérité vraie ? »

Nouveau hochement de tête.

« O.K., vous allez l'avoir. La vérité, c'est que vous êtes dans un sacré merdier. »

J'avais tressailli, non tant à cause de la gravité de ce diagnostic que sous l'effet de la surprise : je ne m'attendais pas que la très patricienne Mme Auerbach utilise jamais un langage aussi cru. Elle avait lu ces pensées sur mon visage et y avait répondu par une petite grimace narquoise.

« D'un autre côté, je crois comprendre que la victime de votre emportement avait pratiquement tout fait pour recevoir la raclée de sa vie. Il nous faut à présent convaincre un employeur potentiel de ça… et du fait qu'il n'aura pas besoin de prendre une assurance complémentaire sur sa dentition s'il vous embauche.

— Bref, une mission quasi impossible.

— On va le dire comme ça, Ned : si j'arrive à vous recaser, ce sera un des rares paris à cent contre un que j'aurai gagnés. »

Le lendemain matin, alors que je nouais ma cravate – opération qui n'a rien d'évident avec une main cassée – et que je me préparais à subir la deuxième journée du « Programme », le téléphone a sonné chez nous. Nancy Auerbach.

« Eh bien eh bien, si ce n'est pas du nouveau, ce que j'ai pour vous… Phil Goodwin, ce nom vous dit quelque chose ?

— Bien sûr. C'est le directeur de *Computer America*. Je l'ai croisé à pas mal de salons informatiques. Plutôt sympa, compte tenu qu'il était notre principal concurrent, à l'époque.

— En tout cas, lui, il se souvient *très bien* de vous. Plus encore, il vous cherche. »

Pour une nouvelle, c'en était une.

« Vraiment ?

— C'est ce qu'il m'a déclaré, il y a quelques instants, quand il m'a appelée en me demandant si vous étiez toujours libre. »

Mon taux d'adrénaline a grimpé en flèche.

« Vous… vous parlez sérieusement ?

— Tout à fait. Je cite ses termes exacts : "Ned Allen est l'un des types les plus couillus de la profession. S'il est encore disponible, je le veux avec moi." »

Une seconde onde d'excitation, très agréable, suivie d'un assaut d'inquiétude.

« Mais il n'était pas au courant, pour Kreplin, c'est ça ?

— Ned ! Dans votre secteur, absolument tout le monde est au courant. Vous êtes une légende vivante, même ! Mais lorsque j'ai soulevé la question, Goodwin a paru plus amusé qu'indigné, croyez-moi. Je ne sais plus ce qu'il a dit exactement, quelque chose du genre : "Un vendeur qui a un bon crochet du droit en plus, ça me plaît." Toujours est-il qu'il y a un poste de chef des ventes pub à pourvoir. Superviser tous les départements régionaux du continent. Salaire de base à 80 000. Intéressement aux bénéfices. Couverture sociale classique, bien entendu. Alors, ça vous plaît ? »

Chef des ventes publicitaires à *Computer America* ? Ce n'était pas seulement une fantastique promotion, c'était aussi un formidable coup de pied au cul de Chuck Zanussi. Et de quoi rétablir ma crédibilité professionnelle du jour au lendemain.

« Je pourrais le rencontrer quand ?

— Il voulait savoir si vous seriez libre à déjeuner, tout à l'heure. »

Nous nous sommes rejoints à l'« Union Square Café », à deux pas de l'immeuble de *Computer America* sur Park Avenue. Phil Goodwin, ce n'était pas le patron typique, loin de là. Au contraire, il avait plutôt une réputation d'aventurier au grand cœur. Cinquante-cinq ans, une langue bien pendue, une moustache de phoque, solide buveur, le bon vieux costard Al Capone, et sans doute la seule vraie bête de presse dans le créneau informatique.

Lorsque je me suis approché de sa table, il a fait mine de se protéger la figure de son bras plié, comme s'il craignait de recevoir une pêche. Puis il m'a montré du doigt le verre de martini à moitié vide qu'il avait devant lui.

« Ça vous arrive d'en boire ?

— Oh oui.

— Alors, on pourra peut-être s'entendre. Les lavettes qui carburent aux eaux pétillantes, je supporte pas. » Pendant que je m'asseyais, il a fait signe au serveur d'apporter deux autres martinis. « Avant toute chose, je voulais vous demander : est-ce qu'il l'a seulement vu venir, Kreplin ?

— Euh... Non. C'est parti comme ça. Même moi, j'ai été surpris.

— Je l'ai vu une ou deux fois. Un petit Hun brillantiné. M'est avis que vous vous êtes fait pas mal d'amis en lui claquant le beignet. Enfin, tant que ça ne devient pas une habitude chez vous d'envoyer au tapis vos supérieurs hiérarchiques... »

Il a levé le verre qu'on venait de lui servir.

« Allez, à la boxe ! »

Et il l'a vidé d'une longue gorgée jubilatoire. Puis il a ouvert le menu d'un coup sec en annonçant au serveur que nous allions commander tout de suite et, à mon intention :

« Lorsque ce garçon sera parti avec la commande, vous avez la parole. À vous de m'expliquer pourquoi j'ai vachement intérêt à vous donner le job. Mais dès qu'il revient avec les entrées, votre temps est épuisé. Compris ? »

Le serveur avait à peine tourné les talons que je me suis lancé. D'abord un rapide exposé de ma vision du marché après la disparition de *CompuWorld*, qui m'a permis de soutenir qu'il suffirait de quelques réajustements stratégiques à *Computer America* pour reprendre les annonceurs et le lectorat haut de gamme jadis retenus par le titre défunt, et tout cela pour quoi ? Pour menacer sérieusement la prédominance incontestée, mais fragile, de *PC Globe*. En gros, le même baratin que j'avais sorti à Klaus Kreplin quand il m'avait berné avec son offre, à deux différences près : je l'ai artistiquement retaillé à l'aune des intérêts de *Computer America*, et cette fois je me suis abstenu de me faire mousser personnellement, sachant que Phil Goodwin détestait la prétention sous toutes ses formes. J'achevais ma péroraison quand le serveur s'est placé dans la travée de manière à me faire comprendre qu'il s'apprêtait à nous servir. Alors, pour flatter la propension bien connue de mon interlocuteur à envisager son métier comme un sport de combat, j'ai choisi de terminer très fort :

« Mon but, ce n'est pas de maintenir le *statu quo*. Désormais, entre *PC Globe* et nous, c'est la confrontation ouverte. La guerre. Et faites-moi confiance : avec ce que je viens de traverser dernièrement, cette guerre, je veux la gagner. J'en fais une affaire personnelle. »

Les hors-d'œuvre sont arrivés. Après avoir lapé le fond de son martini, Goodwin a demandé la carte des vins. Puis il a eu un brévissime instant de réflexion avant de déclarer :

« O.K. Je vous prends. »

J'en suis resté baba.

« Quoi, comme ça ?

— Oui, comme ça ! C'est ma boîte, mon canard, j'ai bien le droit de faire ce qui me passe par la tête, non ? Donc, si je vous dis qu'on vous embarque, on vous embarque. Vous commencez lundi… Bon, et qu'est-ce qu'on boit pour la suite ? »

J'ai quitté le restaurant à trois heures, sur un nuage. Et un peu dans les vapes, même, pas tant en raison de la quantité d'alcool ingurgitée qu'à cause du mélange détonant que la picole et les médicaments commençaient à produire. J'avais à peine pris congé de Goodwin sur le trottoir qu'un brouillard épais a envahi mon cerveau, et d'un coup j'ai vu le monde dans une pénombre trouble, traversée de formes étranges. J'étais à cinq pâtés de maisons de chez nous, mais j'ai préféré héler un taxi. Je venais de refermer la porte lorsque mon estomac s'est mis à bondir en tous sens, la nausée m'a saisi à la gorge de ses griffes moites, et un geyser de vomi est allé baptiser notre très neuf et très blanc canapé.

J'ai titubé jusqu'à la chambre, je suis tombé en tas sur le lit, et le contact a été coupé. Ensuite, le néant. Jusqu'à quelqu'un me criant dans l'oreille :

« Ned, Ned, NED ! »

J'ai roulé sur le dos en grognant. Les draps étaient trempés de sueur, ma bouche avait l'odeur d'une décharge publique. J'ai pu gargouiller deux ou trois mots.

« J'ai… j'ai gerbé.

— J'appelle un médecin, m'a dit Lizzie en tendant la main vers le téléphone.

— Pas besoin. Le pire est passé.

— Mais qu'est-ce qui t'est arrivé, enfin ?

— Je… j'aurais pas dû boire, avec les calmants.

— Tu es resté là à te soûler tout seul ? s'est-elle exclamée d'un ton dégoûté.

— J'avais un déjeuner. Avec Phil Goodwin. Le patron de *Computer America*. Il aime bien picoler. J'ai pas réfléchi.

— Débile ! Tu aurais pu y passer.

— Pardon, je… j'ai…

— J'appelle le Dr Morgan.

— S'il te plaît, non ! » Un cocktail barbituriques-alcool dans mon dossier, ça aurait fait désordre. « J'ai juste besoin d'une bonne douche. »

Je suis parti à la salle de bains en m'accrochant aux murs. Après m'être extrait de mes habits souillés, je suis resté sous un jet d'eau glacé jusqu'à recouvrer un semblant de cohérence. Je me suis lavé les dents, puis livré à un gargarisme consciencieux, deux minutes de désinfection à la Listérine afin de me débarrasser de ce délicieux arrière-goût que vous laisse un dégobillage. J'ai fourré mes vêtements dans le panier à linge, enfilé un peignoir en éponge immaculé. Prêt pour la scène du siècle.

Le lit avait déjà été dépouillé de sa nauséabonde parure. J'ai retrouvé Lizzie dans le salon. Elle avait enfilé des gants en plastique et s'efforçait d'éponger le gâchis sur le canapé avec du Sopalin.

« Laisse, je vais le faire.

— Pas la peine, a-t-elle répliqué sans lever la tête. Il est fichu.

— Je le ferai recouvrir.

— Oui ? Et comment ?

— J'ai décroché un boulot. Chef des ventes publicitaires à *Computer America*. Le déjeuner, c'était pour ça.

— Bravo.

— Tu n'as pas l'air contente. »

Elle a pointé un doigt vengeur sur les coussins maculés.

« Avoue que c'est une drôle de manière de fêter une bonne nouvelle !

— Je te l'ai dit, je n'ai pas réfléchi…

— Tu ne réfléchis pas des masses, tous ces derniers temps.

— Désolé.

— Et tu as plus qu'abusé de ce mot, aussi.

— Pard… » Je me suis arrêté à temps et je lui ai souri. « Là, je te donne le point.

— Je te trouve bizarre, des fois.

— Un mauvais passage, c'est tout.

— J'espère…

— Mais c'est fini et bien fini. J'ai le vent en poupe, maintenant. »

Elle a jeté un regard révulsé au canapé.

« Comme tu dis, oui. »

Le lendemain matin, elle était déjà partie au travail lorsque j'ai appelé Nancy Auerbach pour lui annoncer la merveilleuse nouvelle.

« Qu'est-ce que je peux dire, Ned ? À part que vous me surprenez vraiment…

— Enfin, vous avez une victime de la restructuration en moins sur vos tablettes. Et merci d'avoir joué les marieuses. Sincèrement.

— C'est vous qui avez remporté le morceau, Ned. Pas moi. »

En m'arrimant au téléphone pendant un bon bout de temps, j'ai enfin réussi à débusquer un tapissier capable de retendre notre canapé dans le même tissu en quelques semaines seulement. Comble du miracle, il avait aussi une camionnette libre ce jour-là et pouvait donc emporter cette puanteur à deux heures. Coût total de l'opération : 1 sac. Là, j'ai eu une grimace. Ça faisait cher le repas un peu trop arrosé…

Je suis descendu à la boutique du coin pour m'acheter les derniers numéros de *PC Globe* et de *Computer America*. Pendant le reste de la matinée, je me suis livré à une comparaison fouillée de leur contenu rédactionnel et de leur surface publicitaire, tout en consultant à plusieurs reprises mes dossiers *CompuWorld* sur mon ordinateur afin de sélectionner les anciens clients susceptibles de me suivre dans mon nouvel emploi. J'ai continué à travailler d'arrache-pied tout l'après-midi, avec une seule interruption destinée à aider les deux employés qui étaient venus prendre livraison du canapé. À cinq heures, j'avais achevé une première proposition de stratégie publicitaire pour *Computer America*, un plan d'action que je comptais bien adresser par coursier à Phil Goodwin à la première heure le lendemain, histoire de lui prouver que je restais plus que jamais dans la course.

À ce moment, le téléphone a sonné. Une voix de femme.

« Ned Allen ? Ne quittez pas, je vous prie. M. Goodwin va vous parler.

— Ah, Phil, ai-je commencé quand elle me l'a passé. J'étais juste en train de mettre la dernière main à un plan de bataille qui va vous…

— Désolé de venir gâcher votre défilé militaire, Ned, mais on a comme qui dirait un problème. »

Le sang a brusquement afflué dans mes doigts en capilotade.

« Comment ça, un problème ? Quel problème ?

— Vous devez connaître une tête de nœud qui s'appelle Ted Peterson ? »

Oh, non !

« En effet, oui…

— Je l'ai eu au bout du fil aujourd'hui pour une tout autre affaire et au cours de la conversation, je ne sais plus comment, je lui ai annoncé que vous étiez nommé chef des ventes publicitaires chez nous. En une seconde, le mec a pété les boulons. Il s'est mis à beugler que vous étiez un faussaire, un moins-que-rien, qu'il avait juré de ne plus jamais traiter avec vous, etc.

— Moi, un faussaire ? Moi, un faussaire ? La seule raison pour laquelle ce type m'en veut à mort, c'est que je l'ai forcé à honorer un engagement qu'il avait pris avec l'un de nos vendeurs ! Parce qu'il avait essayé de se défiler honteusement et que je…

— Peu importe, Ned ! Le résultat, c'est que Ted Peterson m'a fait comprendre très clairement ceci : si vous venez chez nous, le budget pub de GBS ira à *PC Globe* et à d'autres titres, mais pour nous, que dalle.

— Il raconte n'importe quoi ! GBS ne peut tout simplement pas ignorer une plate-forme aussi vitale que *Computer America*.

— Peut-être, mais ce qui me chiffonne, c'est qu'il a ajouté qu'il avait parlé à ses homologues de NMI, AdTel, Icon, ainsi de suite, et qu'à partir de maintenant aucun d'eux ne voudrait plus entendre parler de vous. »

Là, j'allais toucher le fond. L'abysse absolu.

« S'il vous plaît, Phil, écoutez-moi ! ÉCOUTEZ ! Comme il avait fait quelque chose de pas kasher du tout, j'ai joué une carte morale et je l'ai obligé à re…

— Ned ! Même si ça le fait bicher de se déguiser avec les robes de sa maman, j'en ai rien à battre ! Concrètement, je ne vois qu'une chose : GBS est notre principal annonceur. Vous pouvez me croire, je pense pis que pendre de ce mec, seulement l'équilibre commercial de mon canard dépend de ce qu'il m'apporte en pub. Conclusion, j'ai horreur de céder au chantage, mais je dois bien tenir compte de ses antipathies.

— Je suis persuadé que je pourrai parvenir à une trêve avec lui en très, très peu de temps.

— Ça veut dire quoi, ça ? Deux mois ? trois ? quatre ? Non, faut pas m'en vouloir, Ned, mais on évolue sur un marché très dur, j'ai réussi à conserver mon indépendance et je ne peux tout simplement pas me permettre de perdre des revenus pareils.

— On les rattrapera ailleurs !

— Pas si les gus de NMI, AdTel et tout le saint-frusquin refusent de traiter avec vous.

— Je les connais tous, personnellement. Ils ne vont pas s'entêter là-dedans.

— Je ne peux pas prendre le risque, Ned.

— Mais, au moins, laissez-moi une chance de les…

— Croyez-moi, ce n'est pas de gaieté de cœur, parce que je suis absolument convaincu que vous êtes un battant, mais… Bon, j'ai décidé de donner le poste à un gars de chez nous. Il n'a pas votre pointure, c'est certain – mais pas les ennemis que vous avez, non plus… Désolé, Ned. Je vous souhaite tout le bien possible. Vous allez vous en sortir, c'est sûr. Courage ! »

Frénétique, j'ai composé le numéro de la ligne directe de Nancy Auerbach. Elle était encore au bureau.

« Avant toute chose, a-t-elle énoncé après mon récit dramatique de l'échange que je venais d'avoir avec Goodwin, efforcez-vous de retrouver votre calme.

— Cet enculé de Peterson a ruiné ma carrière et vous, vous me dites de rester calme ! »

Le silence qui a suivi mes hurlements a semblé durer une éternité. C'est moi qui l'ai rompu.

« Je m'excuse.

— Pas de quoi. Les clients qui me crient dans les oreilles, j'ai l'habitude. Ça fait partie du métier. Alors, vous êtes plus… calme, à présent ?

— Ouais. Un peu.

— Dans ce cas, je pense que vous avez intérêt à assimiler une réalité, là tout de suite : entre l'épisode Kreplin et la croisade de ce Peterson, vous n'avez plus aucun avenir dans le secteur de la presse informatique. Cette phase de votre vie professionnelle est ter-mi-née. »

J'en ai eu le souffle coupé. C'était comme si on m'avait expulsé du pays où j'avais eu précisément l'intention de finir mes jours. Elle a senti ce que j'étais en train d'éprouver.

« Je sais que c'est dur, très dur. Et totalement injuste, en plus. Mais c'est ainsi. En un mot, vous traversez une crise. D'accord. Savez-vous qu'en chinois le caractère pour "crise" signifie deux choses : "danger", mais aussi "possibilité" ? Essayez de considérer ce qui vous arrive comme le temps du possible. Et passez me voir demain. »

Plus tard, assis devant notre dîner, j'ai tenté d'expliquer à Lizzie où j'en étais :

« Tu vois, ce qui me tue le plus dans tout ça, c'est que c'est parti d'un enchaînement de circonstances parfaitement idiot. Je n'arrête pas de me répéter : si seulement on n'avait pas été vendus à Klang-Machin... si seulement Ivan n'avait pas foiré l'affaire avec GBS... si seulement Kreplin ne m'avait pas proposé cette place... si seulement j'avais été tout à fait clair avec Chuck...

— C'est comme ça que ça se passe, oui, m'a-t-elle répondu avec calme en me prenant la main. On est tous victimes des circonstances. Et se reprocher après coup ce qu'on a fait, ça ne sert qu'à s'enfoncer un peu plus. Elle a raison, ta conseillère : c'est un cap difficile, mais toutes les options te sont ouvertes, aussi. Et arrête de boire, je t'en prie. Je n'aimerais vraiment pas que tu nous fasses un remake de l'épisode d'hier. »

J'ai attrapé la bouteille de vin posée entre nous pour me servir.

« J'ai arrêté les calmants.

— Tu en es à ton cinquième verre.

— Non, au troisième... Oh, ça ne te gênait pas, avant ! »

Elle m'a contemplé avec des yeux tristes.

« Mais maintenant, si. »

Le lendemain matin, j'ai débarqué dans le bureau de Nancy Auerbach. Elle est allée droit au but.

« Donc, on est revenus au point zéro. Il faut qu'on reconsidère vos objectifs. Admettons que je vous pose une seule question : “D’après vous, vous êtes réellement doué pour quoi ?” Qu’est-ce que vous me répondez ?

— Pour vendre.

— Alors, allons-y pour la vente. »

Ainsi que je l’ai rapidement compris, Gerard Flynn Associates ne s’engageait pas du tout à vous retrouver un travail. À l’instar d’autres cabinets d’outplacement, ils jouaient un rôle de prestataires d’informations, de relais entre le marché du travail et les demandeurs d’emploi de haut niveau. Ils s’efforçaient de faire se rencontrer positivement les offres des entreprises et les prétentions de leurs clients mais, comme Nancy Auerbach devait me le souligner, c’était à nous, en dernier ressort, de remporter le job.

« Ce qu’on peut faire, nous ? Vous donner des tuyaux sur les postes à pourvoir, vous ouvrir notre énorme fichier d’employeurs pour aider vos recherches, vous apprendre à bien emballer votre C.V. et à leur inspirer le coup de foudre au premier entretien. À part ça, la victoire, c’est à vous de la décrocher. Et puis, n’oubliez pas : votre Programme ne dure que deux mois. Quarante jours ouvrables. Alors, profitez de chaque minute ! »

Une semaine ayant déjà été gâchée par le faux espoir de *Computer America*, j’ai résolu de mettre les bouchées doubles, courant de séminaires en groupes de travail, peaufinant mon C.V., piochant dans les archives informatiques du cabinet Gerard Flynn. Et le huitième jour, donc, j’étais assis avec sept compagnons d’infortune devant Mel Tucker, « formateur-conseil » chargé de nous enseigner les arcanes de l’entretien de sélection.

La cinquantaine guettée par la calvitie, bâti en boule de billard, moustache tombante, manières de cabotin pince-sans-rire, il est venu se placer devant le tableau noir au fond de la salle.

« O.K., les amis, on démarre ! En tout premier, mais

vraiment tout premier lieu, je veux préciser un point important : je ne suis pas là pour vous exposer une “théorie” de l’interview professionnelle, parce qu’elle se résume à une exigence très simple : c’est à *vous* de savoir faire passer l’info que vous voulez transmettre. Les gens qui vont vous recevoir, eux, se classent en deux catégories : les bons, qui sont des flemmards, et les mauvais, qui sont encore pires. “Alors, racontez-moi tout”, ou “Dites, Ken, si vous achetiez une voiture, quel genre ce serait ?”, ou bien “Admettons que vous puissiez vous trouver en ce moment quelque part dans le monde, où rêveriez-vous d’être ?”... Ils vont vous poser toutes sortes de questions débiles. Mais attention, attention : dans un entretien, ce n’est pas toujours le plus qualifié qui gagne, c’est le mieux préparé. Donc, un petit pense-bête pour vous tous avant de vous lancer à l’attaque : “Rencardez-vous !” Ça veut dire quoi ? Ça veut dire arriver à connaître le job en question, et plus que le titre, hein ? Être prêt à répondre à ce qu’il nécessite, ce job. Inutile de vous pointer et d’annoncer au type : “Moi, je sais faire dix choses.” Parce qu’à tous les coups il va vous répondre : “J’ai pas besoin de dix, moi. J’ai besoin de trois choses, pas plus, et vous connaissez pas une seule d’entre elles !” Sur le marché tel qu’il est aujourd’hui, le problème n’est pas ce que vous croyez qu’ils cherchent. C’est ce qu’ils cherchent, eux, et basta ! »

Il nous a dévisagés un moment avant de me désigner du doigt.

« O.K., vous, vous allez être mon premier cobaye. Monsieur... ?

— Ned Allen.

— Très bien, monsieur Allen. On commence par une question qui va *forcément* vous tomber dessus : “Pourquoi êtes-vous sans emploi ?” » Je me suis trémoussé sur ma chaise, mal à l'aise. « Pas bon, la gestuelle, là ! Vous suez la nervosité par tous les pores, mon vieux ! »

Droit comme un I, les yeux plongés dans les siens, je me suis lancé :

« J'ai été victime d'une restructuration.

— Hein ? Quoi ? À la manière dont vous formulez ça, on croirait qu'une bande de gus avec des bas sur la tête a fait irruption chez vous pour vous restructurer. »

Tout le monde a éclaté de rire. Et moi aussi, à ma grande surprise.

« Ici, le truc, c'est : soyez d'une froideur chirurgicale. Vous avez vécu une expérience traumatisante, vous en parlez calmement : "Ils ont décidé petit *a*, ensuite petit *b* s'est produit", etc. Traitez le sujet aussi vite que possible, sans vous dérober mais sans vous attarder non plus. Tiens, c'est comme ce grand classique de l'interview stupide : "Quels sont vos points faibles, d'après vous ?" Vous n'allez pas me croire mais cette question, ils la posent très, très souvent. Du coup, on passe de l'entretien professionnel à la séance de psychothérapie. J'ai eu un client – et là je ne vous raconte pas une blague, juré ! –, vous savez ce qu'il a répondu ? "Je postillonne. Dès que je parle, j'en envoie partout. Et comme j'ai peur de postillonner, j'ai la trouille d'ouvrir la bouche." Qu'est-ce qu'il a dû se dire, le type en face ? "Oh, super, un mec qui a la bave aux lèvres. Ça doit être un violent, méfiance !"… »

Au moment où il prononçait le mot « violent », il a posé un regard d'un quart de seconde sur ma main bandée. Aussitôt j'ai pensé : « Il est au courant. Ils sont tous au courant. »

« Maintenant, vous allez peut-être avoir droit au must, au test ab-so-lu-ment crétin : "Définissez-vous en deux mots." N'oubliez pas : "Armé et dangereux" n'est PAS une bonne réponse ! »

Nouvelle tempête de rire dans la petite classe. Est-ce qu'il était en train de me titiller ? Ou bien étais-je seulement ultraparano ?

À midi, nous nous sommes levés pour la pause déjeuner.

« Dites, monsieur Allen ! m'a hélé Tucker alors que je m'apprêtais à sortir. J'espère que vous n'avez pas mal pris cette histoire de "victime de la restructuration" ?

— Je ne suis pas violent. Peu importe ce que vous croyez mais non, ce n'est pas mon habitude de cogner les gens ! »

C'était sorti comme ça. Il m'a fixé avec des yeux effarés, et j'ai compris que je devenais réellement paranoïaque.

« Je n'en doute pas, monsieur Allen. Si vous le dites, c'est certainement vrai. Mais en fait je n'ai pas eu une seconde l'idée que vous pouviez l'être. »

J'étais plus que confus : je ne savais plus où me mettre.

« Heureux de l'entendre », ai-je bredouillé avant de me jeter dehors.

« Tu es vraiment secoué, me suis-je dit en fonçant dans le couloir. C'est comme si tu étais tombé dans une cage d'ascenseur. Tu descends, tu descends si vite que tu n'arrives même pas à croire ce qui est en train de t'arriver. Et tu cherches à te raccrocher à quelque chose, à n'importe quoi qui puisse arrêter ta chute. »

J'ai appelé l'ascenseur, justement, et attendu son arrivée. La porte s'est ouverte et Ivan Dolinsky est sorti de la cabine. C'était un autre homme. Plus rien du chien battu. Le regard animé, les épaules hautes, il avait même le sourire aux lèvres.

« Ah, Ned, comme je suis content de vous voir ! s'est-il exclamé en m'enlaçant d'un bras pour me donner l'accolade.

— Bonjour, Ivan. Vous… Ça va ?

— On ne peut mieux. Et même, je viens juste de découvrir quelque chose : Dieu existe !

— Heureux de l'entendre. Qu'est-ce qui… »

Son sourire lui arrivait maintenant aux oreilles.

« Je suis casé. »

3

Sacré Ivan. Sa voiture semblait partir droit dans le précipice quand soudain il freine à mort, passe en marche arrière dans un hurlement de pneus et vient se garer devant vous pour tirer de son chapeau une nouvelle plutôt renversante.

« Je suis casé. »

Le boulot en question n'était pas extrêmement sexy, mais au moins c'en était un. Pendant que nous déjeunions dans un petit italien de la 36e Rue où il m'avait traîné de force (« C'est moi qui invite, Ned ! »), il m'a détaillé son futur emploi de représentant pour *Home Computer Monthly*, un nouveau mensuel qui ciblait le marché des foyers modestes en banlieue.

« Autant le dire tout de suite, c'est la classe nettement en dessous de *CompuWorld*, a-t-il reconnu. Et ça suppose d'aller m'installer à Hartford.

— Capitale des compagnies d'assurances américaines.

— Ouais. Pas vraiment un Manhattan *bis*. Mais bon, comme je couvre les trois États je serai sur la route la plupart du temps, et puis là-bas la vie est à peu près trois fois moins chère qu'à New York. Mais surtout, Ned, le principal c'est qu'avec ce job je repars sur de nouvelles bases.

— Qui c'est qui le publie, ce canard ?

— TransContinental Communications. Vous connaissez ? »

Oh oui. Le bas de gamme. La presse de consommation dans ce qu'elle a de plus déprimant, avec des titres spécialisés dans des domaines aussi attrayants que le matériel dentaire ou la gestion des supérettes suburbaines. Un groupe qui n'avait pas exactement la pointure de Condé Nast, donc, et qui était connu pour payer ses employés au lance-pierres.

« Qui ne connaît pas TransContinental ? Les conditions sont correctes, au moins ?

— Je répète, Ned, ce n'est pas le top du top, mais…

— 40 000 ?

— 35. Plus sept pour cent sur toutes les ventes. Couverture médicale après six mois. Quoi d'autre ? Oui, 3 000 dollars en indemnité de relocalisation, de quoi éponger quelques dettes pressantes. »

Je m'en étais douté : un statut de troisième zone qui ne pouvait séduire que des types au bord du gouffre. Comme Ivan. Comme moi.

« J'ai entendu pire, ai-je affirmé d'un ton qui se voulait encourageant.

— Croyez-moi, je ne cherche pas à me persuader que j'ai décroché le contrat du siècle. Pour joindre les deux bouts, il faudra que je brasse un minimum de 500 000 par an, avec mes sept pour cent… Mais au moins c'est du boulot, Ned. Un début d'avenir. » Il a levé son verre de chianti pour trinquer avec moi. « Aux lendemains qui chantent, pour nous deux ! »

Je me suis retenu de lui hurler à la figure : « Quels lendemains, nom de Dieu ? » De même que j'ai renoncé à l'envie de l'agonir d'injures pour avoir été à l'origine de l'effroyable enchaînement de circonstances qui venait de me coûter une situation en or à *Computer America*. Comme toujours avec Ivan, j'ai refusé de m'engager sur le sentier de la guerre. Après tout, c'était moi et moi seul qui étais allé défier Peterson sur son perron, qui avais insinué que j'étais en mesure de le faire chanter, et qui le payais au centuple, maintenant. Et puis, c'était bien la première fois depuis la mort de sa fille que je voyais Ivan reprendre un peu goût à la vie, je n'avais donc pas du tout l'intention de lui gâcher sa journée.

« Et vous, vous avez des touches ?

— J'ai deux ou trois fers au feu, oui. Je ne m'inquiète pas. »

Le mensonge, même pieux, ne profite jamais : au cours du mois suivant, mon état d'angoisse n'a fait qu'empirer. Non seulement je ne suis pas arrivé à me « caser », mais je n'ai même pas eu l'amorce d'un début de proposition. Ce n'était pas faute d'essayer, pourtant : chaque jour, j'étais chez Gerard Flynn Associates à huit heures et demie du matin et je n'en repartais qu'à la fermeture de la boutique à sept heures du soir. Disposant de mon propre poste de travail à leurs archives, je me ruais sur l'ordinateur dès que je n'avais pas à suivre un de leurs « ateliers » destinés à vous apprendre comment vendre votre peau au meilleur prix, et je me mettais à surfer sur le Net à la recherche d'un emploi. J'ai dû envoyer une bonne centaine de C.V., balayant les empires de presse – Hearst, Condé Nast et Murdoch m'ont répondu qu'ils n'avaient rien à pourvoir dans le secteur commercial pour l'instant –, les magazines de luxe spécialisés dans l'audiovisuel, les principales agences de marketing. Sans résultat. Seul le chef des ventes de *Stereo Review* a eu la correction de m'appeler à mon « bureau » (Gerard Flynn Associates m'ayant royalement octroyé une ligne directe) pour me dire qu'il avait été très impressionné par mes références.

« Vous êtes absolument le genre que nous cherchons, Ned. Une expérience impeccable dans un créneau haut de gamme, c'est ce qu'il nous faut. Le problème… C'est d'ailleurs pour ça que je vous passe un coup de fil… le problème, c'est que j'ai téléphoné à la DRH de Spencer-Rudman. La routine, quoi. Logique, puisqu'ils ont été les derniers propriétaires de *CompuWorld*. Et là, le type m'apprend que vous avez agressé physiquement un de vos supérieurs, que vous avez eu affaire à la police à cause de ça… Dites-moi que c'est une mauvaise blague, par pitié !

— Il a renoncé à porter plainte. Si je l'ai frappé, c'est parce que…

— Donc, vous avez réellement fait usage de violence, sur votre lieu de travail en plus ?

— Écoutez, j'avais des circonstances atténuantes !

— Je me fiche des circonstances, atténuantes ou pas. Simplement, il m'est impossible d'embaucher quelqu'un avec un truc pareil dans son dossier.

— Si vous me laissiez vous expliquer deux…

— Désolé, Ned. Votre C.V. m'a estomaqué, mais… qui me dit que vous n'allez pas recommencer ? »

Pas étonnant si j'avais obtenu au mieux un refus poli de la part des employeurs qui avaient daigné me répondre. Dès qu'un directeur du personnel allait chercher une confirmation de mes antécédents, il obtenait invariablement de Spencer-Rudman la même réponse : « Si vous tenez à votre râtelier, ne vous approchez pas de ce mec. » Je m'y étais attendu, bien sûr, mais j'avais jusqu'au bout conservé le futile espoir que l'un d'eux oublierait de procéder à cette vérification.

À la fin de la cinquième semaine du « Programme », j'ai tout de même voulu poser la question à Nancy Auerbach :

« Pour qu'ils arrêtent d'appeler chez Spencer-Rudman, qu'est-ce que je pourrais faire ?

— À part expurger votre C.V. de la moindre référence à *CompuWorld*, je ne vois pas.

— Ça m'a l'air d'une bonne idée, ça.

— Oui ? Et comment vous allez expliquer ce que vous avez fait au cours des quatre dernières années, alors ? Un petit passage par la Légion étrangère, peut-être ?

— Je pourrais dire… je ne sais pas, moi… que j'ai repris des études. Ou que j'ai voyagé.

— Ce qui vous fera cataloguer comme baba-cool attardé. Qui verra en vous le cadre expérimenté en plein épanouissement de la trentaine ? Et en admettant, en admettant que vous soyez pris sur la base d'un C.V. *sans CompuWorld*, que se passera-t-il si votre nouveau patron apprend que vous avez consacré quatre ans de votre vie à ce canard ? Eh bien, vous vous retrouverez dehors sur le… les fesses avant même d'avoir pu ouvrir la bouche. Non, je vous l'ai dit dès le début, Ned, votre cas est loin, loin d'être simple. Mais bon, je peux vous donner un conseil, au moins ?

— Pfff… Oui.

— Cessez de vous focaliser sur New York et sa zone. Commencez à envisager sérieusement une relocalisation. Je suis prête à parier qu'une boîte de taille moyenne, dans une ville de deuxième ou troisième importance, pourrait faire l'impasse sur l'épisode Kreplin rien que pour rafler quelqu'un avec un pedigree comme le vôtre. Surtout si vous arrivez à les convaincre qu'au moment des faits vous étiez affreusement sous pression.

— Le travail de ma femme ne se conçoit qu'à New York. Elle ne voudra jamais partir.

— Comment en êtes-vous si sûr, tant que vous ne lui avez pas posé la question ? »

Mais je n'en avais pas la moindre intention, parce qu'à mes propres yeux la seule idée d'aller bosser ailleurs était une manière d'admettre que j'avais échoué. Imaginez que vous atterrissiez en énième division après avoir joué plusieurs saisons dans l'équipe des Yankees :

une régression complète, que je ne voulais même pas envisager. Pas pour l'instant, en tout cas.

Plus encore, notre situation financière était devenue assez « délicate » pour me dissuader d'évoquer, ne serait-ce que sous forme d'hypothèse d'école, la perspective de quitter Manhattan. Une semaine après mon licenciement, l'indemnité de *CompuWorld* avait déjà été engloutie par des dépenses aussi pusillanimes que ma participation au loyer de janvier, le paiement de la dernière note de téléphone et le dépôt anticipé de douze mensualités d'assurance maladie. Depuis, j'étais un homme entretenu.

Je dépendais désormais entièrement de Lizzie. Et « entièrement » n'était pas une formule de rhétorique. Quand la Chase Manhattan Bank avait commencé à trépigner à propos de mon prêt-relais de 25 000 dollars fin janvier – il est vrai que j'avais six traites consécutives en souffrance –, j'avais pris une décision radicale : toutes mes économies restantes étaient passées dans son remboursement anticipé. Mais cela ne comblait pas le trou de 19 000 dollars enregistré par mes cartes bancaires. Plus déstabilisant encore, je n'avais plus de liquidités devant moi.

C'est Lizzie qui m'a convaincu d'effacer cette dette. Elle avait toujours été horrifiée par ma manie de jongler d'un prêt à l'autre afin de continuer à dépenser sans compter.

« Ta priorité, c'est de te débarrasser du maximum de contraintes financières. Et de ne plus faire de dettes. Ne t'inquiète pas, je peux assurer pour nous deux le temps que tu retrouves quelque chose. »

Les relations publiques n'ont jamais été un secteur à très hauts salaires. Même si elle était une vedette dans sa boîte, Lizzie ramenait autour de 3 200 dollars net par mois, ce qui n'était pas mal au temps où nous travaillions tous les deux mais qui devenait plus que juste dans notre nouvelle situation. Une fois le loyer payé, il ne nous restait plus qu'un millier de dollars pour nous nourrir, nous habiller et nous chauffer. Adieu les restaurants, les taxis, le superflu – comme mon téléphone portable, que j'ai rendu à la société de leasing. Notre sortie hebdomadaire s'est limitée à un film au cinéma, à moins évidemment que Lizzie n'ait à dîner avec des clients sur le compte de sa compagnie. Chaque lundi matin, elle me laissait 100 dollars : mon budget personnel pour la semaine.

Alors qu'elle supportait cette dégringolade de notre niveau de vie avec un stoïcisme remarquable, ma situation d'assisté m'inspirait pour ma part une culpabilité grandissante.

Un samedi, vers le début de la phase finale de mon « Programme », nous étions partis faire un tour à pied dans notre quartier. À un moment, nous nous sommes arrêtés devant un tailleur noir dans la vitrine d'agnès b. Tout simple, remarquablement coupé.

« Oh, c'est rien que de la frime parisienne, a fini par dire Lizzie. Beaucoup trop cher pour ce que c'est.

— Ça t'irait superbien !

— Ah oui, c'est sûr, a-t-elle admis avec un petit rire.

— Bon, on l'achète, ai-je déclaré brusquement.

— Écoute, je plaisantais, c'est tout !

— Allez, ai-je fait en l'attirant vers l'entrée. On le prend.

— Je n'en ai pas besoin. Je… je n'en veux pas. De toute façon, ce n'est pas dans nos moyens.

— J'ai un peu de marge sur ma MasterCard. Viens !

— Ne fais pas l'idiot, Ned. Ça doit coûter au moins dans les 1 000…

— Je peux te l'acheter, l'ai-je coupée sèchement.

— Pourquoi tu réagis comme ça ?

— Tu as envie de ce tailleur, et moi j'ai envie de…

— Ned, s'il te plaît ! Viens, on se promène.

— Pourquoi tu ne me laisserais pas…

— Tu sais parfaitement pourquoi. À présent, ça suffit ! »

J'ai capitulé devant le ton soudain coupant qu'elle avait adopté.

« D'acc, d'acc. »

Elle a passé son bras sous le mien.

« Allez, on va prendre un café quelque part. »

On a atterri au « News Café », au sud sur Broadway Ouest. CNN incontournable sur tous les écrans. La cohue habituelle de banlieusards voulant avoir l'air de branchés de Manhattan le temps d'un week-end. *Je parie que vous avez tous un job, bande de nazes ! Je parie que vous pouvez payer à votre meuf la moindre connerie qui vous passe par la tête !*

« Tu sais, Lizzie ? Dès que je recommence à bosser, ce tailleur est à toi. »

Elle a soupiré en secouant la tête.

« Tu vas arrêter, dis ?

— Arrêter quoi ?

— De flipper sous prétexte que je t'entretiens en ce moment.

— Je ne veux être dépendant de personne.

— Même de moi ?

— Oui.

— Oh, extra, merci !

— Qu'est-ce que j'ai dit de mal ?

— Rien, rien…

— Je suis en train de devenir un grand poids pour toi, c'est ça qui me chiffonne.

— Mais non, c'est faux !

— On n'a plus une thune, Lizzie, et c'est à cause de moi !

— C'est passager. Tu vas retrouver quelque chose. Mais en attendant, il faut que tu acceptes la vie telle qu'elle est, Ned ! Bon, je paie les factures ? J'en suis contente. Tout comme je suis contente de t'aider à liquider une partie de tes dettes.

— Ça, je ne te laisserai jamais te…

— C'est déjà fait. »

J'ai relevé la tête, en alerte.

« Qu'est-ce qui est déjà fait ?

— J'ai remboursé une partie de ton découvert sur la Diners Club, hier.

— Combien, exactement ? »

Elle a soutenu mon regard furibond.

« 5 000.

— 5 000 ! T'es cinglée ? »

Elle a voulu me prendre la main mais je me suis dérobé.

« S'il te plaît, Ned…

— Comment tu oses faire une chose pareille ?

— J'ai cherché à t'aider, c'est tout ! Enfin, Ned, je sais combien la montre et les vacances ont dû te coûter. Et puisque j'avais une petite entrée sur mon compte en actions, j'ai pensé que…

— Mes dettes, c'est *mon* problème, pas le tien !

— Lorsque tu as des ennuis, c'est *mon* problème aussi. Si ça me fait plaisir de t'aider…

— J'en veux pas, de ta putain d'aide ! »

Un silence est tombé, interminable. Lizzie me fixait avec des yeux totalement désespérés. Pour finir, elle a dit, ou plutôt chuchoté :

« Tu… tu te rends compte de ce que tu viens de dire ?

— Je ne voulais pas te… »

Elle a détourné son regard à travers la devanture du café. Elle se mordait les lèvres.

« Oublie, Ned. » Elle se forçait à parler. « Tu oublies, c'est tout. »

Le lundi suivant, il y avait au courrier une lettre d'American Express m'informant que mes « privilèges de membre » étaient suspendus tant que je n'aurais pas réglé la somme globale de 9 100 dollars, dette qui s'accumulait depuis deux mois déjà et qui serait donc soumise à des agios de deux virgule cinq pour cent mensuels. Et aussi une missive sèche comme une trique du Tennis-Club de New York m'annonçant que j'étais rayé de leurs listes puisque je m'obstinais à ne pas verser ma cotisation. Cette missive-là est partie droit au « recyclage », entendez à la poubelle. Ma main droite était encore en piteux état, j'arrivais à peine à tenir un stylo ; alors, une raquette... À côté du reste, ma disgrâce dans un club certes prestigieux faisait figure de péripétie.

La mise en demeure d'AmEx, en revanche, était beaucoup plus grave en ce qu'elle annonçait une série de menaces similaires de la part de mes autres cartes bancaires. Et je savais qu'en raison des taux usuraires que ces dignes établissements pratiquaient mon trou global de 17 000 dollars allait me coûter quelque 425 dollars d'intérêts tous les mois. Si je n'étais pas en mesure de liquider ces dettes d'ici à la fin de l'année, elles enfleraient comme par magie jusqu'à la somme exorbitante de 23 000 dollars, tandis que le cancer des agios se propagerait à 600 dollars mensuels.

Je devais trouver une solution. Vite. C'est pourquoi, me rendant enfin aux conseils de Nancy Auerbach, j'ai consacré l'essentiel de la sixième semaine de mon « Programme » à sélectionner une douzaine de sociétés commerciales hors du périmètre sacré et à leur envoyer des C.V. Le critère, c'était de ne pas dépasser une heure de vol de New York : je me disais qu'ainsi je pourrais peut-être rentrer à la maison le week-end ou, mieux encore, devenir le représentant new-yorkais de quelque boîte provinciale. En quelques jours, des réponses ont commencé à me parvenir chez Gerard Flynn Associates : aucun poste de ce genre n'était à pourvoir pour l'instant, mais ils prenaient bonne note de ma candidature et ne manqueraient pas de... bla-bla.

« Je commence à m'inquiéter sérieusement. »

C'est par cet euphémisme que j'ai entamé mon entretien avec Nancy Auerbach au début de la septième semaine.

« Je vois ça, oui.

— Je suis fauché. Il me faut un job, tout de suite !

— Tel que je vous l'ai indiqué d'entrée, Ned, nous ne sommes pas censés accomplir de miracles, ici. Notre fonction se borne à vous apporter du “conseil”. Or, vous connaissez parfaitement l'obstacle majeur qui se dresse devant vous. Je vous l'ai dit et répété, nous ne pouvons pas effacer ça de votre C.V. d'un coup de baguette magique. Vous devez vivre avec. Saisir le problème à bras-le-corps.

— En d'autres termes, accepter l'idée que je ne trouverai plus jamais d'emploi.

— C'est vous qui le formulez ainsi, Ned. Pas moi. »

Ce soir-là, Lizzie dînait avec un client, et j'allais me résigner à écorner mon allocation hebdomadaire en commandant une pizza aux poivrons chez « Domino's » (11 dollars) quand le téléphone a sonné. C'était Nancy.

« La chance est peut-être en train de tourner pour vous, Ned. J'ai eu tout à l'heure un coup de fil d'un certain Dave Judelson. Anciennement chasseur de têtes très lancé à Atlanta. Il y a deux ans, il s'est fait attirer à Charlotte pour y monter un cabinet de recrutement qui marche très fort. Bref, un de ses clients, InfoSystem USA, cherche un chef de pub expérimenté. Bon, ça signifie que vous allez acheter au lieu de vendre, mais dites, un peu de changement, ça ne fait pas de mal, non ?

— Pas si c'est à Charlotte, Caroline du Nord.

— Il y a quelques jours, vous étiez en train d'envoyer des lettres à Boston, Philadelphie, Baltimore, Washington !

— Ouais. Mais il y a une énorme différence entre Boston et Charlotte.

— Là, je vous arrête ! Charlotte est une ville en pleine expansion. Un vrai boom, voyez-vous. C'est en train de devenir une des principales places bancaires du pays, qui attire aussi tout un tas d'opérateurs en technologie de l'information. Des boîtes à taille humaine qui veulent un environnement favorable sans se faire esquinter en frais de fonctionnement. Maintenant, moi, je n'y suis jamais allée, hein ! mais mes espions m'ont informée que la Q.V. est vraiment au top niveau, là-bas.

— La quoi ?

— La Q.V., la qualité de la vie ! Ils ont leur propre équipe de foot et de base-ball en division nationale, pas mal de théâtres et de cinés, un orchestre symphonique, des tas de bons restaurants...

— Vous savez bien ce que je pense de la décentralisation ! Je veux dire, si on parlait de quelque chose à Boston ou à Philly... Mais échouer dans un bled pareil ? Jamais !

— Attendez, attendez ! J'ai déjà faxé votre C.V. à Judelson, accompagné d'une présentation très, très favorable. Comme quoi vous étiez l'efficacité en personne, un bourreau de travail, Monsieur Cent-Pour-Cent... et quelqu'un qui a eu un épisode peu ordinaire avec son ex-patron allemand. Eh bien, il m'a rappelée il y a dix minutes. Il a parlé aux gens d'InfoSystem, ils veulent que vous preniez un avion après-demain pour un entretien. Alors, pourquoi n'étudieriez-vous pas sérieusement la question avec votre épouse ? Je suis certaine que...

— Je vous l'ai déjà dit : ma femme, sa carrière est à New York. Point. »

Elle a laissé échapper un petit rire sceptique.

« C'est votre excuse, donc, et vous ne voulez pas en démordre ?

— Quitter New York ne fait pas partie de mes projets, voilà tout.

— Il faut que je vous le répète encore, Ned : ne laissez pas votre amour-propre troubler votre jugement. Qui sait, votre femme pourrait aimer l'idée de s'éloigner de Manhattan et de son cirque pendant un moment… Dans les relations publiques, il y a plein, plein de créneaux à Charlotte. Demandez-lui, au moins ! Et pendant que vous y êtes, dites-lui que votre salaire de base serait de 55 000, avec une participation aux bénéfices très sympa, assurance médicale au top, voiture de fonction, quatre mois d'hébergement payés le temps que vous trouviez où poser vos valises et… là, c'est la cerise sur le gâteau : une prime d'encouragement de 20 000 dollars pour le veinard qui décroche le poste ! »

20 000 dollars. De quoi liquider tout mon passif.

« Il y a… il y a des conditions particulières, pour cette prime ?

— Ah… Alors, vous n'êtes plus si farouchement contre, je vois !

— C'est juste une question.

— Ils demandent seulement qu'on s'engage à rester au moins deux ans. Mais si c'est eux qui décident de se séparer de vous entre-temps, vous la gardez.

— Ça paraît honnête. Dommage que les deux ans en question soient en Caroline du Nord.

— Vous revenez un peu sur terre, Ned ? Dans ce monde, rien n'est *jamais* exactement comme on veut. Mais entre nous, dans votre situation, je ne jouerais pas trop les fines bouches devant Charlotte, Caroline du Nord. Allez-y, demandez son avis à Lizzie. Tout de suite, ce soir ! J'attends votre appel demain à la première heure. »

20 000 dollars. Vingt fois mille. Il y avait encore deux mois, quand Kreplin me faisait miroiter un pont d'or, cette somme m'aurait paru ridicule. Désormais, elle était vitale. Nancy disait juste : je ne pouvais pas me payer le

luxe de cracher sur cette offre. C'était l'exil en seconde division, d'accord. Mais c'était une chance, aussi, une chance de m'extirper de la mouise financière, de donner un nouveau départ à ma carrière en panne, d'effacer la tache qui subsistait sur mon passé. Lizzie, qui avait toujours laissé entendre qu'elle n'était pas liée à New York pour la vie, sauterait sans doute sur l'occasion de partir dans un coin où nous pourrions trouver une maison agréable, à distance raisonnable du centre, sans embouteillages permanents. Et avoir des enfants. Et inviter les voisins à un barbecue le dimanche. Et nous inscrire au country-club local. Et nous mettre au golf. Et commencer à porter des cardigans. Et nous mettre à voter républicain. Et raconter à tout le monde comme nous étions contents d'avoir abandonné la Cité du Mal pour cette bonne vieille petite ville provinciale. Et pendant tout ce temps, moi, je maudirais le sort de m'avoir condamné à jamais au confortable cul-de-sac que j'aurais édifié de mes propres mains…

Charlotte, jamais ! Ce serait ma mort. Mon enterrement. Je suis allé à l'ordinateur et j'ai rédigé à vive allure un mail que Nancy trouverait au bureau le lendemain avec son café du matin :

Nancy,

Après mûre réflexion, je ne peux tout bonnement pas envisager de partir en Caroline du Nord. Je vous prie de transmettre mes remerciements à David Judelson et aux gens d'InfoSystem USA pour l'intérêt qu'ils m'ont manifesté.

On se parle demain pour envisager la suite.

Bien à vous,

N.

Net et sans bavure. Évidemment, elle allait penser que je condamnais une des rares portes de sortie qui m'étaient proposées, mais c'était mieux ainsi. Car si Lizzie avait appris l'existence de cette proposition, elle m'aurait poussé à tenter le coup. Si je l'avais tenté, j'aurais probablement obtenu la place. Si je l'avais obtenue, elle aurait préparé notre déménagement pour Charlotte dans la minute. Et là…

J'ai placé le curseur sur « Envoyer » et cliqué deux fois. La pizza est arrivée, que j'ai engloutie avec quelques verres de piquette australienne. Bouteille à la main, je suis allé dans la chambre, je me suis affalé sur le lit, j'ai bu une bonne rasade, puis j'ai allumé notre petit téléviseur Sony et je me suis laissé hypnotiser par une débilité tous publics en biberonnant le reste du vin.

C'est la sonnerie du téléphone qui m'a réveillé. J'ai ouvert un œil torve. La lumière du jour filtrait entre les rideaux. Les effets de la vinasse trafiquée continuaient de se faire sentir dans mon crâne. La bouteille vide trônait sur la table de nuit, près du radio-réveil. Neuf heures trois. Lizzie avait répondu au coup de fil sur le poste de la cuisine. Je me suis traîné jusqu'à la salle de bains pour soulager ma vessie surmenée et me plonger la tête dans le lavabo que j'avais rempli d'eau glacée. En arrivant dans le salon d'un pas assez hésitant, je suis resté bouche bée devant le lit d'appoint déplié au milieu de la pièce, une couette et un oreiller encore étalés dessus. J'ai entendu Lizzie raccrocher, puis elle est apparue. Elle était prête pour partir au travail. Rien qu'à son air, j'ai compris que j'allais en prendre pour mon grade.

« Je ne t'ai pas entendue rentrer, hier. » Pas de réponse. Elle braquait sur moi un regard peu commode. « On… on a eu de la visite ? ai-je tenté en montrant le lit d'un signe de tête.

— Non. C'est moi qui ai dormi là.

— Pourquoi ?

— Parce que je t'ai trouvé évanoui avec une bouteille vide dans les bras. Passer la nuit à côté d'un alcoolique, ça ne me dit rien.

— Oh, quelques verres de vin, rien du tout…

— Rien du tout ? Tu veux dire "rien du tout" comme cette offre d'emploi à Charlotte ? »

Je me suis assis sur le lit pliant en me grattant les cheveux. *Du calme, vieux, du calme.*

« Comment… comment tu sais ça ?

— C'est cette Nancy Auerbach qui vient d'appeler. J'avais à peine décroché qu'elle s'est écriée : "Oh, madame Allen, je suis tellement désolée d'apprendre que Ned et vous avez décidé de ne pas saisir cette chance à Charlotte !" Poliment, je lui ai répondu que je n'étais pas au courant. Alors, elle m'a tout raconté. Tout.

— Je voulais t'en parler, hier soir, mais…

— Mais à la place tu as bu jusqu'à tomber dans les pommes.

— Euh… Oui. »

Les yeux au sol, elle a secoué la tête tristement.

« Ned ? Pourquoi tu me mens ? »

Je me suis remis avec peine sur mes pieds.

« Chérie, je t'assure que…

— Ned, par pitié, arrête ! Elle m'a dit que tu lui avais envoyé un mail hier. Un non catégorique. Alors, pourquoi tu me racontes des histoires maintenant, comme quoi tu voulais m'en parler mais tu n'as pas pu ? Toutes ces… idioties ?

— Je savais que ce n'était pas la bonne solution, Lizzie.

— Ça ne t'empêchait pas d'en parler avec moi.

— D'accord ! D'accord, je reconnais que j'ai eu tort.

— Tu penses que je vais me contenter de ce genre de réponse ? Une fois de plus, tu as fait comme si je n'existais pas !

— Non, pas du…

— En tout cas, c'est ainsi que je le prends, moi ! Parce que ton attitude me prouve que tu ne veux pas, mais vraiment pas de moi dans ta vie ! »

Elle s'était mise à pleurer.

« Lizzie ! Je t'en prie, Lizzie !

— Et tu sais quoi ? Moi non plus, je ne crois pas que je veuille encore de toi dans la mienne ! »

Elle a attrapé son manteau et elle est partie en claquant la porte.

J'ai plongé la tête dans mes mains. C'était la chute en piqué, la vrille mortelle, le crash assuré. Le pire, c'était que je pesais moi-même sur le palonnier en fonçant vers le sol. Pourquoi ?

Sans hésiter davantage, j'ai pris le téléphone et appelé Nancy Auerbach. Elle venait juste de sortir et ne serait pas de retour avant le début de l'après-midi, m'a appris Kim, sa secrétaire. Avait-elle un moyen de lui transmettre un message, au moins ? lui ai-je demandé. Je voulais lui dire que j'avais changé d'avis et que j'étais toujours intéressé par le job à Charlotte. Kim m'a assuré qu'elle allait faire de son mieux pour le lui transmettre.

Ensuite, j'ai composé le numéro du portable de Lizzie. Dès qu'elle a reconnu ma voix, elle a pris un ton glacial.

« Écoute, chérie. Je me suis conduit comme un débile complet, je sais…

— Je n'ai pas du tout envie de t'écouter, là.

— S'il te plaît, Lizzie ! Tu n'imagines pas dans quel état je suis…

— Ça m'est complètement égal.

— Je viens d'appeler Nancy Auerbach. J'ai décidé d'aller à cet entretien à Charlotte.

— Tu fais ce que tu veux, Ned. Tu fais toujours ce que tu veux, non ?

— Attends ! Toi aussi, tu veux que j'y aille, hein ?

— Si ton intention est de partir là-bas, c'est ton affaire. Mais moi, je ne pars pas avec toi.

— Lizzie ! Tu ne peux pas dire ça ! »

Elle avait raccroché. Quand j'ai refait son numéro, je suis tombé sur une voix automatique qui m'informait que le portable en question était momentanément injoignable. Or, Lizzie ne coupait jamais son cellulaire, jamais. Cet accès inattendu d'hypothermie affective m'a rendu d'autant plus dingue que j'avais perdu le contact téléphonique avec elle.

Que faire, maintenant ? Encore sous le choc, je suis allé à la cuisine et me suis préparé une tasse de café que j'ai bue lentement, collé à la fenêtre. Il faisait froid et gris. Pour la première fois depuis que j'avais arrêté, j'ai ressenti le besoin de fumer. Un besoin pressant, irrésistible. Très conscient de l'énorme bêtise que je m'apprêtais à commettre, j'ai enfilé ma parka, et j'ai foncé au magasin du coin pour acheter un paquet de Winston avant de regagner en trombe ma tanière, de fouiner jusqu'à trouver un cendrier caché derrière des verres, d'arracher l'emballage du paquet... J'ai coincé une cigarette entre mes dents, l'ai allumée et ai aspiré de tous mes poumons, sentant la chaude caresse de la nicotine passer dans mes veines pour me soulager.

En trois minutes, je l'avais terminée. Un délice. J'ai repris du café et allumé une autre Winston. C'est alors que Nancy Auerbach a appelé. Aux grésillements sur la ligne, j'ai compris qu'elle était sur son portable.

« Kim m'a transmis votre message. Ça me fait très plaisir que vous ayez changé d'avis. »

J'ai pris une longue, longue bouffée de tabac.

« Il y a encore du changement, Nancy : cet entretien, je vais devoir l'oublier.

— Vous plaisantez ?
— Je préférerais, croyez-moi.
— Qu'est-ce qui s'est passé ?
— Vous le savez parfaitement. Il s'est passé que vous avez raconté à Lizzie que j'avais refusé l'offre d'InfoSystem.
— Je pensais de bonne foi que vous le lui aviez déjà dit, *vous* !
— Eh bien, ce n'était pas le cas. »

Malgré la mauvaise qualité de la communication, j'ai entendu le soupir accablé qu'elle a poussé.

« Ned ? On n'est pas en train de jouer, là.
— Je sais, je sais.
— Et je n'arrive pas à croire, après avoir parlé avec Lizzie, qu'elle soit si hostile à un départ de New York.
— C'est à moi de décider.
— J'aimerais vraiment que vous alliez à ce rendez-vous afin de mesurer ce que vous risquez de perdre.
— Ce ne serait pas le bon choix pour nous.
— Avec ce qui vous est arrivé, je ne pense pas que vous ayez raison de refuser aussi légèrement...
— J'en suis conscient.
— Bon. Vous êtes maître de votre vie, Ned. Mais n'oubliez pas qu'il ne reste que six jours avant la fin de votre session. Et, question opportunités, vous n'êtes pas dans une situation brillantissime. »

Après avoir pris congé et raccroché, j'ai allumé ma troisième clope, puis tenté de joindre Lizzie, à son bureau. « En rendez-vous. » Une heure plus tard, même chose. Trente minutes après, son assistante a recommencé : « Désolée, monsieur Allen... » Je me suis obstiné à rappeler toutes les demi-heures jusqu'à l'obtenir enfin, peu avant une heure de l'après-midi.

« Tu cherches quoi, Ned ? a-t-elle commencé d'un ton posé. À me rendre la vie impossible ?

— Il fallait que je te parle, simplement.

— Et moi, je n'avais "simplement" pas le temps de te répondre ce matin. Ni l'envie, d'ailleurs.

— Écoute-moi, mon trésor, je suis conscient de m'être conduit comme un con, mais…

— Il y a du nouveau, Ned. » Mon cœur s'est emballé. « Je viens d'apprendre que je dois partir à Los Angeles ce soir. Sherry Loebman, tu sais, la responsable de notre antenne sur la côte ouest, a été hospitalisée tôt ce matin. Appendicite. Elle va probablement être hors circuit pendant quelques semaines. On m'a demandé d'aller tenir la boutique là-bas le temps qu'elle se remette en selle.

— Ah… Je pourrais peut-être trouver un vol pas cher et te rejoindre ce week-end.

— Ned, je crois vraiment que nous avons besoin… En tout cas, moi, j'ai besoin d'un peu d'espace, là tout de suite. »

De l'espace. Le terme le plus flippant du lexique conjugal.

« Comment, d'un peu d'espace ? Pourquoi tu aurais besoin d'espace ?

— Tu le sais.

— Non, pas du tout.

— Ça ne se passe pas bien entre nous.

— Ça se passerait sans doute mieux si on essayait de mettre à plat ce qui…

— Oui, sûrement. Quand je rentrerai de L.A. Je pense que cette parenthèse ne peut que nous faire du bien, Ned. Permettre que ça se décante un peu. Nous donner une distance pour mieux réfléchir.

— Lizzie, je ne veux pas… je ne veux pas te perdre. »

Le silence a été total pendant quelques secondes.

« Je… Moi, j'ignore ce que je veux, pour l'instant. Beaucoup de choses se sont accumulées et…

— Oui, je sais, on vient de passer quelques semaines de merde, mais…

— Pas quelques semaines, Ned : ça fait des mois que le courant ne passe plus entre nous. Bien avant que tu sois licencié.

— Je te suis pas, là…

— C'est justement le problème.

— Le "problème" ? Tu peux préciser, s'il te plaît ? »

Un autre silence, encore plus tendu.

« Je ne te fais plus confiance, Ned. Voilà. C'est comme ça en ce moment. Parce que je ne suis plus vraiment sûre de savoir à qui j'ai affaire. Plus sûre du tout. »

À mon tour, je suis resté un instant sans voix.

« Oh, Lizzie, je t'en supplie…

— J'ai une autre réunion qui commence. Et mon avion part à six heures…

— Je peux t'accompagner à l'aéroport, au moins ?

— Vraiment, je n'ai pas une minute. J'ai demandé à une de nos stagiaires d'aller me chercher deux ou trois affaires à la maison. Je lui ai donné la clé, si tu la vois elle s'appelle Sally. Elle devrait arriver dans environ une heure, je pense. Ensuite, je pars directement à JFK.

— Alors je t'appellerai à L.A. Tous les jours. Où tu seras ?

— Ned ? Je préfère t'appeler, moi.

— Où tu SERAS ? »

Elle s'est inclinée avec un soupir devant mon insistance.

« À l'"Hôtel Mondrian".

— Lizzie…

— Faut que j'y aille. À plus. »

J'ai mis une bonne minute à reposer le téléphone sur son socle tant j'étais abasourdi. Soudain, je l'ai repris, l'index déjà tendu pour composer le numéro. Mais quel numéro ? Qui appeler ? Jamais je ne m'étais senti aussi démuni, à court de solutions. Paumé.

« Je ne suis plus vraiment sûre de savoir à qui j'ai affaire. »

Le pire, c'était que moi non plus, je n'en étais plus certain.

4

« ALLÔ, MADAME RUTH EDELSTEIN ? Ici Ned Allen, de chez PC Solutions. Comment allez-vous ? J'espère que je ne vous dérange pas, dites ? »

D'après sa voix, Mme Edelstein avait dû dépasser les quatre-vingt-dix ans.

« Comment vous avez dit que vous vous appeliez, jeune homme ?

— Ned Allen. PC Solutions. Bien, je vois dans nos dossiers que vous avez fait l'acquisition chez nous d'un ordinateur Access de GBS en… en septembre 1995, c'est bien cela ?

— C'était mon fils.

— Euh, pardon ?

— Mon fils, Lester. C'est lui qui l'a acheté, cet ordinateur. »

J'ai jeté un coup d'œil à l'écran en face de moi.

« Mais d'après nos informations cet appareil a été enregistré sous votre nom.

— Parce que Lester l'a acheté pour moi, tiens !

— Donc, c'est bien *votre* ordinateur ?

— M'en suis jamais servi. Il est là, sur la bibliothèque, à prendre la poussière. Rien que de l'argent gaspillé !

— Oui, mais si votre fils vous l'a offert, c'est certainement pour que vous vous en serviez ?

— Nooon ! Lester, il l'a acheté quand lui et sa garce de femme sont partis vivre à Phoenix, et lui, ce fou, il s'est dit qu'il pourrait me joindre avec, avec... Comment qu'vous appelez ce machin-là, déjà ?

— Internet ? E-mail ?

— Voilà ! Moi, je lui ai répondu : "Mon fils, j'ai soixante-dix-sept ans, j'ai de l'arthrose partout et tu voudrais que je t'écrive un petit bonjour tous les matins ? À la machine ? Si tu te sens coupable de ne pas m'avoir emmenée en Arizona avec toi, tu vas à la cabine, tu mets une pièce et tu me parles !"

— Oui, certes, mais le mail est sans aucun doute le moyen le moins onéreux de communiquer, vous...

— Hein ? Lester, mon fils, est un dermatologue très fort. Il va pas s'inquiéter pour un coup de fil de rien du tout !

— Bon. Mais admettons que vous l'utilisiez, cet ordinateur. Dans ce cas, madame Edelstein, que diriez-vous du kit de programmation le plus performant du marché ? C'est tout simplement ce que nous vous offrons ce mois-ci, à PC Solutions ! Un ensemble de programmes absolument in-cro-ya-ble, qui comprend Windows 95, Netscape Navigator, Visual Basic, Power C, la nouvelle édition 1998 de l'encyclopédie Grolier, Au volant avec Al Unser, ainsi que toute une...

— Al Unser, le coureur automobile ?

— En personne ! Mais il faut que je vous prévienne, chère madame : une fois que vous aurez essayé ce jeu, vous n'allez plus pouvoir vous en...

— Piloter une voiture de course, moi ? Vous avez de drôles de plaisanteries, jeune homme ! »

Je me suis résigné à poursuivre mon baratin. Jusqu'à la lie.

« Très bien. Maintenant, savez-vous ce qu'il v... coûterait d'acheter tous ces programmes séparéme... Plus de 1 000 dollars. Alors que PC Solutions vous offr... le kit complet, madame Edelstein, complet, pour seulement 329,95 dollars, frais de livraison Federal Express inclus ! Chez vous en vingt-quatre heures !

— Jeune homme, vous ne m'avez pas entendue tout à l'heure ? Jamais je ne l'ai seulement allumé, cet abruti d'ordinateur !

— Ne pensez-vous pas qu'il serait temps d'essayer, alors ?

— Non. »

Et elle a raccroché.

Surmontant ma lassitude, j'ai rajusté mon casque, descendu le curseur sur le nom et le téléphone qui suivaient dans la liste, cliqué sur « Composer » et attendu qu'on décroche à l'autre bout de la ligne.

« Allô, monsieur Tony Gottschalk ? Ici Ned Allen, de chez PC Solutions. Comment allez-vous ? J'espère que je ne vous dérange pas, dites ? »

C'était le mercredi suivant la fin de mon passage chez Gerard Fynn Associates et le troisième jour dans mon nouvel emploi. Attention : dans mon emploi « à durée déterminée ». Après avoir refusé l'option Caroline du Nord, j'étais prêt à trouver n'importe quoi – je dis bien « n'importe quoi » – qui me permettrait de survivre pendant que je continuerais de chercher un poste à ma hauteur.

« Là, je sais que je vais vous faire dresser les cheveux sur la tête rien que d'en parler, m'avait déclaré Nancy Auerbach un matin.

— Allez-y quand même.

— Eh bien, est-ce que vous avez envisagé quelque chose dans, euh, la télévente ? »

Mes cheveux avaient réagi comme elle l'avait prévu.

« Je comprends, je comprends, avait-elle enchaîné. Quand on a été directeur des ventes, c'est un peu dur... Mais vous m'avez dit que vous étiez aux abois, alors...

— Le nom de la boîte, c'est quoi ? »

C'est ainsi que j'ai atterri à PC Solutions, le « Supermarché de l'informatique à votre domicile ». Le gars qui m'a embauché, un Burt Rubinek, était le bozo complet : boutonneux, des verres de lunettes aussi épais que des culs de bouteille de Coca-Cola, une chemise à manches courtes alors qu'on était début mars, un porte-stylos en plastique accroché à la pochette... Notre entretien a été remarquable d'inanité. Lorsque je suis entré dans le petit cube qui lui servait de bureau, il était penché sur sa corbeille à papier, très occupé à se couper les ongles. Il a terminé son ouvrage avant de m'adresser un bref signe de tête, puis il a feuilleté mon C.V. sans un mot avant de remarquer d'un ton neutre :

« Si vous êtes prêt à prendre ce job, c'est que les temps doivent être plutôt durs pour vous. »

J'avais une réponse toute prête.

« Je suis dans une phase de transition, en ce moment. Mais croyez-moi, pour vendre, je suis toujours partant.

— Ça, on verra », a-t-il répliqué, les yeux baissés sur mon courrier.

Il m'a ensuite présenté les conditions : j'étais affecté au « département Software », la camelote à placer au début étant un kit à 329 et quelques. Je serais payé 5 dollars de l'heure, quarante heures par semaine, pas d'heures sups, pas de couverture sociale. Mais je toucherais dix pour cent sur chaque kit placé. Le rendement minimal était de quinze unités à la semaine. Si je ne l'atteignais pas, j'étais viré. Sans discussion.

« Quinze ventes en cinq jours, ça ne devrait pas être difficile. »

Il mâchonnait un bout d'ongle.

« J'aime les optimistes. Vous démarrez lundi. »

Ainsi, après deux mois de préparation intensive, j'étais « casé ». Dans une place que j'abhorrais avant même d'avoir commencé.

« Voyez ça comme un pis-aller nécessaire, m'avait conseillé Nancy Auerbach lors de notre rencontre-bilan, officiellement notre dernière conversation. Et puis, même si théoriquement votre Programme s'achève ce soir, ne vous en faites pas : je continuerai de guetter toutes les propositions qui pourraient correspondre à votre profil.

— Merci. Bien, il faut croire que j'ai tout bousillé en refusant ce boulot à Charlotte…

— C'est votre mariage, Ned, pas le mien. Enfin, je sais que je ne suis pas une référence en la matière, mais même ma triste expérience m'a prouvé que dans un couple, plus on dit les choses, mieux on se porte. J'espère que vous allez vous en tirer, Ned. Sur tous les plans. »

Domestique aussi ? À travers mes contacts téléphoniques quotidiens avec Lizzie, je n'arrivais pas à discerner où nous en étions, exactement. La première semaine de son séjour en Californie, elle avait conservé le ton distant et gêné qu'elle avait adopté avec moi avant son départ. Mais le jour où mon Programme s'était achevé et où je l'avais appelée pour lui annoncer que je me retrouvais obscur téléopérateur, elle s'était un peu dégelée.

« Vraiment, tu ne devrais pas t'abaisser à prendre un boulot pareil.

— J'ai besoin d'argent, Lizzie.

— Je l'ai dit, je le répète : je ne demande pas mieux que d'assurer pour nous deux tant que…

— Il faut bien que je fasse quelque chose, n'importe quoi, lui avais-je expliqué tout en allumant une cigarette. Je m'emmerde comme pas possible. Et tu me manques. »

Elle avait ignoré ce discret appel.

« J'ai du nouveau. » Mon cœur s'était arrêté une seconde. « Sherry Loebman, la fille que j'ai remplacée... Il y a eu plein de complications depuis qu'elle a été opérée de l'appendicite. Alors, je me suis portée volontaire pour continuer ici.

— Pendant combien, encore ?

— Au moins quinze jours.

— Je vois... Et je suis toujours *persona non grata* à L.A. ou je pourrais éventuellement te rendre une petite visite ?

— Mais tu as un travail, maintenant. Tu as oublié ?

— Ah, d'accord, message reçu ! »

Un blanc chargé d'électricité, pendant lequel j'avais tiré sur ma clope tel un malade.

« Ned ? Tu es en train de fumer ou quoi ? »

Et comment. Deux semaines après avoir rebasculé dans la dépendance, j'en étais à un paquet par jour et je commençais à avoir une jolie toux de fumeur. La cigarette, c'est comme de retrouver un vieux copain d'enfance alors qu'on est en plein marasme, quelqu'un de pas très net mais avec le cœur sur la main, quelqu'un qui s'empresse de vous aider à vous sortir de là... à un certain prix, bien sûr. Mais je ne pensais pas aux risques que mon système cardio-vasculaire courait à long terme, ni au cancer du poumon, ni à l'état dans lequel le tabac avait mis mon père avant qu'il ait seulement atteint la cinquantaine. Je recherchais la compagnie douteuse des clopes, je la désirais, de même que je ne pouvais plus vivre sans ingurgiter un maximum de bouffe de fast-food, ni m'endormir sans avoir sifflé un pack de six Busch, invraisemblable bibine qui avait le mérite d'être la bière la moins chère du marché.

J'avais évidemment conscience de m'engager ainsi sur une mauvaise pente, de tourner le dos à toute la discipline de vie que je m'étais forgée, mais je m'en contrefichais. Sur le plan professionnel comme sur le plan personnel, j'étais un raté. Avec l'enthousiasme du converti, j'envoyais balader mes principes de modération, je contemplais en me délectant la catastrophe ambulante que j'étais devenu. Trois mois plus tôt, j'étais encore un modèle de rigueur et d'exigence, je me fixais une trajectoire de vol carrément stratosphérique. Et il avait suffi d'une minute d'égarement, d'un enchaînement de hasards malheureux, d'un instant de regrettable inattention sur le front domestique pour que, soudain…

« Allen ! À quelle heure le service est censé débuter, chez nous ? »

C'était Burt Rubinek qui était en train de me parler. Non, pardon, en train de me hurler dessus. Au quatrième jour de mon nouvel emploi, j'ai rapidement découvert que ses allures de niais amorphe n'étaient qu'un savant camouflage : sous l'enveloppe de l'idiot du village, c'était une âme de sadique qui guettait sa proie et ne demandait qu'à défouler sur elle une haine incommensurable.

« Vous m'entendez, Allen ? »

Ses glapissements m'ont fait lever la tête de l'écran. Rubinek se tenait à trois mètres de moi, en plein milieu de la grande salle qui, parmi les sous-fifres de mon genre, avait reçu le sobriquet de « bétaillère » parce qu'elle était divisée en plusieurs séries de box minuscules équipés d'un moniteur, d'une chaise et d'un casque. Ces cent vingt cachots étaient répartis en six « départements », chacun chargé de la télévente de produits spécifiques. « Systèmes » et « Software » se taillaient la part du lion en mobilisant plus de quatre-vingts personnes, les forçats du téléphone restants étant affectés à la vente des télécopieurs, imprimantes et modems ou d'accessoires aussi raffinés que des tapis de souris personnalisés (« Envoyez-nous la photo d'un être aimé et nous vous ferons parvenir un tapis de souris plastifié, décoré à votre choix, dans les sept jours suivants ! »).

Burt Rubinek passait le plus clair de son temps à arpenter les traverses de la bétaillère, surveillant et houspillant ses troupes tel un sergent recruteur des marines, toujours prêt à leur rappeler que leur place au sein de l'univers n'était pas plus exaltante que celle d'étrons flottant le long des égouts. En le regardant faire, je ne pouvais m'empêcher de penser qu'il était en train de prendre sa revanche sur quelques lointaines mais atroces expériences dans la cour de récréation, jadis…

« Allen ? Vous êtes sourd ou bien c'est juste que vous vous trouvez dans un autre système planétaire, ce matin ? »

J'ai passé la tête hors de mon box. Autour de moi, mes collègues gardaient les yeux rivés à leur écran, un réflexe que nous avions tous dès qu'il se mettait à torturer quelqu'un, par peur d'attirer inconsidérément sa venimeuse attention et de devenir une nouvelle victime de ses fureurs chroniques.

« Je… je n'ai pas entendu la question, Burt.

— C'est donc ça, vous êtes sourd !

— J'étais seulement occupé à…

— ALORS JE RÉPÈTE ENCORE UNE FOIS : à quelle heure le service est censé débuter, chez nous ?

— Huit heures et demie.

— Bien ! Excellent ! Huit heures et trente minutes. C'est le moment où nous devons être à notre poste, prêts à donner le premier appel à huit heures quarante-cinq. Mais vous, aujourd'hui, vous êtes arrivé quand ?

— Vers huit heures et demie.

— Mensonge ! Vous avez fait votre apparition à huit heures trente-six. Ce qui fait un retard de combien de minutes ?

— Le trafic a été interrompu dans le métro. Quelqu'un s'est jeté sous une rame à la station de la 34e Rue. J'ai même pensé qu'il devait travailler ici... »

Il y a eu quelques gloussements étouffés dans les alentours. En voyant le visage de Rubinek virer à l'écarlate, signe qu'il était prêt à fondre sur le premier venu, mes compagnons d'infortune se sont cependant ressaisis. Ils scrutaient leur ordinateur comme si leur vie en dépendait quand le boss s'est rapproché de moi. Sa voix n'était guère plus qu'un murmure, brusquement.

« On fait de l'esprit, hein ?

— J'essayais juste de détendre un peu l'atmosphère, Burt.

— On dit M. Rubinek. Vous aviez six minutes de retard ce matin. Et vous venez d'être impertinent.

— C'était une blague en passant, monsieur Rubinek.

— Je ne vous paie pas pour faire le cabotin ! Je vous ai embauché pour vendre nos produits. Et pour que vous vous présentiez ici non *vers* huit heures et demie, mais *à* huit heures et demie. Bien. Cette semaine, votre quota passe à dix-huit unités.

— Oh, écoutez...

— Vous n'appréciez pas, vous prenez la porte. »

Il a levé la tête vers l'énorme horloge digitale installée au mur de façon à être visible de n'importe quel box. 8.44.52. Dans un silence de mort, tout le monde a regardé les secondes défiler.

« Attention, prêts... »

Au moment où Rubinek hurlait son avertissement, les chiffres 8.45 se sont affichés, et une sonnerie retentissante s'est déclenchée. La journée avait commencé. D'un coup, la salle s'est transformée en immense poulailler, chacun des cent vingt téléopérateurs caquetant dans son micro pour décrocher une vente, et se rapprocher ainsi de l'objectif hebdomadaire qui pesait au-dessus de sa tête comme un couperet.

Rubinek s'est retourné vers moi.

« Dix-huit kits placés d'ici à demain soir, ou vous êtes viré.

— Ce n'est pas juste, et vous le savez ! »

Il a grimacé un sourire effrayant.

« Vous avez doublement raison. Ce n'est pas juste, et je le sais. Ajoutez : et je m'en balance ! »

Pendant qu'il se glissait plus loin à la recherche d'un autre souffre-douleur, j'ai failli céder à l'impulsion d'arracher mon casque, de renverser mon moniteur par terre et de rejoindre l'ascenseur le plus proche. En réunissant le peu de raison qui demeurait en moi, j'ai résisté, accroché des deux mains à la table avec un tel acharnement que j'ai cru mes tendons sur le point de céder. « Fais gaffe, bon sang, fais gaffe ! Il sait que tu as été cadre, c'est évident. Que tu tombes de haut. Et il est tout aussi clair qu'il a enquêté sur toi et découvert ce que tu as fait à Kreplin. Alors, tel le maniaque secoué qu'il est, il essaie de voir s'il va arriver à te pousser à bout, lui aussi… »

J'ai donc ravalé mon amour-propre, placé mon curseur sur le premier nom de la liste et…

« Allô, madame Susan Silcox ? Ici Ned Allen, de chez PC Solutions. Comment allez-vous ? J'espère que je ne vous dérange pas, dites ? »

Je ne la dérangeais pas du tout, Mme Silcox. Ainsi qu'elle s'est empressée de me le raconter, elle était femme au foyer dans une banlieue riche et mortifère de l'Ohio, et venait de sacrifier à la tendance postféministe de renoncer à sa carrière pour s'occuper de son premier enfant, Michael, cinq mois seulement. Comme elle partait surfer sur le Net dès qu'elle avait un moment libre – « Ça me donne l'impression d'être encore en phase avec le monde, et pas seulement dans les couches-culottes ! » –, elle ne demandait pas mieux que d'améliorer les performances de son ordinateur avec notre « offre spéciale ».

« Attendez une minute, que je retrouve le numéro de ma carte de crédit… »

Dans la poche ! Elle n'avait pas été difficile à convaincre, à vrai dire. Le genre de « marketing à domicile » que j'étais en train de pratiquer est essentiellement conçu pour les forçats domestiques, les gens qui, comme cette brave Silcox, se sont fait enfermer dans leur maison, y tournent en rond, se sentent éloignés de tout, coupés de la vie réelle, et voient dans le premier télévendeur qui appelle un ami de passage, une oreille complaisante où déverser ses malheurs. Tantôt, c'était un mari qui était en voyage quatre jours par semaine. Tantôt, une fille qui avait obtenu un poste important dans un studio de Hollywood mais qui, en l'espace de trois mois, n'avait pas pensé à appeler une seule fois sa veuve de mère, restée seule à Saint Louis. Ou c'était le type de Sacramento contraint de prendre sa retraite anticipée à cinquante-sept ans, et qui passait neuf heures par jour à naviguer dans le cyberespace parce que, franchement, il ne voyait pas très bien ce qu'il pouvait faire d'autre. Ou bien…

Comme je l'ai vite constaté, l'essence de cette activité, c'était de produire une voix amie surgie de l'immense anonymat téléphonique. Contrairement à ce que nous pratiquions à *CompuWorld*, il ne s'agissait pas de relancer une clientèle professionnelle connue et répertoriée, mais de poursuivre le consommateur chez lui. Et puisque celui-ci, dans quatre-vingt-dix pour cent des cas, n'avait aucun besoin réel de ce que nous voulions lui caser, tout le truc était de lui proposer une présence sympathique, une compagnie, voire un réconfort. En quelques minutes, il fallait arriver à se muer en copain, en allié, en confident. Ce n'était pas un produit qu'on devait vendre, mais un sentiment d'appartenance dont le message implicite était : « Nous sommes liés par une relation privilégiée. » Tant pis si cette « relation » ne durait que le temps d'un échange téléphonique. Le but de l'exercice, c'était d'établir le contact. Dès que c'était fait, vous pouviez « conclure ».

Le problème, c'était qu'un seul interlocuteur sur vingt, au maximum, était disposé à se laisser approcher. La plupart du temps, l'appel était accueilli par un refus immédiat, ce qui était encore infiniment préférable au crétin désœuvré qui vous faisait perdre vingt minutes en tournant autour du pot, en vous obligeant à reprendre votre présentation trois ou quatre fois, pour vous annoncer finalement : « Non, non, c'est pas pour moi, ça ! »

Les clowns de ce style abondaient dans le fichier téléphonique de PC Solutions. Sur une moyenne de soixante-dix appels quotidiens, une cinquantaine appartenaient à la catégorie « Je-te-raccroche-au-nez ». Parmi les vingt restants, au moins quinze n'avaient aucune intention de vous acheter quoi que ce soit, mais étaient enchantés de pouvoir bavarder au téléphone sans que cela leur coûte un rond. À mon deuxième jour de travail, j'avais ainsi perdu près d'une demi-heure à jouer les psychothérapeutes avec une dame de Myrtle Beach, en Floride, qui venait de perdre son pékinois chéri. Lorsque j'avais enfin réussi à aborder le sujet du kit, elle s'était exclamée : « Ah ! Mais j'ai revendu mon ordinateur à une amie il y a plus d'un an ! »

Au total, donc, il fallait compter sur cinq appels par jour, guère plus, pour avoir une chance de placer une vente. Avec le minimum hebdomadaire de quinze unités placées, on comprend mieux l'angoisse permanente qui planait sur la bétaillère. Vous vous rappelez ces vieilles photos jaunies du début du siècle sur lesquelles on voit des centaines de prolétaires aux yeux caves se courber sur leur machine à coudre, prêtes à se tuer à la tâche pour arriver au résultat rédhibitoire de trente sacs à pommes de terre cousus chaque jour ? Eh bien, il y avait des moments où, levant mon regard fatigué de l'écran et m'étirant discrètement sur ma chaise, je surprenais toutes ces têtes ployées dans une course effrénée aux résultats et je me disais : « Voici la taule du futur. Un bagne pour travailleurs comme ces usines textiles d'Union Square vers 1900, où la question était de survivre aux cadences infernales ou de mourir à la tâche. L'exploitation absolue à l'ombre du cyberespace. »

Grâce à Mme Silcox de Shaker Heights, dans l'Ohio, je scorais à treize kits. Je n'aurais pas eu de mal à remplir le quota normal de quinze puisqu'on n'était encore que jeudi matin. Seulement la vengeance de Rubinek m'obligeait à en placer trois de plus, un défi pas impossible mais...

Le reste de la matinée a été lamentable. Le téléphone sonnait sans réponse, ou bien j'obtenais immédiatement une fin de non-recevoir. À midi moins le quart, j'ai pris la pause déjeuner réglementaire de quinze minutes. Après avoir déchiqueté un sandwich-crudités spongieux dans le snack situé au rez-de-chaussée de notre immeuble, j'ai passé les dix minutes suivantes sur le perron, dans les courants d'air gelés, à griller deux Winston en compagnie d'une douzaine d'autres accros à la nicotine échappés de la bétaillère.

« Paraît que tu as bien vanné la Méduse, ce matin, m'a lancé un gars de type latino qui s'est envoyé quatre Salem pendant que je me contentais de mes deux modestes cigarettes. Enchanté, moi c'est Jamie Sanchez.

— Vous l'appelez "la Méduse", Rubinek ?

— Ben ouais ! Une tache avec plein de tentacules qui piquent, c'est ça, non ? De combien il t'a monté ton quota, l'enfoiré ?

— De trois.

— Tu vas y arriver ?

— J'ai pas trop le choix. Ça lui prend souvent ?

— Mon vieux, la Méduse est là pour faire chier la terre entière ! Il y a eu un cas, tiens. Charlie Larsson, la trentaine, un mec très bien élevé, une vraie tronche, il avait été trader dans une grosse boîte et puis, hop ! compression de personnel… Enfin, la Méduse pouvait pas le sentir, ce bêcheur : sur son dos du matin au soir, sans cesse à lui remonter son quota, à l'appeler "Monsieur Wall Street", ainsi de suite. Un après-midi, il a craqué, Charlie. Paf, sans sommation, il envoie un énorme coup de poing dans son écran. Le malheureux, ils ont dû l'emmener à l'hôpital Roosevelt avec le bras toujours coincé dans la babasse ! Et on l'a jamais revu ici.

— Mais bon sang, pourquoi ils laissent faire Rubinek, ses supérieurs ?

— C'est simple. Il leur rapporte de la thune, donc ils l'adorent. Dès que quelqu'un se plaint à la hiérarchie, la Méduse est informée. Et elle répond comment ? En doublant le quota du mec pas content. Autrement dit, en le condamnant à mort. La loi de la bétaillère, c'est tout bête : t'apprécies pas, tu dégages. Le hic, c'est que tu vas où, quand tu te barres ? »

Comme je ne voulais même pas envisager cette question, je me suis hâté de reprendre mon poste et de lancer le vingt-deuxième appel de la journée.

« Allô, monsieur Richard Masur ? Ici Ned Allen, de chez PC Solutions. Comment allez-vous ? J'espère que je ne vous dérange pas, dites ?

— PC Solutions ? Ça faisait un moment que j'espérais vous parler, tiens ! Voilà, le Windows 95 que vous m'avez vendu, il ne reconnaît plus mon lecteur de CD… »

Bien ma veine !

« Eh bien, monsieur Masur, en fait c'est une question à adresser à Microsoft directement, je pense. De plus, je vois que vous avez acheté votre système en février 1996, donc je crains que la garantie sur votre programme ne soit expirée depuis longtemps. Mais j'ai une bonne nouvelle pour vous : que pensez-vous d'un kit de programmation complet, dernière version, au prix incroyable de… »

Vendu. Une heure et demie plus tard, je scorais la vente numéro quinze : merci, madame Sherry Stouffer, professeur de yoga de Cambridge, Massachusetts ! Quatre-vingt-deux minutes après – notre programme enregistre l'heure précise de chaque vente –, j'ai casé le seizième kit à un certain A. D. Hart, journaliste free-lance à San Jose, en Californie. Et puis, à quatre heures trente et une, soit quatorze minutes seulement avant la clôture, le coup de maître : les unités dix-sept et dix-huit sont parties ensemble au révérend Scott Davis, un prêtre unitarien d'Indianapolis qui voulait rééquiper l'ordinateur de son église et offrir le second kit à un centre de réinsertion qu'il parrainait.

J'avais le vent en poupe, j'étais entré dans une de ces phases bénies de la vente où la chance tourne soudain et vous comble de sa délicieuse musique. Cinq points en cinq heures ! C'était plus que je ne pouvais rêver : j'avais rempli avec une journée d'avance mon quota arbitrairement surévalué. Lorsque j'ai quitté ma chaise à cinq heures moins le quart, j'étais tout prêt à croire que je venais de récupérer mon statut de « gagneur ».

Rubinek m'a coupé la route tandis que je me dirigeais vers l'ascenseur. Il avait en main le listing de toutes les ventes de la journée – quelle rapidité ! – et il a gardé les yeux sur les pages en accordéon quand il m'a apostrophé.

« Alors, Allen, on a paniqué et appelé les copains, hein ? »

J'ai pris un ton mi-perplexe, mi-compatissant.

« Vous disiez, monsieur Rubinek ?

— Cinq ventes en un après-midi, voilà ce que je disais. Ça m'amène à me demander si vous ne vous êtes pas rabattu sur les amis ou la famille pour sauver votre peau.

— C'est un bon jour, voilà tout. »

J'ai voulu continuer mon chemin, mais il ne me laissait toujours pas passer.

« Puisque vous êtes si fort, je pourrais peut-être établir votre minimum à dix-huit unités toutes les semaines ? »

Comme toujours quand on met en cause mes capacités, je me suis senti pousser des ailes. Je n'avais plus peur de rien.

« Tout ce que vous voudrez, monsieur Rubinek, j'en suis capable.

— Six kits de plus d'ici à demain soir ou vous giclez ! » a-t-il glapi avant de pivoter sur les talons. Puis il s'est ravisé et s'est retourné pour me déclarer : « Vous me déplaisez, Allen. Je ne peux pas vous voir, même. »

Il l'a pu encore moins quand le lendemain, à une heure quatorze, les six unités supplémentaires ont été dans la boîte. J'étais le meilleur. L'irrésistible Ned Allen. Ou en tout cas c'est ce que j'ai pensé en quittant les lieux pour un week-end mérité. Lorsque j'ai longé son bureau, la Méduse a renâclé comme un petit caïd qui vient de se faire moucher. C'était lui le perdant, du moins pour l'instant.

Je n'ai pas fait de folies avec ma première paie hebdomadaire. Je n'aurais pas pu, de toute façon, puisque le canapé retapé est arrivé en fanfare peu après que je suis rentré à la maison, et le livreur avait une facture à régler immédiatement. J'ai donc signé un chèque en bois, péché véniel puisque dès lundi matin mon salaire de PC

Solutions serait sur mon compte. Le canapé, lui, était plus blanc que neige. Lizzie allait être contente…

À la porte, le livreur m'a demandé :

« Votre femme, elle est en voyage ?

— Comment vous le savez ?

— Vous rigolez ou quoi ? a-t-il répliqué en promenant un regard éloquent sur l'appartement jonché de cartons à pizza vides, de cendriers congestionnés, de canettes de bière défoncées, tandis qu'une pile d'assiettes sales obstruait l'évier et que la poubelle débordait à côté. Un petit conseil, vieux : si vous ne voulez pas vous retrouver devant un juge des divorces, faites rappliquer une femme de ménage ici avant que votre bourgeoise soit de retour ! »

Je ne pouvais que lui donner raison : on se serait cru dans une décharge municipale, chez nous. J'ai pris la résolution de consacrer la soirée à un grand nettoyage. De même, je me suis juré de dire au revoir aux clopes et de me nourrir exclusivement de sushis au cours des quinze jours à venir, décision accélérée par la découverte le matin même, sur la balance de la salle de bains, que j'avais pris six kilos. Ce qui n'avait pas été une surprise complète, étant donné que je commençais à éprouver de sérieuses difficultés à entrer dans mes pantalons.

Avant d'entamer un week-end de contrition et de retour à une stricte hygiène de vie, pourtant, je me suis accordé la toute dernière Winston, accompagnée de l'ultime canette de Busch disponible dans l'appartement, en écoutant les messages sur le répondeur. Il n'y en avait qu'un. Lizzie. Elle avait une voix inhabituelle, enjouée et distante à la fois.

« Salut, c'est moi ! Il est dans les neuf heures du matin à L.A., donc tu ne pourras pas m'écouter avant ton retour du travail ce soir. Je prends l'avion pour San Francisco tout à l'heure, voir un client. Ensuite on se retrouve avec un groupe de collègues dans un hôtel près de Carmel. Ça s'est décidé un peu à la dernière minute, mais comme je ne connais pas du tout cette partie de la côte ouest je me suis dit que… »

J'en suis tombé assis sur le canapé. « Ensuite, on se retrouve avec un groupe de collègues dans un hôtel près de Carmel… » Quels collègues, quel groupe ? Et pourquoi ne pas me donner le nom de ce putain d'hôtel ?

« … Donc, vu que je ne serai sans doute pas de retour à L.A. avant minuit dimanche, le mieux est que tu m'appelles au bureau lundi, quand tu veux. Et il faut absolument que je te parle lundi parce que… »

Par pitié, ne dis pas « Parce qu'il y a du nouveau » !

« … parce que, bon, autant que tu sois au courant tout de suite, il est fortement question que je poursuive mon remplacement ici pendant pas mal de temps, peut-être quatre mois, voire six. »

Ma cigarette a failli me glisser des doigts. Des cendres sont tombées sur le coussin immaculé. Je les ai regardées, hypnotisé.

« … Mais bon, rien n'est encore décidé pour l'instant. Alors, j'attends ton appel lundi, on parlera de tout ça. *Ciao*. »

Je suis demeuré paralysé un long moment. Le filtre de la Winston commençait à brûler, ce qui m'a obligé à le noyer dans le reste de ma bière. Une phrase résonnait dans ma tête, une seule : « Je l'ai perdue. » Même si cette escapade à Carmel n'était qu'une innocente virée avec des copines de boulot, elle n'avait voulu me laisser ni le nom ni le numéro de téléphone de l'hôtel. Et, si ce n'était pas le cas…

Jusqu'alors, « jalousie » n'avait pas fait partie de mon vocabulaire domestique. Pas plus qu'« infidélité ». J'avais toujours joué le jeu de la monogamie et Lizzie aussi, à ma connaissance du moins. J'aurais été stupéfait d'apprendre le contraire. Mais là… « Arrête ton char,

Ned ! Il n'y a aucune preuve qu'elle soit brusquement en train de préparer un sale coup. C'est juste qu'elle n'a pas envie d'entendre ta voix dans les prochaines quarante-huit heures. D'accord, de la part de sa propre épouse, en terme d'harmonie conjugale, ce n'est pas très brillant. Mais c'est quand même mieux que si elle s'envoyait en l'air avec un autre type ! »

Et pourtant, à ce moment, j'ai eu comme une révélation : que ses employeurs prolongent son séjour à Los Angeles, qu'elle continue de faire la sourde oreille lorsque je lui parlais de venir la voir, et notre avenir commun allait droit dans le mur.

J'ai bondi sur le téléphone, composé le code de la zone où se trouvait le bureau de Lizzie à Los Angeles, 310, puis son numéro, et j'ai demandé à parler à sa secrétaire.

« Mme Howard sera absente jusqu'à lundi. Vous êtes monsieur…

— Je suis son mari.

— Ah !

— Elle n'a pas dit où elle serait joignable pendant le week-end ?

— Je ne suis pas autorisée à vous donner cette information.

— Je vous l'ai dit, je suis son MARI !

— Certainement, mais je ne suis pas en mesure de vous communiquer ce numéro.

— Bon, vous pouvez lui transmettre un message, au moins ?

— Je peux essayer. C'est urgent ? »

J'ai été tenté de répondre que c'était un cas de force majeure, même, pour être sûr que Lizzie me rappelle dare-dare, mais quand j'ai imaginé sa réaction en découvrant mon subterfuge j'ai préféré m'abstenir. Inutile de lui fournir un nouveau grief contre moi.

« Dites-lui simplement que je ne bougerai pas de la maison, si elle veut me joindre. »

Dimanche après-midi est arrivé. Je me demandais avec de plus en plus d'insistance si la secrétaire l'avait contactée. Parce qu'elle n'appelait toujours pas. Proportionnellement à ma nervosité grandissante, un besoin obsessionnel de mettre de l'ordre dans ma vie m'avait envahi, me précipitant dans une crise de maniaquerie domestique. J'avais purgé sans pitié le frigo de tous les aliments diététiquement contestables, jeté des tonnes d'ordures, récuré l'évier et la salle de bains, passé l'aspirateur, astiqué les meubles au Pledge, fait plusieurs machines de linge, nettoyé les vitres. Et même mis de l'ordre dans mon tiroir à chaussettes, c'est dire... Une incursion au D'Agostino's le plus proche m'avait permis de revenir avec un carton de six litres d'eau minérale et deux sacs pleins de fruits frais. Après deux jours de ce régime draconien, le résultat se voyait déjà sur la balance : un kilo cinq en moins. Si je n'avais pas été capable de renoncer tout à fait au tabac, je me limitais strictement à trois cigarettes quotidiennes. Et dimanche tirait à sa fin, donc, lorsque j'ai décidé d'éliminer quelques pouces de graisse supplémentaires (et une partie du stress monstrueux qui me guettait) : j'ai pris ma raquette de tennis, quelques balles, et je suis parti à un terrain de jeux de la 20e Rue, près de la 9e Avenue, où j'avais remarqué un mur de handball qui servirait très bien de fronton.

Il faisait froid et gris, j'étais tout seul. Pendant que je travaillais mes rebonds et mes revers en songeant que l'environnement n'avait pas grand-chose à voir avec le Tennis-Club de New York, j'ai entendu une voix derrière moi.

« Alors, on s'entraîne pour Flushing Meadows, Allen ? »

Je me suis retourné pour découvrir Jerry Schubert debout dans l'allée. À son côté, une fille d'une vingtaine d'années, grande, mince, blonde comme les blés. Un mannequin, sans aucun doute possible.

« C'est ton club habituel ? a-t-il ajouté tandis que nous nous serrions la main.

— Exact. Je suis le seul membre, en plus. Mais dis-moi, tu crèches par ici ?

— Non, moi je suis à SoHo. C'est Cindy, ici présente, qui est citoyenne d'honneur de Chelsea ! »

Il a fait les présentations. Cindy Mason. Un accent sudiste très notable.

« Vous êtes d'où, Cindy ?

— Un 'tit bled de Caroline, Charlotte. Vous connaîtrez pas !

— Si, de nom.

— Dites, vous vous débrouillez superbien, avec une raquette. Vous êtes pro ou quoi ?

— Si je l'étais, je ne serais pas en train de m'entraîner ici.

— J'ai vu un article dans le *Wall Street* à propos de ton canard, *CompuWorld*, est intervenu Jerry avant d'ajouter avec un grand sourire : Ils parlaient de tout ce que tu as fait pour consolider les relations germano-américaines, aussi.

— Ouais. Mes quelques minutes de célébrité, hein ?

— Tu sais ce qu'il a dit, M. Ballantine, quand il a lu cette histoire ? "Ce garçon a osé quelque chose que quatre-vingt-dix pour cent de ses concitoyens rêvent de faire."

— Oh oui, tout le monde a été épaté... sauf ceux qui auraient été susceptibles de m'offrir un job.

— Ça ne va pas bien pour toi, alors ?

— On va dire que vendre des programmes bidons au bigophone, ce n'est pas ce que j'imaginais de plus gratifiant, tu me suis ?

— J'en ai fait, de la télévente ! a tenu à nous informer Cindy. Une semaine, juste quand je venais d'arriver à New York. Quelle haine c'était !

— Ça l'est toujours, je vous assure. Mais je suis certain que je décrocherai mieux lorsque j'aurai dépassé la quarantaine… Et avec le Grand Motivateur, comment ça gaze ?

— D'enfer. Il sort un nouveau livre à la mi-été, avec une tournée de promotion dans trente-cinq villes. Et on a commencé à diversifier un peu nos activités, également. Quelques projets d'investissement assez excitants… Passe-moi un coup de fil un de ces jours. Je te paie à déjeuner et je te raconte. Tu as toujours mon numéro, hein ? » J'ai hoché la tête en serrant la main qu'il me tendait de nouveau. « Ne fais pas le sauvage, d'accord ? Appelle !

— Contente de vous avoir connu, a dit Cindy. J'espère bien que vous trouverez un partenaire moins couillon que ce vieux mur-là ! »

En s'éloignant sur le trottoir, Jerry a passé un bras autour de la taille souple de la fille, qui a posé sa tête sur l'épaule de son cavalier. Et moi, j'ai ressenti un accès de jalousie comme un coup de poignard au ventre : il avait un vrai travail, lui, et une femme qui l'aimait, et un avenir. Tout ce que j'avais eu, moi aussi, jusqu'à ce que je commette l'irréparable et que tout me soit retiré.

J'ai continué de taquiner la balle tant qu'il y a eu assez de lumière. À la nuit tombée, j'ai regagné mon appartement désert. Pas d'entorse au régime fruits-eau minérale, troisième et dernière clope de la journée en traînant devant la télé. Je me suis mis au lit assez tôt, sans réussir à trouver le sommeil. À minuit, j'ai essayé de joindre Lizzie dans sa chambre d'hôtel à L.A. Pas de réponse. J'ai avalé des somnifères avec une tasse de camomille. J'ai retéléphoné à une heure : « Désolée, monsieur, ce poste ne répond pas. » Je me suis mis à zapper pour tuer le temps, finissant par suivre d'un œil amorphe un publi-reportage à propos de l'appareil incontournable pour tous ceux qui désiraient retrouver des dents blanches à domicile. À deux heures, j'ai tenté une dernière fois l'« Hôtel Mondrian ». Lizzie n'était pas rentrée, je lui ai laissé un message pour lui dire qu'elle pouvait appeler quand elle voulait. Puis, résistant à la tentation d'une petite bière apaisante, j'ai préféré me remettre au lit avec le dernier roman de Tom Clancy, qui a eu l'effet soporifique attendu : un quart d'heure plus tard, je sombrais.

Ensuite, ç'a été le matin, et le téléphone sonnait, sonnait. Je me suis frotté les yeux pour les fixer sur le radio-réveil, en me rappelant à cet instant que j'avais oublié de régler l'alarme, la veille. Huit heures trois. Merde et remerde. Impossible de pointer dans les temps. La Méduse allait bicher : je lui donnais l'occasion de doubler mon quota. J'avais déconné, encore une fois.

Je me suis péniblement assis dans le lit, toujours groggy. Ah oui, ce téléphone…

« Oui ?

— Vous êtes bien M. Allen ? »

Une voix de femme, précise, volontaire. Une téléopératrice, à tous les coups. Une collègue.

« Vous voulez me vendre quelque chose ? »

Elle a paru agacée.

« Je ne vends rien du tout ! Je cherche seulement à joindre un M. Allen. C'est vous ?

— Ouais, c'est moi.

— Bien. Je suis Debra Kaster, inspectrice. »

J'en suis resté bouche bée.

« Quoi ? Les flics ?

— Pardon, monsieur, le service des enquêtes de la police de Hartford, Connecticut. »

Hartford ? Pourquoi diable une fliquesse m'appelait-elle de ce trou paumé ?

« Désolé. Je suis à peine réveillé. Et terriblement en retard, en plus. Vous pourriez me rappeler dans la soirée ? »

Elle a ignoré ma proposition.

« Vous connaissez un certain Ivan Dolinsky ? »

Là, j'ai recouvré tous mes esprits.

« Ivan ? Bien sûr que je le connais !

— Vous êtes un parent, un ami ?

— Il s'est passé quelque chose ?

— Je vous ai posé une question, monsieur Allen.

— J'ai été son patron pendant deux ans. Il… il va bien ?

— Votre nom et votre téléphone se trouvaient dans le mot qu'il a laissé.

— Le mot ? Quel mot ? »

Il y a eu un silence prolongé. Et j'ai découvert que je tremblais, soudain. Parce que je savais ce qu'elle allait m'annoncer.

« J'ai le regret de vous informer que M. Dolinsky a mis fin à ses jours cette nuit. »

5

ELLE M'ATTENDAIT SUR LE QUAI. La quarantaine avancée, taille moyenne, cheveux argentés, un pantalon bleu marine qui la boudinait un peu, une bosse à la hanche sous la veste, là où son arme de service était discrètement dissimulée, une poignée de main qui m'a coupé la circulation dans les doigts pendant quelques secondes.

« Ned Allen ? Inspecteur Kaster.

— C'est gentil d'être venue me prendre à la gare.

— Cela fait partie des obligations. Merci de vous être déplacé tout de suite. Nous aimerions clarifier cette affaire aussi vite que possible. Votre employeur a accepté de vous donner la journée, donc ?

— Non.

— Ah, il est de ce genre-là…

— C'est peu dire.

— Si vous voulez, je peux l'appeler moi-même, lui expliquer que nous avions besoin de vous.

— Merci, mais ça ne servirait pas à grand-chose. Ce type n'a presque plus rien d'humain en lui. »

En fait, quand je l'avais appelée sitôt après le coup de fil de Debra Kaster pour lui dire que je devais aller identifier un corps à la morgue de Hartford, la Méduse m'avait répondu :

« Le défunt, c'était un parent à vous ?

— Non, un ancien collègue, mais…

— Ah. Si ç'avait été un membre de la famille, vous aviez droit à trois jours de congés payés. Mais un vague type avec qui vous avez travaillé dans le temps…

— Écoutez, il était pratiquement seul dans la vie, donc…

— C'est son problème. Vous allez à Hartford, vous perdez votre jour. Vous n'êtes pas là demain, vous perdez votre mardi *et* je triple votre quota. Compris ?

— Je serai là demain », avais-je assuré en raccrochant avant de m'autoriser un commentaire qui m'aurait coûté ma place.

Dans sa Ford Escort banalisée, Kaster a attaché sa ceinture, mis le contact et ouvert la boîte à gants pour en retirer un paquet de Merit.

« J'espère que vous n'êtes pas un fanatique antitabac ? »

J'ai sorti mes Winston de mon manteau.

« On est dans la même galère, vous voyez ! »

Elle a appuyé sur l'allume-cigares.

« Je sens que nous allons très bien nous entendre. »

Et nous nous sommes engagés dans le flot des voitures en direction du centre.

« Ça va se passer en trois étapes, m'a-t-elle expliqué. D'abord la morgue, qui se trouve dans le quartier de Farmington, à dix minutes d'où nous sommes. Ensuite, quand vous aurez identifié le corps, nous allons à l'appartement de M. Dolinsky. Après, on continue jusqu'à son bureau à *Home Computer Monthly*. Son patron… » Elle a ouvert d'un doigt le petit carnet noir posé sur son siège à côté d'elle. « … M. Duane Hellman, oui, a demandé à vous voir. J'ai l'impression qu'il a été pas mal chamboulé par ce qui s'est passé.

— Mais qu'est-ce qui s'est passé, exactement ?

— M. Dolinsky s'est pris un pot d'échappement.

— Quoi ? Comment ?

— Il s'est suicidé dans sa voiture. Aux gaz. » Elle a rouvert le carnet, l'a placé sur le volant et a lu à voix haute en continuant de conduire : « Une Toyota Corolla 1987, repérée à Elizabeth Park à deux heures trente-trois ce matin par une patrouille de routine. Garée sous des arbres, près d'un étang. Les deux hommes de la patrouille ont découvert un tuyau d'arrosage fixé à un bout au pot d'échappement, l'autre extrémité passée dans la vitre avant droite, le véhicule hermétiquement fermé, moteur allumé... Le scénario classique, quoi. On en a un comme ça tous les mois, facile. » J'ai tiré sur ma clope, les yeux perdus au-dehors. « Vu le soin des préparatifs, ce n'était pas un simple appel à l'aide. Nos hommes ont ramassé un ticket de caisse du Wal-Mart de New Britain sur le siège passager. D'après l'heure inscrite sur ce reçu... » Elle a consulté de nouveau ses notes. « ... Cinq heures trente-huit hier soir, il est clair que M. Dolinsky s'est rendu à Elizabeth Park tout droit après avoir acheté ce tuyau et le ruban adhésif. »

Cinq heures trente-huit. Un soir d'hiver, sombre, triste. Si un embouteillage l'avait retardé de seulement vingt minutes, Ivan aurait trouvé le supermarché fermé. Il aurait été forcé de remettre à plus tard son geste fatal. Et, qui sait ? la nuit lui aurait peut-être porté conseil. Au matin, la vague de désespoir aurait reculé...

« Je crois savoir ce que vous êtes en train de penser, a repris Debra Kaster : "Si seulement il m'avait téléphoné, si seulement j'avais compris dans quel état il était, si seulement..." C'est ça, non ? » Je me suis renfoncé dans mon siège. « Le pire, avec les suicides, c'est le mal qu'ils font à ceux qui restent derrière. Mais bon... je peux être totalement franche ? Il voulait en finir, c'est évident. À côté de lui, dans l'auto, il y avait une bouteille de whisky et un flacon de Valium, vides. Le Valium a été acheté sur ordonnance, ce qui m'amène à vous poser la question : est-ce qu'il avait des antécédents dépressifs ? »

En quelques phrases, je lui ai raconté la perte de sa fille, son mariage ruiné, ses difficultés professionnelles, la soudaine mise à mort de *CompuWorld*.

« Oui… Il avait de gros problèmes, on dirait.

— Ce qui me sidère, c'est qu'il y a un mois et demi, ou un peu plus, il était dans une forme que je ne lui avais pas vue depuis des années. Il venait de décrocher un job, il se sentait vraiment regonflé à bloc.

— Vous lui avez parlé, entre-temps ?

— Non. J'ai eu pas mal de soucis, moi-même… Est-ce qu'il a laissé une lettre, une explication quelconque ? »

Encore le carnet.

« Un mot sur le tableau de bord, seulement. Pas un roman-fleuve, hein. Votre nom, votre numéro de téléphone et ce message : "Dites à Ned que je suis désolé qu'il ait encore à nettoyer derrière moi." »

J'ai failli laisser échapper un sanglot. Doucement, elle a poursuivi :

« Il faisait n'importe quoi, au travail ?

— Après la mort de sa gosse, oui.

— Et vous avez souvent été obligé de "repasser derrière lui", c'est ça ?

— Oui, sans doute.

— Donc vous étiez un ami, pour lui. »

Mes yeux ont commencé à se mouiller.

« J'étais son ami, oui. »

Arrivés à Farmington, nous avons roulé jusqu'au campus de la faculté de médecine et de chirurgie dentaire du Connecticut. Les services de la médecine légale occupaient un bâtiment en béton grisâtre. Nous nous sommes garés. Au moment où nous allions gravir le perron, une ambulance est passée dans l'allée et a disparu à l'arrière de l'immeuble.

« Derrière, c'est pour les livraisons, m'a informé l'inspecteur Kaster d'un ton neutre. Bon, on va faire aussi simple que possible, d'accord ? Le médecin légiste de Hartford est un maniaque de l'efficacité. »

À l'intérieur, un policier en uniforme était en train de bavarder avec la réceptionniste. Ma guide s'est approchée d'eux, a montré son badge et m'a désigné du doigt en échangeant quelques mots avec eux, puis elle m'a fait signe de la suivre dans le « salon d'accueil des familles ». Mobilier fonctionnel, machine à café, une liste des aumôniers des hôpitaux punaisée au mur. Machinalement, j'ai sorti une cigarette et je me suis apprêté à l'allumer. Kaster avait fait de même.

« On ne fume pas dans cette enceinte, merci. » L'homme en blouse blanche qui venait d'entrer a jeté un coup d'œil au dossier qu'il avait à la main. « Quand vous voudrez, monsieur Allen. »

Je m'étais attendu à la scène ultraclassique de la série policière : la chambre froide et ses alignements de portes en aluminium, un employé avec une tête à la Peter Lorre extrayant la civière coulissante de l'un des casiers - coffres-forts, une bouffée d'air glacé m'atteignant au visage quand le cadavre revêtu d'un linceul blanc apparaît, puis l'employé me demandant d'une voix lugubre si je me sens prêt, et soulevant lentement le drap…

Mais non. Le médecin légiste de Hartford avait expurgé le scénario au maximum. Il nous a conduits dans une sorte de salle d'attente meublée d'un canapé et de deux chaises bleus, avec un poste de télévision – dont l'écran était masqué par un linge blanc – placé sur une table basse. Après s'être présenté, le Dr Levon m'a annoncé qu'il s'était chargé d'autopsier le cadavre d'Ivan et m'a demandé si j'avais des questions à poser avant de procéder à l'identification. Lorsque j'ai fait non de la tête, il s'est approché du moniteur vidéo, et je n'ai pas pu m'empêcher de penser : « On se croirait dans une réunion de représentants, quand le type s'apprête à projeter une cassette pour illustrer son argument de vente. » Comme il me priait de m'asseoir, j'ai attrapé une chaise et je me suis posté docilement devant la télé. Il a dit : « Prêt ? » et devant mon signe d'assentiment il a ôté le linge. Le poste était déjà allumé, un visage cendreux s'étalait sur l'écran. Ivan.

Sous la lumière crue du projecteur, en gros plan, ses traits avaient quelque chose de spectral, mais, contrairement à mon souvenir de l'apparence qu'avait mon père à sa mort, si ravagé par le cancer qu'il ressemblait à une de ces têtes momifiées qu'affectionnent certaines tribus amazoniennes, la sienne n'avait pas été transformée par le cocktail de Valium et d'oxyde de carbone qui lui avait été fatal. Il paraissait au repos, libéré du masque harassé, torturé, que lui avaient imposé toutes ces années de tourment. Je me suis surpris à refouler un nouveau sanglot. Nous essayons tellement de planifier notre vie, tous ! Comme des gosses avec un jeu de construction, nous posons les cubes l'un par-dessus l'autre, le travail, la maison, la famille, les innombrables objets absurdes que nous avons accumulés autour de nous, et nous les montons toujours plus haut en priant pour que l'édifice reste stable et solide. Mais s'il y a bien une leçon que nous donne la vie d'adulte, c'est que rien n'est stable, ni solide, ni durable. Et qu'il n'y a même pas besoin d'un tremblement de terre pour le flanquer par terre : un seul faux mouvement suffit.

« Est-ce bien Ivan Dolinsky ? » m'a demandé le Dr Levon.

Je me suis contenté d'opiner du bonnet mais j'avais envie d'ajouter : « Et vous voulez connaître la véritable cause de son décès ? Incapacité à scorer. C'est ça qui l'a tué, rien d'autre. Son chiffre de vente, c'était l'aune à laquelle il mesurait sa raison d'être. Après la mort de

Nancy, après son divorce, il lui restait ses dons de vendeur et c'était la seule chose qui le faisait encore avancer, son gagne-pain mais aussi sa manière à lui de se réaliser. Alors, quand ce don l'a abandonné à son tour… la suite n'a peut-être été qu'une question de temps. »

La catastrophe finale survient lorsqu'elle le veut, non ? Comme nous tous, Ivan était un otage. Un otage des circonstances.

Toujours en s'aidant de son dossier, Levon m'a posé quelques questions assez vagues. Puis il m'a informé que les restes d'Ivan seraient transférés à un funérarium le lendemain à neuf heures. Ensuite, avais-je une idée des dispositions que le défunt aurait souhaité me voir prendre ? Je lui ai répondu qu'à ma connaissance il n'avait pas de famille, sinon son ex-femme, qui, si ma mémoire était bonne, vivait quelque part près de Naples, en Floride.

« Vous pourriez la contacter et lui demander ce qu'elle souhaiterait ?

— On va l'appeler de mon bureau, est intervenue Debra Kaster avant de demander d'un ton coupant : C'est peut-être terminé, doc ?

— Mmm, oui », a-t-il concédé en me tendant la déclaration administrative à signer.

Après, il a éteint le poste avec la télécommande, et Ivan Dolinsky a disparu dans le néant.

Nous roulions depuis un moment lorsque l'inspectrice a rompu le silence :

« Vous tenez le coup ?

— C'est quand même… bizarre, non ? Le voir sur un écran de télé comme ça.

— Ouais, a-t-elle reconnu en allumant une cigarette, on s'attend presque à ce que ça coupe : “Et maintenant, une petite pause publicité avant de revenir à notre cadavre”… »

Le dernier domicile d'Ivan sur cette terre était un studio minuscule dans un immeuble des années soixante conçu comme un motel, derrière une station-service. Un des coins les plus accablants de Hartford Ouest. Kaster, qui avait déjà obtenu les clés du propriétaire, a ouvert la porte. Un living étriqué avec coin cuisine et canapé en rotin à bon marché, une chambre à coucher pratiquement obstruée par le lit recouvert d'un immonde tissu à fleurs et une commode laquée blanc, une salle de bains étouffante, carrelée n'importe comment, avec des sanitaires couleur avocat. Aux murs, des tableaux de maître version supermarché. Une pile de romans de gare sur la table de nuit. À part deux costumes et quelques chemises suspendus dans le placard, la seule touche personnelle qu'Ivan avait apportée à ce bouge consistait en une demi-douzaine de photos sous verre de Nancy, accrochées ici et là de sorte que la fillette reste toujours sous ses yeux.

« Vous avez une idée de ce qu'il aurait souhaité que nous fassions pour ses effets personnels ? »

Effets personnels. Quand il avait quitté sa garçonnière de la 83e Rue, il avait bazardé le peu de meubles qu'il possédait, si bien que toute la fortune d'Ivan Dolinsky se résumait désormais à deux valises de fringues, un tas de bouquins de Tom Clancy ou de Ken Follett, la Toyota vieille de dix ans dans laquelle il s'était suicidé et quelques photographies d'un bébé disparu.

« Donnez tout aux œuvres, ai-je répondu en commençant à décrocher les photos encadrées. Elles, je les donnerai à sa femme. »

Ensuite, il y a eu une longue escale technique au siège de la police de Hartford, dans le bureau de l'inspecteur Kaster. Trouver le numéro de Kirsty, l'ancienne épouse d'Ivan, a été un jeu d'enfant : elle était abonnée à Naples sous le nom de Dolinsky. J'ai laissé à la policière le soin de lui annoncer la nouvelle. Au bout de deux ou trois minutes de conversation, elle a mis la ligne en attente :

« Elle veut vous parler. »

Je n'avais rencontré Kirsty qu'en deux occasions : la première lors d'une excursion familiale à un lac des montagnes Poconos organisée par *CompuWorld* peu après mon entrée dans la boîte, la seconde à l'enterrement de leur fille. J'ai essayé de convoquer les rares souvenirs que j'avais d'elle. Petite, anguleuse, plus jeune qu'Ivan d'environ dix ans, ce qui devait la faire approcher de la quarantaine, hypernerveuse et ne quittant jamais des yeux Nancy, surtout lorsque la fillette s'aventurait au bord de l'eau.

Quand j'ai pris le combiné, je l'ai entendue pleurer.

« Oh, mon Dieu, Ned ! Allez, mentez-moi, je préfère, dites-moi qu'il n'a pas fait une chose pareille !

— Je suis désolé, Kirsty. Sincèrement. »

Ses gémissements ont redoublé d'intensité. Lorsqu'elle s'est un peu calmée, elle a chuchoté :

« Comment il… comment ça s'est passé ? »

Ma description du suicide, pourtant sommaire, a déclenché une nouvelle crise de larmes. J'ai attendu un moment avant de risquer, aussi délicatement que j'en étais capable :

« Kirsty ? Il y a quelques, euh… quelques questions pratiques que nous devons aborder, maintenant. »

À la faveur d'un prudent interrogatoire, j'ai appris qu'Ivan avait confié qu'il voulait se faire incinérer et que ses cendres soient dispersées dans le golfe du Mexique, où ils avaient passé leurs vacances à plusieurs reprises au cours des premières années de leur mariage. Le mieux était de les lui expédier – j'ai noté son adresse à la volée –, car elle ne se sentait pas de monter dans le Nord pour les obsèques. Non, c'était impossible.

« Je viens de démarrer un nouveau travail, vous comprenez, Ned ? Réceptionniste au Ritz-Carlton d'ici.

Pas très excitant, mais ça me permet de payer le loyer. Je fais les nuits toute cette semaine, donc je ne vois pas comment je pourrais m'absenter... » Kirsty a brusquement fondu en larmes. « Vous savez ce que je n'arrête pas de penser ? Si Nancy était toujours en vie, si cette méningite de malheur n'avait pas... »

Elle n'a pas pu terminer. Sa voix s'est noyée dans des sanglots déchirants.

« Kirsty, vous avez quelqu'un auprès de vous, là ? Quelqu'un qui puisse s'occuper de vous ? Votre mari, peut-être... »

Je me rappelais ce qu'Ivan m'avait raconté une fois : peu après son départ en Floride, elle avait épousé un tennisman professionnel du cru.

« Il y a dix mois que c'est fini, m'a-t-elle appris d'un ton glacial, recouvrant en partie son calme. Je suis seule, complètement seule. » Je ne savais plus quoi dire. Et elle l'a immédiatement perçu. « Il faut que j'y aille, Ned. Merci pour tout. »

Clic. Elle avait disparu.

Alors que je résumais notre échange à l'inspectrice, j'ai été frappé par l'idée que je ne reparlerais sans doute plus jamais à Kirsty Dolinsky. Elle allait sortir de mon champ de vision pour toujours, happée par l'existence. Un retour-radar qui s'efface soudain de l'écran. Comme tant de choses dans notre vie...

Debra Kaster était déjà passée à l'action. En quelques minutes, elle a trouvé un crématorium de banlieue qui pouvait tout organiser le lendemain. Le seul « créneau » encore disponible était à quinze heures trente. Ils se chargeaient aussi de fournir un prêtre pour une rapide oraison funèbre.

« Dites-leur de prendre un rabbin, plutôt. »

Il m'était revenu à l'esprit que Nancy avait été inhumée au cimetière juif de Queens. Kaster a hoché la tête. Après une pause, elle m'a demandé :

« Vous allez être le seul à assister à la cérémonie ? »

En guise de réponse, j'ai repris le téléphone, composé le numéro de *PC Globe* à Manhattan et demandé Debbie Suarez.

« M'sieur Allen ! C'est fou, ça ! Figurez-vous que j'allais vous appeler aujourd'hui, voir si vous aviez un déjeuner de libre ou quoi… Comment ça se passe ?

— Ça pourrait se passer mieux. Ils sont corrects avec vous, dans ce canard ?

— Ah, c'est pas comme au bon vieux temps avec vous mais bon, faut bien qu'une pauvre fille comme moi gagne sa croûte, *verdad* ? Mais vous, ça va ? Ça n'a pas l'air… »

Lorsque je lui ai raconté pourquoi je ne pouvais pas être euphorique, elle a eu une réaction qu'elle n'avait peut-être encore jamais connue : elle est restée sans voix. Au bout d'une trentaine de secondes de silence, j'ai risqué :

« Vous êtes toujours là, Debbie ?

— Euh… c'est limite, a-t-elle avoué dans un murmure. Mais pourquoi, pourquoi il a fait ça ?

— Je ne sais pas. Est-ce qu'il n'a en fait jamais surmonté la mort de sa fille, est-ce qu'il en a eu marre de tout, brusquement ?… Je n'en sais rien. »

Elle s'est raclé la gorge.

« L'enterrement, c'est quand ?

— Demain, à trois heures et demie. À Hartford. » Je lui ai donné l'adresse du crématorium. « Vous pensez que vous pourriez prendre votre après-midi et sauter dans le train ? Autrement, le cortège va se résumer à moi…

— Je vais faire de mon mieux, m'sieur Allen. Promis. Et je vais appeler toute la vieille équipe, aussi, Dave, Doug, Phil, Hildy… Des fois qu'ils arrivent à se libérer, eux aussi. On l'aimait tous bien, Ivan… »

Elle ne parvenait plus à maîtriser son émotion.

« J'ai encore un service à vous demander, Debbie.

— Tout ce que vous voudrez.

— Dès que vous aurez raccroché, je voudrais que vous fonciez dans le bureau de Chuck Zanussi et que vous lui racontiez exactement ce qui s'est passé. Et débrouillez-vous pour qu'il comprenne bien qu'il s'agit d'un suicide.

— J'y vais de ce pas. »

Du commissariat au siège de *Home Computer Monthly*, il ne nous a pas fallu plus de dix minutes en voiture. C'était dans une petite zone industrielle en bordure d'autoroute et, à en juger par l'immeuble en préfabriqué miteux dont il occupait le premier étage, le magazine était une publication de énième catégorie ainsi que je m'en étais douté depuis le début.

Nous avons attiré des regards tendus tandis qu'on nous escortait par un dédale de couloirs jusqu'au bureau du directeur. Duane Hellman avait à peine plus de trente ans, une masse huileuse de cheveux bruns, un costume bleu synthétique et une poignée de main aussi molle que moite. Et il ne paraissait pas du tout à son aise en notre présence.

« Vous vouliez parler à M. Allen, n'est-ce pas ? » a demandé Debra Kaster dès que nous avons été assis.

D'un air absent, Hellman s'est mis à tapoter sa table avec un crayon.

« Je peux offrir quelque chose ? Café, thé, Coca light ?

— Allons droit au fait, monsieur Hellman, a coupé l'inspectrice. Nous n'avons pas toute la journée devant nous. »

Il a poursuivi son manège horripilant avec le crayon.

« Ivan m'avait parlé de vous. Le meilleur boss qu'un commercial pouvait rêver, il disait. Fallait voir le portrait qu'il faisait de vous : pro, sympa, génial… »

Comme je n'avais aucunement envie d'entendre ce genre de choses, je suis passé à l'offensive.

« Vous avez une idée des raisons pour lesquelles il s'est suicidé ? »

Le tambourinage s'est accéléré d'un coup.

« Je dois vous dire que ça m'a flanqué un choc, mais un choc ! Bon, il n'était chez nous que depuis un mois et demi, dans ces eaux-là, mais tout le monde l'aimait bien, Ivan. Et il avait l'air plutôt en forme, d'ailleurs...

— Pourriez-vous répondre à la question de M. Allen ? est intervenue Debra Kaster avec plus qu'une nuance d'exaspération. Pourquoi il s'est tué, d'après vous ? »

Hellman a ravalé sa salive en détournant les yeux. Soudain, il a abandonné son crayon. Les mots n'arrivaient pas à franchir ses lèvres.

« Je... Nous nous sommes séparés vendredi dernier. »

Il m'a fallu un moment pour enregistrer.

« Vous vous êtes QUOI ?

— Vendredi, c'était son dernier jour ici.

— Parce que vous l'avez vidé ?

— Je ne voulais pas, mais...

— Répondez à ce que je vous demande, putain !

— Pas d'énervement, monsieur Allen. »

Malgré l'intervention apaisante de Debra Kaster, le visage d'Hellman avait pris la couleur du talc. Il m'observait avec des yeux où la peur se lisait. Une vraie peur.

« Je l'appréciais, vous comprenez, il avait déjà scoré deux ou trois petites choses, je n'aurais pas voulu qu'il parte, seulement...

— Comment ça, vous n'auriez pas voulu ? C'est vous le patron ici, c'était à vous de décider s'il devait s'en aller ou rester, non ? NON ? »

Il a repris son crayon et c'est reparti : toc, toc, toc, toc…

« Il serait devenu un… un handicap.

— Qu'est-ce que ça veut dire, ça ?

— Je veux dire que… Il nous aurait fait perdre de l'argent s'il était resté.

— Attendez ! Il avait déjà aligné des résultats, vous prétendez que vous l'appréciiez, alors comment vous pouvez l'accuser de ça ? »

Toc-toc, toc-toc, toc-toc.

« Bon, il s'est passé un truc, a-t-il commencé en s'efforçant de paraître sûr de lui. L'un de nos principaux annonceurs m'a déclaré qu'ils annuleraient toutes leurs parutions chez nous au cas où Ivan continuerait parmi nous.

— Qui c'était, cet annonceur ? »

Une main plaquée contre le front, il s'est voûté sur le bloc-notes couvert de gribouillis qu'il avait sur son bureau.

« GBS. »

En une seconde, j'étais devenu un bloc de glace.

« Ted Peterson ? » Toujours sans me regarder, il a fait oui de la tête, lentement. « Et vous avez cédé à la menace, comme ça, tout de suite ?

— J'ai essayé de protester, mais il n'a rien voulu savoir, Peterson.

— Donc, vous avez flanqué Ivan à la porte sans vous poser plus de questions.

— Eh, on parle de GBS, bon Dieu ! Ce client-là, il est vital pour nous.

— Et vous étiez vital pour Ivan Dolinsky ! »

Il s'était mis à suer, deux rigoles aqueuses qui suintaient sur sa figure bovine.

« Écoutez, si j'avais su que…

— Il s'est défendu ?

— Vous n'imaginez pas dans quel état ça m'a…

— Est-ce qu'Ivan s'est défendu devant vous ?

— Ça ne relevait plus de moi, vous compre…

— EST-CE QU'IL VOUS A DEMANDÉ DE NE PAS LE SACQUER, BORDEL DE MERDE ? »

J'avais bondi vers Hellman en hurlant de tous mes poumons. Avec ménagement mais fermeté, Debra Kaster m'a pris par le coude et fait rasseoir. L'autre avait levé les deux bras au-dessus de sa tête comme s'il s'attendait que je le cogne. Il hoquetait de frousse.

« Oui, a-t-il fini par gargouiller. Il s'est défendu, oui. »

La pièce est demeurée silencieuse. Jusqu'à ce que je prononce un mot, un seul :

« Assassin. »

6

Il était trop tard pour rentrer à Manhattan, puisque je devais être là le lendemain. Et j'avais besoin de boire quelque chose de fort après ma confrontation avec Duane Hellman, sans tarder. Debra Kaster, qui avait officiellement terminé son service, ne demandait pas mieux que de me tenir compagnie dans cette occupation.

Voilà pourquoi nous avons atterri dans un steak-bar de la vieille école, « Kappy's », quelque part au milieu d'une zone résidentielle. Au cours des heures qui ont suivi, nous nous sommes payé réciproquement des tournées de bourbon et de bière, nous avons dévoré une énorme grillade chacun et commencé à échanger des confidences. Son petit secret à elle n'était pas piqué des hannetons : un mois auparavant, après vingt-cinq années sans oser passer le cap, elle avait décidé de revendiquer son homosexualité.

« J'ai été pas mal soufflée de voir comment tout le monde l'a pris, au travail : très bien, figurez-vous ! Même quand je me suis pointée à un pot du service avec BethAnne, ma petite amie.

— Ah ? Qu'est-ce qu'elle fait, dans la vie ?

— Plombier. »

D'après les lois non écrites mais immuables du cas de figure « On-fait-connaissance-autour-d'un-verre », je devais bien répondre à cette preuve de confiance en lâchant à mon tour quelques informations personnelles. Je lui ai donc raconté l'incident Kreplin et les ennuis tant professionnels que conjugaux qui en avaient résulté.

« Vous avez bien fait de ne pas sauter à la gorge de l'autre abruti, tout à l'heure, a-t-elle constaté après avoir vidé son bourbon d'une traite. Parce que là, vous n'échappiez pas à l'inculpation pour coups et blessures. Mais dites, vous avez toujours été comme ça, à démarrer au quart de tour ?

— Seulement depuis que je suis enferré dans ce merdier.

— Ouais ? Eh bien moi, j'en sortirais, et tout de suite encore ! Comme je me sens dans la veine conseillère, ce soir… » Elle m'a décoché un sourire un peu alcoolisé. « … je vais vous faire partager un brin de la sagesse et de l'expérience d'une flic gouine. À votre place, votre femme, je lui laisserais autant d'espace qu'elle réclame en ce moment. Vous savez ce que les nanas détestent par-dessus tout chez les mecs ? Qu'ils se montrent trop dépendants. Si vous jouez les petits malheureux avec elle, vous pouvez toujours courir pour qu'elle revienne. »

J'avais encore ce conseil à l'esprit quand j'ai pris une chambre au « Motel Marriott » du coin, que Debra m'avait recommandé. Il était dix heures. À plat ventre sur le lit, j'ai d'abord consulté le répondeur chez moi. Comme il n'y avait rien de Lizzie, j'ai appelé son bureau à L.A. Juliet, sa secrétaire, était encore là.

« J'ai transmis votre message vendredi, monsieur Allen. Mais finalement Lizzie n'est pas rentrée, hier. Elle a été obligée de partir directement de Carmel à San Francisco pour un rendez-vous de dernière minute. Elle est prise à dîner là-bas ce soir, donc nous ne l'attendons pas avant demain. Je lui dis quelque chose de votre part ?

— Non, ça ira. »

Ensuite, j'ai téléphoné au « Mondrian » en demandant à lui laisser un message enregistré. Sobrement, je lui ai expliqué le suicide d'Ivan, l'identification à la morgue, les dispositions pour les obsèques, et j'ai précisé que je ne serais pas de retour à la maison avant mardi soir tard. Pas de sentimentalisme, pas d'insistance. Je n'ai pas communiqué de numéro à Hartford en la priant de me rappeler, ni rien fait pour lui donner l'impression que je quémandais. La tactique Kaster, quoi : cool, raisonnable, sûr de soi. Tout le contraire de ce que j'éprouvais réellement, car si je m'étais laissé aller j'aurais beuglé dans l'appareil : « Je deviens dingue, tu ne vois pas ? Tu me manques tellement ! Je t'en prie, je t'en supplie, laisse-moi attraper un avion, te rejoindre, tenter d'échapper à ce cauchemar ! »

Donc, le seul fait d'exprimer ce que l'on ressent à la personne qui compte le plus dans votre vie peut vous faire courir le risque de la perdre à jamais. Comment vous expliquez ça, vous ?

La question me tournait toujours dans la tête le lendemain, à trois heures et demie, tandis que je grillais une cigarette en compagnie de Debra Kaster devant le crématorium. Un taxi s'est arrêté au bord du trottoir, la porte arrière s'est ouverte et Debbie en est sortie, suivie de Phil Sirio. J'ai couru à eux et je les ai pris tous les deux dans mes bras. J'ai bien vu qu'ils réprimaient un mouvement de surprise en découvrant que j'avais pris du poids et en me voyant avec une clope entre les doigts.

« Merci. Du fond du cœur, merci. Je pensais que j'allais me retrouver seul…

— Pas de blême, chef, a répondu Phil. En ce moment, je bosse avec mon frère, celui qui fait dans l'approvisionnement de restaurants, donc je peux me libérer quand je veux.

— Ouais, et moi m'sieur Zanussi il m'a tout de suite donné l'après-midi.

— Comment il a pris la nouvelle ?

— Il est devenu tout gentil, d'un coup. J'espère qu'il a eu la honte. Et vous, ça va ?

— Ça pourrait aller mieux.

— Vous fumez, maintenant ?

— Un petit égarement passager.

— Vous êtes dingue ou quoi, mister A. ? Ça vous tue un homme, ça !

— Seulement s'il veut vraiment », est intervenue Kaster, qui avait fait quelques pas vers nous.

J'entreprenais les présentations quand nous avons été interrompus par le maître de cérémonie, un type adipeux qui consultait à tour de rôle sa montre et la liste qu'il avait à la main avec l'air froncé d'un analyste de performance.

« Je crois qu'il faudrait commencer, a-t-il déclaré.

— "... Parce que mon prochain client arrive dans une demi-heure" », a ajouté sous cape l'inspectrice.

La chapelle était toute simple, murs en briques chaulées, carrelage de grès, quelques bancs en sapin verni, un autel en faux marbre sur lequel était posé le cercueil en bois dépouillé que j'avais choisi pour Ivan. En découvrant la bière, Debbie et Phil ont eu un haut-le-corps : ils s'y attendaient, évidemment, mais cette vue vous provoque toujours une réaction viscérale. Parce que vous savez qu'à l'intérieur de cette boîte se trouve un être humain qui, un ou deux jours auparavant, était aussi vivant que vous. Et parce que vous devez reconnaître que tel sera votre propre sort, irrémédiablement.

Alors que nous prenions place sur le banc de devant, le rabbin est arrivé. La soixantaine, tout de noir vêtu des chaussures à la calotte. Je l'avais eu au téléphone le matin, après avoir mis au point les derniers détails de l'incinération. Quand il m'avait demandé ce que je souhaitais pour Ivan, j'avais répondu : « Quelque chose de simple. Des prières, mais pas de discours. » L'idée qu'un inconnu vante la bonté intrinsèque d'Ivan dans une chapelle vide m'était tout bonnement insupportable.

Debout à la droite du cercueil, il a entonné des formules en hébreu, les paupières fermées, se balançant doucement sur ses pieds comme une branche dans le vent. Puis il nous a annoncé qu'il allait prononcer le kaddisch, la prière des morts, pour notre frère disparu.

Au début, sa voix était à peine audible, mais très vite elle a gagné une intensité bouleversante. C'était un chant profond, plein de ferveur, essentiellement tragique, et même si nous n'en comprenions pas un mot sa force, sa solennité mystique disaient tout : un homme était mort, une vie s'était achevée, cela seul appelait le respect et le recueillement.

Une main sur les yeux, Debbie pleurait en silence. Phil regardait le cercueil, pétrifié, luttant contre ses émotions sous l'assaut poignant du kaddisch. Même Debra Kaster paraissait étonnamment touchée par la terrible impression de solitude qui émanait de ce service. Et moi ? J'étais à la dérive. Perdu, écrasé. Ne pouvant quc me demander et me demander encore pourquoi quelqu'un d'aussi droit qu'Ivan avait perdu la vie alors qu'un fieffé salopard comme Ted Peterson continuait de prospérer. Et me dire aussi que le destin de chacun était susceptible de basculer d'une minute à l'autre.

Le kaddisch s'est achevé brusquement, les dernières notes de baryton mourant en écho contre les murs de la salle. Un bref silence puis un bruit de moteur étouffé tandis que le cercueil s'enfonçait lentement et disparaissait. Le rabbin est venu nous serrer la main à tous, et le croque-mort s'est empressé de nous pousser dehors. J'ai regardé ma montre. La cérémonie avait duré dix minutes.

Debra Kaster devait retourner au bureau. Elle m'a donné sa carte et un petit baiser sur la joue en me glissant que je pouvais sonner BethAnne si jamais j'avais besoin d'un plombier. Je l'ai remerciée pour tout.

« Soyez cool, m'a-t-elle recommandé. Surtout avec vous-même ! »

Le gars du crématorium a appelé un taxi pour nous. Après m'avoir discrètement demandé une carte de crédit – « Nous prenons tout, sauf l'American Express et la Diners » –, il nous a proposé d'attendre dans le « salon des familles », mais nous avons préféré rester dehors. Il y avait un beau soleil, le froid de mars était supportable. Sous le regard désapprobateur de Debbie et de Phil, j'ai allumé une Winston. Mais ils n'ont rien dit : ce que nous venions de vivre et la fumée noire que nous avons soudain vue jaillir de la cheminée nous avaient privés de parole.

Il est revenu avec une facture et un reçu à signer. 3 100 dollars avec l'embaumement de base, le cercueil, le transport, le service funèbre et l'incinération. Pas donné, de mourir. J'ai aussi constaté que l'imprimé de la carte avait été pris sur une machine à l'ancienne, à la main, et j'ai poussé un soupir de soulagement en moi-même, car s'il avait été équipé d'un encaissement téléphonique ma MasterCard aurait immédiatement été refusée. Mais qu'aurait pu faire le gars, dans ce cas ? Arrêter le four avant la fin ?

« Vous ne m'avez pas dit où vous voulez que les cendres soient envoyées, monsieur. » Je lui ai tendu le bout de papier sur lequel j'avais noté l'adresse de Kirsty Dolinsky en Floride. « Très bien. Les frais d'envoi par poste normale sont déjà inclus. Si vous désirez une livraison par Federal Express, cependant, il faut compter

20 dollars de plus. Garantie d'acheminement en vingt-quatre heures, bien entendu.

— Je ne veux pas qu'Ivan voyage en deuxième classe », a lancé Phil en sortant de sa poche une grosse liasse de billets.

Il en a arraché un et l'a laissé tomber aux pieds du croque-mort.

« Voilà votre fric, a-t-il ajouté d'un ton délibérément méprisant. Et si j'apprends qu'Ivan n'est pas en Floride demain vous entendrez parler de moi. »

Nous avons attrapé le train de seize heures vingt et nous sommes allés droit au wagon-bar, où Phil a siroté une bière tandis que j'avalais un bourbon. Debbie, elle, a vidé d'un trait un rhum-Coca et s'est mise à pleurer. Bruyamment.

Nous avons picolé pendant tout le trajet. Alors que Phil n'arrêtait pas de me payer des tournées de bourbon, je me suis mis à parler, à parler, le récit des deux mois et demi épouvantables que je venais de vivre jaillissant en un torrent de mots. C'était comme une station prolongée au confessionnal, et si mes deux compagnons ne pouvaient me donner l'absolution, du moins ont-ils prêté une oreille solidaire à ma complainte.

« Mais qu'est-ce qui lui prend, à votre bonne femme ? Vous lâcher à un moment pareil !

— Ce n'est pas vraiment sa faute, Debbie. Je veux dire, pour foutre en l'air un mariage, il faut être deux, non ? Je pense pas avoir été très agréable à fréquenter, ces derniers temps… »

Nous ne nous sommes heureusement pas éternisés sur mes déboires conjugaux. Phil, en effet, tenait à exprimer toute la haine qu'il avait accumulée à l'encontre de Ted Peterson.

« Ce bourge de merde, avec ses airs pincés ! Ça veut jouer les raffinés, mais derrière la frime il vaut moins que le mafioso de base. Ouais, je connais des tueurs à gages qui ont plus de moralité que cette tafiole ! Ça m'embête de dire ça, chef, mais vous auriez dû…

— Je sais, je sais. J'ai cru bien faire.

— Et je vous ai répondu quoi, à l'époque ? Qu'on pouvait pas traiter une sous-merde comme un type réglo. Vous auriez dû me laisser lui causer.

— Mais vous parlez de quoi, là, les garçons ?

— Laisse tomber », a grommelé Phil.

Arrivés à Grand Central, il a tenu à nous traîner au bar du « Grand Hyatt Hotel » tout proche pour un « dernier verre ». Quatre heures plus tard, quand Debbie s'est mise à me caresser la cuisse sous la table, j'ai décidé que cela suffisait. Je me suis levé.

« Bon, les enfants, faut que je me rentre. Et, encore une fois, je ne sais pas comment vous remercier d'être venus à Hartford avec moi. »

Debbie a quitté sa chaise en chancelant.

« Si vous partez, moi aussi. Je rentre voir mon Raul. »

J'ai tâté ma veste à la recherche de mon portefeuille.

« Vous me laissez payer une partie des dégâts, Phil.

— On ne veut pas de votre thune ici », a-t-il coupé. Il a attrapé une serviette en papier, a griffonné un numéro dessus. « C'est le téléphone de mon frère, au bureau. Vous avez besoin de moi, vous me trouvez là-bas. »

Il s'est redressé et m'a serré dans ses bras tout en plongeant la serviette dans ma pochette.

Dehors, j'ai hélé un taxi. J'avais ouvert la portière pour Debbie quand elle m'a pris par la main.

« On fait le chemin ensemble, d'acc ? a-t-elle suggéré d'une voix que l'alcool rendait un peu rauque.

— Je suis vanné, Debbie. Plus que ça, même.

— Vous me déposez, c'est sur votre route. Après, il vous ramène chez vous. J'ai encore quelque chose à vous dire. »

Je suis monté dans la voiture à contrecœur, bien décidé à repousser ses avances si elle recommençait à me tripoter. J'avais assez de problèmes pour ne pas en rajouter.

Debbie a donné son adresse au chauffeur, et nous sommes partis vers le sud. Aussitôt, elle a ouvert son sac, en a sorti un papier plié en deux qu'elle m'a tendu.

« C'est pour vous. »

Un chèque. À mon nom. 4 500 dollars.

« Mais qu'est-ce que c'est, ce truc ?

— Vous savez très bien. »

Les chiffres dansaient devant mes yeux. J'étais rond déchiré.

« Non, je vois pas...

— L'argent que vous m'avez avancé pour l'école de Raul.

— C'était pas moi, c'était le canard... L'ex-canard.

— M'sieur Allen...

— Arrêtez de m'appeler comme...

— O.K., O.K... Ned. Bon, il y a quelques soirs de ça, il y avait une réunion à l'école. Un machin de parents. Là, j'ai fait la connaissance de l'intendant, en chair et en os. À propos, c'est un type vraiment impecc. Bref, il m'a raconté qu'il avait reçu un coup de fil de Spencer-Rudman des semaines avant ça, qu'ils avaient fait un barouf pas possible à cause de la lettre de garantie que vous m'aviez écrite. Alors, il leur répond qu'une garantie c'est une garantie, et eux ouais, d'accord, on se défile pas, mais n'empêche que le gars n'avait pas le pouvoir de faire ça donc on va lui refiler la note, point. Et ces salauds vous l'ont carotté, ce fric, hein ?

— Écoutez, Debbie...

— Je *sais* qu'ils l'ont fait, vu que j'ai une nouvelle copine là-bas. Paula. Elle bosse à la compta. Hier matin, avant que vous appeliez, je lui ai demandé de sortir votre dossier et de regarder ce qu'ils vous avaient versé. Sur ma tête, m'sieur Allen… Ned, sur ma tête, quand elle m'a lu la bafouille qu'ils vous ont envoyée, j'en ai chialé. »

J'ai baissé les yeux sur son chèque.

« J'étais pas exactement le bienfaiteur anonyme dans cette histoire, Debbie. En fait, c'est eux qui ont décidé que je jouerais les gentils parrains…

— Ouais, mais vous avez rien fait contre. Et vous ne m'avez rien dit, pour pas que je me sente coupable.

— Ça n'aurait pas été mon style, non. »

Elle a posé sa main sur la mienne.

« Eh ben, il me plaît beaucoup, votre style. »

Je me suis dégagé gentiment et j'ai déchiré le chèque en deux.

« Je savais que vous alliez faire ça… » Puis, avec un petit rire : « Mais je tenais quand même à vous le donner. » Nous sommes restés un moment silencieux, jusqu'à ce qu'elle murmure : « Merci. »

Le taxi s'est arrêté au coin de la 19e Rue et de la 1re Avenue, devant l'une des entrées mal éclairées de Stuyvesant Town, un complexe d'habitations à loyer modéré construit dans les années cinquante à l'image d'un labyrinthe en Lego. Quelques individus patibulaires traînaient sur le trottoir.

« Votre bâtiment, il est loin ?

— Du côté du fleuve, plutôt. »

Plus question de repartir tout de suite. J'ai tendu un billet au chauffeur par la vitre de séparation.

« Je vous accompagne jusqu'à votre porte. »

Nous nous sommes engagés dans le dédale sans un mot. Arrivés à destination, elle s'est tournée vers moi.

« Allez, montez, que je vous présente Raul ?

— Je suis vraiment lessivé. »

Elle a tiré de son sac un trousseau de clés.

« Juste une minute. Et puis, il faut bien que vous voyiez à quoi sert votre argent, non ?

— Bon, rien qu'une minute », ai-je concédé.

Mais c'était à moi que je parlais, en réalité.

Son appartement était au premier. Exigu, encombré de vieux meubles d'occasion et de séchoirs à linge. Il y avait une télé et un magnétoscope dans un coin, rescapés de la préhistoire de l'audiovisuel. Scotchés un peu partout sur les murs, des dessins d'école de son fils.

Une petite alcôve était occupée par deux lits superposés. De celui du haut parvenaient les ronflements étouffés de la grand-mère. Raul dormait en bas. De longues boucles noires, une peau de pêche, un sourire rêveur aux lèvres. Un ange.

« Il est très beau, ai-je chuchoté, et elle m'a répondu par un vigoureux hochement de la tête. Bon, j'y vais... »

Nous nous sommes éloignés de l'alcôve. J'allais lui souhaiter bonne nuit et l'embrasser sur la joue, mais soudain nous nous sommes retrouvés éperdument enlacés, mes mains errant dans ses cheveux, sur ses seins, sous sa jupe, nous avons titubé jusqu'à la chambre, le lit est arrivé en avalanche, mon cerveau émettait des signaux d'alerte qui sont allés en faiblissant tandis qu'elle s'accrochait à ma chemise, une voix ténue essayant de protester en moi : « C'est débile ! », et puis un fondu au noir.

Soudain, la lumière du jour. À peine un rai qui passait entre les rideaux. J'ai ouvert un œil. Grosse erreur : le nerf optique, brusquement stimulé, m'a envoyé une affreuse décharge électrique au fin fond du crâne. J'ai ouvert les deux yeux. Explosion. Cette fois, c'était comme si un piolet s'était planté dans ma boîte crânienne. Et un Sahara dans la bouche. Je me sentais bouffi, hagard, et pendant un moment je me suis vraiment demandé où j'étais. Jusqu'à ce que je me voie, nu à côté d'une Debbie Suarez également dans le plus simple appareil, et pour sa part toujours plongée dans un sommeil comateux. Là, j'ai été pris d'un vertige horrifié, réaction typique de celui ou celle qui se réveille un matin pour se découvrir là où il ou elle ne devrait pas être, et dans une situation où il ou elle n'aurait jamais dû se fourrer. D'accord, je pouvais mettre cela sur le compte de l'alcool, de l'heure avancée, du choc émotionnel que la mort d'Ivan m'avait causé, de l'impulsion, mais il n'en restait pas moins que j'avais encore fait une belle connerie.

Il était sept heures douze à ma montre. Plus que temps de bouger, et vite. Je suis sorti du lit avec mille précautions. En posant les pieds sur le tapis élimé, j'ai aperçu par terre un préservatif usagé, découverte qui m'a procuré un immense soulagement. Oui, je me rappelais maintenant que Debbie avait interrompu nos ébats passionnés pour pêcher une petite capsule blanche dans le tiroir de sa table de nuit…

Ça, c'était la bonne nouvelle. La mauvaise m'est apparue quand je me suis retrouvé devant la glace suspendue dans sa chambre : dans le cou à droite, j'avais une marque qui ne pouvait être qu'un suçon, ainsi que des égratignures très évocatrices sur la pomme d'Adam. Dieu merci, Lizzie était toujours à L.A. et ne rentrerait pas avant une semaine au moins. Parce qu'elle n'aurait eu aucun mal à deviner quel genre d'activité m'avait laissé ces stigmates.

Ramassant mes vêtements jetés dans un coin, je me suis faufilé à la salle de bains. J'ai enfilé en hâte mon costume, qui avait l'air d'avoir été roulé en boule pour disputer un match de basket impromptu, j'ai étalé un peu de dentifrice sur un doigt et me suis frotté les gencives pour tenter de faire passer le goût rance des lendemains qui déchantent. Retour à la chambre, où Debbie gisait toujours, H.S. Ce dont je l'ai remerciée en silence, car très franchement je n'aurais pas su quoi lui dire. À part « Oups », peut-être…

J'ai ouvert la porte pour me glisser à pas de loup dans le living. Quelques mètres seulement me séparaient de la sortie. Au milieu des ronflements caverneux de la mamie, j'ai entrepris de les parcourir avec la prudence d'un pilleur de musée qui redoute de déclencher les sirènes par inadvertance. Une voix m'a fait piler sur place :

« "Découverte", il y a deux c ? »

J'ai pivoté sur mes talons. Raul, en pyjama, était installé à une petite table devant un bol de céréales et un classeur dans lequel il était en train d'écrire avec un minuscule bout de crayon. Il avait déjà une bonne taille pour un garçon de six ans. Un doigt sur les lèvres, je me suis approché de lui.

« Quel mot tu cherches ? ai-je chuchoté.

— "Découverte" !

— Chut, tu vas réveiller ta grand-mère.

— "Découverte", a-t-il repris, à voix basse cette fois. J'ai une phrase à compléter : "Thomas a fait une intéressante" trois petits points.

— Découverte, oui. Un seul c. » Il a articulé chaque lettre en écrivant le mot. « Et qu'est-ce qu'il a découvert, Thomas ? »

Ignorant ma question, il a contemplé son classeur.

« "C'était alors qu'il partait en…" Excursion, ça s'épelle comment ?

— D'après toi ?

— E, x, c, u, r, t…

— Non, s.

— S, i, o, n.

— Bien, ai-je approuvé en lui donnant une tape sur l'épaule. Maintenant, il faut que j'y…

— Tu es un ami de Maman ?

— Ouais, voilà.

— Et tu pars en e, x, c, u, r, s, i, o, n, aussi ?

— Non, au travail. Dis à ta mère que je l'appellerai.

— Mon nom, c'est Raul. R, a, u, l. Et ton nom à toi, ça s'écrit comment ?

— N, e, d. »

Il m'a lancé un sourire timide.

« Alors au revoir, Ned.

— Au revoir, Raul. »

J'ai foncé chez moi en taxi. Huit heures moins douze. Une douche rapide, un costume propre, une tasse de café accompagnée d'une poignée de vitamines, puis le sprint final pour arriver à l'heure à PC Solutions : je me suis préparé mentalement à cette course contre la montre sans oser penser à la manière dont la Méduse allait se venger de mon absence pendant deux jours consécutifs. Si je voulais encore avoir un emploi la semaine suivante, je devrais placer comme un dingue d'ici à vendredi.

En tournant la clé dans la serrure, j'ai été surpris de constater que la porte d'entrée de l'appartement n'était pas fermée à double tour. Dès que j'ai été à l'intérieur, j'ai entendu l'eau couler dans l'évier. Mais ce qui a porté mon inquiétude à son comble, c'est le sac de voyage que mes yeux horrifiés ont découvert par terre dans le couloir.

Lizzie était rentrée.

Ma première impulsion a été de fuir. Refermer la porte tout doucement, dévaler l'escalier et me terrer jusqu'à ce que mes blessures de guerre aient disparu. Seulement, j'étais dans un tel état d'affolement que j'ai lâché une seconde la poignée. La porte a claqué derrière moi. Dans la cuisine, l'eau s'est soudain arrêtée.

« Ned, c'est toi ? » a-t-elle crié de là-bas.

Sans me laisser le temps de réagir, elle est arrivée dans le couloir. En tailleur, maquillée : elle avait dû prendre un avion de nuit. Elle a semblé stupéfiée par ma posture : pourquoi, alors que je venais d'entrer, étais-je agrippé au loquet, de toute évidence prêt à repartir ? Je me suis retourné. Sous mon regard impuissant, ses traits se sont décomposés. D'abord la stupeur, puis la colère, puis un profond chagrin.

Elle fixait les marques sur mon cou. Mais elle voyait aussi que le rouge me montait au front.

Secouée d'un frisson, elle a fermé les yeux, et quand elle les a rouverts j'y ai lu un désespoir absolu. À voix basse, elle a lâché un mot, un seul :

« Salaud.

— Lizzie, je t'en prie, laisse…

— Va te faire foutre ! »

J'ai couru derrière elle, mais elle m'a claqué au nez la porte de la chambre. Et elle a tourné le loquet. J'ai tambouriné, supplié, crié que j'allais tout lui expliquer. Même si je savais que ma conduite n'était pas explicable, sinon par ma bêtise crasse.

Après trois minutes à me démener comme un damné, je me suis affalé sur le sol, à la fois épuisé et atterré. Au bout d'un moment, la porte s'est ouverte. J'ai bondi sur mes pieds.

« Lizzie, tu dois me laisser essayer de… » Je me suis arrêté. Je venais de voir qu'elle avait une Samsonite à chaque main. « Chérie, non ! Ne pars pas, s'il te plaît ! »

Elle m'a jeté les deux valises dans les jambes.

« Je ne pars pas. C'est toi qui dégages.

— Attends trente secondes !

— C'est moi qui paie le loyer, c'est moi qui casque toutes les factures, alors puisque notre mariage est en miettes je ne vois pas pourquoi ce serait à *moi* de vider les lieux !

— Notre mariage n'est pas en miettes !

— Oui, tu as raison, je me suis mal exprimée : il ne reste plus rien, même pas des miettes.

— Ma chérie… »

J'avais tenté de la prendre par l'épaule, mais elle m'a écarté d'un geste, comme si j'étais une guêpe agressive.

« Ne me touche pas !

— D'accord, d'accord, ai-je capitulé dans l'espoir de détendre un peu l'atmosphère. Mais on ne peut pas s'asseoir deux minutes et parler de…

— Parler ? PARLER ? Tu vas baiser ailleurs et en plus tu voudrais qu'on en parle ? »

Elle est partie en trombe dans le salon, où je l'ai suivie.

« C'est pas comme ça que ça s'est passé. Il… il ne s'est rien passé, d'ailleurs.

— Rien ne s'est passé ? Tu es capable de te présenter devant moi, avec toutes ces… preuves partout, et de me sortir qu'il ne s'est "rien passé" ? Allez, disparais de ma vue. »

Je n'ai pu retenir un sanglot.

« J'étais… j'étais soûl, Lizzie ! J'avais plus ma tête après l'histoire d'Ivan ! J'avais pas l'intention…

— Je n'écouterai pas tes excuses bidon.

— Au moins, donne-moi une chance de…

— Ah oui, comme tu dis ! Dès que j'ai eu ton message, pour Ivan, j'ai tout lâché, passé une nuit blanche dans l'avion, traversé le continent entier, et pourquoi ? Parce que je me suis dit : "Il mérite une chance." Et même : "Notre couple mérite une chance." Total, je découvre quoi ? Que le minable qui se prétendait mon mari n'est même pas capable de dire à sa nympho de ne pas le mordre dans le cou !

— Ce n'est pas ma nympho.

— Je me contrefiche de ce qu'elle est ou n'est pas. Entre nous, c'est fini.

— Tu ne peux pas tout casser…

— Je ne *peux* pas ? Qui tu es, toi, pour parler comme ça ?

— J'ai commis une erreur. Une erreur terrible. Mais… »

Je me suis jeté sur le canapé, la tête dans les mains. Raide comme une statue, Lizzie m'a regardé pleurer.

Oui, j'étais en larmes mais elle n'a pas fait un geste, elle n'a pas eu un mot d'apaisement. Rien d'autre que ce regard froid, méprisant. C'est seulement lorsque je me suis calmé qu'elle a consenti à parler.

« Moi aussi, je me suis trompée. En pensant qu'on pouvait repartir sur de bonnes bases, en… » Sa voix s'est brisée. Ses yeux se sont brouillés. « Comment tu as pu aller jusque-là ? Comment, merde ?

— Je n'avais pas l'intention de…

— Assez avec tes intentions ! Tu l'as fait, c'est tout. Alors que tu savais notre relation dans une passe difficile, tu n'as pensé qu'à toi et à tes petites envies. Rien ne peut excuser ça. »

Elle s'est essuyé les yeux du dos de la main. Sans rien ajouter, elle a saisi les deux valises et, allant ouvrir la porte d'entrée, les a posées sur le palier.

« Tu t'en vas, maintenant. » Je n'ai pas bougé. « Tu as entendu ? Je ne veux plus te voir ici.

— Je t'en prie, Lizzie…

— On n'a rien d'autre à se dire.

— Si, on a TOUT à se dire !

— J'appelle un avocat aujourd'hui même.

— Et si je refuse de m'en aller ?

— Alors, je lui demanderai de te faire partir. Dans les formes. Tu veux qu'on aille jusque-là, Ned ? Si c'est ce que tu veux, tu l'auras. »

J'étais face au mur. J'avais tout gâché. Discuter ou supplier n'avait plus aucun sens. Je me suis levé, j'ai marché jusqu'à la porte, j'étais sur le point de quitter l'appartement quand je me suis tourné de côté, prêt à une dernière tentative. Elle ne m'a pas laissé le temps d'ouvrir la bouche.

« Je NE VEUX PAS savoir ! »

Et elle est retournée dans la chambre, où elle s'est enfermée. Le silence est revenu. Puis je l'ai entendue. Elle pleurait. Je me suis approché de la porte close.

« Lizzie... »

Ses sanglots ont cessé, d'un coup.

« Fiche le camp. Va mourir ! »

J'en suis resté paralysé. Seuls mes yeux bougeaient, errant dans tous les sens, parcourant les lieux à la recherche... À la recherche de quoi ? D'une photo de mariage, d'un souvenir de vacances, d'une babiole achetée ensemble, d'un petit symbole dérisoire mais qui aurait eu la force magique de nous sortir de ce marasme, de nous faire rire tous les deux, de nous réconcilier. Mais je n'ai vu que des meubles design, des parquets vitrifiés, de grandes fenêtres cintrées où le paysage urbain profilait toutes ses promesses verticales. Et soudain, je me suis dit : « Il n'y a rien qui vienne de nous, ici. Rien. »

Résigné désormais, je suis retourné dans l'entrée. J'ai pris dans ma main la poignée de la porte. Alors, c'est ainsi que cela s'achève, un mariage ? En ouvrant une porte et en la refermant derrière soi ? Ça se résume à ça ?

Elle s'est refermée, en effet. En claquant.

7

J'AVAIS 7,65 DOLLARS EN POCHE et il pleuvait. Pas une petite bruine, non : la mousson, quasiment. Traînant mes valises sur la 6e Avenue dans ce déluge, j'ai perdu dix minutes à tenter d'arrêter un taxi. Sans succès. Il était huit heures dix-huit à ma montre. Même si je me jetais dans le métro, chargé comme un baudet, je n'arriverais jamais à temps. À la place, j'ai marché à une cabine téléphonique pour appeler la Méduse. Le tyran ne m'a pas laissé l'occasion de lui dire que j'étais en retard.

« Vous ne vous êtes pas présenté à votre poste, hier ?

— Quand je vous ai téléphoné lundi, je vous ai prévenu que je risquais de devoir rester à Hartford un jour de plus.

— Non, vous avez dit que vous seriez absent lundi. Et c'est moi qui vous ai prévenu que si vous manquiez mardi je vous sucrerais votre journée *et* monterais votre quota à dix-huit unités placées. Ça ne signifiait pas que je vous donnais la permission de vous absenter !

— J'ai dû mal comprendre, monsieur Rubinek. Mais comme je vous l'ai expliqué, c'était un ami très cher et…

— C'est pas mon problème ! Votre quota passe à vingt-deux. Et trois unités de pénalité supplémentaire si vous n'êtes pas à votre place à huit heures et demie tapantes. Il vous reste neuf minutes. »

Soudain, je me suis entendu vociférer dans l'appareil :

« Va te faire mettre, sadique, malade ! »

C'est seulement quand j'ai raccroché avec rage que je me suis rendu compte de ce que je venais de faire : j'avais donné ma démission.

J'ai été soulevé par une vague de jubilation. J'avais dit à ce monstre ce que je pensais de lui, enfin. Mais cette exaltation n'a pas duré plus d'un millième de seconde. Exactement le temps que je me souvienne de ma situation : sans toit, sans job, et avec une fortune s'élevant désormais à 7,40 dollars.

Et maintenant ? Je pouvais essayer de prendre une chambre d'hôtel, mais aucune de mes cartes de crédit ne me permettait une telle extravagance, et si je signais un chèque en bois celui-ci finirait par me revenir dessus comme un boomerang, avec poursuites judiciaires à la clé. La seule solution était de me réfugier dans un foyer ami. Mais lequel ? Après la folie de la nuit précédente, je n'avais aucune envie de renouer le contact avec Debbie Suarez, la seule idée qu'elle puisse voir dans mon appel une volonté de poursuivre une relation amoureuse me mettant dans les transes. C'était une veuve avec un enfant à charge, finalement. Si elle apprenait que Lizzie m'avait jeté dehors, elle allait sans doute fondre sur moi tel un missile à tête chercheuse. Or, pour l'instant, j'étais la pire cible possible. Une catastrophe ambulante. Non, Debbie, moins que quiconque, ne méritait pas un sort pareil.

Il y avait bien Ian et Geena… Seulement, j'entendais déjà la réaction outragée de Lizzie quand sa copine l'appellerait à L.A. et lui raconterait que je m'étais incrusté chez eux pour quelques nuits. Et eux, en apprenant de Lizzie la raison pour laquelle elle m'avait mis dehors, ne seraient pas enclins à sympathiser avec moi, j'en étais certain. Qui d'autre, alors ? Bon sang, mais oui ! Phil Sirio.

J'ai sorti en hâte mon portefeuille, à la recherche de la serviette en papier sur laquelle il avait griffonné le numéro de téléphone de son frère, la veille. Mais alors que je farfouillais dans le méli-mélo habituel de reçus de distributeur et de notes de taxi je suis tombé sur la carte de visite de Jerry Schubert. Il avait insisté pour qu'on se voie, et contrairement à Phil il avait le grand mérite d'habiter Manhattan. Non, il ne pourrait pas refuser l'hospitalité à un vieux pote de lycée. D'une main tremblante, j'ai glissé une pièce dans le téléphone public et composé son numéro au travail. Sa secrétaire m'a demandé de patienter un instant avant de me le passer.

« Ned ! » Il paraissait sincèrement content de m'entendre. « J'espérais bien que tu ferais signe ! Qu'est-ce que c'est, tout ce bruit ? Tu es sur le trottoir, là, ou quoi ?

— On peut le dire, oui.

— Mais où, exactement ? Près de ton club de tennis de la 20e Rue ?

— Dans une cabine. 9e Rue et 6e Avenue. »

Je ne devais pas avoir une voix très assurée, car il m'a demandé :

« Et… tout va bien, Ned ?

— Pas vraiment. Je suis un peu dans la panade, Jerry.

— Quel genre ?

— Genre grave. En fait, je ne sais même pas où je vais passer la nuit, ce soir.

— Ah, effectivement ! » Il a laissé échapper un petit rire. « Ne me dis pas que ta femme t'a foutu dehors ?

— À mon grand regret, si.

— Merde ! Désolé…

— Oh, tout le monde est à la merci d'un sale coup.

— Ouais, surtout quand on est marié. Bon, écoute, je dois filer voir mister B., tout de suite. Rapplique à mon bureau, 502, Madison Avenue, entre la 53e et la 54e. On verra ce qu'on peut faire, d'acc ? »

La pluie tombait toujours à seaux, il n'y avait pas un taxi en vue et quand je me suis posté devant un distributeur de billets automatique en essayant toutes mes cartes j'ai obtenu chaque fois le même message péremptoire : « Opération refusée. » Furieux, j'ai charrié mes valises dans les escaliers du métro, j'ai acheté un jeton et je me suis faufilé dans un wagon bondé, m'attirant des regards peu amicaux des autres passagers. Surtout lorsque j'ai laissé tomber par mégarde une des valoches sur le pied d'une femme d'affaires debout à côté de moi.

« Faites attention, quoi ! s'est-elle exclamée d'un ton sec.

— Je suis vraiment désolé… »

Secouant la tête d'un air dégoûté, elle a sifflé entre ses dents l'insulte suprême pour les vrais New-Yorkais :

« Touriste ! »

J'ai fermé les yeux, ne désirant qu'une chose : que cette journée pourrie se termine.

En remontant à la surface, j'ai eu l'impression que mes bras allaient se détacher de mon corps tant ces foutus sacs pesaient lourd. J'ai titubé sous le déluge, qui s'était transformé en une bruine insistante de neige fondue, remontant à l'est vers Madison jusqu'à parvenir au 502, où je me suis presque effondré dans le hall d'entrée.

Ballantine Industries était installé dans un élégant gratte-ciel des années cinquante, un de ces audacieux tributs élevés à l'optimisme et à l'esprit d'entreprise de l'après-guerre. Après un seul coup d'œil à ma personne trempée, échevelée et encombrée de bagages, le vigile qui se tenait près des ascenseurs s'est raidi. Ennuis en vue, a-t-il évidemment pensé. Il s'est positionné entre le bouton d'appel et moi.

« Vous alliez voir qui, monsieur ?

— Jerry Schubert, de Ballantine Industries. »

Il m'a montré d'un doigt quelques fauteuils bas réunis en bouquet dans un coin.

« Vous pouvez attendre là pendant que je l'appelle.

— Mais il m'attend !

— Bien sûr, a-t-il lâché en partant vers son interphone. Asseyez-vous, merci. »

J'ai obéi. Mon pardessus était gorgé d'eau, mes chaussures étaient deux flaques, je sentais le frisson de la grippe monter en moi. Le vigile est revenu.

« M. Schubert descend tout de suite. »

Deux minutes plus tard, Jerry a surgi de l'ascenseur, en manteau, un attaché-case à la main.

« Tu as l'air d'un chien mouillé, a-t-il plaisanté avec un sourire. Alors, mauvaise journée ?

— Plus que ça.

— Viens, m'a-t-il commandé en saisissant une de mes valises. On a une voiture qui attend dehors. »

Une limousine Lincoln était en effet garée devant le perron. Le chauffeur, en livrée, nous a libérés des Samsonite et les a rangées dans la malle arrière. Nous sommes montés tous les deux derrière.

« Premier arrêt au 115, Wooster Street, a indiqué Jerry, ensuite je vais au 111, Broadway. Au croisement de Broadway et de Wall Street. » Il s'est tourné vers moi. « J'ai rencart avec des financiers, mais je te dépose chez moi au passage.

— Écoute, si c'est trop compliqué, prête-moi 100 dollars, simplement, et je me trouverai un hôtel pas trop cher pour une nuit ou deux. »

Il a fait un geste saccadé au-dessus de son avant-bras.

« Tu connais ça, hein ? Le plus petit violon qui existe. Arrête un peu les pleurnicheries, Allen. Ça ne prend pas, avec moi.

— Pardon.

— Si tu as besoin d'un lit, il y a une chambre en rab dans mon loft.

— Vendu. Et tu ne peux pas savoir à quel point je… »

Il m'a arrêté en levant une main en l'air.

« Remerciements acceptés. Dis, c'est quoi, ce machin que tu as dans le cou ?

— Un suçon.

— Cadeau de Mme Allen ?

— Ah, j'aimerais bien… »

Il a éclaté de rire.

« Alors c'est ça, le problème ?

— C'est une longue histoire.

— Tout est toujours une longue histoire. »

J'ai entrepris de lui raconter l'ensemble de ma dégringolade, depuis la vente de *CompuWorld* jusqu'à la rupture avec Lizzie. Quand j'ai terminé, il a poussé un sifflement admiratif.

« Eh, une vraie épopée, ton truc !

— Qui n'est pas finie, vu que je me retrouve à la rue, sans…

— Stop ! Règle numéro un de la Vie Selon Jack Ballantine : si tu *veux* t'en tirer, tu t'en tireras.

— Je ne demande qu'à y croire. »

Il habitait entre Prince et Spring Street. Un appartement austère, dépouillé jusqu'à paraître vide : parquets délavés, murs blancs, un immense canapé en cuir noir, une télé, une chaîne stéréo, une longue table et des chaises en acier. La chambre d'amis, réduite au minimum, ne pouvait contenir qu'un futon deux places et un porte-vêtements. Minimaliste était un mot faible : l'endroit paraissait dénué de toute vie.

« Impressionnant.

— Je n'y suis presque jamais, à part pour six heures de sommeil par nuit. Tu peux rester ici autant que tu veux – si tu es soigneux, bien entendu.

— Je suis très soigneux. Et très reconnaissant.

— Ce que tu vas faire ensuite, tu en as une idée ?

— Je suis preneur de n'importe quoi. Vu l'état de mes finances, je ne vais pas jouer les fines bouches.

— Tu as beaucoup de dettes ?

— 17 000 et quelques.

— Pas mal !

— C'est une façon de voir, oui.

— Bon, commençons par le commencement. Tu es chez toi, installe-toi, accroche tes affaires dans ta chambre, commande ce que tu veux à manger, parce qu'il n'y a rien dans le frigo, à part des bières. Tu as un peu de liquide sur toi ?

— Oui, oui, ça va.

— Tu parles ! »

Sortant de sa poche deux billets de 50, il me les a tendus.

« Jerry, tu ne vas pas me faire la charité, quand même… »

Il les a fourrés de force dans la pochette de ma veste.

« Ouais, ces scrupules de provincial à la con, ça ne prend pas avec moi, je t'ai dit. Bon, ce soir je rentre tard.

— Boulot ?

— Non, détente.

— La belle Cindy ?

— Hein ? Non, elle, c'est fini depuis longtemps.

— Eh ben, c'était du rapide !

— En général ça l'est, avec moi… Écoute, je suis à la bourre, là. On parlera demain matin. Mais d'ici là, un conseil, Ned : essaie de décompresser un peu et d'arrêter de penser au lendemain. Tu verras, après douze heures de bon sommeil, la vie paraît tout de suite plus chouette !

— Tu es un chic type, Jerry.

— Ferme-la, a-t-il répliqué avec un sourire. Allez, à plus. »

J'ai vidé mes valises, suspendu mes habits trempés. Après une station prolongée sous une douche brûlante, j'ai enfilé un jean et un tee-shirt, et je me suis fait du café.

Je commençais à me sentir presque humain quand j'ai repensé à Lizzie et au gâchis que j'avais provoqué. J'ai consulté ma montre. Presque midi. Il n'y avait qu'une chose à faire : lui téléphoner au bureau, la prier d'accepter de me revoir, me répandre en excuses et, si nécessaire, tomber à genoux en la suppliant de m'accorder une chance.

Aussitôt, j'ai mis mes résolutions en pratique. C'est sa secrétaire, Polly, qui a répondu. À sa voix, nerveuse, tendue, j'ai compris qu'elle devait être au courant.

« Oh, vous avez raté Lizzie de peu, Ned ! Elle a eu une série de rendez-vous ce matin, et là… elle prend l'avion pour L.A. à midi. C'est toujours elle qui s'occupe de notre bureau là-bas, vous savez ? »

Ainsi, Lizzie avait vraiment tout abandonné et traversé le continent pour tenter une réconciliation avec moi. Quel imbécile j'étais, quel sinistre crétin ! Si j'avais cherché à tout démolir, je ne m'y serais pas pris autrement.

Polly parlait toujours. Et elle avait l'air d'être sur des charbons ardents.

« Euh, je ne sais pas comment formuler ça, Ned… Lizzie m'a demandé de vous dire qu'elle avait, euh… qu'elle avait téléphoné à votre propriétaire pour lui annoncer qu'il pouvait sous-louer l'appartement. Que vous ne l'occuperiez plus et qu'il fallait mettre toutes vos affaires au garde-meuble. Donc, elle a dit que si vous vouliez récupérer quelque chose vous deviez appeler le…

— J'ai le numéro du propriétaire, merci.

— Mais oui, bien sûr !

— Vous serez gentille de dire à Lizzie que je me suis installé chez un ami, à SoHo. Elle peut me joindre au… voyons, au 555 78 94.

— Rien d'autre, Ned ?

— Que je suis terriblement… désolé. »

J'ai raccroché en hâte pour qu'elle ne m'entende pas fondre en larmes. Il m'a fallu environ dix minutes pour me calmer. Si mon père m'avait vu en cet instant, il aurait été révolté. Un jour, il m'avait déclaré : « Quand on commet une erreur, on reconnaît, point ! Et on encaisse le coup en silence. Chez les Allen, un homme ne pleure pas. »

Mais chez les Allen, on ne déconne pas comme j'avais déconné, moi !

J'ai résisté à la tentation de soigner mes nerfs au whisky de malt que j'avais aperçu dans la cuisine de Jerry. Puis lorsque le besoin d'une cigarette est devenu intolérable, j'ai ouvert le robinet de l'évier et j'y ai noyé mon paquet de Winston, carrément. Plus de gnôle, plus de tabac. Jogging quotidien à partir de demain matin. J'ai repensé à la maxime du révérend Ballantine que Jerry m'avait servie plus tôt : « Quand on veut s'en tirer, on s'en tire. » Exact, à une nuance près : est-ce que Lizzie me donnerait encore une chance de m'en tirer ?

J'ai passé l'après-midi sur le canapé à feuilleter les œuvres complètes de Jack Ballantine, qui occupaient la place d'honneur dans la bibliothèque par ailleurs peu fournie de mon camarade. Il fallait un sens de l'humour à toute épreuve pour résister à cette liturgie de la réussite personnelle, truffée de métaphores sportives et qui semblait étrangement conçue pour mon ancien Moi, le commercial ambitieux ne demandant qu'à croire que le succès pouvait en effet se résumer à une formule magique, ou « stratégique » selon le jargon psycho-crapoteux employé par le Grand Motivateur.

Mais si ses allusions incessantes au terrain de football m'ont arraché à plusieurs reprises un rire cynique, je n'ai pu m'empêcher de tiquer lorsque je suis tombé sur un passage de son dernier best-seller, *Le Territoire du succès* : « En affaires, c'est l'engagement moral qui prime sur tout le reste. La recherche du profit est une motivation respectable, mais elle ne devient admirable que si elle s'accompagne de la plus grande exigence sur le plan éthique. Le monde des affaires étant un univers impitoyable, vous ne devez lancer une attaque qu'après vous être assuré que votre zone de défense est bien couverte. Croyez-moi, si cette attaque n'est pas menée dans les règles, si vous, le capitaine de l'équipe, essayez de gagner du terrain avec des pratiques répréhensibles, tous les essais que vous pourrez marquer par la suite auront un goût amer. Parce que, au fond de vous, il y aura toujours la certitude qu'un jour ou l'autre quelqu'un, un arbitre, un spectateur, un joueur découvrira par quels biais vous avez obtenu la victoire. »

Dans ma vie professionnelle, j'avais toujours suivi ces principes, jusqu'à ce que Kreplin me propose la place de Chuck, jusqu'à ce que Peterson poignarde Ivan dans le dos, jusqu'à ce que je me mette à parer au plus pressé et à jouer n'importe comment. À proprement parler, je n'avais rien commis de répréhensible, d'« immoral » : je n'avais pas accepté de faire vraiment chanter Peterson, et c'était Kreplin qui m'avait forcé à dissimuler ma prétendue promotion. Mais je savais, moi, que j'avais baissé la garde à un moment, que j'avais cherché à faire taire mes scrupules. Il suffit de s'engager sur cette pente pour commencer à perdre pied. Et soudain c'est la chute. Tête la première.

Je n'ai quitté l'appartement qu'une seule fois, pour aller m'approvisionner en fruits, légumes et eau minérale. À neuf heures du soir, après un dîner de bonze, j'ai finalement succombé à la fatigue. À peine avais-je touché le futon que j'ai sombré.

J'ai disparu de ce monde onze heures durant. Lorsque je me suis enfin levé pour aller à la cuisine, j'ai aperçu un mot sur la grande table en acier, avec un billet de 100 dollars tout neuf posé dessus : « *Hombre*, j'espère que tu t'es reposé. Ci-joint un peu d'argent de poche en plus, au cas où tu voudrais te racheter une brosse à dents. Mais essaie quand même de ne pas trop t'éloigner du téléphone ce matin, au cas où nous aurions besoin de te joindre. À plus. Jerry. »

J'ai relu sa dernière phrase à plusieurs reprises. Qu'est-ce qu'il avait voulu dire par là ? À moins qu'à force de fréquenter le Grand Motivateur il ait pris l'habitude d'utiliser le « nous » de majesté ?

Un peu embarrassé, j'ai empoché le billet. Une orange pressée et hop ! dehors.

J'avais prévu de courir le long de Broadway Ouest, de tourner autour de Washington Square et de terminer mon jogging en redescendant au sud. En réalité, je n'ai pu arriver qu'au croisement de Houston Street, soit à peine cinq pâtés de maisons : une soudaine douleur à la poitrine m'a plié en deux.

Non, ce n'était pas une crise cardiaque. Juste un sévère avertissement que mon système cardio-vasculaire m'avait envoyé pour me rappeler que j'étais en piteuse forme, et que la cigarette a des effets merveilleux sur la santé.

J'ai passé le reste de la matinée à faire le ménage chez Jerry. C'était une façon de tuer le temps, et aussi un moyen de calmer un peu les scrupules que j'avais à accepter l'aumône d'un ancien copain de classe. Vers midi, le téléphone a sonné. C'était la secrétaire de Jerry.

« M. Schubert est en rendez-vous toute la journée, mais il vous propose de le rejoindre à dîner à "Bouley Bakery", à neuf heures. Je vous donne l'a...

— Je sais où c'est », l'ai-je coupée.

Je me rappelais y être allé une fois avec Lizzie. Et avoir payé une addition beaucoup trop salée.

« Il se demandait aussi si vous pourriez récupérer deux costumes qu'il a donnés à un teinturier derrière le "Grand Hôtel" de Soho. G & G Dry Cleaners, ça s'appelle.

— Pas de problème. Il y a d'autres courses à faire pour lui ? »

Je me suis demandé si elle avait remarqué la nuance empressée, pour ne pas dire obséquieuse, dans ma voix. À ce stade, Jerry était le seul être sur terre qui pouvait m'empêcher de me retrouver à la rue et j'étais donc prêt à accepter n'importe quoi de lui, dans les limites du raisonnable évidemment, pour rester dans ses petits papiers.

« Non, c'est tout ce dont il a parlé. Il vous attend à neuf heures, alors. »

À pied, « Bouley Bakery » n'était qu'à dix minutes du loft, à Tribeca. Je me suis présenté à l'heure dite. On m'a conduit à l'une des dix tables de ce petit restaurant qui avait été réservée à son nom. À neuf heures et quart, Jerry n'était toujours pas apparu et j'étais obligé de continuer à décliner l'offre alléchante que le serveur me répétait toutes les deux minutes : « Peut-être un apéritif, monsieur ? » Après avoir dépensé 30 dollars à la supérette et 22 dollars pour le nettoyage à sec des costumes, un martini à 10 dollars aurait constitué six pour cent de mes avoirs et je ne pouvais savoir quand ma prochaine rentrée d'argent se produirait. Je lui ai donc poliment annoncé que je préférais attendre mon ami avant de commander, et je suis resté plongé dans la carte pour ne pas croiser le regard du maître d'hôtel, redoutant d'avoir à lui annoncer qu'il avait immobilisé pour rien une de ses tables si convoitées – un mois et demi de liste d'attente, sauf pour les privilégiés de Ballantine Industries – au cas où Jerry me ferait faux bond.

À moins de garder la tête haute et de passer commande comme un grand, tout seul ? Avec pas une entrée à moins de 14 dollars et des plats tournant autour de 30, plus une bouteille d'eau minérale à 4 dollars, le pourboire et les taxes, j'arriverais à m'en sortir pour 65 dollars. Il y a quelques mois encore, la dépense m'aurait paru dérisoire. J'aurais jeté ma carte de crédit sur la table avec la même négligence que s'il s'était agi d'un misérable jeton de poker et j'aurais pensé à autre chose. Oui, l'argent me brûlait les doigts en ce temps-là, je fonçais de dépense en dépense sans jamais me préoccuper des conséquences. L'idiotie dans toute sa splendeur : se battre avec tant d'acharnement pour arriver quelque part qu'on finit par perdre ce qui donnait un peu de sens à ce combat.

« Tu en fais, une tête ! »

J'ai levé les yeux du menu. Jerry était enfin là.

« J'étais un peu pensif, c'est tout. »

Il s'est assis et a commandé à boire pour nous deux avant de revenir à moi.

« Et cet état "pensif", c'est peut-être à ta femme qu'il serait dû, hein ?

— Peut-être.

— Elle te manque beaucoup ?

— Plus encore. Ça me tue, cette histoire.

— Alors, fais quelque chose !

— Comme quoi ?

— Comme te remettre sur pied. Je te parie tout ce que tu veux qu'elle reviendra dès que tu auras repris goût à la vie.

— Pas après le gâchis que j'ai provoqué.

— Quoi, c'est la première fois qu'elle te prend la main dans le sac ?

— C'est la première fois que je fais une chose pareille, tu veux dire !

— Mais bon sang, tu es un boy-scout ou quoi ?

— J'aime ma femme.

— Félicitations. Mais, dans ce cas, une fidélité pareille, ça finit par payer, non ? Et puis, crois-moi, elle sait parfaitement que tu l'aimes comme tu dis…

— Après ce qui s'est passé, je ne pense pas que ça compte encore.

— Oh, allez ! Toutes les femmes savent que les hommes peuvent se conduire comme des salauds. Surtout quand il s'agit de sexe ! En plus, c'était quoi ? Une coucherie de rien du tout après les obsèques d'un copain, alors que vous étiez séparés, elle et toi. Je t'assure, ressaisis-toi, et elle va revenir. »

Le serveur nous a apporté nos verres. J'ai levé mon Perrier à sa santé.

« Vraiment, Jerry, je ne pourrai jamais assez te remercier de…

— Oh, eh, Allen ! Arrête cinq minutes les témoignages de gratitude, d'accord ? Je vais finir par avoir l'air de saint Martin, sans ça !

— D'accord, d'accord, mais je dois quand même te le dire : tu es en train de me sauver la vie.

— C'est toi qui vas te la sauver, mon vieux. Tu sais pourquoi ? Parce que tu étais déjà un vendeur hors pair au berceau. Parce que des mecs comme toi s'en tirent toujours. Et au mieux, en plus.

— Même avec les bons soins de quelqu'un qui a décidé de t'assassiner professionnellement ?

— À ta place, je ne m'inquiéterais pas tant de ce Peterson à la noix.

— C'est… c'est un tueur, Jerry. Il n'arrêtera pas tant qu'il n'aura pas eu ma peau.

— Il est à GBS, c'est bien ça ?

— Ouais. Chef de pub.

— Tu veux que je le fasse te lâcher ?

— Je le veux mort et enterré, oui ! »

Il a eu un rire sombre.

« Ça, ce n'est pas dans nos cordes. Mais je suis certain que mon boss connaît quelqu'un dans la hiérarchie de GBS. Il connaît tout le monde, mister B. ! Enfin, il suffit que nous contactions la personne adéquate pour que Peterson revienne à la raison. En fait, je suis prêt à parier qu'ils ne sont même pas au courant de ses magouilles, à GBS.

— C'est gentil, mais à mon avis les dégâts sont irréversibles. Je veux dire que dans le secteur de l'informatique je suis aussi mort qu'Ivan. »

Il a contemplé un moment la surface ambrée de son martini avant de lancer une question.

« Qu'est-ce qui te plaît le plus, dans la vente ?

— Amener quelqu'un à dire "oui".

— Et ce que tu vends, en soi, c'est important ?

— Pas du tout. Le truc de la vente n'a rien à voir avec le produit. C'est une affaire de conviction. Donc ouais, à partir du moment où ça n'est pas illégal, je peux vendre à peu près n'importe quoi.

— Excellent.

— Pourquoi ?

— Parce que ça n'a rien d'illégal, ce que je veux que tu vendes pour nous. Et c'est même du haut de gamme, comme n'importe quel type de Wall Street te le confirmera.

— Attends, attends, j'ai dû rater quelque chose, là… »

Il est sorti de sa contemplation pour m'observer, un sourire ironique aux lèvres.

« Tu ne me suis pas ?

— Pas vraiment, non.

— O.K., je vais aller droit au but, alors : un job, ça te dirait ? »

8

Jerry Schubert, c'était un artiste du suspense. Après avoir jeté sa petite bombe, il m'a déclaré qu'il avait horreur de parler boulot à table. C'était un stratagème aussi cruel que judicieux : ainsi, il pourrait voir si j'étais aux abois au point de me ruer sur la carotte qu'il venait de me tendre.

Aux abois, je l'étais, mais je conservais assez de jugeote pour comprendre qu'il était en train de me mettre à l'épreuve. Après avoir étudié la prose de Ballantine pendant plusieurs heures la veille, je me souvenais encore des passages où le Grand Motivateur laissait clairement entendre que se montrer en situation de faiblesse était selon lui un péché capital : « N'amenez jamais votre interlocuteur à penser que vous défendez une cause perdue d'avance. Imaginez-vous dans le contexte où il ne reste que vingt secondes avant la fin du match, où vous êtes mené 14 à 10, et acculé dans votre camp. Que faites-vous alors ? Vous paniquez, vous laissez le désespoir prendre le pas sur vous ? Si vous voulez perdre, oui. Car le vrai vainqueur est celui qui regarde la peur en face, sans broncher. Et qui se tire du pétrin parce qu'il est convaincu que sa prochaine action conduira à l'essai transformé. »

À l'évidence, Jerry souscrivait entièrement à cette philosophie, et en trahissant mon anxiété je ne ferais que desservir mes intérêts. Donc, je l'ai laissé mener la conversation comme il l'entendait, me contentant de hocher la tête quand il a précisé que nous en viendrions aux choses sérieuses au moment du café. Alors, tout au long du repas arrosé d'un chardonnay Cloudy Bay, nous avons échangé des informations sur nos existences respectives depuis l'époque de Brunswick, moi en lui donnant un résumé rapide de mes quinze dernières années, et lui en acceptant enfin de me communiquer quelques détails révélateurs sur ses faits et gestes passés, sans la moindre allusion au scandale du match truqué.

Après avoir rejoint St. Lawrence University pour un programme sport-études, il n'avait pas obtenu les résultats universitaires requis et s'était retrouvé dans l'équipe de hockey professionnel d'Alberta, au Canada :

« On n'était qu'en troisième division, mais j'avais vingt ans et je me prenais pour le roi du pétrole ! À 350 dollars la semaine, note bien ! Je me voyais déjà décrocher le contrat du siècle dans la sélection nationale. »

Ce qui ne s'était pas produit, évidemment. Il avait continué de jouer avec son équipe de ploucs pour des salles de ploucs dans des villes ploucs du genre de Sault Sainte Marie, Yellowknife ou Medicine Hat. Six années s'étaient écoulées en un éclair, aussi vite que son mariage avec une journaliste d'Alberta, qui, d'après lui, n'avait pas duré plus de cinq minutes. À vingt-six ans, il gagnait difficilement sa vie en se faisant cogner dessus par des brutes en patins à glace, ses genoux commençaient à flancher, et le médecin de l'équipe lui prédisait de sérieux ennuis orthopédiques s'il n'abandonnait pas le hockey. Rapidement.

Alors il avait repassé la frontière pour échouer à Detroit, où un ancien joueur de sa connaissance avait monté une petite agence de sécurité.

« J'étais fauché, sans diplôme, avec zéro avenir, a-t-il résumé. La perspective de jouer les traîne-flingues dans ce bled n'avait rien d'excitant, mais ce n'était pas si mal payé et de toute façon je n'avais pas le choix. »

Pendant près d'un an, il avait donc été garde du corps d'une série de cadres supérieurs de l'industrie automobile, des types qui craignaient de se faire esquinter par quelque syndicaliste mal luné ou qui étaient victimes de la paranoïa du kidnapping. De temps à autre, il assurait aussi la protection d'un visiteur de marque, et c'est ainsi qu'il avait connu Jack Ballantine, venu passer dix jours à Detroit en 1990. Intéressé par un projet de centre commercial à Grosse Point, l'Avant-Centre du Capitalisme avait demandé les services d'un gars du cru, qui connaissait déjà le terrain. Le courant était bien passé entre eux (« Je pense que mon parcours de joueur de hockey lui a plu ») et une semaine après le retour de « mister B. » à New York Jerry avait été contacté par un gus de chez Ballantine : le grand homme avait besoin d'un nouveau garde du corps, était-il intéressé ?

« Quelques secondes après, j'étais déjà dans l'avion. C'était il y a sept ans, et tout ce que j'ai fait avant je l'ai oublié. Mister B., tu comprends, il fonctionne d'une manière très simple : tu es réglo avec lui, il est réglo avec toi. Même quand son empire immobilier s'est cassé la figure, il a continué de me verser mon salaire. Et tu sais pourquoi ? Comme il me l'a dit à l'époque, “lorsque le capitaine de l'équipe se fait méchamment plaquer, il veille à ce que son meilleur défenseur reste près de lui pour éviter que cela lui arrive de nouveau”. »

Ballantine avait aussi compris que Jerry avait d'autres ambitions que de jouer les vigiles. Alors, à la faveur de sa résurrection en tant que gourou médiatique, il l'avait promu au rang d'assistant personnel, lui confiant le rôle d'intermédiaire avec ses éditeurs, son agent littéraire et le cabinet de relations publiques qui avait organisé ses premières tournées de conférences.

« Lorsque son premier bouquin est entré dans la liste des best-sellers, il m'a aussi délégué de plus en plus la gestion quotidienne des affaires. Tu te rends compte que ce livre-là s'est vendu à trois cent mille, le suivant à un million huit et le troisième à deux millions six ? Maintenant, il peut se permettre de demander 50 000 dollars par conférence. Rien que l'an dernier, il a dû donner quelque chose comme deux cents "cours de motivation", ce qui fait un total assez joli, non ? »

Oui, c'était même plus que joli…

« Bon, a poursuivi Jerry, cet homme-là remue tellement d'air que j'en suis arrivé à embaucher trois collaborateurs pour gérer la logistique des tournées. Ce qui me convient parfaitement parce que, pour être très franc, je commençais à en avoir un peu ma claque, de ses conseils psychologiques. Quand on a aidé comme moi à transformer tout ça en un business colossal, ça finit par avoir un goût de déjà vu, tu comprends ? Et comme mister B. voit toujours loin, comme il demeure sans cesse à l'affût d'un nouveau coup, il a reconnu qu'il était temps d'étudier d'autres secteurs d'activité. On a cogité sur pas mal d'investissements possibles avant de décider de nous embarquer dans quelque chose d'assez risqué, mais qui peut rapporter très gros. Les fonds communs de placement, tu as entendu parler ? »

Le café venait d'arriver, et avec lui la minute décisive. Je me suis redressé sur ma chaise en prenant un air aussi attentif que possible.

« C'est pareil que les fonds mutuels, non ?

— Pas vraiment. Ça, c'est une forme d'investissement très conservatrice, un peu archaïque même. Pour reprendre l'expression de mister B., c'est la "position du missionnaire de la haute finance" : on ne court pas de risques, on sait que ça marche, mais c'est pas ce qu'il y a de plus sexy quand on veut faire tourner son fric. Leur défaut, tu vois, c'est qu'ils sont terriblement réglementés : tu ne peux investir des montants bien précis que dans des sociétés bien précises, et puis c'est un marché incroyablement encombré. Tu savais que chaque mois nos concitoyens placent 14 milliards de dollars dans des fonds mutuels ? Mais malgré ces sommes gigantesques le rendement reste modeste, au mieux vingt pour cent dans une année hyperfaste. Si tu aimes jouer petit, c'est sans doute une solution, oui ; mais Jack Ballantine, lui, ne fait rien en petit. Et moi non plus. Voilà pourquoi nous avons décidé de les oublier, les mutuelles. Et c'est là qu'on a découvert les fonds communs de placement : ça, c'est de la spéculation, de la vraie ! Le *grand* jeu, quoi ! »

Dans sa bouche, cette activité ressemblait un peu au joueur de tiercé qui choisit systématiquement les chevaux les moins cotés. L'idée était de réunir un groupe d'investisseurs prêts à parier gros en achetant des actions de compagnies qui ne s'étaient pas encore stabilisées, ou qui n'étaient pas encore cotées en Bourse, et qui avaient besoin de capitaux pour se développer.

« Basiquement, ça marche comme ça : nous, en tant qu'opérateurs du fonds, nous approchons des boîtes de financement ou des personnes privées dotées d'un solide compte en banque pour les encourager à investir dans notre partenariat. Ensuite, nous partons à la recherche de nouvelles sociétés qui sont en train de mettre au point un produit extrêmement pointu. Nous étudions leur projet, et s'il nous convient nous prenons des parts avant que ces sociétés ne soient introduites en Bourse. Lorsque c'est fait, on se retrouve avec un portefeuille très juteux. Si nous choisissons le bon cheval, le rendement peut atteindre un taux hallucinant… Tiens, je te donne un exemple : disons qu'on repère une petite boîte d'informatique qui a conçu un browser Internet tout à fait révolutionnaire. On les capitalise à hauteur de 1 million de dollars, et en échange on rafle la moitié de leurs parts. Puis voilà que plusieurs providers d'Internet décident d'utiliser ce nouveau programme : d'un coup, notre poulain devient une vedette. Après offre publique, ils sont estimés à 30 millions sur le marché boursier. Résultat ? Avec 1 brique d'investissement, on en récolte 15 ! Et c'est seulement le début, hein ? Parce que si le prix de leurs actions continue à monter, c'est d'une véritable fortune qu'on parle... »

C'était le moment d'intervenir intelligemment.

« En d'autres termes, si je te suis bien, tout le truc est de deviner qu'une bande d'obscurs informaticiens est en passe de devenir le Microsoft du troisième millénaire ?

— Je savais que tu allais vite piger ! s'est exclamé Jerry. Oui, Microsoft, c'est exactement le genre d'investissement que n'importe quel fonds de placement rêve de réaliser. Admettons qu'on est à la fin des années soixante-dix et que tu fais la connaissance de deux fous d'ordinateur, un certain Bill Gates et un certain Paul Allen, qui sont en train de mettre au point un truc barbare qu'ils ont appelé "DOS". Comme ils ont besoin de thune pour aller plus loin, tu te lances, tu leur balances royalement 2 millions en échange d'une participation de cinq pour cent dans leur petite affaire. Eh bien, tu sais ce qu'elles valent aujourd'hui, tes parts, à condition que tu les aies gardées, évidemment ?

— Plusieurs centaines de millions, non ?

— Parle plutôt en milliards ! Bon, découvrir un Microsoft *bis*, ça se rapproche plus du fantasme que de la réalité, d'accord. Mais sans aller jusque-là, il ne manque pas de types inventifs, pleins d'idées et de projets, qui peuvent nous assurer un bénef initial de quinze à vingt pour cent dès qu'ils entreront en Bourse, et encore plus si leurs actions montent toujours par la suite. C'est du capital-risque, je reconnais, mais parle au premier gestionnaire de portefeuilles à Wall Street et il te confirmera que ces fonds-là, en terme de rentabilité, il n'y a pas mieux. Et des cabinets ou des individus pleins aux as qui ne demandent qu'à leur confier leurs économies, ça ne manque pas non plus, crois-moi. Pourquoi ? Parce qu'ils savent qu'il suffit de trouver le bon numéro et qu'à ce moment-là le rendement sera énorme. »

J'étais emballé, enthousiasmé. C'était exactement le secteur d'activité dans lequel j'avais toujours rêvé d'entrer, l'arène de la haute finance, un univers devant lequel la gestion des pages publicitaires d'un canard d'informatique paraissait soudain dérisoire, ridicule. Pour moi, c'était une ascension vertigineuse. Le moyen d'atteindre le haut du pavé, enfin.

Jerry a fait signe au serveur de nous resservir du café.

« Maintenant, tu dois être en train de te demander quel fonds nous avons mis au point, nous, et quelle place tu pourrais prendre dans cette structure ?

— Je t'écoute. »

L'opération avait été baptisée Excalibur. L'épée du roi Arthur, en l'occurrence, avait six mois d'existence et était exclusivement pointée vers les nouvelles technologies. Elle réunissait plusieurs investisseurs privés qui, pour la plupart, avaient déjà été associés à Jack Ballantine dans le passé. Celui-ci, pourtant, n'était pas nommément impliqué dans le fonds de placement : soucieux de protéger sa récente célébrité de Grand Motivateur, mais aussi échaudé par ses précédents déboires financiers, il ne souhaitait pas associer son nom à la moindre forme de spéculation, sachant que la presse en ferait des gorges chaudes si cela venait à transpirer. Pour ces raisons évidentes d'image de marque, et pour éviter tout conflit d'intérêt avec l'empire de Ballantine le Gourou,

Excalibur avait donc été conçu comme une « entité autonome », enregistrée à l'étranger par un holding qui était lui-même contrôlé par une filiale de Ballantine Industries. En dépit de ces précautions, les services des impôts américains étaient au courant de son existence, bien entendu.

« Officiellement parlant, les fonds off shore ne sont pas soumis à la fiscalité américaine, m'a expliqué Jerry. Mais le fisc attend de tout citoyen américain ayant des intérêts à l'étranger qu'il fasse preuve de "civisme" en déclarant sa participation à un fonds de ce genre. Et c'est ce que nous avons fait, évidemment. Parce que les mecs des impôts peuvent devenir vraiment méchants quand on essaie de les rouler et parce que... » Il a levé les sourcils en une grimace sardonique. « ... et parce que nous sommes tellement, tellement civiques, nous ! »

Pour l'heure, Excalibur n'avait investi que dans un seul et unique programme technologique, en Europe de l'Est. C'était de nouvelles opportunités qu'ils avaient maintenant besoin, et c'était là que Jerry voulait me voir intervenir : grâce à mes nombreux contacts dans le monde de l'informatique, je serais leur « découvreur de talents », celui qui saurait voir dans de jeunes sociétés la promesse de juteux bénéfices.

« Ce que tu dois nous trouver, c'est les quatre fêlés qui bossent ensemble dans un garage au fin fond de la Californie et qui viennent de trouver le moyen de tripler la vitesse d'exécution d'une puce Pentium. Ou les trois originaux de province qui ont inventé un programme de recherches de données sans commune mesure avec ce qui existe déjà. Si tu arrives à faire ça tout en "vendant" bien le fonds, je t'assure que tu pourras vivre très, très confortablement. »

Ce qui préludait à la présentation de ses conditions. L'opération n'étant encore qu'à ses débuts et donc peu profitable, il pouvait me proposer un salaire de base de

« seulement » 60 000 dollars annuels. Mais je recevrais aussi trois pour cent des parts de toutes les boîtes prometteuses que je découvrirais et dans lesquelles le fonds déciderait d'investir.

« Réfléchis à ça. Disons que tu nous as convaincus d'acheter cinquante pour cent des parts de telle société, pour 2 millions de dollars, et qu'elle se retrouve appréciée à 40 millions. Pour nous, c'est un gain immédiat de 20 briques en Bourse et pour toi, avec tes trois pour cent, c'est 600 000 dans la poche, direct. Deux coups pareils chaque année et tu n'as plus de soucis à te faire, financièrement parlant. »

Je n'arrivais pas à y croire. Ce n'était pas un simple job qu'il me proposait là, non, c'était une renaissance. Je serais en mesure de liquider toutes mes dettes, de me constituer un capital, de retrouver une certaine estime à mes propres yeux. Et de regagner le cœur de Lizzie, en passant. Du moins, c'était ce que j'espérais.

« Alors, tu en penses quoi, Ned ?

— J'en pense que c'est exactement ce que je cherchais.

— Tu vois, tout est affaire de timing, dans la vie. Figure-toi que je prospectais depuis un moment à la recherche d'un profil comme le tien, avec ton expérience dans la vente et dans la filière informatique. Alors, quand tu m'as appelé hier, je n'ai pas pu m'empêcher de me dire que le hasard fait toujours bien les choses.

— Il ne reste qu'un seul petit problème de logistique, Jerry : il va falloir que j'abuse encore quelques jours de ton hospitalité, le temps de me trouver un appart…

— Pourquoi engager des frais tout de suite ? Tu peux rester chez moi autant que tu voudras. Je te l'ai déjà dit hier, je ne suis pratiquement jamais à la maison. »

C'était trop beau. Sans loyer à débourser dans les mois à venir, je pourrais rembourser mes dettes encore plus vite.

« Oh, à propos, a-t-il poursuivi. C'était gentil de ta part, vraiment, mais tu n'as pas besoin de faire du nettoyage là-bas. J'ai une femme de ménage pour ça. Elle vient deux fois par semaine.

— Voyons, fallait bien que je m'active un peu pour me sentir moins coupable !

— Si c'est mon avis qui t'importe, pour moi tu n'es pas un pique-assiette : tu es un “investissement”. Quelqu'un qui va nous faire gagner un tas d'argent.

— Rien ne me ferait plus plaisir.

— Et c'est ce qui va se passer !

— Alors, je commence quand ?

— Après ta partie de tennis avec Jack Ballantine. »

J'ai d'abord cru à une plaisanterie un peu tirée par les cheveux, mais il paraissait très sérieux. « Oui, j'ai dit à mister B. qu'en plus d'un vendeur hors pair tu étais une vraie bête sur un court. Tu sais ce qu'il a répondu ? “Eh bien, avant d'embaucher cet oiseau rare, voyons s'il peut me mettre la pâtée !” »

Soudain, j'étais moins euphorique.

« Tu veux dire… tu veux dire que le job dépend de si j'arrive à le battre ou pas ?

— Non. Le job dépend de s'il aime ton style de jeu ou pas. »

J'ai essayé de lui démontrer que je ne tenais pas la forme, que je n'étais plus le lycéen battant toujours prêt à aller chercher les pires balles. Jerry s'est contenté de hausser les épaules et de m'annoncer que Ballantine m'attendait le lendemain matin à neuf heures. Au Tennis-Club de New York. Si je tenais à ce travail, j'avais intérêt à y être.

« Euh… Il faut absolument qu'on joue là-bas ?

— C'est son club. Il est membre fondateur, même.

— Moi aussi, j'y ai été membre…

— Et plus maintenant ?

— J'ai… j'ai été un peu négligent avec la cotisation. »

Il m'a adressé un sourire entendu.

« Combien tu leur dois ?

— Écoute, ce n'est pas important, je t'assure.

— Combien, Ned ?

— 800, ai-je marmonné, la gorge serrée.

— C'est tout ? s'est-il étonné en sortant de sa poche une liasse imposante.

— Jerry, sincèrement, tu ne peux pas…

— Je veux seulement être sûr que cette partie se déroule sans contretemps fâcheux, a-t-il dit en me tendant huit billets de 100. Donc, arrive un peu en avance et débrouille-toi pour qu'ils aient palpé le fric avant que mister B. ne soit arrivé. Pas besoin d'un incident pénible, exact ?

— Et je te rembourserai comment ?

— Avec ta première commission.

— Mais si je n'obtiens pas le job ?

— C'est exclu. Rappelle-toi juste un point : quand tu vas être sur le court avec Ballantine, tu joues pour gagner. C'est la seule manière qu'il tolère. »

Je me répétais encore son conseil le lendemain alors que je faisais nerveusement les cent pas dans le hall du club en attendant Jack Ballantine. Ainsi que Jerry l'avait suggéré, je m'étais présenté avec vingt minutes d'avance afin de régler cette malheureuse histoire de cotisation en retard. La directrice, une quadragénaire aussi menue que musclée qui répondait au nom de Zelda, n'avait pas paru ravie de me voir apparaître dans son bureau.

« Ah, monsieur Allen ! Nous commencions à croire que vous étiez parti vous installer à l'étranger…

— J'ai pas mal voyagé ces derniers temps, mais je vous gardais sur la conscience, ai-je menti en lui tendant les billets dans une enveloppe. Voilà, on doit être quittes, maintenant.

— Mieux vaut tard que jamais, il faut croire… Même si nous avons été obligés de vous envoyer pas moins de six lettres.

— Comme je vous l'ai dit, j'ai beaucoup bougé. Et je vous prie encore de m'excuser.

— Oui. Vous comprenez, j'en suis convaincue, que cette somme couvre seulement la cotisation impayée de l'an dernier. Pour pouvoir rejouer ici, il faudrait que vous demandiez à réadhérer à notre club.

— Oh, aujourd'hui je viens en invité…

— J'ose supposer que votre hôte est un membre à jour dans ses cotisations ? a-t-elle glissé d'un ton sarcastique.

— Absolument ! » a répondu quelqu'un derrière moi.

Elle a été soufflée en voyant Jack Ballantine surgir dans mon dos. En survêtement gris Ralph Lauren, une housse à raquettes en cuir fauve à la main, il lui a décoché un sourire éclatant.

« Comment va, Zelda ? »

Toute agressivité a disparu en elle.

« Oh, monsieur Ballantine ! Quel plaisir de vous…

— Vous passiez un savon à mon invité, Zelda ?

— Bien sûr que non, monsieur Ballantine !

— C'est ce que j'ai cru entendre, pourtant.

— Juste… Un petit malentendu administratif, rien de plus.

— Mais tout est en ordre, maintenant ? Mon ami ici présent n'aura pas besoin de redemander le statut de membre, n'est-ce pas ?

— Absolument, monsieur Ballantine, absolument. C'est chose faite. Et encore mes excuses, monsieur Allen.

— Acceptées », a répondu Ballantine à ma place.

Puis il m'a enjoint de le suivre d'une tape sur l'épaule et nous sommes partis ensemble vers les vestiaires. Dès que la directrice n'a plus été à portée de voix, il s'est arrêté, m'a observé une seconde.

« C'est pas tordant, le pouvoir ? » Il m'a tendu la main. « Enchanté de faire votre connaissance, Ned.

— Je suis réellement désolé que vous ayez été mêlé à cet… incident, monsieur Ballantine.

— Et pourquoi diable vous seriez désolé ? Combien vous leur deviez ?

— 800. Mais je viens de tout payer.

— Simplement pour pouvoir jouer avec moi ce matin ?

— Euh… Oui, en fait.

— Mon petit, voilà quelque chose d'à la fois malin et idiot. Malin parce que vous m'avez bluffé, sur ce coup-là. Mais idiot, aussi, parce que vous ne devez jamais, vous entendez, jamais vous rabaisser devant quelqu'un pour une dette aussi ridicule. N'oubliez pas que le type que vous avez devant vous était de 200 millions dans le rouge il y a cinq ans, alors 800 dollars, n'est-ce pas ? ce n'est même pas de l'argent de poche, pour moi. À présent, filez vite dans ce vestiaire puis rejoignez-moi sur le court numéro quatre. Notre heure commence dans trois minutes. »

Il m'en a fallu deux pour me changer et le rejoindre. Il avait retiré son survêtement et se tenait au milieu du terrain en short et polo Ralph Lauren d'un blanc immaculé, exécutant quelques exercices d'assouplissement dont le principal but était à l'évidence d'attirer sur lui l'attention de tous les joueurs alentour.

« Par ici, mon petit, m'a-t-il crié en me faisant signe d'approcher. Alors, Jerry m'a affirmé que vous faisiez des prodiges avec une raquette…

— Dans le temps, peut-être. Aujourd'hui, je suis dans la moyenne, disons.

— Ne vous jugez jamais dans la moyenne, jamais ! Surtout lorsque vous êtes en mesure de flanquer une dérouillée aux autres. Vous en êtes toujours capable, ou non ?

— Euh… oui, je crois. »

Il m'a lancé une balle.

« Eh bien, essayez un peu pour voir ! »

Il m'a fallu très peu de temps pour comprendre que s'il y en avait un qui « jouait pour gagner », c'était Ballantine. Comme je manquais d'entraînement et que j'éprouvais aussi, autant l'avouer, une certaine réticence à le canarder ouvertement malgré son « Essayez un peu pour voir », il a remporté haut la main les deux premiers jeux alors qu'il était au service. Au troisième, nous nous sommes retrouvés à égalité cinq fois de suite avant qu'il ne mette fin à ce suspense en me fusillant au fond du court.

Trois jeux à rien, donc. Et le Ballantine qui me lance des regards perplexes, dans le style : « Tu fais quoi ? Tu dors ? » C'est à ce moment que je suis passé à la vitesse supérieure, l'obligeant à courir après chaque point. Il pratiquait un tennis très classique, misant au maximum sur le service, smashant si vous étiez toujours là puis montant au filet à toute allure. Sa tactique était celle d'un boxeur poids lourd, démolir l'adversaire au plus vite, mais il souffrait du même talon d'Achille : dès que l'échange se prolongeait, il avait tendance à fatiguer. Alors, je lui en ai donné pour son argent, faisant durer chaque balle le plus longtemps possible, le baladant d'un coin du court à l'autre. Entre-temps, j'avais aussi entrevu la parade à ses services en boulet de canon, d'une brutalité impressionnante mais jamais assez coupés ni orientés à des angles incongrus pour devenir imparables. C'était d'ailleurs typique de son jeu, cette façon de servir : agressif, dynamique, mais manquant de finesse. Tandis que moi, en le faisant galoper sur le terrain, je tablais sur un avantage supplémentaire : les vingt ans qui nous séparaient l'un de l'autre.

Il s'est donc retrouvé mené quatre à trois après avoir perdu deux fois le service. Dans le huitième jeu, particulièrement serré, il me devançait quarante-trente lorsque j'ai contre-attaqué, égalisé, et là il a perdu pied : deux balles out, un lob erratique, j'étais soudain à trois échanges du set. Face à une défaite imminente, il n'a pas manifesté le moindre signe d'anxiété ou de découragement. Non, il a riposté pied à pied, me clouant sur place à trois reprises au service. Un mauvais revers dû à ma seule bêtise, une volée complètement ratée et il avait tout remonté, égalisant à cinq jeux partout.

À ce moment, j'ai su que j'allais le laisser gagner. Ce n'était pas que j'avais perdu ma combativité, non. Au contraire, en revenant de très loin pour menacer de lui prendre le set, j'avais amplement prouvé que j'étais un battant. Mais je sentais aussi qu'après un échange aussi serré j'aurais commis une erreur stratégique en l'esquintant au finish. Derrière le filet, il y avait le seul homme qui pouvait me sauver du chômage à perpétuité. Je devais lui abandonner la victoire ; ainsi, je lui montrais qu'il était le boss et que je le reconnaissais.

Je n'ai eu qu'à commettre quelques erreurs pour lui donner le set, à sept jeux contre cinq, au moment où le haut-parleur annonçait la fin de notre heure. Je me suis approché du filet, la main tendue. Il l'a ignorée et m'a lancé un regard peu commode.

« Pourquoi vous avez fait ça ? »

À son ton plus que sec, j'ai compris qu'il ne servirait à rien de protester, d'affirmer que la victoire lui revenait de plein droit et autres fumisteries. J'ai braqué mes yeux dans les siens.

« Parce que ce poste que vous me proposez, j'y tiens vraiment. Et parce que, comme vous le dites vous-même dans un de vos livres, il y a des moments où il est stratégiquement avantageux de perdre une partie ou deux. »

Une ombre de sourire est passée sur ses traits et il a enfin accepté la poignée de main.

« Bienvenue dans l'équipe. »

9

ENCORE UN BUREAU MINUSCULE, UN PLACARD doté d'une table métallique, d'une chaise en fer et d'un téléphone. Alors que le QG de Ballantine prenait ses aises dans les nobles espaces du dix-huitième étage, j'étais relégué pour ma part tout au fond du troisième, un secteur de locations au rabais consistant en un long et triste couloir éclairé au néon sur lequel donnaient une vingtaine de portes en verre dépoli, certaines munies d'un écriteau : « John Mace, Détective privé » ou « Agence de recouvrement Bentheim ("Une dette, c'est une dette") », ou encore « Mansour & Fils, Tapis d'Orient ». Installé au bout de ce boyau, j'avais droit à une minuscule fenêtre qui me donnait une vue imprenable sur l'une des conduites d'aération de l'immeuble. De plus, mon réduit n'était pas seulement privé de la lumière du jour, il était dépourvu de tout ce qui rend la vie de bureau un tant soit peu tolérable. Quand je l'ai vu pour la première fois, j'ai eu instantanément la déprime. Jerry, qui me faisait les honneurs des lieux, a senti ma réaction.

« Oui, je sais, je sais, ce n'est pas ce qu'il y a de plus classe…

— J'aime tes euphémismes. Quoi, tu n'aurais pas pu me trouver une place avec vous tous, au dix-huitième ?

— Je te l'ai dit, Ned, notre affaire est encore toute jeune. Rien de superflu, tout est compté, même l'espace. Tiens, nous avons deux secrétaires, eh bien elles se partagent un bureau ! Et puis, je tc l'ai dit aussi, le fonds de placement doit absolument être indépendant de Ballantine Industries. Crois-moi, dans cette ville, ils ne lui font pas de cadeaux, à mister B. ! Ils ne lui pardonnent pas d'être revenu sur le devant de la scène en tant qu'auteur à succès alors qu'ils l'avaient déjà enterré. À la minute où un saligaud de journaliste économique ou un colporteur de potins quelconque s'apercevra qu'Excalibur est lié d'une manière ou d'une autre à Ballantine, on va commencer à se faire descendre en flammes dans la presse. Or, dans ce secteur, l'image, c'est la vie. Conclusion, avec Excalibur au tapis, tu peux dire au revoir à ton job. »

C'était une perspective que je ne voulais même pas imaginer. Quoi, renoncer à ce nouveau départ, à cette planche de salut qui m'ouvrait de tels horizons ? Mais de là à accepter un placard à balais…

« D'accord, Ned, d'accord ! C'est loin d'être l'idéal. Mais bon, comme mister B. a certainement dû te l'expliquer, tu fais œuvre de pionnier dans cette histoire. Tu participes au démarrage d'un truc issu de rien. Et si ça marche aussi bien que nous l'espérons, bientôt ce sera un duplex qu'on pourra te louer dans cet immeuble ! »

Effectivement, Jack Ballantine avait eu recours à un baratin très similaire la veille. Après notre partie, nous nous étions assis au bar du club, où le Grand Motivateur m'avait donné un aperçu direct de ses talents de gourou moderne : soudain, j'avais eu l'impression d'être la personne la plus importante à qui il ait jamais adressé la parole. Mieux encore, c'était comme s'il avait découvert en moi quelque chose de… grand, justement.

« Vous savez ce qui me plaît dans votre style de tennis, Ned ? m'avait-il demandé en sirotant une orange pressée. C'est qu'il est sans concessions, mais très tactique, aussi. J'ai bien compris ce que vous faisiez là-bas, c'était très clair : vous essayiez de mettre un vieux type sur les rotules. Mais vous n'avez pas tenté de m'éliminer à la mitrailleuse lourde, non. C'était très pensé, très articulé, votre truc. Vous étiez prêt à patienter le temps qu'il faudrait pour marquer un point. Eh bien, d'après moi, c'est l'essence même du vendeur digne de ce nom, ça. Opiniâtre, attentif, refusant la facilité mais sachant exactement quand porter le coup de grâce. Voilà pourquoi je suis certain que non seulement vous allez vous en tirer brillamment avec Excalibur, mais qu'en plus vous risquez fort de devenir milliardaire par la même occasion. Et vous voulez que je vous dise pourquoi, mon ami ? Parce que ce que je vois en vous, je le vois aussi dans ce monde nouveau que les fonds de placement nous proposent : un potentiel il-li-mi-té. »

Certes, il en rajoutait peut-être un rien sur le tartinage, mais sincèrement, après des mois de chute libre, je n'étais pas mécontent de me faire un peu caresser l'ego dans le sens du poil. D'ailleurs, il devait être parfaitement au courant de mes revers de fortune car chaque mot, chaque phrase étaient conçus dans le but de restaurer une confiance en moi qui avait beaucoup, beaucoup souffert au cours de la dernière période.

« Vous êtes plus qu'un lutteur, Ned. En vous, je reconnais l'instinct de survie dans ce qu'il a de plus farouche, de plus créateur. Et je suis bien placé pour dire ça, mon petit. Moi aussi je me suis retrouvé dos au mur, moi aussi je sais à quel point c'est dur, ô combien ! Surtout lorsque vous voyez se déliter vos rêves non seulement professionnels mais personnels, également. Allez, Ned, je vais même vous confier un petit secret, entre vous et moi : en terme de souffrance, à côté de l'échec de mon second mariage, la ruine de mon affaire d'immobilier n'a été rien de plus qu'une cheville foulée.

Rien de plus. Ah non, une douleur pareille, je n'en ai jamais connue. »

Mes yeux s'étaient soudain embués et j'avais détourné la tête, ne voulant pas qu'il soit témoin de ma peine.

« Pardon, avais-je réussi à articuler en me passant une main sur le visage. Je ne comprends pas pourquoi je me mets dans un état pa…

— Ne vous excusez pas de ressentir les choses, Ned ! Jamais, merde, jamais ! C'est bien, de laisser parler l'émotion. Non, c'est plus que bien, c'est *juste* ! Ça prouve que vous savez ce que c'est que perdre, et regretter. Tant que vous n'avez pas éprouvé la perte, vous ne pouvez pas vous renouveler. Et se renouveler, c'est le début d'un changement positif. Ça, c'est toujours, toujours la voie du succès… Vous êtes exactement sur cette trajectoire ascendante, Ned. Alors, chaque fois que vous ressentirez ce terrible sentiment de perte qui vous étreint quand vous pensez à votre mariage en morceaux, vous vous direz ceci : "En reconnaissant cette souffrance, en l'acceptant, j'entreprends le voyage qui me reconduira au succès." »

Plus on est vulnérable, en demande, et plus il se passe quelque chose de bizarre : peu à peu, tout votre sens de l'humour vous abandonne et vous finissez par trouver un vrai réconfort dans des idées ou des sentiments qui vous auraient paru grotesques en temps normal. Je savais que Jack Ballantine faisait de la psychologie à la petite semaine, bien entendu, mais dans mon état émotionnel c'était précisément ce que j'avais besoin d'entendre. De façon intuitive, il avait compris que j'étais comme un petit garçon abandonné, terrorisé, soudain livré à la méchanceté du monde et à la recherche désespérée d'un père. Et lui, Ballantine, était prêt à occuper ce rôle. Oui, il allait être un père idéal pour moi, qui me ferait entièrement confiance et m'aiderait à retrouver l'estime de moi.

Alors, si en échange de ce soutien il fallait que je me contente d'un placard à balais, pourquoi pas ? C'était peu de chose en regard de ce que Jack Ballantine était en train de me donner...

« D'acc, je n'en mourrai pas, de ce bureau, ai-je dit à Jerry. Mais je pourrais au moins acheter un peu de matos de base, juste de quoi pouvoir fonctionner ?

— Évidemment ! »

Dans l'après-midi, il est passé me donner une enveloppe. Il y avait 5 000 dollars en liquide à l'intérieur.

« Ça ira pour démarrer, Ned ?

— C'est trop, même ! Enfin, je te garde des reçus pour tout ce que j'achète.

— Mais oui, mais oui, a-t-il fait avec insouciance. Euh, Ned ? L'important, c'est que si tu te fais livrer quoi que ce soit, tu ne donnes pas le nom de Ballantine Industries, compris ? Tout doit parvenir directement au fonds Excalibur.

— Ah oui, c'est pour le cas où le livreur de CompUSA serait un journaliste du *New York Times* camouflé ?

— Très drôle », a-t-il répliqué avec une grimace.

CompUSA, le grand magasin d'informatique de la 5e Avenue, a été la première étape de l'opération « On s'équipe ». J'ai acheté un IBM Aptiva, un modem-fax, une imprimante laser, un répondeur et un kit de programmation. Le vendeur s'est efforcé de conserver ses manières de blasé new-yorkais en me voyant tirer de ma poche une grosse liasse de billets de 100 mais ses yeux l'ont trahi.

« Où est-ce qu'on vous livre tout ça ? »

Il a lu par-dessus mon épaule pendant que j'inscrivais l'adresse d'Excalibur sur le formulaire.

« C'est quel genre de fonds, ça ? m'a-t-il interrogé.

— Le genre qui rapporte plein d'argent. »

Il a jeté un autre coup d'œil à la liasse.

« Ouais, je vois ça… »

Après CompUSA, je suis parti à l'est jusqu'à un magasin de bureautique au coin de Madison et de la 37e Rue. Là, j'ai fait l'acquisition d'un bureau en hêtre d'occasion, très élégant, d'une chaise en cuir et chrome et d'une lampe italienne design. Un peu moins de 1 200 dollars. Après un achat pareil, le patron m'a volontiers laissé passer un coup de fil. J'ai demandé à la compagnie de téléphone de m'installer une ligne fax-modem séparée le lundi suivant et d'en profiter pour m'apporter un poste dernier cri. Toujours à pied, je suis remonté à la 42e Rue, en quête d'un cellulaire à 199 dollars dans l'une de ces boutiques d'électronique au rabais qui pullulent autour de la gare de Grand Central.

Il restait encore une course pour calmer ma fièvre acheteuse. Chez Kinko's, 44e Rue entre Madison et la 5e, j'ai commandé du papier à en-tête et un millier de cartes de visite portant mon nom et mon titre, « Directeur du Fonds Excalibur ». Après m'avoir aidé à choisir un papier gris fumée très chic, l'employé m'a demandé :

« Vous avez déjà un logo ou une typo que vous voulez reprendre ? »

Je lui ai tendu une brochure en somptueuse quadrichromie sur la couverture de laquelle le nom de ma société apparaissait en lettres argentées en relief.

« Vous pouvez utiliser les mêmes caractères pour le papier et les cartes ?

— Pas de problème, a-t-il répondu tout en feuilletant le prospectus. C'est votre bébé ?

— Comme qui dirait.

— Pas mal, pas mal du tout ! Vous allez devenir riche, avec ça ?

— C'est le but. »

Ou du moins c'était ce que je voulais croire. Car pour l'heure j'ignorais entièrement comment ce fonds fonctionnerait, et même s'il avait un avenir devant lui. Je disposais seulement des quelques informations que Jerry avait consenti à me confier pendant le dîner de la veille : Excalibur avait vu le jour grâce à la contribution d'une demi-douzaine d'investisseurs privés, une mise initiale de 1 million de dollars pour chacun. Le fonds n'aidait qu'une seule petite compagnie, Micromagna, récemment apparue sur le marché.

« L'offre publique a été plutôt satisfaisante pour Micromagna, m'avait dit Jerry. Mais de toute façon c'est sur toi et sur tes contacts que nous comptons maintenant pour sponsoriser les petits génies du futur ! »

La brochure que je venais d'exhiber était l'outil essentiel dans la recherche de nouveaux financiers. Jerry me l'avait montrée quand nous étions rentrés chez lui.

« On vient de produire ça, m'avait-il annoncé en la sortant de son attaché-case. C'est moi qui l'ai rédigée. Bon, je te laisse une demi-heure, je vais me prendre une douche. Installe-toi, potasse-la et tu me diras ce que tu en penses. »

Je l'avais lue et relue, avec d'autant plus de soin que je souhaitais être aussi informé que possible lors de ma rencontre avec Ballantine au Tennis-Club le lendemain matin. Le texte, très « vendeur », s'ouvrait par une « déclaration d'intention » : « Dans le monde de la finance tel que nous le connaissons aujourd'hui, où l'investisseur avisé voit s'ouvrir devant lui une myriade d'opportunités en constante évolution, un portefeuille judicieusement composé est plus que jamais l'assise fondamentale. Qui choisit la sécurité maximale n'a aucune chance d'atteindre un rendement substantiel. Qui penche pour le risque maximal s'expose à jouer à la roulette financière, avec toutes les dangereuses conséquences que cela présente.

» C'est pour cette raison que la plupart des gestionnaires de biens préconisent aujourd'hui des portefeuilles intelligemment diversifiés, un équilibre entre des investissements fiables mais à faible rendement et des opérations de plus forte ambition spéculative. Mais même un investisseur combatif ne voudra pas s'engager dans des paris hasardeux. Il cherchera des solutions à haute rentabilité qui présentent aussi une stabilité à long terme.

» Bref, il attend le type d'opportunités que lui propose désormais le fonds Excalibur. »

Venait ensuite une présentation de la stratégie « dynamique » qui permettrait aux heureux financiers de participer au succès des compagnies les plus « prometteuses » une fois qu'elles apparaîtraient sur le marché boursier.

« Votre conseiller financier vous aiguillera peut-être vers des fonds de placement qui vous promettent un haut rendement, mais dont les investissements restent à courte vue. Or, la clé du placement rentable est de choisir judicieusement QUI financer, et c'est là que l'expertise apportée par Excalibur devient absolument incontournable. »

D'après la brochure, Excalibur suivait à la seconde près l'évolution du secteur le plus actif, le plus attrayant qui soit, celui de la technologie de l'information. Grâce à sa connaissance approfondie de l'industrie informatique, il était en mesure de cibler les nouveaux acteurs de la profession qui deviendraient vite inévitable. Là, le texte présentait l'unique entreprise que le fonds avait décidé de soutenir pour l'instant : Micromagna, un fabricant de logiciels à capitaux américains, installé à Budapest, qui avait déjà obtenu des « résultats extraordinaires » en vendant des programmes de traitement de texte à faible coût, mais d'excellente qualité, sur les marchés « en plein essor » d'Europe de l'Est.

Il y avait des graphiques expliquant le fonctionnement du fonds, une description détaillée de sa structure, articulée en trois « départements régionaux » :

Amérique du Nord, avec une inscription au registre du commerce des Bermudes ; Europe (enregistré au Luxembourg) ; et Amérique du Sud, siège social à Nassau, aux Bahamas. Chacune de ces subdivisions disposait d'« analystes-prospecteurs », respectivement basés à New York, Luxembourg et Sao Paulo, dont la mission était de découvrir et de sélectionner les « opérateurs émergents » de la technologie de l'information dans le monde.

« Tu ne m'avais pas dit que tu avais déjà des représentants en Europe et en Amérique du Sud, avais-je lancé à Jerry quand il était revenu dans le salon après sa douche.

— Ce ne sont que des free-lances, pour l'instant. Mais s'ils commencent à nous rapporter du sérieux je les prendrai à plein temps, certainement. D'ailleurs, je dois te prévenir : si l'avenir nous réserve des bénéfices tels que ceux dégagés par Micromagna jusqu'à présent, dans un an ce ne sera pas seulement un plus grand bureau que tu auras, mais une équipe complète d'assistants. »

Naturellement, je l'avais bombardé de questions. La complexité légale du fonds, déclaré dans trois points off shore de la planète, me chiffonnait un peu.

« Pourquoi ? avait rétorqué Jerry. Je t'assure que c'est un arrangement tout ce qu'il y a de commun, quand on veut jouer sur la diversification géographique. »

Mais une jeune société d'informatique américaine ne prendrait-elle pas peur en voyant débarquer des investisseurs sud-américains ou européens, surgis de nulle part, qui proposeraient de lui acheter des parts ?

« Seulement s'ils tentent de prendre une majorité de contrôle dans la société. Mais, franchement, Ned, une bande de cinglés de l'ordinateur qui veut commercialiser son invention ne va pas commencer à se triturer les méninges sur la structure du capital. Tant qu'ils recevront des fonds pour travailler, ils seront très contents.

En plus, ils sauront qu'Excalibur leur apportera la prospérité en les aidant à s'établir sur le marché boursier. »

C'est alors que j'avais avancé la plus sérieuse, la plus préoccupante de mes réserves : d'abord, où j'allais les dénicher, tous ces petits génies technologiques ?

« Eh bien, tu as un carnet d'adresses très fourni dans le milieu, non ?

— Ouais. Mais pour la plupart ce sont des commerciaux, pas des programmeurs, ni des chercheurs.

— Alors, il faut voir les choses en face, mon vieux : tu vas devoir pratiquement partir de zéro. Repérer qui s'occupe de la recherche-développement dans la moindre boîte digne d'intérêt, leur balancer la brochure et une petite bafouille, obtenir un rendez-vous, leur soutirer toute l'info possible et découvrir qui sont ceux qui ont le plus d'avenir. Je sais bien que ce ne sera pas ultrafacile, mais...

— Pas ultrafacile ? Tu veux dire que c'est une mission impossible, oui ! Tu te rends compte que ce fonds n'a aucun palmarès à aligner, ni aucun nom connu à mettre dans la balance ? Si au moins je pouvais indiquer en passant que Jack Ballantine lui a donné son imprimatur, je...

— Tu sais bien que c'est exclu. Tu vas même devoir me promettre de ne jamais le citer dès qu'il s'agira de...

— J'ai pigé, Jerry ! Jack Ballantine n'a rien à voir avec Excalibur, point. Ce que j'essaie de t'expliquer, c'est que je veux faire du bon travail pour toi, je veux... je *dois* réussir mais, sincèrement, la perspective d'appeler au pif même des boîtes mineures en tentant de renifler ce qu'elles concoctent de mieux... Ça me flanque une trouille dingue.

— Je te reçois cinq sur cinq, Ned, et crois-moi, je te suis reconnaissant de parler comme ça. Tu veux réussir, c'est bien. Mais nous aussi, on veut que *tu* réussisses ! Attention, nous n'attendons pas que tu fasses des miracles du jour au lendemain, que tu nous ramènes d'ici à la fin de la semaine le futur navigateur d'Internet qui va faire oublier les Explorer et autres Netscape. Nous savons parfaitement que ce genre de prospection demande du doigté et du temps. Mais nous savons aussi que, dès que tu nous auras trouvé le premier bon cheval, tu seras porté par la vague et ne t'arrêteras plus ! Il faut que tu comprennes, Ned : Excalibur, pour nous, c'est du long terme, du travail de longue haleine. Mister B. et moi, nous sommes très clairs là-dessus : tu as six mois, facile, pour commencer à tisser ton réseau et nous rapporter le premier contrat sérieux. D'ici là, tu es assuré de ton salaire de base, c'est-à-dire 4 600 mensuels, et tu loges gratos dans mon palais. Pas le mauvais deal, si je peux me permettre de le souligner moi-même. »

Non, pas vraiment, surtout en considérant que mes autres perspectives d'emploi se résumaient au néant absolu. J'étais aussi un peu rassuré d'entendre que Jerry et Ballantine avaient tous deux conscience de l'ampleur de ma tâche. Bien sûr, cela ne suffisait pas à dissiper les doutes très sérieux que je gardais à l'encontre d'un projet aussi nébuleux, aussi embryonnaire. Mais dans ma situation je ne pouvais que m'accrocher à l'offre, quand bien même elle continuait de me paraître extrêmement tirée par les cheveux. Et puis, celui qui me tendait cette carotte n'était-il pas le fameux, le légendaire Jack Ballantine ? Chaque fois que le scepticisme m'envahissait par rapport aux résultats que je pourrais obtenir en tentant de vendre le produit Excalibur, je me rappelais que le Grand Motivateur, lui aussi, avait bâti un empire immobilier à partir de rien.

J'ai donc décidé de mettre mes réticences dans ma poche et de retrousser mes manches en me répétant, à la manière d'un vrai disciple de Ballantine, que le seul obstacle me séparant de la réussite était le manque de confiance en moi.

Non, rien, pas même ce cagibi qu'on m'avait donné en guise de bureau, rien ne parviendrait à écorner ma foi en Excalibur. Parce que mon salut était potentiellement là, et nulle part ailleurs.

C'est ainsi qu'après avoir terminé mes courses je me suis hâté de réintégrer mon placard, où j'ai appelé Janovic Peintures, un magasin de la 72e Rue, pour leur commander dix litres d'émulsion blanche, deux de laque crème, un rouleau, deux pinceaux, un bidon de dissolvant et des bâches. Ils m'ont demandé un numéro de carte de crédit, mais j'ai réussi à les convaincre que je paierais cash à la livraison.

Le matériel est arrivé à quatre heures. Comme on était un vendredi et que je tenais absolument à ce que tout soit prêt le lundi matin, j'ai téléphoné à Jerry en lui demandant si je pourrais avoir une clé de l'immeuble pour venir peindre mon réduit pendant le week-end.

« Pas de problème. J'appelle tout de suite l'administrateur et je lui demande de t'en laisser une. Mais c'est quand même une drôle de façon de se détendre, non ?

— C'est plus rentable que de faire appel à une entreprise. Et puis, tu sais ce qu'on dit : "Une bonne couche de peinture et..."

— Attends, laisse-moi deviner ! "... et tout vous a joyeuse allure" ?

— Ouais, et c'est censé recouvrir toutes les fissures, aussi.

— Non, il n'y a qu'une seule chose au monde qui recouvre vraiment *toutes* les fissures : c'est le fric. Tu devrais d'ailleurs en avoir tout un tas, bientôt...

— À propos d'argent, je fais comment, si je dois avoir encore des frais ?

— Tu paies par carte et on te rembourse ensuite.

— Oui, mais j'ai un petit problème avec mes cartes, justement... »

Il a compris sur-le-champ.

« Bon, tu aurais besoin de combien ?

— Avec 1 000, je peux soulager ma MasterCard, déjà.

— O.K. Je les laisse pour toi à la réception en partant.

— On se boit une bière dans la soirée, peut-être ?

— Impossible. Mister B. vient de m'annoncer que je pars pour L.A. Il veut que je règle des difficultés de dernière minute pour la partie côte ouest de sa prochaine tournée.

— Ah, j'aimerais bien prendre l'avion pour Los Angeles, moi…

— Arrête de penser à elle, Ned !

— Plus facile à dire qu'à faire. Enfin, bon week-end, alors.

— Toi aussi. Et ne t'épuise pas à la tâche, quand même ! »

Mais si, j'ai bossé comme un damné, espérant distraire mon esprit de Lizzie par un activisme débordant. Samedi, je suis resté accroché au rouleau de huit heures du matin à dix heures du soir, dimanche pareil. Quand j'ai enfin quitté les lieux à la nuit tombée, mon petit bureau paraissait deux fois plus grand grâce à la peinture blanche. Et le lundi matin, une fois le mobilier et l'équipement installés, on se serait cru dans les locaux exigus mais raffinés d'une société en pleine expansion. Il était temps de me mettre au travail, pour de bon.

Sortant mon carnet d'adresses, j'ai passé au moins trois douzaines de coups de fil à travers tout le pays. Pas une touche. Chaque fois, mon contact était « en rendez-vous », « en déplacement » ou tout simplement « injoignable pour le moment ».

Ravalant mon angoisse, j'ai allumé mon ordinateur et lancé une recherche sur Yahoo afin de répertorier la moindre compagnie informatique du continent. Le résultat donnait le vertige : plus de douze mille cinq cents noms listés ! J'ai passé les trois jours suivants à étudier la liste et à en sélectionner environ six cents qui correspondaient le mieux à mes critères. Encore trois jours ont été consacrés à téléphoner à chaque objectif sélectionné pour obtenir le nom du ou de la responsable de la recherche-développement. Il m'a fallu ensuite quarante-huit heures pour préparer six cents courriers et quelques, incluant la fameuse brochure et une lettre de présentation sur mon nouveau papier à en-tête, dans laquelle je prévenais mes correspondants que je les contacterais prochainement pour discuter de nos projets de vive voix.

C'était un travail ingrat, certes, mais du moins avait-il le mérite de me donner l'impression d'être productif. Le but essentiel de ce labeur frénétique, pourtant, n'a pas été atteint : je continuais de penser à Lizzie, et elle me manquait toujours plus. Deux semaines s'étaient écoulées depuis son retour à Los Angeles, pendant lesquelles j'avais tenté de la joindre chaque jour au bureau comme à son hôtel, sans succès. Au début, Juliet, sa secrétaire, m'avait servi la salade habituelle : Lizzie était en rendez-vous non-stop. Mais elle avait fini par cracher le morceau : Lizzie ne voulait pas me parler, et avait donné des instructions précises au standard du « Mondrian » pour que tous ses appels soient filtrés.

Cet accueil réfrigérant ne m'avait pas empêché de lui faxer une longue lettre, une supplique plutôt, dans laquelle je me traitais de tous les noms, lui déclarais mon amour éternel et implorais son pardon. Cela faisait déjà une semaine que je l'avais envoyée et jusqu'alors la réponse de Lizzie avait été de garder un silence total. Vendredi soir approchait, et j'étais revenu au bureau après avoir expédié ma dernière série de mailing Excalibur quand, prenant mon courage à deux mains, je me suis préparé à l'épreuve quotidienne de l'appel à L.A.

« Allô, puis-je vous aider ?

— Jour, Juliet, c'est…

— Oh, monsieur Allen ! »

Au ton qu'elle a pris, elle aurait aussi bien pu me déclarer : « Lâche-moi un peu, minable ! »

« Elle est là ?

— Non, Lizzie est en déplacement pour quelques jours. Mais elle a...

— C'est pour le travail ?

— Bien sûr !

— Où est-elle, exactement ?

— Monsieur Allen, je ne suis pas en mesure de vous...

— Bon, d'accord. Vous pouvez juste lui transmettre que...

— Que vous êtes joignable au 212 555 7894, et que votre numéro au bureau est le 212 555 9001. »

J'en suis resté muet quelques secondes.

« Euh, oui... Ce sont mes numéros, oui. S'il vous plaît, dites-lui bien que je veux seulement lui parler cinq minutes. Rien de plus !

— Il se trouve qu'elle m'a laissé un message pour vous, monsieur Allen.

— Comment ?

— Un message, oui. C'est ce que j'essayais de vous dire, mais vous ne m'avez pas...

— Alors, allez-y ! »

Je l'ai entendue chercher son bloc-notes sur sa table. D'une voix posée, solennelle presque, cette voix que les sténos de tribunal affectionnent particulièrement, elle a commencé :

« Lizzie m'a demandé de vous informer qu'elle a été nommée chef du bureau de Los Angeles pour les six prochains mois. Et aussi que vous allez être prochainement contacté par le cabinet d'avocats Platt & McHenry à propos de votre séparation légale...

— Hein ? Quoi ? »

Elle a paru très embarrassée, soudain.

« Je ne fais que lire ce qu'elle m'a dicté, monsieur Allen ! Les gens de chez Platt & McHenry vont vous appeler pour mettre au point les termes d'une séparation légale entre vous, donc votre avocat devrait…

— J'en ai pas, d'avocat ! » ai-je hurlé en raccrochant brutalement.

J'ai résisté à un besoin urgent de cigarette. Et d'alcool. Je suis demeuré là, la tête dans les bras, effondré sur mon bureau. Le téléphone a sonné. J'ai décroché, haletant. Une tornade vocale aux inflexions nettement hispaniques m'est tombée dessus.

« Mais, bordel, où que t'étais passé, Ned ? »

Dieu miséricordieux ! Debbie Suarez. Depuis la fameuse nuit, je n'avais tout bonnement pas eu la force de l'appeler. Pourtant, je savais qu'elle m'avait cherché puisqu'elle avait laissé cinq ou six messages sur le répondeur de notre ancien appartement, que je pouvais toujours consulter car les nouveaux locataires n'avaient pas emménagé. La veille, je m'étais finalement résigné à changer l'annonce en indiquant le numéro du loft de Jerry et celui de mon bureau. Avoir évité Debbie pendant tout ce temps était assez mesquin, je l'avoue. Mais, outre la gêne cuisante que je ressentais encore à m'être retrouvé dans son lit, j'éprouvais des sentiments pour le moins complexes chaque fois que je me disais que c'était cette passade d'une nuit qui avait fichu mon mariage par terre.

« Oh, salut, Debbie ! »

Pas du tout sereine, la voix.

« Tu es complètement *loco* ou quoi, bordel ? Tu couches et tu disparais, c'est ça ?

— C'est une longue histoire, fran…

— Et pas un coup de fil, rien, alors que moi j'ai pas arrêté de te téléphoner !

— C'est une *très* longue histoire, Debbie.

— Je meurs d'envie de l'entendre.

— S'il te plaît... Je viens de passer des moments pas simples, tu comprends ?

— Tu ne veux plus me voir, c'est ça !

— Si, mais... Les choses ont été affreusement compliquées, ces derniers temps.

— Tu es en train de dire que je veux te compliquer la vie ? s'est-elle récriée d'un ton scandalisé.

— Non, bien sûr que non ! C'est juste... Je suis complètement dans le potage.

— On boit un *cafecito* ensemble, c'est tout ce que je demande, eh !

— D'acc, d'acc. »

Nous sommes convenus de nous retrouver une heure plus tard à un Starbucks de la 53e Rue.

Sitôt arrivé au rendez-vous, j'ai constaté que Debbie avait bien plus en tête qu'un simple *cafecito* : elle m'a embrassé sur la bouche, m'a serré contre elle, a passé une main attendrie dans mes cheveux en me contemplant d'un regard énamouré. Et quand nous nous sommes assis, elle a enlacé ses doigts dans les miens. J'étais totalement paniqué.

« Dis donc, j'en étais arrivée à penser que tu avais quitté New York !

— C'est qu'après l'enterrement d'Ivan j'ai eu pas mal d'ennuis », lui ai-je répondu en retirant doucement ma main.

À peine lui avais-je raconté la perte de mon bonheur conjugal et de ma place de télévendeur que je me suis retrouvé une nouvelle fois prisonnier de ses paumes empressées.

« Oh, m'sieur Al... Ned ! C'est affreux. Comment elle l'a découvert, ta femme ?

— J'étais, euh, comment dirais-je, assez “marqué” par l'expérience. »

Elle a gloussé nerveusement.

« Je sais, je sais… C'est tout ma faute. Mais si tu n'étais pas tellement craquant, toi…

— Debbie…

— Maintenant, je comprends pourquoi tu avais disparu. Où est-ce que tu habites, là ?

— Dans l'appart d'un type avec qui j'étais au lycée.

— Tu sais que, si tu as besoin d'un endroit, tu peux toujours te poser chez moi. Raul me demande de tes nouvelles tous les jours, tous les jours ! Il paraît que tu l'as aidé à faire ses devoirs, hein ? Il t'aime vraiment beaucoup, vraiment. Tout le temps à me dire : quand est-ce qu'il revient, Ned, quand est-ce qu'on le voit ? »

Je n'ai rien répondu. Les yeux baissés sur la table pour éviter son regard, j'avais l'impression que j'allais me trouver mal. Soudain, Debbie a coupé court à son étourdissant monologue. J'ai levé la tête. Elle avait une larme qui perlait dans ses cils.

« Je te gêne, hein ? Je me gêne moi-même !

— Mais non, voyons.

— À ta place, je serais en train de penser : "Cette meuf a l'air complètement paumée."

— Non, je ne pense pas ça du tout.

— Eh bien moi si ! Tu vois, Ned, depuis que mon bon à rien de mari s'est fait flinguer il y a trois ans, il n'y a eu personne dans ma vie, personne dans mon lit. Même pas pour une nuit. Jusqu'à toi. Et tu sais… » Sa voix s'est faite plus posée, presque enfantine. « … tu vas me prendre pour une débile, mais j'ai toujours eu le béguin pour toi. Merde, pour le pot de Noël, tiens, ce n'est pas que j'étais paf, non. C'était sincère, réellement. J'avais envie de t'embrasser pour ce…

— Debbie… Par pitié, non.

— Alors, quand tu m'as raccompagnée chez moi, je me suis mise à penser, à espérer, à prier même, oui, à prier pour que ce soit le début de quelque chose… Surtout lorsque Raul m'a raconté comme il t'aimait.

— Je suis désolé. Désolé.

— Tu n'as pas à t'excuser, mec. Je n'ai pas besoin de tes "désolé". Ce dont j'ai besoin, c'est de… toi. Ou, en tout cas, c'est le rêve à la con que je me faisais dans ma tête. Toi, moi, Raul. Un conte de fées…

— Debbie ? J'aime ma femme, Debbie.

— Elle t'a plaqué, ta femme !

— Je sais. J'ai tout foutu en l'air. Coucher avec toi, ça a été une…

— Stop ! Ne le dis pas ! »

J'ai obéi, et nous avons basculé dans un long silence. Une fois de plus, elle a posé sa main sur la mienne.

« Elle est partie, Ned. Moi, je suis là ! »

Aussi délicatement que j'en étais capable, j'ai tenté de la raisonner.

« Tu sais bien que ça ne marche pas comme ça. J'aimerais bien, mais…

— Ferme-la, a-t-elle murmuré.

— D'accord. »

Elle a retiré sa main pour prendre son sac, en tirer une pochette de Kleenex. Elle a essuyé en hâte ses yeux humides avec un des mouchoirs en papier.

« Tu sais à quoi je pensais, aujourd'hui ? Que j'étais fatiguée, plus que ça, même, vannée. Que tout est tellement dur, difficile. Jamais assez de fric, jamais assez de temps à consacrer à ton gosse, des soucis par-dessus la tête, le loyer, la scolarité, les notes du médecin, la facture d'électricité, et te demander si tu auras encore un job la semaine suivante ! Et tu n'arrêtes pas de te répéter que ça va aller mieux, mais au fond de toi tu es persuadée que c'est bidon. Alors, tous ces efforts, toute cette bagarre, si tu regardes bien, ça n'a de sens que si tu as une seule chose, une chose fondamentale, dans ta vie : quelqu'un qui t'attend à la maison quand tu rentres le soir.

— Tu as Raul, au moins…

— À qui le dis-tu ! Des fois, je pense qu'il est la seule et unique raison pour laquelle je me lève tous les matins et je passe mes journées à gueuler dans un téléphone en essayant de vendre des conneries. »

Elle s'est arrêtée brusquement, a pris sa respiration. Soudain, elle était debout.

« Faut que j'y aille, m'sieur Allen.

— "Ned" ! »

Elle a fait non de la tête, lentement.

« Alors à la prochaine, Debbie.

— Non, il n'y en aura pas. »

Elle est partie sans se retourner. Au bout d'un moment, je suis sorti du café, j'ai marché jusqu'à la station de métro de Lexington Avenue. À l'arrêt de la 14e Rue, j'ai dû résister à l'envie de bondir hors de la rame. Courir à Stuyvesant Town, frapper à la porte de Debbie, tomber dans ses bras, attirer Raul contre moi, lui dire qu'il était désormais mon fils, glorifier les valeurs familiales, répéter qu'elles seules comptent, et puis, les rires succédant aux larmes, partir tous les trois dans le soleil couchant, enlacés.

Si seulement le scénario de l'existence s'écrivait à Hollywood…

Mais non, je suis descendu à Canal Street et quelques minutes plus tard j'étais chez Jerry, où j'ai commencé par écouter le répondeur. Il n'y avait qu'un message. Et de qui, entre mille ? Ian Deane, le « fabuleux » Ian. « Bonjour bonjour, monsieur le cachottier ! On finissait par s'inquiéter, Geena et moi, et puis j'ai eu Lizzie au téléphone hier et… »

Sans même aller jusqu'au bout du message, j'ai composé à toute allure son numéro en priant le ciel pour qu'il soit chez lui. Exaucé.

« Alors, qu'est-ce qu'elle a dit, Lizzie ? ai-je attaqué dès qu'il a décroché.

— “Bonsoir”, peut-être ? Ça se fait, vous savez, monsieur Allen !

— Pardon, pardon, mais je…

— Compris, m’a coupé Ian avec un petit rire. Comment va, Ned ?

— J’ai connu mieux.

— Alors pourquoi tu ne nous as pas appelés, dis ?

— Tu le sais bien, Ian. Je suis certain que Lizzie t’a raconté et le pourquoi et le comment.

— Ouais, elle a effectivement dit quelque chose à Geena à propos de…

— À propos du merdier que j’avais planté.

— Ça arrive, Ned.

— J’ai été con à un point…

— O.K., O.K., c’était pas très malin de ta part. Mais on n’est pas toujours très malins, nous tous.

— Pas à ce point-là.

— Il n’empêche, Ned, tu aurais dû rester en contact avec nous.

— J’étais vraiment persuadé que vous ne vouliez plus m’adresser la parole.

— Putain, Ned, on est amis, oui ou non ? Et on ne va certainement pas prendre parti pour l’un ou pour l’autre.

— Même Geena ?

— Ouais, j’admets qu’elle a eu tendance à pencher légèrement en faveur de Lizzie. Notamment à cause de, euh… de…

— J’ai pigé, oui.

— Mais moi je ne vais pas jouer les père-la-morale avec toi, hein ? Bon, un truc pareil, quand on a picolé, c’est un accident, presque. Non ?

— C’est ça. J’avais trop bu, j’ai trébuché et je me suis retrouvé à poil dans le lit d’une nana !

— Tu n’as pas eu de chance, voilà tout.

— Elle aurait pu ne jamais l’apprendre, c’est ça que tu veux dire ? »

Il a marqué une hésitation.

« Ouais, je suppose que c'est ça. Mais, oh, ce n'est quand même pas un crime de guerre !

— Non… Seulement ce qui a détruit notre mariage. Elle ne veut pas revenir, Ian ?

— Eh bien, d'après ce que je comprends, Lizzie est en effet assez montée contre toi, encore. Je crois que tu, euh… que tu vas devoir sérieusement ramer.

— Exact.

— Et j'ai aussi l'impression qu'elle a besoin d'espace, pour l'instant… »

Espace. Encore ce putain de mot.

« … mais qui sait, avec le temps, elle pourrait bien…

— Quoi ? Ne plus me détester autant ? »

J'ai entendu Geena qui l'appelait de loin.

« Écoute, Ned, on passe à table, là. Demain, on part une semaine pour les Bermudes. Mais on sera de retour dimanche, donc j'attends ton appel, compris ? Fais gaffe à toi. Et n'oublie pas que tu peux compter sur moi. »

En raccrochant, je m'en voulais terriblement d'avoir si vite rangé Ian dans la catégorie des frimeurs pleins de morgue. Une fois encore, mes complexes de provincial, mon esprit de compétition exacerbé m'avaient fait ignorer ce qui apparaissait maintenant d'une évidence aveuglante : il se considérait comme mon ami.

Mais même si je ne demandais qu'à tenir compte de ses conseils amicaux et à reporter mon offensive en vue de regagner le cœur de Lizzie, la pression était trop forte. Au cours du week-end, je lui ai laissé pas moins de cinq messages à son hôtel.

Je m'apprêtais à sortir de chez Jerry, mardi matin, quand un coursier de Federal Express m'a apporté une lettre. D'elle.

Ned,

Je n'essaie pas de « jouer les inaccessibles », ni de me conduire en garce. Simplement, je pense qu'après ce qui s'est passé il est préférable qu'on se donne à chacun un répit. Il vaut mieux garder nos distances jusqu'à ce que nous retrouvions un peu de calme, toi et moi.

Juliet m'a raconté comment tu avais réagi à mon message. Après coup, je vois bien que c'était une erreur de parler d'avocats aussi vite et je m'en excuse. Mais je te serais reconnaissante d'arrêter de me téléphoner pour l'instant. Cela ne facilite pas du tout les choses.

Je t'appellerai quand je serai prête à le faire, c'est-à-dire quand j'y verrai plus clair en moi.

Lizzie

J'ai fouillé le loft à la recherche d'un bloc de papier à lettres et d'un stylo, je me suis assis à la grande table du salon et j'ai rédigé une réponse immédiate.

Chère Lizzie,

On voit toujours mieux « après coup », n'est-ce pas ? Je ne peux pas revenir sur ce qui est arrivé… même si je paierais cher pour pouvoir le faire.

J'ai tout bousillé, bousillé, bousillé. Et tu me manques à un point que je n'arrive même pas à exprimer.

Mais bon… Tu ne veux plus que j'appelle, d'accord. Je respecterai ta volonté. Seulement, une chose que tu dois savoir : chaque fois que le téléphone sonnera, j'espérerai de tout cœur que ce soit toi.

Je t'aime.

Ned

En la postant dans une boîte sur le chemin du bureau, je me suis dit : « C'est à elle, maintenant. Si elle choisit de rester muette après une lettre pareille, alors il vaudra mieux que je commence à accepter le fait que c'est définitivement terminé entre nous. »

Quinze jours plus tard, j'approchais du désespoir absolu. Non seulement ma femme n'avait rien répondu, prouvant qu'elle ne voulait désormais plus de moi, mais le mailing Excalibur avait été accueilli par une indifférence accablante. Oui, sur deux cents tentatives et quelques, pas un seul responsable de société n'avait daigné prendre contact avec moi, laissant sa secrétaire, son assistant ou autre subalterne me communiquer un bref et comminatoire « Nous ne sommes pas intéressés, merci ». À cette période, Jerry était sans cesse en déplacement, ce qui me dispensait de le tenir au courant de ces résultats catastrophiques ou de feindre un optimisme débordant. Mais, à ma grande angoisse, je devais admettre en moi-même que le moment finirait par arriver où il faudrait lui annoncer le bilan, c'est-à-dire qu'on ne mordait pas à l'hameçon. Et pourquoi ? Quand on est un bon vendeur, la seule explication, dans ce genre de cas, c'est que les gens ne sont pas attirés par le produit proposé.

Je me suis pourtant obstiné à relancer tout le monde au téléphone, à la cadence d'une cinquantaine d'appels quotidiens qui se soldaient par des « Désolé, mais nous ne cherchons pas de financement pour l'instant », ou des « Malheureusement, nous sommes déjà en liaison avec d'autres fonds de placement »…

Puis, soudain, il y a eu une touche. Un certain Dwight Capel m'a appelé un après-midi, m'expliquant qu'il était un ancien du MIT, qu'il dirigeait une petite entreprise à Medford, dans le Massachusetts, et qu'il était en train de mettre au point une carte graphique révolutionnaire qui permettrait de démultiplier les ressources vidéo d'un ordinateur.

« C'est un produit réellement pointu, mais on n'a pas les ressources pour lancer et commercialiser correctement le machin. Alors, en voyant votre brochure et votre lettre, j'ai pensé qu'on tenait peut-être une occasion. »

Quand je lui ai proposé de venir le voir à Medford, toutefois, il m'a indiqué qu'il voulait d'abord prendre l'avis de son conseiller financier, qui n'était autre que son frère, Elliott Capel, cadre supérieur d'un fonds de retraite bostonien très réputé, Federal & State. Il lui avait transmis ma documentation la veille.

« Donc, je crois que le mieux serait que vous passiez plutôt un coup de fil à Elliott. Et s'il est emballé par vos propositions on pourra commencer à parler sérieusement. »

Joindre M. Capel frère n'a rien eu d'évident. Pendant deux jours entiers, ses collaborateurs m'ont répété qu'il était occupé. Finalement, j'ai téléphoné à six heures et demie le troisième soir, et c'est lui qui a décroché.

« Là, c'est une drôle de coïncidence, m'a-t-il déclaré après que je me suis nommé. Figurez-vous que j'ai enfin réussi à trouver le temps de regarder votre documentation cet après-midi. »

D'un coup, tout mon bagou est revenu.

« C'est par une "drôle de coïncidence" que nombre de collaborations fructueuses démarrent, vous savez ! Alors, pour battre le fer tant qu'il est chaud, si je venais vous voir, qu'on envisage un peu ce que la société de votre frère pourrait retirer d'Excalibur ?

— Vous travaillez pour ce fonds de placement depuis longtemps, monsieur Allen ?

— Ned, s'il vous plaît. Quant à votre question, la réponse est non. Quelques semaines, pour être exact. Cela dit, je suis absolument convaincu des énormes potentialités d'Excalibur et je…

— En clair, vous n'avez pris aucune part dans la mise sur pied du fonds ni dans la réalisation de cette brochure ?

— Ainsi que je viens de vous le dire, j'ai commencé il y a peu de temps.

— Mais vous avez une expérience dans le secteur des fonds communs de placement ?

— Euh… Non. C'est une reconversion, pour moi. Mais écoutez, monsieur Capel, si vous pouvez trouver un créneau dans votre programme des prochains jours, je serai ravi de sauter dans la navette aérienne pour Boston et de parler de tout cela de vive voix.

— Voyons… Si on disait demain, onze heures ? »

Dans la poche ! La première percée, le premier pas en avant. Il était temps !

« Onze heures, oui, c'est très bien pour moi. Et si vous êtes libre à déjeuner, ce serait un plaisir pour moi de vous…

— Non, je suis pris. De plus, je ne pourrai pas vous accorder plus de vingt minutes. Mais, dans le cas où vous pensez que cela vaut le voyage, cette plage horaire est à vous.

— Je serai chez vous à onze heures, cher monsieur.

— Seulement, monsieur Allen, je dois vous dire tout de suite que j'accepte de vous recevoir pour une seule et unique raison : parce que vous m'avez l'air d'un garçon raisonnable qui ne semble pas se rendre compte qu'il est en train de vendre un produit pas du tout raisonnable. »

J'ai eu les mains moites, brusquement.

« Je… je crains de ne pas très bien vous suivre, monsieur Capel.

— O.K. Pour être clair, il est totalement exclu que je laisse mon frère accepter ne serait-ce que 1 dollar de votre fonds. Et la raison, là encore, est toute simple : pour l'homme du métier que je suis, votre Excalibur est une complète fumisterie. »

10

Elliott Capel était un homme du métier, et de parole : au bout de vingt minutes, à la seconde près, il m'a poliment reconduit à sa porte. Abasourdi par la brièveté et la densité de cette rencontre, je suis sorti sur Copley Square et j'ai marché en direction du Boston Common, le grand parc à l'ouest du quartier des affaires. Il faisait une journée superbe, grand ciel bleu et brise clémente, mais je n'étais pas d'humeur à la goûter, ni à prêter vraiment attention aux massifs bien léchés du parc, aux bouffées d'air marin qui parvenaient jusque dans la cité ou à la proportion étonnante de femmes en robes courtes révélant de jolies jambes qui passaient par là. J'étais bien trop plongé dans mes pensées. Plus que perplexe, pour parler franchement.

« Alors, dites-moi, m'avait pressé Capel dès que je m'étais assis dans son bureau, dites-moi qui est derrière ce fonds de placement. »

J'avais préparé ma réponse avec soin.

« Il s'agit d'un consortium de financiers et d'entrepreneurs qui...

— Dissimulation.

— Que... Pardon ?

— Vous faites de la dissimulation, monsieur Allen. Ou, plus simplement, vous racontez des salades. »

Tout cela d'une voix pondérée, distante, un peu académique, qui cadrait bien avec son costume en laine peignée gris, sa chemise Oxford, son nœud papillon rayé et ses lunettes à monture en écaille. Et, tout comme un professeur, il me fixait de ses yeux d'un bleu délavé avec une telle intensité que je me croyais à un oral de rattrapage. Ce qui était exactement ma situation, d'ailleurs.

« Non, je ne pense pas "dissimuler" quoi que ce soit, monsieur Capel. Comme je l'explique dans ma lettre, Excalibur est en fait une entité qui chapeaute trois sociétés distinctes, lesquelles…

— Trois sociétés écrans, monsieur Allen.

— Hein ? Comment ?

— Vous paraissez surpris, monsieur Allen. Je crois pourtant m'exprimer clairement.

— Oui, mais j'avais la conviction que…

— Que quoi ?

— Qu'il s'agissait de raisons sociales absolument…

— Respectables, vous voulez dire ?

— Euh… Oui.

— C'est possible, en effet. Il existe une quantité de sociétés off shore qui opèrent dans la plus stricte légalité. Mais, dans le cas où le conseil d'administration d'une telle compagnie est constitué en tout et pour tout d'un avocat installé aux Bahamas et de sa secrétaire, vous la trouvez respectable, vous ?

— Je crois ne pas trop saisir, là…

— J'ai chargé un de mes collaborateurs de mener une petite enquête sur la prétendue "division Amérique du Sud" de votre fonds. Société anonyme enregistrée aux Bahamas. Président : un avocat de Nassau, dénommé Winston Parkhill. Seul et unique membre du C.A. : Mme Celia Markey. Laquelle, après quelques coups de fil passés par nos soins, s'est révélée être la secrétaire de Me Parkhill. Vous comprendrez que cette découverte m'a quelque peu intrigué, et j'ai donc demandé au même collaborateur de voir ce qu'il en était du côté des deux autres "divisions", installées respectivement au Luxembourg et aux Bermudes, si je ne m'abuse. Et devinez ce que nous avons trouvé ? Dans les deux cas, il s'agit de la même structure : un avocat d'affaires local et sa secrétaire, personne d'autre. Bien entendu, ce n'est pas un procédé inhabituel en matière de sociétés off shore. Mais ce que cela signale, tout du moins à mes yeux, c'est que la ou les personnes qui ont constitué votre fonds ne veulent pas voir leur nom impliqué dans les activités d'Excalibur. Là encore, monsieur Allen, ce désir de confidentialité peut avoir des raisons parfaitement justifiées… »

Je m'étais mordu la langue pour ne pas m'écrier : « Oui, exactement ! Jack Ballantine redoute les retombées médiatiques qui pourraient nuire au fonds si on apprenait qu'il est à son origine ! » Mais j'avais préféré me taire, laissant Elliott Capel poursuivre son cours.

« Un tel anonymat peut aussi, en certains cas, dissimuler des mobiles qui se situent tout bonnement en dehors de la légalité. C'est toute la question, avec ce type de sociétés : on n'arrive jamais à savoir précisément qui, ou *quoi*, se trouve derrière elles. Tenez, par exemple, vous, personnellement, vous le savez ? »

Refrénant une nervosité grandissante, je lui avais servi l'explication que Jerry m'avait instruit de donner au cas où cette question surgirait au cours de négociations.

« Je ne vous apprendrai rien en vous disant que nombre de commettants exigent cette confidentialité lorsqu'ils participent à la création de fonds de placement de ce type, monsieur Capel. Cela étant, vous avez certainement remarqué dans notre brochure de présentation qu'Excalibur jouit du soutien d'établissements financiers aussi solides que la Société fiduciaire luxembourgeoise ou la Banque commerciale des Bahamas, et que…

— Comment ? Qui essayez-vous de berner, là ? Votre “Société fiduciaire luxembourgeoise” est une obscure petite affaire. Quoique, comparée à votre “Banque commerciale des Bahamas”, elle fasse figure de Chase Manhattan Bank, je vous l'accorde. »

Les yeux baissés, j'avais bafouillé :

« Ah oui ? Je n'étais pas au courant de ça.

— Vous ne semblez pas être “au courant” de bien des aspects du fonds que vous désirez promouvoir.

— Je vous l'ai dit hier, monsieur Capel, je suis encore assez novice dans cette branche.

— Cela se voit, oui. Et que faisiez-vous donc avant d'atterrir dans ce jeu de quilles ? »

Il avait écouté attentivement la version expurgée de mon parcours que je lui avais offerte, surtout quand j'avais avoué que le fonds Excalibur m'était apparu comme un radeau, en plein naufrage personnel.

« Donc, c'était la première occasion qui se présentait, à votre stade ?

— Eh bien, j'étais pas mal pris à la gorge, oui. Mais… mais je me suis dit aussi que ce serait un redémarrage dans…

— Dans quoi ? Dans la criminalité en col blanc ?

— Vous… vous plaisantez, là ?

— Pour préciser un peu, monsieur Allen : si j'étais dans votre peau, je considérerais mes employeurs avec la plus grande circonspection. Et je me renseignerais sans doute au plus vite sur leurs antécédents.

— Croyez-moi, ce sont des gens extrêmement respectables !

— Oui ? S'ils le sont tant, pourquoi Micromagna est-elle une affaire aussi douteuse ? »

Je m'étais efforcé de dissimuler ma stupéfaction. Micromagna, la pierre de touche de toute l'opération…

« Qu'entendez-vous par là, monsieur Capel ?

— J'entends par là que Micromagna n'existe pas, tout simplement. »

La sonnerie de mon téléphone cellulaire a interrompu avec brutalité la voix d'Elliott Capel en train de repasser dans mon cerveau. J'étais assis sur un banc, le regard perdu dans un massif de roses artistiquement taillé. J'ai empoigné mon attaché-case pour en extraire l'appareil.

« Monsieur Allen ? J'ai un message de la part de M. Schubert. »

La secrétaire de Jerry.

« Je ne pourrais pas lui parler directement, plutôt ?

— Il est en rendez-vous à l'extérieur toute la journée, malheureusement. Il m'a demandé de…

— C'est assez urgent, vous comprenez ?

— Oh… Il est avec M. Ballantine et il a donné la consigne qu'on ne le dérange sous aucun prétexte. Mais il voudrait vous voir ce soir.

— On est deux dans le même cas, alors.

— Il a prévu de se rendre à une réception de SOFTUS au "Parker Meridien Hotel", 57e Ouest. Il espérait que vous puissiez le rejoindre là-bas à six heures.

— Dites-lui que j'y serai. »

Je me suis retenu d'ajouter : « Dites-lui aussi que je viens de rencontrer un professionnel des fonds mutuels qui, après enquête, s'est rendu compte qu'Excalibur est un conglomérat de trois sociétés cache-misère ayant le soutien de trois établissements financiers aussi insignifiants que contestables. Dites-lui encore que ce M. Capel a fait demander aux renseignements internationaux le numéro de téléphone de la compagnie Micromagna à Budapest. Et tu sais un truc vraiment désopilant, Jerry ? Il est sur liste rouge, figure-toi ! Tu as déjà vu une affaire normale dont le numéro est sur liste rouge, toi ? En tout cas, M. Capel en a conclu que ce Micromagna pourrait fort n'être que du vent. Ce qui m'amène, moi, à poser encore une autre question : c'est quoi, ce bordel ? »

Dans l'avion du retour, j'ai répété plusieurs fois l'algarade que je réservais à Jerry, une diatribe dans laquelle je me proposais d'exiger des explications sur le caractère plus que suspect du fonds de placement. Et, au cas où il ne me donnerait pas les réponses que j'attendais, je... je quoi, d'ailleurs ? je démissionnerais ? Oui, et après il ne me resterait qu'à trouver une belle boîte en carton en guise de lit et à aller rejoindre les autres clodos sur Broadway Ouest. Dans ma situation, claquer la porte signifiait la chute directe dans l'abîme, le désastre final. J'avais besoin de ce job et j'avais besoin d'y obtenir des résultats. Il y avait certainement une raison profonde pour que la structure d'Excalibur soit aussi complexe, et Micromagna aussi étrangement discrète. Car enfin, c'était malgré tout le bébé de Jack Ballantine, et même si celui-ci n'avait pas désiré s'y impliquer publiquement il était facile de remonter la piste jusqu'à sa personne. Sachant que les journalistes tournaient autour de lui tels des vautours affamés, il n'aurait jamais couru le risque de tremper dans une opération véreuse. Jamais.

Arrivé à l'aéroport à cinq heures, j'ai pris un taxi directement pour le « Parker Meridien ». La perspective de retrouver Jerry au milieu d'un raout de SOFTUS ne m'enchantait guère : cette convention annuelle des professionnels de l'informatique ayant été un moment incontournable durant mes années à *CompuWorld*, ainsi que l'occasion où j'avais rencontré Lizzie, elle ne pouvait que réveiller de pénibles souvenirs en moi, rouvrir la plaie de mon échec personnel. Si je n'avais pas tant voulu éclaircir les choses au plus vite avec Jerry, je m'en serais fort bien passé.

« Bordel d'Adèle ! Mais c'est Ned Allen ! »

J'avais à peine fait quelques pas dans la salle de réception que cette impression de voyage dans le temps s'est confirmée. D'un coup, tout mon récent passé de commercial ambitieux m'est revenu dans la figure. L'exclamation avait été lancée par Don Dowling, le chef de pub d'AdTel qui m'avait causé tant de soucis dans ma dernière période à *CompuWorld*. Il m'a tendu la main avant de se reculer précipitamment comme un acteur de mélodrame.

« Vous n'avez pas l'intention de me cogner, hein, Ned ? »

Je me suis forcé à sourire tout en attrapant un verre d'eau sur le plateau d'un serveur qui passait par là.

« Vous êtes très drôle, Don.

— Mais qu'est-ce que vous fabriquez ici, dites-moi ? J'avais entendu dire que vous aviez abandonné la profession.

— Ouais, encore que je sois dans un secteur très proche, maintenant. Le financement productif, pour ne rien vous cacher. Un fonds commun de placement qui se spécialise dans les technologies de pointe. D'ailleurs, j'aimerais beaucoup déjeuner avec vous un de ces jours. Voyez-vous, nous sommes à la recherche de jeunes boîtes qui pourraient solliciter du capital frais dans le but de… »

Son regard avait déjà dérivé par-dessus mon épaule, à la recherche de quelqu'un. Ou d'une échappatoire.

« Pas croyable ! Mais c'est Bill Janes ! a-t-il soudain crié à l'intention d'un groupe d'invités un peu plus loin. Ned, ça m'a fait énormément plaisir de vous revoir, hein ? J'espère que vous allez réussir dans ce machin que vous dites.

— Pour ce déjeuner dont je parlais, on pourrait…

— Appelez ma secrétaire, alors », a-t-il lâché avant de s'esquiver prestement.

Une minute plus tard, je suis tombé sur Dave Maduro, l'un de mes ex-collaborateurs à *CompuWorld*.

« Dave ! Ça alors ! Comment va ? »

Sa stupéfaction a été assez comparable à celle d'un quidam voyant réapparaître un défunt dans le monde des vivants.

« Ned… Ça, c'est une surprise.

— Vous m'avez l'air en pleine forme. Tout se passe bien, à *PC Globe* ?

— Super, super, a-t-il répondu sans conviction.

— Vous en avez vu encore d'autres de l'ancienne équipe, ce soir ?

— J'ai aperçu Doug Bluehorn tout à l'heure. Zanussi est en Californie, lui. En train de charmer des clients potentiels à San Jose. »

Une bonne nouvelle, au moins. L'idée de croiser Chuck ici me terrorisait depuis le début.

« Et la famille, Dave ? Ça va ?

— Ouais, au poil… »

Comme Don Dowling auparavant, il semblait chercher un moyen de prendre la tangente.

« Dites, ai-je déclaré pour tenter d'alimenter la conversation, je monte à Boston de temps à autre. Ça me plairait de vous cuisiner un peu à propos de nouveautés informatiques, un de ces jours.

— Mais évidemment, Ned. Vous avez mon numéro, hein ? »

En me déplaçant dans la grande salle, j'ai noté la même réticence gênée dans l'attitude de mes anciennes relations de travail. Ou bien j'ai surpris à mon passage quelqu'un en train de chuchoter à l'oreille d'un collègue, lequel me lançait à son tour un bref coup d'œil. Il n'était pas difficile d'imaginer ce qui se murmurait sur mon compte : « Tu vois ce type là-bas ? C'est Ned Allen, un mec qui faisait un malheur du temps où il était à *CompuWorld*. Puis il a boxé son patron, un Allemand… Oui, c'est ça ! Et, à ce qu'il paraît, plus personne n'a voulu de lui depuis. Même pas la prison ! »

Oui, je les terrifiais, et c'était facile à comprendre. Je représentais un concentré de toutes leurs angoisses, le raté professionnel que chacun d'eux redoutait de devenir un jour. J'avais l'impression d'être un monstre de foire exhibé devant cette assemblée : « Regardez, messieurs-dames, regardez l'Homme Qui a Tout Foiré, le Has-Been ! » Incapable de déceler la trace de Jerry dans la foule, j'ai décidé qu'il était temps de me soustraire à cette épreuve.

J'étais sur le point de partir quand j'ai entendu qu'on m'appelait.

« Ned ! Par ici, Ned ! »

Il était à l'autre bout de la salle, m'adressant de grands signes. J'ai commencé à me rapprocher de lui, jusqu'à ce que je découvre qui se tenait à côté de lui et me fige sur place.

Ted Peterson.

Il a paru autant renversé que moi en m'apercevant et a fait mine de partir, mais Jerry l'a retenu par l'épaule. De loin, j'ai vu qu'il pointait un doigt vengeur sous le nez de Peterson en parlant entre ses dents. Une réprimande énergique, sans doute, car l'autre a viré au blanc et s'est tenu à carreau. Je n'en croyais pas mes yeux.

« Ned ! » a encore crié Jerry.

J'étais bien obligé de me diriger vers lui. Lorsque j'ai été devant eux, il est devenu tout sourires.

« Je voulais te présenter un ami, Ned. Mais en fait vous vous connaissez déjà, non ?

— Ouais, on se connaît, a soufflé Peterson en me tendant la main. Comment allez-vous, Ned ? »

J'ai ignoré son geste.

« Comment je vais ? Comme quelqu'un qui vous pisse à la raie, je vais !

— Allons, Ned, du calme, est intervenu Jerry.

— Du calme ? Du calme ? » J'entendais ma voix monter d'un ton à chaque mot. « Devant une ordure pareille ?

— C'est du passé, a affirmé Peterson calmement.

— Du passé ? Du passé ? Vous ruinez ma carrière, vous assassinez Ivan Dolinsky et il faudrait qu'on oublie, c'est ça ? C'est ÇA ? »

Je hurlais à tue-tête, maintenant. Un grand silence s'était fait autour de nous, tout le monde nous observait. Jerry a posé une main impérieuse sur mon bras.

« Tu arrêtes, Ned. »

Je me suis dégagé d'un mouvement furibond.

« Ce sale con devrait être en taule. Non seulement pour avoir provoqué la mort d'Ivan, mais pour tentative de viol, en plus !

— Attention, vous dépassez les bornes ! s'est exclamé Peterson, plus du tout flegmatique.

— Pourquoi ? Parce que je veux raconter comment vous avez essayé de vous mettre de force entre les jambes d'une fille il y a un an, sur la plage de…

— Allez, allez, a tenté Jerry en guise de conciliation.

— Vous n'avez aucune preuve !

— Ah oui ? Elle s'appelle Joan Glaston, et si…

— Vous déraillez complètement.

— Et si elle n'a pas porté plainte contre vous, c'est uniquement parce que vous avez acheté son silence !

— Attention, j'ai dit !

— Mais avant ça, elle t'a bien latté dans les roustons, hein, connard ! »

Il a bondi sur moi, les deux poings levés, mais Jerry a été plus rapide. Il l'a immobilisé d'une de ces prises brutales qu'il utilisait jadis sur le terrain de hockey, tout en aboyant à mon intention :

« Tu dégages IMMÉDIATEMENT !

— Avec plaisir, ai-je rétorqué en expédiant le contenu de mon verre à la figure de Peterson. Ça, c'est pour Ivan.

— VOUS ÊTES UN HOMME MORT ! a glapi Peterson en se débattant sans succès.

— File, TOUT DE SUITE ! » a hurlé Jerry.

Les curieux qui s'étaient amassés autour de nous se sont prudemment écartés sur mon passage.

Dehors, j'ai dû m'appuyer contre un lampadaire le temps de recouvrer un semblant de calme. Puis je suis parti droit devant sur la 6e Avenue, tellement chamboulé par ce qui venait de se passer que je ne me suis pas rendu compte de la distance que j'avais parcourue avant de lever la tête et de découvrir que j'étais à la hauteur de la 23e Rue. Je mourais d'envie d'entrer dans le premier bar venu et de soigner mes nerfs avec une demi-bouteille de Jack Daniel's, mais je ne voulais pas faire une entorse à la stricte hygiène de vie que j'avais retrouvée, et je me suis donc contenté de foncer vers le sud. J'ai traversé le Village, laissé SoHo de côté, franchi Tribeca, abandonné Wall Street derrière moi avant d'arriver aux ultimes confins, à Battery Park. Je n'avais plus conscience du temps, ni de ma fatigue. Mon cerveau était entièrement occupé à essayer de donner un sens aux événements qui s'étaient succédé pendant cette journée, à y déceler une logique improbable... et ne trouvait qu'une kyrielle de questions en suspens. Par exemple, qu'est-ce que fabriquait Jerry en compagnie de l'ignoble Peterson ? Pourquoi l'avait-il morigéné aussi rudement à mon apparition ? Pourquoi ne m'avait-il jamais dit qu'il le connaissait, alors qu'il connaissait en détail les ravages que ce salaud avait provoqués dans ma vie ? Plus simplement, qu'est-ce qu'ils pouvaient bien magouiller, tous les deux ? Et, au-delà de ces interrogations, il y avait encore le doute qu'Elliott Capel avait semé en moi quant à la légitimité du fonds qui m'employait...

Je suis reparti au nord par les rues désertées du quartier des affaires, j'ai coupé par Chinatown et Little Italy, et je me suis lentement approché de Wooster Street. De loin, j'ai vu que les lumières étaient allumées dans le loft. Ainsi, pour la première fois depuis près d'un mois, Jerry était rentré chez lui avant minuit. Ce n'était pas surprenant : après la scène au « Parker Meridien », il devait sans doute guetter mon retour avec l'intention évidente de m'annoncer que j'étais viré.

J'aurais voulu continuer de marcher dans la nuit, fuir la confrontation qui s'annonçait en espérant que tout rentrerait dans l'ordre au matin suivant par quelque intervention magique. Seulement, je connaissais aussi les lois d'airain de la philosophie Ballantine, et celles-ci édictaient que le refus de prendre ses responsabilités, surtout après avoir commis un grave impair, constituait un crime presque aussi grave que de laisser l'équipe adverse transformer un essai. « Serrez les dents et reconnaissez l'erreur », avait écrit Jack Ballantine dans son *Territoire du succès* ; « admettre que vous avez laissé échapper la balle, c'est non seulement faire acte de vaillance et de dignité, mais aussi se donner les moyens d'apprendre ».

Il n'y avait pas d'esquive possible. Je devais admettre que j'avais « raté la passe » et me préparer à coucher sous les ponts avec « vaillance et dignité ».

Quand je suis entré, Jerry était installé dans le canapé, en pleine conversation téléphonique. Je suis allé à ma chambre et j'ai entrepris de faire mes valises. Au bout de cinq minutes, il a surgi. Remarquant le sac ouvert sur le futon, il a écarquillé les yeux.

« C'est quoi, ça ?

— Tu le vois. Je m'en vais.

— Mais pourquoi, bon Dieu ?

— Je me dis… je me disais qu'après l'histoire de tout à l'heure je…

— Tu t'es conduit comme un imbécile. Ça, c'est clair à cent pour cent. Mais je porte une part de responsabilité, moi aussi : j'aurais dû te prévenir que Peterson travaillait avec nous.

— Que… Qu'il quoi ?

— Tu as l'air scié.

— Je *suis* scié !

— C'est tout frais. Et son intervention se borne à un rôle de conseil. Il est chargé de surveiller ce qui se crée dans le secteur et qui serait susceptible d'être un bon investissement pour Excalibur.

— Pourquoi tu ne m'en as rien dit ?

— Parce que j'étais au courant de vos relations passées et que je pensais que tu risquais de prendre ça mal.

— Tu pensais bien ! Mais enfin, Jerry, c'est hallucinant ! Ce type est mon cauchemar ! L'ennemi numéro un, la haine totale ! En plus, c'est un dangereux salopard. Et maintenant, tu m'annonces que tu veux bosser avec lui ?

— Il pèse lourd chez GBS, il pourrait nous être très utile. Quand j'ai fait sa connaissance il y a trois semaines, il m'a…

— Quoi, ça dure depuis TROIS SEMAINES ?

— Eh, t'es pas dans une scène de ménage, mec ! On parle business, là. Il m'a été présenté par des relations d'affaires, il m'a paru malin, superinformé dans le rayon informatique, alors je lui ai proposé ce statut de consultant, disons. Ce qui n'est pas exactement dans les mœurs de GBS, il faut reconnaître, mais bon, il est juste question que je déjeune avec lui une fois par mois et que je lui tire les vers du nez sur ce qu'il voit se profiler d'intéressant. En tout cas, comme je savais que tu ne peux pas l'encadrer…

— À juste titre !

— D'accord, c'est vrai, il s'est comporté de manière dégueulasse avec toi. Mais bon, comme je savais ça, je n'ai pas voulu t'embêter avec cette collaboration, qui, je le répète, était… est très limitée et ne te concerne en aucune façon. Cela étant dit, la scène de ce soir change un peu les choses.

— En quoi ?

— J'étais au téléphone avec Ballantine quand tu es rentré. Il a déjà appris ce qui s'est passé à la réception. Tu veux savoir ce qu'il m'a dit ? "Il faut reconnaître qu'il a eu du cran, Ned, de voler dans les plumes de ce salaud comme ça. Mais c'était tout de même une ânerie." »

J'ai haussé les épaules.

« Je plaide coupable. Mes excuses.

— Acceptées. Pendant que tu y es, déballe-moi ces valises. On ne te jette pas à la rue, oh !

— Merci, Jerry.

— Seulement, on a encore un petit problème, là. Sur le marché informatique, GBS est incontournable. Et Ted Peterson, c'est notre accès à eux. C'est peut-être un fils de pute, mais c'est *notre* fils de pute. Nous avons besoin de lui. Nous ne voulons pas le perdre. Donc, mister B. suggère que tu l'invites un de ces soirs à dîner, que tu aplanisses le différend et que…

— Mon cul !

— Ned ? Quand Jack Ballantine dit "je suggère", c'est très équivalent à "j'ordonne".

— Il mesure ce qu'il y a entre Peterson et moi ?

— Absolument. Et il est de ton côté, bien entendu. Mais sans vouloir me répéter, c'est du business, là, et pour reprendre une formule que mister B. affectionne : "En affaires, on ne choisit pas toujours avec qui on couche." En tout cas, il pense que ce serait enrichissant pour toi, "vertébrant", de rencontrer Peterson *mano a mano* dans un bon resto et de parvenir à un armistice honorable avec le bonhomme.

— Ça ne me plaît quand même pas du tout.

— C'est la *fucking* vie, Ned.

— Si je refuse ?

— Alors, tu pourras *vraiment* faire tes bagages, j'en ai peur. »

C'était la réponse que je pressentais. Que je redoutais, plutôt. J'ai levé les deux mains en l'air, gestuelle universellement reconnue comme un signe de capitulation.

« O.K., O.K., je vais le faire.

— T'es le bon gars, Ned.

— Mais s'il m'envoie chier ? Après ce que je lui ai balancé devant tout le monde ce soir…

— Il va accepter.

— Comment tu peux en être tellement certain ?

— Parce que je sais qu'il veut bosser avec nous. Qu'il le veut vachement. En fait, il en a besoin, même.

— Comment ça, "besoin" ? C'est une grosse légume, à GBS !

— Plus que grosse : dilatée. Je veux dire, c'est un cas typique de surendettement des classes moyennes. Il essaie de joindre les deux bouts avec ses 300 sacs par an, mais visiblement il en claque 75 de plus avec le train de vie qu'il a. Ce qui signifie qu'il a un problème d'endettement cumulatif. Un problème qu'il peut résoudre facilement en jouant au sherpa pour nous. »

Son portable a sonné. L'échange a été bref, quelques phrases prononcées à voix basse, et il a coupé.

« C'était mon rencart de ce soir. Pas du tout contente, la petite, vu que je devais la retrouver à "Odeon" il y a une demi-heure déjà.

— Tu peux lui dire que c'est ma faute.

— Je ne vais pas m'en priver, crois-moi. Bon, demain soir, tu es libre ?

— Euh… Ouais, je pense.

— Je vais essayer d'organiser le dîner avec Peterson, alors. Ce sera sans doute pas trop loin de son boulot, à Stamford. Mieux vaut qu'on règle ça au plus vite, hein ? À propos, Boston, c'était comment ?

— C'est ce dont je voulais te parler, justement. Ce type que j'ai vu, de Federal & State, il…

— C'est super que tu aies un contact chez eux. Ce ne sont pas de petits joueurs, dans la filière mutualiste.

— Ouais, mais toujours est-il qu'il a, euh… qu'il se pose certaines questions à propos d'Excalibur, et il faudrait que…

— Écoute, je n'ai vraiment plus le temps, là.

— Alors, au petit déjeuner demain ?

— Demain matin, je pars à Philadelphie aux aurores. J'enchaîne Wilmington dans la foulée, ensuite Baltimore, je ne serai pas de retour avant le soir tard. Mais c'est promis, on se retrouve quelque part vers les dix heures et demie, on prend un pot et tu me racontes tout, ton voyage à Boston et comment tu as fait la paix avec Peterson. Je vais demander à Peggy de mettre au point votre petit dîner avec la secrétaire du monsieur. Dès qu'elle aura les détails, elle t'appelle. »

En effet, le lendemain à onze heures du matin, elle me téléphonait au bureau pour m'annoncer que la rencontre aurait lieu à sept heures, au « Hyatt Regency Hotel » d'Old Greenwich, sur cette bonne terre du Connecticut.

« La personne viendra directement de son travail en voiture, m'a-t-elle précisé. Pour vous, le mieux serait de prendre le six heures quatre de la ligne nord à Grand Central, qui vous amènera à Old Greenwich à six heures quarante-huit. En taxi, il y en a pour dix minutes à peine. Vous serez tous les deux au "Hyatt" en temps voulu, comme ça. »

Oui, cela aurait dû se passer exactement ainsi qu'elle l'avait prévu si le six heures quatre n'avait pas été immobilisé pendant près de trente minutes à la sortie de Port

Chester. Panne de signalisation. J'ai appelé le restaurant de l'hôtel sur mon portable pour annoncer que j'allais être en retard. Le face-à-face avec Peterson, que je redoutais déjà, s'annonçait très mal.

La course en taxi n'a effectivement demandé que dix minutes, mais il n'empêche qu'il était presque huit heures moins le quart lorsque j'ai déboulé dans un décor de jardin d'Éden suburbain, avec fontaine et ruisseau, allées en gravier et plantes tropicales. Peterson était assis à une table retirée et il avait une gueule pas possible, le teint cireux, des cernes gigantesques sous les yeux, l'air de quelqu'un qui n'a pas dormi depuis des jours et qui menace de succomber d'un instant à l'autre à la crise de nerfs. Il était en train de ronger le peu d'ongles qui lui restaient, et de boire. Pas le simple apéritif, non : au moment où je l'ai rejoint, une serveuse remplaçait son verre vide par un nouveau scotch bien tassé. Quand il a ouvert la bouche pour parler, son haleine était déjà très chargée en Johnnie Walker.

« Merci d'être aussi ponctuel.

— Quoi, on ne vous a pas transmis le message ? Le train a été bloqué pendant…

— Ouais, je sais. Vous buvez quelque chose ? J'ai au moins trois verres d'avance sur vous.

— Un Perrier, s'il vous plaît, ai-je demandé à la serveuse.

— Vous êtes mormon ou quoi ?

— Je ne bois pas d'alcool, c'est tout.

— Vous buvez ce que vous voulez, a-t-il coupé en s'envoyant une bonne rasade de whisky.

— Franchement, je n'ai pas du tout envie d'être ici, moi non plus.

— Ouais ? En tout cas, votre show d'hier soir, c'était quelque chose ! Je tenais à vous remercier pour ça.

— Vous avez eu ce que vous méritez.

— Vous voulez vraiment ma peau, hein ?

— Oh, arrêtez un peu, d'accord ? Qui est-ce qui a téléphoné à ce zombie de *Home Computer Monthly* en le menaçant de lui couper les vivres GBS s'il ne virait pas Ivan ? Qui a refait le même coup avec Phil Goodwin pour qu'il retire la proposition de job qu'il venait de me faire ? Qui ?

— Qui m'a obligé à prendre un cahier pub à *CompuWorld* ?

— Vous étiez revenu sur la parole donnée. Vous vous rappelez ça, quand même ?

— Et vous, vous avez tenté de me forcer la main. Ce qui a entraîné une riposte de ma part, naturellement.

— Ah, je vois ! Vous êtes un de ces malades qui se croient en guerre dès qu'ils arrivent au bureau ! Riposter, pour vous, ça veut dire ruiner des carrières, détruire des gens.

— Je fonctionne sur un principe très simple : celui qui cherche à me baiser, je le baise. Comment on dit, déjà ? La "loi de la jungle", c'est ça ?

— Non, la loi des connards sans foi ni loi de votre espèce, la loi des… »

Le retour de la serveuse m'a obligé à interrompre la diatribe. Elle a posé un autre scotch devant Peterson, qui était en train de vider le fond du précédent.

« Vous avez fait votre choix, messieurs ? a-t-elle questionné.

— J'ai pas faim, a répondu Peterson.

— Moi non plus. »

Dès qu'elle s'est éloignée, il s'est penché en avant. Il parlait entre ses dents.

« Vous voulez que je vous confie un petit secret ? Ce que vous pensez de moi, j'en ai absolument rien à battre. Et n'essayez surtout pas de jouer les moralistes avec moi. Parce que le coup fourré que vous êtes en train de monter, je suis au courant.

— Je ne monte rien du tout.

— Comment donc ! Mais moi, je sais !

— Vous savez quoi ?

— Je sais quel jeu vous êtes en train de jouer.

— De quoi vous parlez, bon sang ?

— Ne faites pas le benêt avec moi, mon pote. Vous pensez que je n'ai pas pigé le message qu'il y a derrière ce prétendu dîner ? Allez, allez, vous pouvez le dire à votre grand chef : "Il a reçu cinq sur cinq, patron !" »

Je l'ai observé quelques secondes, abasourdi.

« Je suis paumé, là.

— Ah oui ? s'est-il exclamé avec un ricanement agressif. Mon vieux, dans le genre faux derche, vous êtes encore meilleur que je ne croyais ! Mais bon, de la part d'un fidèle disciple de Jack Ballantine, on ne peut pas attendre moins, n'est-ce pas ? »

Soudain, j'ai éprouvé une inquiétude qu'il a dû remarquer, puisqu'il a eu un sourire fielleux. Il a claqué des doigts pour convoquer la serveuse et lui a montré du menton son verre à nouveau vide.

« Je ne vois pas de quoi vous parlez.

— Vous avez été programmé par Jerry pour répondre comme ça ?

— Personne ne me "programme", et je…

— Oh, pardon, pardon, j'ai oublié que vous n'êtes pas un lobotomisé de la secte Moon. Non, juste un converti à l'Église du Grand Motivateur.

— Je ne travaille pas pour Jack Ballantine.

— Mais si, mais si. La preuve, c'est que moi aussi.

— Là, sincèrement, je suis plus que largué.

— Bien entendu. Vous ne savez rien, c'est la consigne, pas vrai ? Rien du tout.

— Non… Oui, c'est ça.

— Alors, dans ce cas, qu'est-ce que vous faites ici ce soir ?

— Jerry voulait que je vous rencontre pour…

— Et hop, en route, vous y allez !

— Que je vous rencontre pour voir si on pouvait mettre les choses au clair, éventuellement.

— Ah oui ? Eh bien, vous pouvez lui dire que je ne me laisse pas forcément intimider par les menaces.

— Je ne suis pas ici pour vous menacer.

— Tu parles ! C'est un putain de guet-apens, oui, et depuis le début ! »

Il avait tellement élevé la voix qu'il s'est attiré le regard désapprobateur de quelques clients autour de nous. Alors, il s'est penché vers moi pour murmurer :

« Dites à Jerry que je reste sur ma position : 200 sacs tout de suite, plus huit pour cent de comm sur tous les deals à venir. Autrement… »

La jeune fille lui a servi son énième whisky, qu'il a vidé d'un trait.

« Autrement quoi ?

— Autrement… Bon, on va dire comme ça, hein : savoir, c'est pouvoir.

— Je ne comprends toujours rien à ce que vous racontez. »

Il m'a contemplé avec une admiration hagarde.

« Vous êtes bon, TRÈS bon. Je comprends pourquoi ils vous ont pris avec eux, maintenant. Oh oui, vous êtes le type parfait…

— Parfait pour quoi ? »

Il s'est levé en s'appuyant sur la table.

« Je n'ai plus rien à ajouter sur ce sujet, sinon une chose : vous allez vous faire démasquer. Vous, Jerry, Monsieur-le-Grand-Con-de-Motivateur. C'est comme ça, dans la vie. On finit tous par se faire prendre. C'est juste une question de temps. »

Il a tourné les talons en titubant, mais n'est pas allé très loin. L'alcool qu'il avait ingurgité à une telle cadence a produit son effet au moment le plus mal choisi, celui où un serveur chargé d'un plateau d'assiettes pleines arrivait à sa hauteur. Peterson a perdu l'équilibre, percutant le malheureux. Le plateau a fusé en l'air, le serveur est allé bouler contre une table, et Peterson lui-même a achevé sa course dans le buffet. En quelques secondes, le maître d'hôtel était auprès de lui et l'aidait à se relever. Sentir son haleine lui a suffi à comprendre de quoi il retournait. Il l'a agrippé fermement par le bras et a entrepris de l'entraîner dehors. Après avoir jeté quelques billets entre nos verres, j'ai suivi leur retraite vacillante. Je les ai rejoints dans le hall d'entrée, où le maître d'hôtel avait le plus grand mal à maintenir Peterson en position verticale.

« Je peux vous donner un coup de main ?

— Il est avec vous ? m'a-t-il demandé en soutenant toujours le poivrot.

— Malheureusement oui.

— Eh bien, il est soûl, et je ne veux plus le voir ici. Vous êtes en état de conduire ?

— Oui, je n'ai bu que du Perrier, moi ! Vous pouvez interroger la serveuse.

— Alors, c'est vous qui avez la responsabilité de le ramener chez lui sans encombre. Et quand il aura dessoûlé demain matin, dites-lui que l'accès à notre hôtel lui est désormais refusé. Pour toujours. »

Il m'a remis la loque en mains propres, me surveillant tandis que je la tirais vers la porte. Direction le parking.

« Où sont vos clés ?

— Va te faire… » a bredouillé Peterson d'une voix pâteuse.

Raffermissant ma prise sur son bras, je l'ai fouillé rapidement de mon autre main. Dans la poche gauche de son veston, j'ai trouvé un trousseau, retenu par un porte-clés avec le sigle de BMW.

« Elle est de quelle couleur, votre caisse ?

— Noire.

— Où vous l'avez garée ? »

Il a fait un vague geste vers le bout le plus éloigné de l'aire de stationnement.

« Par là.

— Ah, super… »

Le soleil venait de se coucher, le parking était encore plus grand que je ne l'avais cru, et mal éclairé en plus. Repérer une BMW noire dans ces conditions n'a pas été une partie de plaisir, surtout avec un ivrogne à la remorque. Peterson avait sombré dans l'incohérence, se cognait aux ailes et aux pare-chocs des voitures stationnées là. Alors qu'il venait de s'égratigner la jambe contre une Volvo, je l'ai entendu marmonner :

« Tu refais ça, je te cogne.

— Allez, venez, ai-je plaidé en le retenant par la ceinture. Plus vite on aura retrouvé cette voiture, plus vite vous serez dans votre lit. »

Au bout de cinq minutes d'errance supplémentaire le long des files de bagnoles, on est enfin tombés sur celle de Peterson. Je l'avais calé contre la porte du passager et j'allais appuyer sur la commande d'ouverture quand on a parlé derrière moi :

« Tu sais quoi, mec ? Et si qu'on le raccompagnait tous ensemble ? »

Sans lâcher Peterson, je me suis retourné. Deux types râblés se tenaient là, tous deux équipés de casquettes de base-ball et de lunettes de soleil. Et de revolvers. Ils ont fondu sur nous, j'ai essayé de crier, mais j'ai senti quelque chose de froid et de pointu se plaquer sur ma tempe. Le canon d'un petit neuf millimètres.

« J'serais toi, je fermerais ma grande gueule », m'a déclaré Braqueur Numéro Un avec plus qu'un soupçon d'accent du Sud.

Il m'a arraché des mains le trousseau et l'a lancé à Braqueur Numéro Deux, qui tenait Peterson en respect avec son arme. L'autre était tellement paf, cependant, qu'il ne semblait même pas se rendre compte de la situation. Il s'est laissé jeter à l'arrière de la BM par son « accompagnateur », qui s'est installé à côté de lui et a rendu les clés à Braqueur Numéro Un. Celui-ci m'a ordonné de m'asseoir au volant, et il est monté à son tour.

« Roule.

— Vous voulez mon fric, prenez-le, ai-je tenté. Mais au moins... »

Je n'ai pas pu finir ma phrase. La gueule du revolver était revenue contre ma tempe, un peu plus brutalement cette fois.

« Tu tiens à ta cervelle ? Alors, écrase !

— Bon, bon...

— À présent, démarre cette putain de caisse. »

J'ai obéi, terrifié. Dès que nous avons roulé, Braqueur Numéro Un a retiré son arme mais il l'a posée sur ses genoux, prête à l'emploi. Dans le rétroviseur, j'ai vu que son acolyte avait fait de même. Il n'avait d'ailleurs pas besoin d'être sur ses gardes, lui, puisque Peterson était affalé sur le siège, bouche ouverte, à la masse.

« O.K., a repris celui qui était à l'avant. Voilà comment on fonctionne, là. Tu vas faire tout ce que je te dis, exactement, tu vas aller où je te dis d'aller. Tu ouvres la bouche, t'es mort. T'essaies d'appeler à l'aide, t'es mort. Tu grilles un feu rouge, t'es mort. Tu me suis, mec ?

— Oui, je fais tout ce que... »

Il a enfoncé le revolver dans ma cuisse.

« J'ai dit pas un mot, trouduc ! Là, tu prends à droite. »

Nous sommes entrés sur la voie rapide en direction de la ville. Mes mains suaient tellement que j'avais du mal à tenir le volant. Et j'avais les yeux noyés d'un désespoir absolu. J'étais certain qu'ils s'apprêtaient à nous tuer.

Arrivé à Old Greenwich, j'ai reçu l'ordre de tourner à droite sous le pont du chemin de fer, puis tout de suite à gauche. Nous avons longé la voie ferrée sur une cinquantaine de mètres, jusqu'à un passage à niveau. Braqueur Numéro Un s'est retourné vers son complice.

« C'est ici, hein ? »

Ayant obtenu un hochement de tête en guise d'assentiment, il m'a dit de me garer et d'éteindre les phares.

Nous sommes restés immobiles une ou deux minutes, dans un silence seulement troublé par les ronflements de Peterson. Puis il y a eu le grondement lointain d'un train en approche, la sonnerie du passage à niveau s'est déclenchée et ses lumières se sont mises à clignoter tandis que les barrières s'abaissaient.

« *Go !* »

Aussitôt, Braqueur Numéro Deux a ouvert la portière, tiré Peterson au-dehors et l'a entraîné vers la voie. Il a réussi à se glisser sous la barrière avec lui juste avant que celle-ci se referme. Ils étaient à quelques centimètres des rails, maintenant. Alors, j'ai compris ce qui allait arriver.

« Oh non, vous n'allez pas…

— Écrase », a soufflé l'autre en posant le canon contre mon front.

Mes yeux hébétés étaient fixés sur le voyou en train de placer Peterson au milieu de la voie ferrée. Lui se balançait d'avant en arrière, gardant instinctivement son équilibre mais incapable de se rendre compte du risque qu'il courait. Soudain, leurs silhouettes ont été prises dans la lumière spectrale des phares. La sirène du train s'est mise à ululer sans arrêt dans le fracas strident des freins. Peterson était seul entre les rails, apparemment paniqué par tout ce bruit mais comme fasciné par les phares. En un éclair, il est revenu à la raison, ses traits se sont distendus en un hurlement que la sirène a couvert. Son meurtrier était repassé sous la barrière et revenait à la voiture en courant. Peterson a tenté de s'enfuir, mais il a trébuché et est tombé de tout son long, sa tête venant cogner un des rails au moment même où le train…

J'ai plaqué mes mains contre mon visage. Un silence irréel s'est installé. Jusqu'à ce que le type à côté de moi remarque d'un ton badin :

« Tiens, on dirait bien qu'tu viens de tuer quelqu'un. »

TROISIÈME PARTIE

1

Ils m'ont dit de repartir vers la gare d'Old Greenwich. À mi-chemin, j'ai reçu l'ordre de m'arrêter dans une allée sombre qui semblait border un grand parc. Aucune circulation, mais j'ai remarqué une voiture stationnée un peu plus loin.

« Nous, on descend là, m'a informé Braqueur Numéro Un. Que je t'explique comment notre petite aventure se termine. Quand on aura dégagé, tu restes tranquille ici pendant cinq minutes. Ensuite, tu vas à la gare, tu laisses la caisse au parking et tu prends le premier train pour New York. Jerry t'attend chez lui. »

Les mots ne sont plus arrivés à sortir de ma gorge.

« Que… Quoi… Comment, Jerry ?

— Ouais, Jerry ! Maintenant, avant qu'on se quitte, je veux être sûr que t'as bien pigé une chose : si tu crois que tu vas t'en tirer en allant voir les flics, tu te mets vachement le doigt dans l'œil. Parce que tu te retrouveras inculpé d'homicide volontaire avant d'avoir pu dire Maman. Dans ta p'tite tête, tu vas peut-être avoir une autre idée, genre je disparais, ni vu ni connu. Là aussi, ce sera craignos pour toi vu que nous, on s'arrangera pour que les bourres te mettent en première ligne sur leur liste de suspects. Résultat, t'auras tout le FBI au cul d'ici demain matin. Alors, sois malin, mec : fais rien.

À part de t'rentrer chez Jerry fissa, bien entendu. Et quand je dis fissa, je parle pas en l'air. Il a été très clair là-dessus, Jerry : si t'es pas en vue avant minuit, il appelle les flics et c'est parti. Ça te laisse trois heures pour filer à Manhattan. Même pas de quoi s'arrêter prendre un verre en route. Pigé ? » J'ai fait oui de la tête. « Des questions ? » J'ai fait non. « Magnifique. Bon, il reste à nettoyer un peu, à présent. Mon ami et moi, on va donner un coup de propre à cette bagnole, histoire d'effacer les traces qu'on aurait pu laisser. Évidemment, si t'essaies de te tirer pendant ce temps…

— Je n'essaierai pas.

— Eh, tu sais quoi ? Tu commences à me botter vraiment, toi !

— Ravi de l'entendre.

— Bien, tiens-toi peinard, ça sera pas long. »

Ils ont quitté la BMW tous les deux, sorti de leurs poches des chiffons et entrepris de frotter systématiquement toutes les parties qu'ils avaient pu toucher. Pendant les quatre ou cinq minutes qu'a duré l'opération, je suis resté assis, une coulée de sueur froide serpentant dans mon dos, cramponné au volant comme si lui seul me retenait à la vie. Quand ils ont terminé, leur porte-parole m'a fait signe de baisser ma vitre.

« Voilà, on va se dire *adios*, mon pote. N'oublie pas : on se fait la malle, mais toi t'attends cinq minutes avant de gicler à la gare. Si tu te barres en lousdé avant, on le saura, crois-moi. Bon, ç'a été un plaisir de bosser avec toi, fils. »

Je les ai regardés se diriger vers la voiture stationnée à une centaine de mètres, dans un coin de l'allée assez obscur pour que l'on ne puisse noter ni sa marque ni sa couleur. Ils sont partis phares éteints, m'empêchant ainsi de distinguer le numéro d'immatriculation, se sont engagés dans une rue adjacente et ont disparu. Leur souci du moindre détail était effrayant : il prouvait que le meurtre de Peterson, et le rôle qu'on voulait me faire jouer dedans, avait été soigneusement prémédité.

Immobile, les yeux fixés sur l'horloge du tableau de bord pour guetter la fin du délai qu'ils m'avaient imposé, j'ai senti la nausée monter en moi. Je n'ai eu que le temps de me jeter dehors et de tomber à genoux sur l'asphalte. Une première salve de vomi a jailli, suivie d'autres spasmes et d'autres encore, jusqu'à approcher de la convulsion.

J'avais été piégé, manipulé. Et l'auteur de ce montage diabolique n'était autre que Jerry.

« C'est un putain de guet-apens, depuis le début ! » L'accusation de Peterson, tout à l'heure, m'avait laissé coi. Je n'avais exprimé aucune menace, j'étais venu tenter une réconciliation, alors pourquoi était-il resté sans cesse sur la défensive ? C'était inexplicable, à moins… à moins que Jerry ne lui ait annoncé auparavant que j'allais jouer au dur et exiger…

Exiger quoi ?

« Dites à Jerry que je reste sur ma position : 200 sacs tout de suite, plus huit pour cent de comm sur tous les deals à venir. Autrement… Bon, on va dire comme ça, hein : savoir, c'est pouvoir. »

Qu'est-ce qu'il savait pour se croire en position de force, investi d'un « pouvoir » qui effrayait à tel point Jerry que celui-ci était allé jusqu'à le faire jeter sous un train ? D'accord, Peterson avait découvert que Ballantine était derrière le fonds de placement. Mais était-ce une raison suffisante pour le liquider de cette manière ? Ces 200 000 dollars qu'il avait exigés, était-ce la rançon de son silence ?

« Vous allez vous faire démasquer. Vous, Jerry, Monsieur-le-Grand-Con-de-Motivateur. C'est comme ça, dans la vie. On finit tous par se faire prendre. C'est juste une question de temps. »

Ses derniers mots – dans tous les sens du terme – résonnaient encore en moi. Un homme avait été assassiné, la police allait chercher un suspect et ils finiraient par diriger leurs efforts vers moi parce que tout, absolument tout, leur indiquait ma piste. La prédiction du mort allait se réaliser. Du moins pour moi.

M'enfuir, disparaître ? Oui, mais alors Jerry offrirait aux flics ma tête sur un plateau. De plus, un passage dans la clandestinité exige des préparatifs, de l'argent, du temps, choses dont je manquais cruellement. À commencer par le temps, puisque si je n'étais pas chez ce criminel à minuit…

J'ai consulté ma montre. Les cinq minutes imposées s'étaient écoulées. Il était déjà neuf heures et quart. Vu la minutie avec laquelle il avait organisé le meurtre de Peterson, Jerry ne m'accorderait pas une seconde de retard, j'en étais convaincu.

Je me suis relevé, je suis remonté dans la BMW et j'ai gagné la gare. M'arrêtant dans un secteur déserté du parking, je me suis servi d'un pan de ma chemise pour essuyer le volant, la poignée de la portière, le tableau de bord. Et j'ai attrapé le neuf heures vingt-sept, non sans avoir préalablement jeté le trousseau de clés dans une bouche d'égout.

Il n'y avait dans le wagon que deux autres personnes, qui m'ont détaillé avec curiosité. Nul doute que mon allure dépenaillée, les traces de vomi sur ma veste et mon visage congestionné ne passaient pas inaperçus. Je venais de prendre un siège au fond quand le contrôleur est apparu dans la cabine.

« Euh, on m'apprend qu'il y a eu un incident sur la ligne, alors on ne va pas bouger, pour le moment. »

J'ai eu un sursaut de frayeur mais je me suis ressaisi, espérant que mon mouvement n'avait pas été remarqué.

« Vous savez ce qui est arrivé, exactement ? lui a demandé l'un des passagers.

— Il paraît qu'ils ont découvert un corps sur la voie à deux kilomètres au sud. Apparemment, c'était sur la ligne nord, mais la police a interrompu le trafic dans les deux sens. »

Les quelques minutes suivantes ont été les plus longues que j'aie jamais vécues. Si j'avais écouté ma première impulsion, j'aurais bondi dehors pour attraper un taxi et je lui aurais demandé de foncer à Manhattan. Mais, ce faisant, j'aurais attiré l'attention sur moi, le contrôleur et les autres se seraient souvenus d'un type au comportement étrange qui paraissait pressé de quitter la ville au plus vite. Par ailleurs, si l'attente devait se prolonger, je ne serais pas en mesure d'arriver à temps chez Jerry. J'ai donc résolu de décamper si nous n'étions pas partis d'ici à trois quarts d'heure.

Par chance, le train s'est ébranlé au bout de seulement dix minutes. Même à très petite vitesse, il nous a fallu peu de temps pour parvenir sur les lieux de l'« incident ». Quatre voitures de police, une ambulance et une meute d'enquêteurs ou de médecins étaient visibles au bord de la voie. La porte arrière de l'ambulance était ouverte, laissant apparaître la forme d'un cadavre glissé dans un sac en plastique blanc. Un flic en uniforme observait les wagons qui défilaient lentement devant lui. J'ai rentré la tête dans les épaules et l'ai regretté immédiatement. Est-ce qu'il avait noté mon geste ? Est-ce qu'il empoignait déjà son talkie-walkie pour prévenir ses collègues de se préparer à appréhender un suspect possible au prochain arrêt ?

« C'est pas joli, hein ? »

J'ai sursauté. Le contrôleur, debout à côté de moi, s'est visiblement beaucoup amusé de ma réaction.

« J'vous ai fait peur ? Désolé.

— Je ne vous avais pas vu arriver. J'étais… »

Il a montré du doigt la fenêtre, comme si cela résumait tout.

« Ouais, un vrai gâchis. En plus, pendant qu'on attendait à Old Greenwich, on m'a dit que le conducteur de l'autre train a vu deux hommes dans ses phares. Mais ils n'ont trouvé qu'un corps !

— Non ! C'est pas vrai !

— Si m'sieur. Pas du tout nette, cette histoire, si vous voulez mon avis… Bon, vous allez direct à Grand Central ? »

J'ai opiné du bonnet en lui tendant un billet de 20 dollars. Il a émis un ticket et m'a rendu la monnaie.

« Très bonne soirée, monsieur. »

Ça, aucune chance…

Après avoir franchi la zone du drame, le train a heureusement adopté sa vitesse normale. Pendant tout le trajet, je suis resté les yeux fixés sur la fenêtre noire de nuit, les images de Peterson quelques secondes avant sa mort revenant sans cesse sur mes rétines. Puis je me suis revu la veille, dans le parc de Boston, ruminant les mises en garde de Capel au sujet du fonds. Mon instinct m'avait instruit de quitter le navire, de démissionner sur-le-champ, et pourtant je n'avais pas bougé, tout comme j'avais refoulé mes objections la première fois que j'avais pris connaissance de la brochure Excalibur. Tout comme j'avais quémandé ce job sans même me demander en quoi il pourrait consister. Et alors qu'il ne m'avait fallu qu'une ou deux secondes pour les adopter, chacune de ces décisions successives prenait soudain des proportions gigantesques, définitives. Faire le mauvais choix est donc si aléatoire ? Il suffit d'une fraction de seconde, quand on est acculé à saisir la première occasion qui se présente…

Il était onze heures passées lorsque nous sommes arrivés à Grand Central. J'ai sifflé un taxi, qui m'a déposé chez Jerry quarante minutes avant l'heure fatidique. Il était devant la table de la cuisine, au téléphone comme à son habitude. Il a raccroché dès qu'il m'a vu entrer.

« Alors, ce dîner avec Peterson, comment ça s'est passé ? a-t-il demandé d'un ton amusé.

— Tu le sais parfaitement, triple salaud !

— Hein ? Non, pas du tout.

— Ah bon ? Alors je vais te raconter. À la sortie de l'hôtel, deux types armés nous ont chopés près de la voiture de Peterson. Ils m'ont obligé à aller dans un coin tranquille près de la gare d'Old Greenwich, et à les regarder faire pendant qu'ils balançaient Peterson sous l'express de New Haven. Voilà comment ça s'est passé, putain !

— À ta place, je baisserais un peu le ton, a-t-il répliqué en se levant pour se diriger vers un placard.

— Je parlerai sur le ton que je veux ! Surtout que les deux tueurs en question ont bien précisé que tu étais le cerveau de ce… meurtre.

— Tiens, ils ont vraiment dit ça ? » Il a levé une bouteille de whisky et deux verres. « Un petit scotch, peut-être ? À mon avis, tu le mérites, après ce que tu viens de traverser.

— Va te faire foutre, toi et ton scotch.

— Comme tu veux… »

Il s'est posément versé à boire.

« Pourquoi tu l'as fait tuer ?

— Mais de quoi tu parles, enfin ? Ce n'est pas moi qui l'ai tué. C'est toi. Je ne suis en rien impliqué dans ce crime, en rien ! Tout ce que je fais, c'est de te demander de l'inviter à dîner, et ensuite j'apprends qu'il est passé sous un train. C'est assez moche, comme manière de se débarrasser de quelqu'un, Allen ! »

Je me suis laissé tomber sur le canapé, la tête dans les mains. Il s'est accroupi près de moi et a poursuivi sa démonstration le plus calmement du monde.

« Réfléchis un peu. Tout le monde est au courant de la haine que tu avais contre Peterson. N'importe quel invité à la réception de SOFTUS pourra témoigner de ça, grâce au petit scandale que tu as planté. Et je suis aussi certain que le maître d'hôtel du "Hyatt" confirmera aux flics que tu es la dernière personne à avoir été vue en sa compagnie. Vous êtes partis ensemble ; d'après ce que mes collaborateurs viennent de me dire, il était pété comme un Lu et tu avais à charge de le reconduire chez lui, non ? Tu dois l'admettre, ce scénario ne pourra que ravir le procureur du comté de Fairfield, Ned. Tu te rends compte, non seulement c'est toi qui es présent au moment du crime mais en plus tu as un mobile ! Ensuite, quelques minutes après l'avoir expédié *ad patres*, tu prends le train. Le contrôleur se souviendra de toi, c'est sûr. Sans parler qu'il y aura à tous les coups un ou deux passagers pour te reconnaître lors d'une identification de suspect. »

J'ai senti de nouveau la nausée me soulever l'estomac, mais il était vide.

« Maintenant, je suis certain que, confronté aux flics, tu vas raconter un tissu de fadaises, comme quoi tu travailles pour Ballantine, et Excalibur, et nos affaires qui ne regardent personne… Je te précise donc qu'il n'existe absolument aucune trace de ton passage chez nous. Je te rappelle aussi que le fonds est constitué de trois sociétés off shore : d'accord, nous payons scrupuleusement les impôts sur les bénéfices qu'il génère, parce que nous avons un sens civique, hein, mais il est impossible de remonter la piste jusqu'à Ballantine Industries. La loi américaine elle-même reconnaît le droit à la confidentialité, en la matière. Alors tu vois, Ned, nous, on est impeccables. Mais toi, tu es… eh bien, un meurtrier. »

Je l'ai frappé. Du plat de la main droite. En plein dans le nez. Il est tombé de côté, se tenant la figure. J'ai attrapé un lourd cendrier en verre qui se trouvait sur la table basse, décidé à lui défoncer le crâne avec.

« Vas-y ! Allez, vas-y ! Un meurtre de plus, au point où tu en es… »

Je me suis immobilisé, bras en l'air. J'ai lâché mon arme sur le canapé, où je me suis affalé. Jerry, lui, s'est relevé. Il est allé dans le coin cuisine, a ouvert le frigo, en a sorti des glaçons qu'il a placés dans un torchon et a posé cette compresse improvisée sur son nez.

« Pas malin, Allen. Pas malin du tout. »

Je me suis mis debout tant bien que mal.

« Je me tire d'ici.

— Non, je ne pense pas. Dès que tu auras franchi la porte, la police sera informée que tu es celui qu'elle recherche. »

Je n'ai rien répondu. Il a retiré de son visage la poche de glace, l'a examinée pour voir s'il saignait beaucoup puis l'a jetée négligemment dans l'évier.

« Même pas capable de cogner pour de bon.

— Qu'est-ce que tu veux ?

— Moi, ce que je veux ? Mais rien, Allen ! Sauf que tu te montres loyal. Le scénario dont je t'ai parlé ne se produira que si tu fais une bêtise. Comme d'aller pleurnicher devant un journaleux, ou te faire la malle, ou essayer d'abandonner ton poste.

— Les flics ne tarderont pas à me retrouver, de toute façon.

— Mais non. Bon, évidemment, les journaux vont rapporter que Peterson a été vu en compagnie d'un type, mais, à moins que les flics soient tuyautés, comment sauraient-ils que c'est toi ? Avant la soirée SOFTUS, la dernière fois que tu as été contact avec Peterson, c'était quand ?

— Avant Noël.

— Ah, tu vois ? Même si par accident ils se mettaient à tourner autour de toi je te fournirais un alibi. D'accord, plein de gens ont été témoins de ta prise de bec avec lui au “Parker Meridien”. Mais le soir de sa mort, justement, tu étais en voyage d'affaires.

— Comment j'arriverais à prouver ça ?

— Donne-moi une de tes cartes de crédit. » Devant mon hésitation, il a élevé la voix. « DONNE ! »

J'ai sorti mon portefeuille et lui ai tendu ma MasterCard, la seule encore utilisable.

« Tu étais en déplacement à Miami pour le fonds. Tu as passé la nuit chez un certain Victor Romano et…

— Qui c'est ?

— Un des investisseurs initiaux d'Excalibur. Un bon pote de qui tu sais. Il te couvrira. D'ici à demain, avec cette carte, je t'aurai eu un billet New York-Miami portant la date d'aujourd'hui. Je vais aussi me procurer un reçu de location de voiture, ça fera encore plus plausible.

— C'est pas… illégal ?

— Seulement si tu te fais prendre. Mais ça n'arrivera pas, crois-moi, parce que ces documents seront totalement authentiques.

— Comment tu pourrais… ?

— J'ai des relations.

— Ça, je n'en doute pas ! »

Il n'a pas paru apprécier cette dernière remarque.

« Tu veux un alibi ou tu n'en veux pas ?

— Ce que je veux, c'est être hors de tout ça.

— Ça, c'est exclu. Donc, un alibi sérieux reste ta seule chance de ne pas plonger.

— Ah oui ? Même avec ton montage, ça ne collera pas ! Les flics vont interroger la secrétaire de Peterson, ils apprendront tout de suite que j'avais rendez-vous à dîner avec lui.

— Non.

— Comment, non ? C'est toi qui as demandé à Peggy de l'appeler pour mettre au point le truc !

— Ouais… En fait, c'est moi qui lui ai téléphoné, directement.

— Alors, c'est lui qui l'aura dit à sa secrétaire. Ou qui l'aura noté dans son agenda.

— Oh non…

— Tu ne peux pas savoir !

— Si, je peux. Figure-toi que ce dîner, il ne tenait pas à ce que quiconque, tu m'entends, quiconque en soit au courant.

— Arrête de parler par énigmes, bordel ! Pourquoi ça aurait dû être un si grand secret ?

— C'est un point qui ne te regarde pas.

— Bien sûr que si ! Je joue ma peau là-dessus, merde !

— Tant que tu ne te mets pas en tête d'aller gueuletonner au "Hyatt Regency" d'Old Greenwich, il ne peut rien t'arriver, Ned. Personne ne fera la relation. Et même si ça se produisait, par le plus incroyable des hasards, tu as un alibi en béton. Conclusion, tu t'en sors à l'aise. Je vais te dire, même : si j'étais toi, j'irais faire la bringue pour fêter ça, je me paierais un nouveau costume… À propos, il paraît qu'ils font des soldes incroyables chez Armani !

— Que… Non, mais c'est délirant ! Tu es là à bavarder, à parler costards alors que tu viens de permettre qu'on assassine froidement un…

— Tutt, tutt. Pour citer le grand Ronald Reagan : "Ça y est, il recommence !" Mais bon, puisque tu insistes tellement, je vais te proposer une explication. On avait un problème, voilà. M. Ted Peterson essayait de nuire à notre fonds et, du même coup, à la réputation de Jack Ballantine. Visiblement, sa situation financière était arrivée à un tel point de délabrement qu'il n'a pas hésité à recourir au chantage. Il a commencé à brandir des menaces. Il était prêt à répandre de fausses informations sur le compte d'Excalibur s'il ne touchait pas une somme substantielle au plus vite… »

Je me suis retenu de lancer : « Tu veux dire la *vraie* information, à savoir que ce fonds est entièrement bidon ? » Savoir, c'est pouvoir, certes, mais cela peut aussi nuire à la santé, dans certains cas.

« Évidemment, il ne s'agissait que de racontars fumeux, mais il n'empêche que la boue colle à la peau, comme on dit, et M. Ballantine est le premier à en avoir fait l'expérience. Si ce petit rat avait commencé à jouer la carte du chantage, toutes les activités de Ballantine Industries auraient risqué d'en être affectées – y compris ton travail, d'ailleurs. Était-il capable d'aller jusque-là ? Ce n'est pas certain. Mais si tu lis bien *Le Territoire du succès*, tu verras que l'un des axiomes essentiels de la démarche ballantinienne, c'est : "Puisque l'incertitude nourrit l'appréhension, restons à l'offensive et fermons toutes les portes au doute." C'est exactement ce que j'ai fait. J'ai fermé la porte à Peterson, et dans la foulée j'ai éliminé toutes les raisons de douter de ton allégeance indéfectible.

— Tu m'as piégé.

— C'est une interprétation possible, en effet. Seulement, moi, à ta place, je ne parlerais pas de piège mais d'occasion donnée. Tant que tu sauras te taire et que tu feras ton travail, tu n'auras qu'à t'en féliciter. Chez nous, la loyauté paie toujours. Je sais que tu es quelqu'un d'ambitieux, et je suis certain que ta carrière avec nous va t'entraîner de plus en plus haut. Notamment quand j'aurai annoncé à Jack Ballantine que, petit *a*, tu viens de remplir une mission très déplaisante avec une remarquable efficacité et que, petit *b*, on peut te faire confiance. »

Il m'a contemplé avec un sourire qui prouvait qu'il se savait proche de la victoire.

« On peut te faire confiance, n'est-ce pas, Ned ? »

J'ai avalé péniblement ma salive.

« Oui, on peut. »

En moi, la réponse était plus longue : « Vous pouvez, oui, parce que vous me tenez. Et parce que je n'ai pas le choix. »

2

LA NUIT A ÉTÉ LONGUE. En chute libre vers le tréfonds du désespoir, refusant de fermer les yeux tant j'avais peur de revoir le crâne de Ted Peterson éclater sous les roues du train, j'ai repris mille fois le film de la soirée à la recherche d'une faille, d'un interstice, d'une échappatoire, d'un subterfuge inopiné, de n'importe quel moyen d'éviter cette chausse-trape. Je n'ai rien trouvé. Jerry m'avait acculé, coupé toutes les issues. Ma vie était désormais sous son contrôle, soumise à son bon vouloir. Un simple faux pas, un seul refus d'obtempérer, et il lui suffirait d'un coup de fil anonyme à la police pour me priver du peu qui me restait : la liberté. Ce coup monté n'était pas seulement destiné à éliminer le danger que constituait Peterson, il avait été conçu pour me faire tomber sous sa coupe pieds et poings liés. Je dépendais entièrement de Jerry et lui, en retour, disposait désormais d'un vassal taillable et corvéable à merci.

Lizzie. Foncer sur le téléphone, appeler Los Angeles, tout lui raconter… Mais là, je la perdrais à jamais. Dès qu'elle apprendrait comment j'avais été leurré – ou plutôt comment, à force d'erreurs d'appréciation, de crédulité et de décisions prises sous l'empire du désespoir, je m'étais laissé piéger –, elle tirerait un trait définitif sur moi.

Le sommeil m'a enfin terrassé vers cinq heures du matin. J'ai été réveillé deux heures plus tard par des coups insistants à ma porte.

« Viens voir un peu ! criait Jerry. Peterson est la vedette du jour ! »

Revêtu d'un peignoir passé en hâte, je l'ai rejoint dans le living. Il était déjà en costume de ville, une tasse de café à la main, debout devant la télé. Le bulletin d'information d'une chaîne câblée locale, New York One, venait de commencer. En me voyant approcher, il a augmenté le volume. Sept heures et quart, les grands titres du jour, et au premier rang d'entre eux l'affaire Peterson. Fred Fletcher, le présentateur, fixait la caméra d'un regard solennel, avec force effets de mâchoire carrée.

« La police du Connecticut enquête sur la mort suspecte d'un cadre supérieur résidant à Old Greenwich survenue vers neuf heures du soir hier. La victime a été renversée par un express de la ligne nord. Mary Shipley se trouve en ce moment même sur les lieux de la tragédie pour New York One. Mary ? »

En reconnaissant le passage à niveau d'Old Greenwich, j'ai eu du mal à respirer normalement. Mary Shipley, une fille anguleuse d'une trentaine d'années, se tenait debout devant plusieurs véhicules de police. En arrière-plan, une douzaine de flics en civil ou en uniforme vaquaient à leurs occupations.

« Effectivement, Fred, les enquêteurs des services du Connecticut ne s'expliquent toujours pas comment Edward Peterson, trente-trois ans, cadre de la société informatique Global Business Systems à Stamford, a trouvé la mort sous le train desservant New Haven hier soir, à huit heures quarante et une. Ce qu'ils sont d'ores et déjà en mesure d'affirmer, c'est que M. Peterson, qui habitait Old Greenwich, avait prévenu sa femme qu'il rentrerait tard de son travail. Sa voiture a été découverte par la suite au parking de la gare d'Old Greenwich, mais les enquêteurs n'arrivent pas à comprendre comment son corps est arrivé ici, à ce passage à niveau situé à plus d'un kilomètre de la gare et en direction opposée de son domicile. Par ailleurs, il y a une information pour l'instant non confirmée selon laquelle le conducteur du train aurait indiqué à la police qu'il avait aperçu deux hommes sur la voie… Vous voyez, Fred, tout cela est bien mystérieux, et la police n'exclut absolument pas un acte criminel. En direct d'Old Greenwich, Mary Shipley, New York One. »

Jerry a appuyé sur la télécommande. L'image s'est évanouie.

« "Vous voyez, Fred, tout cela est bien mystérieux", a-t-il répété en singeant la voix de la journaliste. Non, mais dans quel pays on vit ! Une tragédie humaine réduite à quelques secondes de bruit. Tu vas voir que d'ici peu la mort de Peterson passera à "L'Énigme de la semaine". Ou deviendra un épisode de "Miss Marple", tiens !

— Ils vont retrouver ma trace. Ils vont…

— Tu veux te calmer un peu, s'il te plaît ? Non, ils ne te trouveront pas parce que je ne les laisserai pas te trouver, moi ! Tu fais partie de mon équipe. Et mes joueurs, on n'y touche pas. » Il a regardé sa montre. « Bon, j'ai intérêt à me magner, hein ! » Il partait d'un pas pressé vers sa chambre quand il s'est ravisé : « Oh, j'oubliais un petit service que j'ai à te demander. Il faudrait que tu ailles à Miami demain.

— C'est… c'est pour le fonds ?

— Tout à fait. Tu dois rencontrer un représentant de Victor Romano. Tu te rappelles, je t'ai parlé de lui hier.

— Le type qui me fournit un alibi imparable ?

— Fabuleuse mémoire. Romano va verser une nouvelle contribution à Excalibur, vois-tu. Il est prévu que tu la récupères demain à midi, au bar de l'"Hôtel

Delano", où son collaborateur t'attendra. Ensuite, tu prends l'avion de quatorze heures pour Nassau et tu déposes l'argent sur le compte du fonds à la Banque commerciale des Bahamas. »

Le programme a réveillé toutes mes angoisses.

« Ce Romano… Tu veux dire qu'il fait ses investissements en liquide ?

— Il a des activités très diversifiées, notamment dans la construction et les transports routiers. Ils travaillent beaucoup en cash, dans ces secteurs.

— Mais sortir une somme en liquide du territoire américain pour la placer dans une banque off shore, c'est pas illégal, ça ? »

Sourire railleur.

« Seulement si tu te fais choper. D'après les lois fédérales, au-dessus de 10 000 dollars tu dois effectivement remplir une déclaration de douane. Mais bon, dans ce cas, à quoi sert d'aller dans une banque off shore, hein ? Qui dit déclaration dit trace écrite, qui dit trace écrite dit redressement fiscal possible, et hop ! on se retrouve avec le fisc sur le dos !

— Mais admettons qu'un douanier fasse du zèle. Comment je vais lui expliquer que je transporte une mallette pleine de billets ?

— Ned… Tu n'as pas particulièrement la dégaine d'un passeur du cartel de Cali, non ? Donc il y a à peu près un risque sur dix mille que tu te fasses fouiller à l'aéroport. Ils ont d'autres chats à fouetter, crois-moi. Après tout, c'est seulement de l'argent !

— Sauf… sauf que les liasses peuvent se voir aux rayons X.

— Pas si les billets sont répartis dans le rabat et le fond d'une sacoche d'ordinateur. Ce qui fait une couche de quatre centimètres de chaque côté, soit une très belle somme, surtout si ce sont de grosses coupures… Arrangés comme ça, ils sont indétectables, c'est garanti.

— Tu ne vois pas d'inconvénient à ce que je vérifie le contenu de ce sac, pour être sûr qu'il n'y a pas de la drogue ou je ne…

— Ned ! Si je ne te parle que d'argent, c'est qu'il n'y a que de l'argent. Tu me saisis ?

— Ouais… Oui. »

Il m'a fusillé du regard.

« Tu vas assumer la responsabilité que je te confie, n'est-ce pas ? »

Le ton qu'il avait employé suffisait à rendre les choses encore plus explicites : « C'est un ordre, et si tu désobéis tu en subiras les conséquences. » J'ai pris ma respiration avant de répondre à voix basse :

« Je ferai tout ce que tu demandes.

— Voilà ce que j'aime entendre ! Quelqu'un va t'apporter les billets d'avion à ton bureau dans la journée. » Il allait tourner les talons, mais il a ajouté une dernière remarque : « Je vois que tu as réfléchi, Allen. J'apprécie les gens qui réfléchissent. »

Une demi-heure après, je prenais le chemin routinier du bureau. Il faisait exceptionnellement chaud pour la saison, mais rien ne m'importait, ni la douceur de l'air, ni le soleil, ni le tintamarre des marteaux-piqueurs en train d'attaquer le macadam près de la station de métro de Canal Street. J'étais dans un monde à part, englué dans mes hantises, et d'ailleurs comment aurais-je pu avoir goût à la vie alors que je n'existais plus en tant qu'être autonome ?

Arrivé dans mon réduit, je suis tombé sur ma chaise et j'ai posé les pieds sur la table en repoussant une pile de brochures Excalibur, qui se sont éparpillées sur le sol. Sans prendre la peine de les ramasser, j'ai contemplé leur luxueuse couverture. Elles paraissaient si respectables, si professionnelles, si bien conçues pour exciter l'appât du gain ; pourtant, elles avaient provoqué la mort d'un homme et m'avaient réduit en esclavage. Elles étaient le rouage essentiel du piège doré qui s'était refermé sur moi. Et, d'un coup, j'ai compris pourquoi Jerry m'avait assigné un local aussi exigu : il me donnait ainsi un aperçu de mon avenir de prisonnier. J'étais son prisonnier.

Vers midi, on a frappé à la porte. Toujours vautré sur mon siège, j'ai levé la tête pour crier :

« Ouais, qu'est-ce que c'est ? »

J'ai reconnu en une seconde la voix qui m'a répondu.

« Comment qu'ça va mon pote ? »

Je me suis redressé d'un bond. Un jeune gars râblé, dans un costume noir trop grand pour lui, se tenait devant moi.

« Vous seriez pas Ned Allen, des fois ? »

Son accent sudiste était très marqué. Malgré la casquette et les lunettes de soleil qui le dissimulaient en partie lors de notre première rencontre, je savais que c'était lui qui m'avait posé un revolver sur la tempe la veille.

« Z'avez perdu votre langue ou quoi ?

— Euh… Oui, c'est moi. Et vous, vous êtes qui ?

— Qui j'suis ? On m'envoie d'là-haut, voilà qui j'suis. J'ai un truc pour vous. » Il m'a tendu une grande enveloppe matelassée. « Vos billets d'avion pour demain. Vous êtes sur le vol American qui part de La Guardia à sept heures, arrivée à Miami à dix heures et quart, vous filez en tacot à l'"Hôtel Delano". Y aura un M. Burt Chasen qui vous attendra au bar… À propos, essayez leur piña colada, elle est sensas. Ensuite, vous foncez au terminal international pour attraper le une heure cinquante d'American Eagle qui vous déposera à Nassau une heure cinq plus tard. Là, vous allez droit à la Banque commerciale des Bahamas. Le directeur s'appelle Oliver MacGuire. Il vous attendra. Pour finir, z'êtes réservé sur l'avion de six heures moins le quart pour Miami, et vous attrapez le zinc de retour à New York à sept heures vingt-cinq là-bas. Pigé ?

— Je crois, oui.

— Z'avez pas à "croire", z'avez à vous l'fourrer dans la caboche. Bon, à part ça, dans l'enveloppe, y a aussi 400 dollars en liquide. De quoi vous payer tous les taxis, et même un bon dîner avec ce qui restera. »

De la part de Jerry, toujours ultrasoucieux de ne laisser aucune trace écrite qui puisse établir une quelconque relation entre Ballantine Industries et moi, ce dernier détail n'était guère surprenant. Chaque fois qu'il m'avait donné de l'argent, cela avait été en espèces ; et les billets d'avion, comme le loyer de mon bureau, avaient sans nul doute été payés sur un compte d'Excalibur entièrement indépendant de la société du Grand Motivateur. Plus encore, depuis mon entrée en fonctions j'avais été soigneusement tenu à l'écart du dixhuitième étage, le siège de Ballantine Industries. Jerry avait raison de ne pas s'inquiéter : même si j'allais raconter aux flics ou à la presse les activités douteuses de mon employeur aux Bahamas, personne ne pourrait trouver la moindre preuve des liens existant entre lui et moi.

« Quelle organisation !

— M'sieur Organisation, c'est comme ça qu'on m'appelle.

— Et le prénom, c'est quoi ? »

Il m'a dévisagé en plissant les yeux.

« C'est censé être drôle ? »

J'ai tenté de soutenir son regard sans trahir ma nervosité.

« Euh, on ne s'est pas déjà rencontré quelque part ? »

Il n'a pas cillé.

« Non, jamais.

— Vous êtes sûr ?

— Certain. Comme je suis certain que vous aussi, vous en êtes certain. »

Il était temps de quitter ce terrain glissant. Plus que temps.

« J'ai dû vous confondre avec quelqu'un d'autre, alors.

— Ouais, exactement. » Il a ouvert la porte. « Bon, amusez-vous bien, à Miami. C'est un coin que vous fréquentez beaucoup, hein ?

— Moi ? Je n'y suis jamais allé.

— Si. Hier, vous y étiez. Z'avez oublié ? »

Il me fixait avec des yeux mauvais.

« Ah oui, bien sûr ! J'étais à Miami hier, c'est vrai.

— Parfait. Et pour vous rafraîchir encore la mémoire, il y a quelques trucs pour vous là-dedans... Au plaisir. »

Dès qu'il a refermé derrière lui, j'ai fait sauter le battant de l'enveloppe. Outre les billets d'avion qu'il avait mentionnés, il y avait un aller-retour à Miami daté de la veille, à mon nom, avec les coupons détachés comme si je l'avais réellement utilisé, ainsi qu'un reçu de l'agence Alamo de l'aéroport de Miami établissant que j'avais loué une Ford Mustang ce même jour, réglé avec ma MasterCard. Ladite carte avait été glissée au milieu de ces documents, ainsi que trois photographies sur lesquelles on me voyait soutenir Ted Peterson à la sortie du « Hyatt Regency ». Je les ai contemplées un long moment avant de sortir un appareil extraplat qui se trouvait au fond de l'enveloppe. Un Dictaphone de poche avec une cassette déjà installée dans le lecteur. Je l'ai mis en marche. La qualité de l'enregistrement était médiocre, mais par-dessus les bruits de fond très présents, notamment les cliquetis de couverts et de vaisselle, la conversation qui s'y déroulait était tout à fait audible : « À ta place, je ne m'inquiéterais pas tant de ce Peterson à la noix. – C'est... c'est un tueur, Jerry. Il n'arrêtera pas tant qu'il n'aura pas eu ma peau. – Il est à

GBS, c'est bien ça ? – Ouais. Chef de pub. – Tu veux que je le fasse te lâcher ? – Je le veux mort et enterré, oui ! – Ça, ce n'est pas dans nos cordes… »

J'ai appuyé sur « Stop » et je me suis pris la tête dans les mains. Cette crapule nous avait enregistrés pendant le dîner où il m'avait proposé un job. La veille, il avait sans doute dû penser qu'il avait une veine incroyable en m'entendant mentionner le nom de Peterson et en apprenant que Lizzie m'avait jeté dehors : j'étais donc à sa merci. Le diabolique calculateur qu'il était avait aussitôt décelé un moyen de liquider le problème Peterson tout en m'acculant dans l'impasse… Mais au fait, en quoi consistait-il vraiment, ce « problème Peterson » ? Qu'avait-il découvert – sur le compte de Jerry, de Ballantine, d'Excalibur ? – pour constituer soudain un tel danger ?

J'ai saisi les photos, je les ai déchirées en mille morceaux, j'ai pulvérisé la cassette sous mon talon et j'ai jeté tous ces débris dans l'enveloppe en kraft. J'ai décroché mon téléphone pour appeler Jerry.

« Merci pour cette leçon de chantage. C'est dur, mais efficace.

— Eh, je ne fais pas chanter, moi, a-t-il rétorqué d'un ton amusé.

— D'accord, littéralement parlant, ce n'est pas le mot. "Coercition", alors ? Une façon de me montrer qui est le plus fort, qui est le boss.

— Bon, bon, je reconnais que c'était vache, oui. Je te donne ce point, et mes excuses en même temps. Faut croire que j'en fais un peu trop, des fois. »

« Oui, comme quand tu as expédié Peterson sous l'express de New Haven », me suis-je retenu de persifler. Ma réponse a été beaucoup plus prudente.

« Je suis parfaitement conscient de ma situation, tu sais.

— C'était juste une manière de vérifier, tu comprends ? D'être sûr qu'on pouvait compter sur toi.

— Vous pouvez compter sur moi.

— Alors on ne reviendra plus là-dessus.

— Et tu arrêteras d'enregistrer en lousdé nos conversations, aussi ?

— Je ne les ai pas toutes enregistrées, dis ! Certaines, seulement… »

Sur ce, il a raccroché.

L'enveloppe sous le bras, je suis sorti sur Madison Avenue. Au coin de la 51e Rue, un camion-benne était arrêté. J'ai jeté l'enveloppe au milieu des ordures. Un peu plus loin, à un kiosque à journaux, j'en ai acheté une vraie, d'ordure : le *New York Post*. L'article que je cherchais occupait toute la moitié supérieure de la page trois : « Accident ou crime ? Il meurt sous les roues du *Nord-Express*. »

La feuille de chou new-yorkaise consacrait presque quatre feuillets à l'affaire, ce qui, selon les critères de la presse à sensation, lui donnait l'ampleur d'un *Guerre et paix*. Ils reprenaient pour l'essentiel les informations données par le bulletin de New York One, à deux détails près. D'abord, ils avaient obtenu quelques mots du conducteur du train, Howard Bubriski, lequel certifiait avoir vu deux hommes sur la voie, l'un d'eux « s'étant apparemment écarté au tout dernier moment ». Ensuite, le journal affirmait, en citant des « collègues de la victime à GBS », que Peterson avait paru préoccupé et déprimé dans la dernière période, « sans doute en raison de problèmes personnels ».

Ou plutôt parce qu'il avait eu le malheur de contrarier Ballantine.

J'ai continué de flâner, m'arrêtant à un café sur la 43e Rue pour avaler un sandwich et un café glacé. Là, j'ai repris l'article du début à la fin, soulagé de constater que, pour l'instant du moins, personne n'avait reconnu

Peterson au « Hyatt Regency » peu avant son « accident ». J'en étais à ma quatrième lecture quand mon portable a sonné.

« Eh, chef, vous avez vu le putain de canard ?

— Phil ?

— Lui-même ! Alors, ça boume ? D'apprendre que le gros naze est passé sous un train, ça a dû vous faire un peu plaisir, non ?

— Phil, je peux vous rappeler sur une ligne normale ?

— Pas de blême », a-t-il répondu en me donnant un numéro avec le code local de Queens, 718.

J'ai avalé le reste de mon café et je me suis rué dehors pour chercher une cabine sur le trottoir. Phil a décroché à la première sonnerie.

« Vous avez un pépin, chef ?

— Ouais, plutôt. Mais avant tout, est-ce que ce téléphone est sûr ?

— Cent pour cent.

— Bien.

— C'est un gros pépin ?

— Énorme.

— Énorme comment ?

— Comme pas possible. »

Il s'est tu un instant.

« Attendez, je devine… Ça a rapport avec le Peterson ?

— Vous êtes certain qu'on peut parler sur cette ligne ?

— Sur la tête de ma mère !

— D'accord, d'accord.

— Vous avez un truc à voir avec sa mort ?

— Pas vraiment, mais… Non, je préfère ne pas aborder ça maintenant.

— Compris. En quoi je peux vous aider, chef ?

— Vous connaissez des… "gens", vrai ?

— Ouais. Je connais des gens qui connaissent des gens qui connaissent des gens. Si vous me suivez, là.

— Je vous suis. Bon, il me faudrait une info.

— J'écoute.

— Victor Romano, ça vous dit quelque chose ?

— Euh, non. Il est dans les affaires pas nettes ?

— J'en sais rien. Tout ce que je sais, c'est qu'il fait dans la construction et le transport routier à Miami. Mais j'ai l'impression qu'il a encore d'autres activités…

— Je vais voir et je vous rappelle.

— Non ! Moi, je vous rappelle.

— Vous m'inquiétez, chef.

— Je m'inquiète moi-même. »

Mais, inquiet ou pas, je ne pouvais guère esquiver ma mission à Miami, et le lendemain matin, à sept heures dix, j'étais à l'arrière d'un Boeing 757 d'American Airlines en route vers le sud. En me faisant voyager en classe éco, Jerry ne soulignait pas seulement mon statut subalterne, il veillait aussi à ce que je reste le plus anonyme possible. À moins de chahuter et de vitupérer, on n'a guère de chance de se faire remarquer par une hôtesse de l'air quand on voyage au fond de la cabine.

La température à Miami était agréable, mais je n'ai pas eu l'occasion de l'apprécier : de l'aéroport au hall de l'« Hôtel Delano » à South Beach, en passant par le taxi, je n'ai eu droit qu'à l'air conditionné. Le bar était vide. Je me suis juché sur un tabouret, j'ai commandé un Perrier et j'ai attendu. Au bout de cinq minutes, un échalas doté d'une moustache en coup de pinceau, de cheveux filasse et d'un costume bleu clair de piètre qualité est entré. Il avait tout du petit comptable, avec sa sacoche d'ordinateur noire à la main. Il l'a posée par terre entre nous en prenant place à côté de moi, a fait signe au barman de s'approcher. Il a demandé un Coca. Puis, sans tourner la tête vers moi :

« Ned Allen ? » Comme je faisais mine de pivoter sur mon siège, il a continué : « Pas besoin de me regarder. Dites-moi juste comment je m'appelle, moi.

— Burt Chasen.

— Bravo. Dans le sac à vos pieds, il y a 350 000, plus un papier dont la banque a besoin. Ne le prenez pas tant que je ne serai pas parti. Et dites à M. Schubert qu'on voudra peut-être faire un autre dépôt la semaine prochaine. »

Après avoir avalé son verre, il a posé un billet de 5 dollars sur le comptoir.

« Laissez, c'est pour moi, suis-je intervenu.

— On se connaît pas, vous avez oublié ? »

Sur ce, il s'est levé et a disparu. Tout en sirotant mon eau minérale, j'ai glissé mon pied droit dans la sangle de la sacoche, puis j'ai réglé ma consommation et je suis sorti pour aller droit aux toilettes, où je me suis enfermé dans un box afin d'inspecter mon précieux chargement.

Il y avait un portable Toshiba, que j'ai ouvert et allumé pour vérifier qu'il démarrait normalement. Sur le dos de l'écran, une enveloppe avec à l'intérieur une facture au nom des Équipements industriels Exeter à Tampa, en Floride, avec une liste détaillée de matériel acheté par la société Veritas Demolition, pour une somme totale de 350 000 dollars. La facture portait le tampon « Payé ».

L'ordinateur reposait sur un rembourrage antichoc bien épais, que j'ai parcouru de mes doigts après avoir retiré l'appareil. Une bande adhésive courait sur les bords. En la soulevant, j'ai réussi à extraire deux billets de 500 dollars. Le rabat était pareillement garni, de billets de 1 000 cette fois. J'ai exploré la totalité de la sacoche pour m'assurer que rien d'autre n'y était caché. Rassuré, j'ai tout remis en place et j'ai quitté l'hôtel en direction du terminal international. Une heure et demie seulement s'était écoulée depuis mon arrivée à Miami.

Remarquant que je n'avais qu'un bagage à main, la préposée à l'enregistrement d'American Eagle m'a demandé si je ne préférais pas attraper l'avion de Nassau qui partait à midi et quart. Trop heureux de l'occasion, j'ai juste eu le temps de prendre ma carte d'embarquement et de courir à la porte. Le moment – plutôt éprouvant – était venu de confier ma sacoche à l'agent de sécurité, qui l'a installée sur le tapis roulant de la machine à rayons X. Passant sous le portique du détecteur de métal, je surveillais son avance du coin de l'œil et formais des prières muettes pour que les assurances données par Jerry se révèlent fondées. Et, certes, la sacoche a franchi le barrage sans encombre pour atterrir de l'autre côté… où un passager d'un certain âge, bien habillé, s'en est alors emparé. En une fraction de seconde, je l'avais saisi par le bras.

« Je crois que vous vous trompez de bagage, monsieur. »

Il a lancé un regard surpris sur ce qu'il tenait en main.

« Oh, mais vous avez tout à fait raison, mon cher ! Désolé, vraiment. »

Il m'a rendu mon bien et, comme il s'emparait d'un sac vaguement ressemblant au mien sur le tapis, je me suis dit qu'il s'était trompé en toute bonne foi.

« Pas de quoi… »

En un saut de puce d'à peine trois quarts d'heure, le bimoteur de soixante places a atteint les Bahamas. Nouvelle épreuve peu agréable, le passage de la douane s'est déroulé le plus simplement du monde, le douanier me faisant signe de poursuivre mon chemin d'un geste négligent. Dans un taxi déglingué, j'ai rejoint le centre de Nassau. Nous avons descendu Bay Street – l'équivalent bahamien de la 5e Avenue, selon mon chauffeur – et tourné à droite pour nous garer devant un petit immeuble en béton rose. La plaque de cuivre à l'entrée indiquait qu'il s'agissait du siège central de la Banque commerciale des Bahamas. À l'intérieur, j'ai trouvé une grande salle dont les murs galeux reflétaient tant bien que mal la pauvre lumière des néons, un lino fatigué, le couinement plaintif d'un système d'air conditionné à bout de souffle et, toutes occupées par des matrones locales, une demi-douzaine de tables en fer éparpillées là. N'étaient les moniteurs IBM qui trônaient sur chacune d'elles, j'aurais juré avoir été propulsé en arrière par quelque machine à remonter le temps caraïbe. Tout au fond, deux box vitrés peints en vert électrique, avec ce mobilier en rotin de mauvaise qualité qu'on voit seulement dans les hôtels les plus miteux de Hawaii. Décidément, Elliott Capel avait vu juste : cet établissement n'inspirait pas vraiment confiance.

« Ah, bien le bonjour, messié Allen ! a roucoulé la femme installée le plus près de la porte d'entrée.

— Euh, bonjour, ai-je répondu, estomaqué qu'elle me connaisse par mon nom.

— Messié MacGuire nous a prévenues que vous veniez et qu'il fallait surveiller votre arrivée. Allez tout droit là-bas, qu'il vous attend ! »

Oliver MacGuire était un gentleman dans la quarantaine, très grand et avec cette allure sportive qu'ont certains hommes quand ils luttent obstinément contre les effets de l'âge. Un portrait encadré de la reine Élisabeth était accroché au mur à côté d'une photo de lui en tenue de cricket, quelques années auparavant. Ce jour-là, il était également tout de blanc vêtu, pantalon en coton, chemise en lin au col ouvert et chaussures en toile. On était loin de la dégaine habituelle du banquier de Wall Street.

« Pas fâché de rencontrer un client étranger en chair et en os, de temps en temps, m'a-t-il déclaré en me serrant la main.

— Quoi, vous n'avez jamais vu personne de notre fonds ? »

Il m'a fait signe de prendre place dans le fauteuil en rotin face à son bureau.

« Je ne vois guère les titulaires de comptes off shore, non. Ils sont du genre… invisible, plutôt.

— Alors, qui a ouvert celui d'Excalibur ?

— Ce type d'information est confidentiel. Mais je puis vous dire que votre avocat de Nassau, Winston Parkhill, s'est chargé de toutes les formalités administratives. Vous le connaissez ?

— Je ne travaille pour le fonds que depuis un mois et quelques, vous savez. Alors, vous n'avez même pas besoin d'un seul nom pour ouvrir un compte ?

— D'après notre législation, ce n'est pas nécessaire, non, si la société en question est enregistrée aux Bahamas. Il nous faut seulement l'identité d'un représentant local. Comme Me Parkhill, dans votre cas. Par contre, si jamais vous désiriez ouvrir un compte personnel chez nous, vous seriez obligé de le faire sous votre nom propre. Mais si vos inspecteurs du fisc venaient frapper à notre porte, nous ne serions pas le moins du monde obligés de leur communiquer quoi que ce soit à ce sujet. » Il s'est arrêté avant d'ajouter avec un sourire : « Bienvenue dans l'univers de la banque off shore. Ici, vous pouvez envoyer balader l'État américain !

— Vous me donnez envie d'ouvrir un compte chez vous. Rien que pour le plaisir de faire la nique aux impôts…

— Mais certainement ! a-t-il répondu en ouvrant un tiroir pour en sortir deux formulaires. Nous serions ravis de vous compter parmi nos clients. Nous avons seulement besoin d'un justificatif d'identité – votre passeport suffira – et de votre signature sur ces documents. Habituellement, nous demandons des références de la part d'un autre établissement bancaire mais puisque vous êtes euh… lié à un compte déjà existant chez nous, nous oublierons ce détail. »

J'ai pris les deux feuilles, que j'ai pliées et glissées dans ma poche.

« Merci, je vais réfléchir. »

En réalité, le salaire que Ballantine Industries m'accordait royalement ne me donnait que peu de moyens d'explorer les avantages des banques off shore.

Le regard de MacGuire s'est arrêté sur la sacoche posée derrière mon fauteuil.

« Bien, je vois que vous voulez effectuer un dépôt, aujourd'hui. »

J'ai installé la sacoche sur son bureau, retiré le portable et ouvert le rembourrage supérieur, libérant un torrent de billets de 500 et de 1 000 dollars, puis j'ai répété la même opération avec le double fond du sac. MacGuire n'a pas cillé.

« Il y a 350 000 dollars ici, ai-je annoncé.

— Vous avez aussi le justificatif afférent, je pense ?

— J'ai une facture, si c'est de ça que vous voulez parler.

— C'est de cela que je veux parler, oui. Conformément à notre nouvelle réglementation contre le blanchiment d'argent, nos banques ne sont plus autorisées à accepter de versements supérieurs à 10 000 dollars sans que l'origine de ces sommes soit attestée. » Il s'est interrompu un instant, tapotant le sac d'un doigt distrait. « Bien entendu, cela ne nous oblige pas à vérifier si les justificatifs présentés sont dignes de foi ou non… ni donc à nous poser de questions sur les tribulations que cet argent a connues avant d'arriver jusqu'à nous. Vous avez une très belle sacoche, monsieur Allen. Le cuir est superbe. Où l'avez-vous achetée, si ce n'est pas indiscret ?

— C'est un… cadeau.

— Bien sûr, bien sûr. » Il s'est levé. « Je vais les faire compter. »

Il est sorti avec le sac pour revenir une minute plus tard.

« Cela ne devrait pas être long. Nous avons l'habitude de traiter en cash, ici.

— Les dépôts précédents, par quels moyens Excalibur vous les a fait parvenir ?

— Par un intermédiaire. Mais à ce jour vous n'avez déposé que, voyons… » Il a tapoté sur son clavier et s'est penché sur l'écran de son moniteur. « … oui, 6 284 532 dollars. » Il m'a contemplé un moment. « Ne le prenez pas mal, mais pour un fonds de placement tel que le vôtre c'est une somme peu… conséquente. D'expérience, je puis vous dire que 200 millions, en pareil cas, sont bien plus courants ; 50 millions en liquide, puis le complément au fur et à mesure. Évidemment, lorsque nous parlons d'opérations de cette taille, il n'est question que de trois ou quatre investisseurs privés.

— Vous avez l'air d'en connaître un rayon sur le sujet.

— Pour un simple banquier des Caraïbes, vous voulez dire ? a-t-il complété sèchement.

— Euh, je ne voulais pas vous…

— Pas du tout. Si je m'y connais assez bien en fonds communs de placement, c'est parce que j'ai travaillé douze années durant dans une petite compagnie londonienne spécialisée là-dedans. Lehmann Brothers. »

S'il avait cherché à me mettre mal à l'aise, il avait parfaitement réussi.

« Lehmann Brothers… Waou ! Qu'est-ce qui vous a fait abandonner une place pareille… ?

— … "pour échouer dans cette petite banque minable", devez-vous penser. Avez-vous déjà passé un mois de janvier à Londres, monsieur Allen ?

— Je ne suis jamais allé à Londres.

— Oui. Eh bien, après douze hivers londoniens, vous ne seriez que trop heureux d'échanger la meilleure situation contre le privilège d'apercevoir un peu de ciel bleu. Quoi qu'il en soit, je suis né ici, c'est mon pays. Je voulais rentrer chez moi. De plus, le secteur de la banque off shore est extrêmement divertissant. Notamment parce qu'il permet de faire la connaissance d'hommes d'affaires aussi... pittoresques que vous, monsieur Allen.

— Je ne suis pas "pittoresque", monsieur MacGuire.

— Selon mes critères, toute personne qui se présente à mon bureau avec une sacoche d'ordinateur contenant 350 000 dollars en espèces est pittoresque, monsieur Allen. » Son téléphone a sonné. Il a répondu brièvement avant de reporter son attention sur moi. « C'est en effet la somme qui vient d'être décomptée. »

Il a attiré à lui un grand bloc de reçus, a rempli avec soin et la feuille et la souche, a attrapé un cachet, a estampillé les deux parties puis m'a tendu celle qui me revenait.

« Voilà, c'est officiel, maintenant. Vous pouvez reprendre votre sac à la réception. Et n'oubliez pas votre portable, bien sûr. »

Je me suis levé en glissant le Toshiba sous mon bras.

« Merci pour votre aide.

— Je suis certain que je vous reverrai bientôt, monsieur Allen.

— Ça dépend.

— De quoi ?

— De la vitesse à laquelle notre fonds progressera. »

Il m'a lancé un sourire de conspirateur.

« Ou de combien de sacoches pleines de billets vous pouvez porter en même temps, non ?

— Je ne suis pas coursier, monsieur MacGuire », ai-je répliqué.

Tout en sachant que c'était désormais le statut auquel Jerry Schubert me reléguait.

Le retour *via* Miami a été rapide. À vingt-deux heures vingt, j'étais au terminal de La Guardia, où j'ai acheté la dernière édition du *New York Post* en me dirigeant vers la sortie. Le cas Ted Peterson était passé en page cinq, mais le titre de l'article a suffi à me faire pratiquement défaillir : « Avant la mort, une dispute au restaurant. »

Ainsi que je le redoutais, le maître d'hôtel du « Hyatt Regency », Martin Algar, avait « volontairement informé la police », d'après le journal, que Peterson s'était trouvé parmi ses clients quelques heures avant de périr sous l'express de New Haven. Il n'était pas seul, avait précisé Algar : une « conversation houleuse » avait eu lieu entre lui et son compagnon de table, le ton montant entre les deux hommes jusqu'à provoquer de « fréquents éclats de voix ». Au dernier paragraphe, j'étais vraiment à la fête : « La police de l'État du Connecticut est maintenant à la recherche de la personne aperçue quittant l'hôtel avec Peterson. Selon les témoins oculaires présents, il s'agirait d'un homme d'une petite trentaine d'années, blanc, d'environ un mètre quatre-vingts, peu corpulent, aux cheveux blonds, vêtu d'un costume gris clair. »

À ce moment même, Algar devait être assis en compagnie d'un physionomiste flic, très occupé à dresser le portrait-robot de l'assassin présumé. Et, tout aussi certainement, plusieurs des anciens collègues de Peterson étaient déjà soumis à un interrogatoire en règle. « Est-ce qu'il avait des ennemis connus ? » leur demanderait-on, et tous répondraient d'une seule voix : « Oh, il y avait ce type, Ned Allen… La veille de sa mort, Ted et lui s'étaient sacrément pris le nez à une réception. »

J'étais dans un taxi en route vers Manhattan lorsque mon cellulaire a sonné.

« Comment ça s'est passé ? a fait Jerry dès que j'ai connecté.

— Tranquille.

— Content de l'entendre.

— Tu… tu as vu le *Post* de ce soir ?

— Je lis toujours le *Post*, a-t-il répondu d'un ton destiné à me faire comprendre qu'il était imprudent d'évoquer de tels sujets sur un téléphone portable. C'est un journal fantastique. Toujours plein d'histoires édifiantes. Tu es en tacot, là ?

— Oui.

— Alors, rejoins-moi au "Fanelli's". Je nous invite à un petit souper. »

C'était le rendez-vous local des couche-tard, sans doute le dernier grill-bar à l'ancienne manière de tout SoHo. Comme la circulation était quasi inexistante, j'y suis arrivé un peu avant onze heures. Jerry était déjà à une table du coin restaurant. La soirée était calme, nous étions seuls dans cette zone. Il m'a regardé m'asseoir.

« Règle numéro un de la vie moderne : ne jamais, tu entends, jamais aborder une question délicate sur un cellulaire.

— Je suis mort de trouille, Jerry.

— Pourquoi ? Parce qu'un connard de loufiat dit qu'il a vu Peterson avec un vague type ? »

Il s'est emparé de mon journal, est allé à la cinquième page et a lu à voix haute : « "Un homme d'une petite trentaine d'années, blanc, d'environ un mètre quatre-vingts, peu corpulent, aux cheveux blonds, vêtu d'un costume gris clair." Ça pourrait être la description de la moitié de la population mâle du comté de Fairfield, ça ! »

J'ai répondu à voix basse, presque un murmure.

« Mais suppose que quelqu'un raconte aux flics mon accrochage avec Peterson à la soirée de SOFTUS. Et qu'ils me demandent de passer devant le type du "Hyatt".

— Tu nages en pleine parano, mec ! Primo, que tu te sois pris la tête avec Peterson, qu'est-ce que ça veut dire ? S'ils se mettent à enquêter à GBS, ils vont trouver une bonne douzaine de gus qui ont eu des accrochages avec lui. Pourquoi ? Parce que c'était le genre d'emmerdeur qui cherchait noise à tout le monde. Secundo, même si les flics en arrivent à t'interroger, tu as l'alibi de ton voyage à Miami. En apportant la preuve que tu étais là-bas au moment du meurtre, tu t'épargnes le risque qu'ils te convoquent dans le Connecticut. Point.

— En tout cas… En tout cas, je voudrais vraiment que tu me donnes une idée de ce qui rendait Peterson aussi dangereux pour vous. Au moins une idée.

— Tu connais la vieille expression : "Moins on en sait, mieux on se porte" ? À ta place, c'est la philosophie que j'adopterais. Mais ce que tu peux savoir, c'est que dans le cas, absolument improbable, où ça commencerait à chauffer pour toi, nous prendrions les mesures nécessaires pour te mettre à l'abri. Je te l'ai dit hier, je te le redis aujourd'hui : tant que tu appartiens à l'équipe, tu n'as aucun souci à te faire. »

J'étais presque sur le point de le remercier quand je me suis rendu compte à quel point j'en étais arrivé. En plein dans ce que l'on appelle le syndrome de Stockholm, ce moment où l'otage se met à croire que celui qui le séquestre ne fait en réalité que le protéger. J'ai donc préféré acquiescer d'un simple hochement de tête.

« Bon, alors si c'est clair passons aux choses sérieuses. J'ai un petit travail pour toi. Il s'agit d'aller à Atlanta demain pour rencontrer un nouveau partenaire du fonds, Bill Simeone. Lui aussi, il va investir en espèces et…

— J'ai compris, j'ai compris ! Mon boulot, c'est d'aller chercher le fric, de l'apporter à Nassau et de le déposer sur notre compte en banque là-bas.

— T'es pas bête, toi ! » Il a sorti de sa veste une enveloppe. « Tu as tous tes billets ici. Ta journée commence tôt, je regrette : six heures du mat. Tu entres en contact avec un gars de Simeone à l'aéroport, ensuite tu files à Miami et tu prends l'avion pour Nassau, ensuite tu…

— Attends ! J'ai besoin d'être sûr de quelque chose…

— Non, tu ne transporteras rien d'illégal. Et oui, M. Simeone est un hommes d'affaires tout ce qu'il y a de respectable. Il est à la tête d'une des plus grosses boîtes d'industrie alimentaire du Sud.

— Ça, c'était seulement une partie de ma question.

— Et le reste, c'était quoi ?

— C'était : donc, ma fonction à Excalibur a changé ? »

Il a eu du mal à réprimer un sourire.

« Disons qu'elle a "évolué". Tu comprends, nous avons décidé dernièrement d'ouvrir le fonds aux investisseurs privés, en totalité. C'est un choix stratégique qui, j'en ai peur, suppose que tu…

— Que je devienne votre coursier. Le porteur de valoches ! »

Il a ignoré cette protestation à peine voilée.

« Étant donné le gros volume d'investissements en liquide que je viens de réussir à obtenir pour le fonds, nous avons besoin de toi dans ce rôle, oui. Je sais que ce n'est pas pour ça que nous t'avions pris avec nous, et aussi que pour l'instant nous ne rentabilisons pas ton formidable talent de vendeur. Mais je t'assure que dès que nous aurons rempli l'objectif de capitalisation initiale à 22 millions, nous…

— 22 millions ! En clair, je vais passer ma vie dans le zinc de Nassau, aller-retour ! »

Il a gardé un calme olympien.

« Pour les quelques mois à venir, en effet, je crois que tu vas accumuler les heures de vol. Mais je répète : dès que cet objectif sera atteint, nous te confierons…

— Vous me confierez quoi ? L'honneur de sortir la coke de Colombie ? Ou bien vous allez vous intéresser au filon de la vente d'armes aux Irakiens ? »

Pendant un long silence, Jerry s'est contenté de tambouriner des doigts sur la table. Enfin, il m'a regardé droit dans les yeux.

« On va dire comme ça, d'accord ? Si tu n'apprécies pas le job que je te propose, tu es libre de refuser et de t'en aller. Simplement, il faut que tu mesures les conséquences d'une telle décision.

— Tu as magouillé tout ça depuis longtemps, hein ? Dès le jour où je me suis pointé à ton bureau, tu t'es dit : "Tiens, voilà le pigeon idéal." C'est ça ?

— Tu me surestimes nettement, là. Je ne suis pas aussi organisé, ni aussi machiavélique que ça. En réalité, je ne fais rien de plus que le bon businessman moyen : quand une occasion se présente, je la saisis. » Il m'a tendu l'enveloppe par-dessus la table. « Conclusion ? Tu vas à Atlanta ou tu n'y vas pas ? »

Ç'a été mon tour de laisser planer un silence excédé. Jusqu'au moment où, sans un mot, je lui ai arraché les billets de la main. Il a eu un hochement de tête approbateur.

« Tu as ma parole, c'est juste une affaire de quelques semaines. En général, un type qui fait souvent le voyage ne finit par attirer l'attention des douaniers qu'au bout de plusieurs mois. Donc, tu peux y aller tranquille, crois-moi. » Comme je ne répondais rien, il a repris : « Bon, on commande, maintenant ?

— Ça m'a coupé l'appétit. »

Il a saisi le prétexte que je lui tendais pour partir rejoindre sa nouvelle conquête, sans doute aussi éphémère que les précédentes. À peine m'avait-il quitté pour son rendez-vous galant que je suis allé à la cabine téléphonique du restaurant pour composer un numéro à Queens.

« Eh, chef ! Comment va ?

— De pire en pire. Écoutez, Phil, Bill Simeone, vous avez déjà entendu parler ?

— Euh, non… Mais à propos de ce Victor Romano dont vous m'avez causé, j'ai eu des tuyaux, par contre.

— Le pépère sans histoires, c'est ça ?

— Et comment ! Il s'occupe bien de bâtiment et de transport, ouais, mais en plus le FBI l'a à l'œil pour à peu près tous les coups foireux possibles, depuis le trafic d'armes jusqu'à la came, sans parler du meurtre de deux anciens "associés", à ce qu'il paraît. Seulement, jusqu'ici, ils n'ont jamais réussi à le coincer.

— Bon Dieu…

— Ce type à la coule, vous travaillez avec ?

— On peut dire, oui…

— Vous trouvez que c'est… raisonnable ?

— Raisonnable ou pas, ce n'est pas le problème. Le problème, c'est que je n'ai pas vraiment le choix. »

3

C'ÉTAIT UN CHAUFFEUR QUE BILL SIMEONE AVAIT CHARGÉ de m'attendre à l'aéroport, avec le blazer bleu marine et la casquette à visière brillante de rigueur. Comme convenu, il faisait le pied de grue à la sortie avec une pancarte à mon nom. Quand je me suis approché, il m'a invité à le suivre dans sa voiture. Je suis monté à l'arrière. Une sacoche d'ordinateur était posée sur le siège. Je l'ai ouverte. Elle était vide, mais paraissait bien rembourrée sous mes doigts.

« 280 000, monsieur, m'a-t-il annoncé sans se retourner. Il y a aussi tous les papiers nécessaires dans une enveloppe.

— Parfait.

— Vous continuez sur Delta, pour votre prochain vol ?

— Non. American. »

Pendant qu'il me conduisait au terminal d'American Airlines, j'ai extirpé du sac en Nylon que j'avais avec moi l'ordinateur portable qui m'avait déjà servi au cours du convoyage précédent, ainsi que quelques chemises en carton. Je les ai glissés dans la sacoche, de même que mon sac, qui, une fois plié, se logeait sans difficulté dans la poche extérieure. Puis j'ai examiné le contenu de l'enveloppe. Une facture du cabinet-conseil Fay & Sons à Dallas, libellée au nom d'une compagnie de San Antonio, Cooper-Mullin, pour la somme de 280 000 dollars. Je me suis dit que, si le document semblait parfaitement authentique, l'existence de Cooper-Mullin devait l'être beaucoup moins.

Le chauffeur m'a arrêté devant le comptoir d'enregistrement.

« Bon voyage, monsieur. »

Une heure quarante de vol jusqu'à Miami, une heure d'attente, encore une autre pour atteindre Nassau. Puis un sourire entendu d'Oliver MacGuire quand il m'a vu entrer dans son bureau.

« Et vous qui disiez que vous ne reviendriez pas de sitôt ! a-t-il lancé en me serrant la main.

— Je m'étais trompé.

— Combien avez-vous, aujourd'hui ?

— 280 000. »

Un petit mouvement de sourcils.

« On dirait que votre fonds est en train de décoller.

— On dirait, oui. »

Il a confié la sacoche à l'une de ses employées, une dénommée Muriel, qu'il a chargée de recompter les billets tandis qu'il m'offrait un Coca glacé. Il a à peine regardé la facture justificative que je lui tendais, la laissant tomber sur la pile de papiers qui se trouvaient déjà sur sa table.

« Eh bien, monsieur Allen, racontez-moi un peu. Dans quel genre de secteur le fonds qui vous emploie est en train d'investir, exactement ?

— Les nouvelles technologies, pour l'essentiel.

— Je vois. Et vos financiers sont, “pour l'essentiel”, habitués à ne payer qu'en liquide, c'est cela ?

— Je ne suis qu'un coursier, vous savez. Je ne les connais pas personnellement.

— Non, bien entendu… Pourquoi devriez-vous les connaître, d'ailleurs ? L'ignorance est la mère des vertus, après tout. »

Il m'observait avec insistance, se délectant de mon embarras.

« Je vous l'ai dit, monsieur MacGuire : je ne suis qu'un exécutant. Je réceptionne l'argent, je vous l'apporte, je repars à New York avec votre reçu. Je ne pose pas de questions, je ne me mêle pas de ce qui ne me regarde pas, je fais ce qu'on me dit de faire.

— C'est une activité qui vous convient ?

— D'après vous ? »

Il est devenu grave, soucieux presque.

« Si j'étais dans votre situation, je ferais très attention, voilà ce que je puis vous dire. »

Je l'ai dévisagé.

« Et… et pourquoi vous me dites ça ?

— Eh bien, regardez ce qui est arrivé à ce malheureux Ted Peterson. »

J'ai failli en tomber de mon siège.

« Que… Quoi, vous le connaissiez ?

— Oui, je le connaissais.

— C'était… Il était client chez vous ?

— Oui, il avait un compte chez nous. C'est vraiment affreux, ce qui lui est arrivé, n'est-ce pas ?

— Parce que les journaux d'ici ont parlé de sa mort ?

— Non, mais figurez-vous que le *New York Times* arrive jusqu'à Nassau. Vous pouvez imaginer le choc que cela a représenté pour moi, cet accident… Si on peut parler d'accident, bien sûr. La police n'exclut toujours pas un crime crapuleux, je crois ?

— Non. Toujours pas.

— Vous aussi, vous le connaissiez, visiblement ?

— J'ai travaillé dans le secteur de l'informatique ; alors, en effet, je l'ai croisé à quelques reprises.

— Rien de plus ?

— Non, rien de plus, ai-je avancé prudemment. Un contact professionnel de-ci, de-là. »

À nouveau, ses yeux ont pétillé de malice.

« Ah, donc, vous ne saviez pas…

— Je ne savais pas quoi ?

— Que la personne qui a ouvert le compte du fonds Excalibur chez nous était ce même M. Peterson ? »

Là, c'en était trop pour moi. Incapable de réagir à la nouvelle, j'ai vaguement entendu le téléphone sonner. Comme à ma première visite, MacGuire a répondu en quelques mots, raccroché et attiré vers lui son carnet de reçus.

« 280 000 dollars, le compte est rond.

— Pourquoi… pourquoi vous ne m'avez rien dit au sujet de Peterson, hier ? »

Il m'a répondu sans se donner la peine d'interrompre la rédaction de son reçu.

« Parce que je voulais d'abord mieux vous connaître.

— Attendez ! Vous m'avez bien dit que c'était cet avocat de Nassau qui avait ouvert le compte Excalibur, pourtant !

— Non, vous m'avez mal compris. Je vous ai précisé qu'il s'était chargé des formalités administratives. Mais c'est Peterson qui s'est présenté avec le dépôt initial, l'an dernier. » Il a assené un vigoureux coup de cachet sur le formulaire. « C'est à cette même occasion qu'il a ouvert son compte personnel chez nous, bien sûr.

— Il avait beaucoup d'argent dessus ?

— C'est une information qui relève du secret bancaire. Je me contenterai de vous répondre ceci : ce n'était pas une somme négligeable. Or, même si son décès ne remonte qu'à quelques jours, les représentants de ses héritiers ne se sont pour l'instant pas manifestés auprès de nous.

— Vous pensez que personne ne connaît l'existence de ce compte, alors ?

— Il est encore trop tôt pour l'affirmer.

— Il y a quelque chose que je ne saisis pas : pourquoi Peterson ne se contentait-il pas de faire virer des sommes sur son compte personnel, plutôt que de se déplacer ?

— Parce qu'il a effectué tous ses dépôts en espèces. Et parce que, à l'instar de la plupart de nos clients, il voulait probablement éviter toute trace écrite de ses opérations. »

Jerry avait soutenu que Peterson était en pleine déconfiture financière. Alors, comment disposait-il de sommes en liquide à verser sur un compte off shore ? Ce n'était pas le genre de GBS de payer ses cadres en mallettes de billets ! De plus, toujours selon Jerry, sa collaboration avec Ballantine Industries n'avait débuté que trois ou quatre semaines auparavant. D'où venait tout cet argent ?

« Est-ce qu'il vous a jamais dit qui est derrière Excalibur ?

— Quelle idée absurde ! a rétorqué MacGuire en me tendant le reçu. Il n'a pas fait le moindre commentaire quant à l'identité de ses associés, bien entendu. D'ailleurs, même dans le cas contraire, je ne vous le dirais pas. Un banquier off shore est comme un curé : il ne révèle rien de ce qui lui a été confié dans le cadre de la confession… » Il a eu un petit rire. « La seule différence, c'est qu'il ne peut donner l'absolution, lui. Ses prérogatives se limitent à protéger l'argent de ses clients et à leur offrir des conseils en matière d'investissement, quand ils le demandent. Si bien que je n'ai pas posé la moindre question à M. Peterson à propos de ces comptes. Ni sur les personnes physiques participant au fonds, ni sur l'origine des 6 millions de dollars qu'il a versés initialement pour l'ouverture du compte Excalibur. »

J'ai avalé ma salive.

« Il… il est venu ici avec 6 millions en cash ? Mais comment il a pu transporter une quantité pareille, bon sang ?

— En louant une vedette à Miami, si mes souvenirs sont exacts. Il est arrivé avec cinq gros sacs marins bourrés à craquer. Quatre de mes employées ont passé la journée à compter les billets. C'est en effet une certaine masse de papier, 6 millions…

— Et après celui-là, il est venu faire d'autres versements ?

— Non. Le compte n'a pas été réapprovisionné jusqu'à votre visite hier. Ce qui fait de vous le successeur de Ted Peterson, je suppose. » Il a jeté un coup d'œil à sa montre. « Maintenant, si vous voulez bien m'excuser… J'ai une partie de tennis avec notre ministre des Finances dans moins d'une demi-heure.

— Une dernière question ! »

Oliver MacGuire s'est levé.

« Brièvement, je vous prie. Si j'arrive en retard, il pourrait bien décider de relever nos taux d'intérêt.

— Pourquoi m'avez-vous conseillé de faire attention ? »

Il a haussé les épaules.

« Mais parce qu'un coursier ça peut toujours se remplacer ! »

Pendant tout le voyage du retour, je n'ai cessé de tourner et retourner dans ma tête ce que je venais d'apprendre. Ainsi, Peterson m'avait précédé dans ce rôle peu glorieux. Donc, il était en cheville avec Jerry et Ballantine depuis bien plus longtemps que trois semaines. Ce qui signifiait que…

Brusquement, la conversation téléphonique que j'avais eue avec lui après sa capitulation au sujet du cahier de publicité dans *CompuWorld* m'est revenue dans son entier. Lorsque j'avais cru lancer une bombe en déclarant que j'étais au courant de sa tentative de viol sur

Joan Glaston, cette révélation avait au contraire paru le soulager. Comme si cette affaire n'était qu'une peccadille au regard de… de quoi ? Ma mémoire est remontée au matin où j'étais allé le défier devant chez lui, à Old Greenwich. Le moment où il s'était immobilisé sur place, où il avait trahi la plus grande appréhension, c'était quand j'avais mentionné Grande Caïman.

Quelque chose d'autre s'était passé durant son séjour dans cette île. Quelque chose qui avait mis en branle toute la suite. Quelque chose qu'il avait découvert et qui… et qui l'avait fait terminer sous les roues de l'express de New Haven ?

En compagnie de Jerry à la soirée de SOFTUS, il m'avait semblé les nerfs à vif, ulcéré. Lorsque je les avais rejoints, Jerry était-il en train de le menacer, de le soumettre au même chantage qu'il allait employer ensuite contre moi ? Avait-il cherché à manipuler Peterson et, ayant échoué, s'était-il rabattu sur moi ? A posteriori, notre rencontre « accidentelle » ce soir-là ressemblait à un ingénieux montage de Jerry. Puis notre dîner de prétendue réconciliation au "Hyatt Regency" avait été la touche finale de la machination. Coup double parfait : Peterson éliminé, moi piégé à jamais. À moins que…

Là, mon esprit n'arrivait plus à avancer. Je n'entrevoyais aucune issue. « Un coursier ça peut toujours se remplacer » : MacGuire avait tout résumé dans cette formule.

Je suis arrivé à New York à cinq heures. De retour chez Jerry, j'ai écouté le répondeur – aucun message –, je me suis changé, jean et tee-shirt, et j'ai décidé de m'inviter à un dîner en solitaire au Village. J'approchais de Bleecker Street quand mon cellulaire a sonné.

« Ned ? »

Il m'a fallu un moment pour reconnaître la voix.

« Lizzie !

— Salut.

— Ça, c'est une surprise… Je veux dire une excellente surprise !

— J'ai appelé à ton bureau, mais ta messagerie vocale m'a demandé d'essayer sur le portable.

— Oui. J'étais en voyage d'affaires aujourd'hui. Je viens juste de rentrer. Tu m'appelles d'où ?

— Du bureau.

— À L.A. ?

— Non, ici.

— Tu es… à New York ? ai-je demandé en tentant de garder un ton égal.

— Depuis jeudi, oui. J'habite chez Ian et Geena. L'appartement est toujours en sous-location, tu sais. »

Ne t'emballe pas, surtout !

« Et tu retournes quand là-bas ?

— Demain matin très tôt.

— Aaah…

— Écoute, euh… J'ai été affreusement bousculée, et j'ai ce dîner, tout à l'heure… »

À sa nervosité, j'ai compris qu'elle avait pris sur elle pour me passer ce coup de fil.

« Je comprends, Lizzie, je comprends. Ça fait juste plaisir de…

— Dis-moi, m'a-t-elle coupé, est-ce qu'on pourrait se retrouver quelque part dans une demi-heure ? Je n'ai pas beaucoup de temps, mais…

— Où ça ? J'arrive.

— Le "Oak Bar" au Plaza.

— Je ne suis pas vraiment habillé pour…

— Ne t'inquiète pas. Euh, j'ai un autre appel à donner. Dans une demi-heure, d'accord ? »

Je suis parti au métro en courant et j'ai réussi à être au Plaza à l'heure dite. Lizzie était déjà installée à une table retirée.

« J'espère que tu n'attends pas depuis trop longtemps. »

Je me suis penché pour l'embrasser mais elle a détourné la tête, ne laissant que sa joue à mes lèvres. Mauvais début.

« Je viens juste d'arriver. » Elle a jeté un coup d'œil hyperrapide à sa montre. « Je ne vais avoir que vingt minutes, malheureusement.

— Tu as l'air en pleine forme. »

Plus, même. Bronzée, fraîche, élancée, elle avait l'air d'une femme qui dort ses huit heures par nuit et consomme la ration adéquate de légumes verts et de fruits. De toute évidence, elle s'était parfaitement adaptée à la vie californienne.

« Toi aussi, Ned. »

J'ai tiré nerveusement sur mon tee-shirt.

« Si j'avais eu le temps, j'aurais été plus présentable, quand même…

— C'est ma faute. Je n'aurais pas dû te tomber dessus comme ça, à la dernière minute.

— Mais si, au contraire ! »

Il y a eu un flottement pendant lequel elle m'a souri fébrilement, sans trop savoir quelle contenance prendre. Enfin, elle a risqué :

« On commande ?

— Bien sûr ! »

Un serveur a réagi au quart de tour dès que j'ai levé une main. J'ai désigné du menton Lizzie, qui a dit :

« Un martini, pour moi. Sec, avec une rondelle de citron. Et toi ?

— Je prendrai une eau minérale, s'il vous plaît. »

Elle m'a lancé un regard étonné pendant que le serveur s'éloignait.

« Quoi, *que* de l'eau ?

— C'est à ça que je tourne, maintenant. En fait, je n'ai pas bu une goutte d'alcool depuis que… en fait, depuis que tu es partie.

— Ça alors… Tu aimais bien picoler, de temps en temps.

— J'aimais bien des tas de choses… » Je l'ai fixée carrément. « J'en aime toujours certaines. » Comme elle détournait les yeux, j'ai préféré changer de conversation. « Alors, qu'est-ce qui t'amenait à New York ?

— Des réunions avec les grands chefs. La boîte m'a proposé deux évolutions : prendre définitivement la direction du bureau de L.A. ou revenir ici en tant que directrice adjointe.

— Agréable, comme choix… Et tu as décidé quoi ?

— Je reviens. Los Angeles, c'est super pour quelques mois, mais il y a trop de soleil pour moi, là-bas.

— Ouais, moi aussi, ça finirait par me porter sur les nerfs. Quand est-ce que tu prends tes nouvelles fonctions, alors ?

— Lundi matin. J'aurais préféré ne pas repartir tout de suite, mais j'ai un truc que je ne prévoyais pas à conclure au plus vite ici.

— Ça doit être gros, pour que tu coures comme ça.

— Plutôt. On vient de décrocher un contrat balèze. Ballantine Industries. »

J'ai eu du mal à encaisser le coup.

« Balèze, tu peux le dire…

— Ouais, et pas facile, j'imagine. C'est un sacré numéro, le Jack Ballantine, d'après la réputation qu'il fait tout pour entretenir. Mais c'est une opération très rentable pour nous, et un vrai challenge pour moi. Figure-toi que mon premier job avec lui va être de m'occuper de son nouveau bouquin.

— *La meilleure défense, c'est l'attaque*, tu veux dire ?

— Eh ! Tu m'impressionnes, là.

— Euh… Tu te rappelles que je connais Jerry Schubert, non ?

— Justement, je l'ai eu au téléphone aujourd'hui, Jerry. On va travailler en équipe sur la promo du livre. Je n'avais pas compris que tu vivais chez lui…

— Ouais, il m'a proposé sa chambre d'ami après que… après le…

— Bon, en tout cas je rencontre finalement le grand homme ce soir. On dîne ensemble. Au “Cirque”, c'est lui qui a choisi. C'est pour ça que je suis tellement à la bourre.

— Jerry y sera aussi ?

— Non, il a dû partir en déplacement. »

Une petite consolation, au moins.

« D'ailleurs, j'ai l'impression que Ballantine tenait à ce que ce soit un tête-à-tête, a-t-elle poursuivi. Il m'a l'air d'être un fieffé don Juan.

— Je suis sûr que tu sauras lui résister.

— Ça, ça ne fait aucun doute.

— Eh bien, mes félicitations : décrocher un client pareil, c'est une grande nouvelle.

— Je n'en suis pas si certaine. D'après ce que j'entends dire, Ballantine n'a jamais de dépression nerveuse, mais il en flanque aux autres ! En tout cas, ça va m'occuper… c'est tout ce qui me reste, en ce moment. » J'ai évité son regard morose, et après un silence elle a repris :

« Bon, et toi, tu bosses ?

— Ouais, vaguement.

— Pour qui ? »

Prudence, prudence. J'étais obligé de mentir, là.

« Eh bien, quand je me suis retrouvé vraiment à la rue…

— Ah, mais je ne savais pas ! Je suis désolée.

— Pas de quoi. Chaque jour dans ce boulot de télévendeur me faisait l'effet d'une année perdue. Mais enfin, quand j'ai perdu ça, j'ai fini par craquer, je suis entré dans la première agence pour l'emploi et je leur ai annoncé que j'étais prêt à prendre n'importe quoi. Ils m'ont trouvé une boîte de services financiers dont le siège est à Seattle. En gros, je suis leur représentant à New York. C'est de la "communication", comme qui dirait. Étudier les tendances du marché, faciliter les opérations des clients, organiser leurs mouvements de fonds... Tiens, c'est marrant, mais il se trouve que mon bureau est justement dans le même immeuble que Ballantine Industries !

— Et ça te plaît ?

— Je n'irai pas jusque-là.

— Alors, change !

— J'ai besoin de ce job. J'ai des dettes.

— Chez qui ?

— Oh, Amex, Visa, Barneys, le truc habituel... Je dois toujours être sur leur liste des dix types les plus recherchés du pays.

— Si tu as besoin d'argent, je peux t'aider.

— C'est très gentil, mais...

— Tu es toujours en train de payer notre voyage à Nevis, non ? Et ma montre, et...

— Ça me concerne. D'ailleurs, tu m'as déjà fait une avance, tu t'en souviens ?

— Ce n'était pas une avance. Cet argent, je te l'ai donné.

— Donné ou pas, je commence peu à peu à me rétablir sur le plan financier et...

— N'empêche, je n'arrête pas de me sentir coupable.

— Mais pourquoi, Lizzie ? Si j'ai des dettes, ce n'est pas ta faute, quand même !

— Je... J'ai eu une histoire avec quelqu'un, Ned. »

Son aveu m'est tombé dessus comme une grenade à main. Les yeux baissés, j'ai fait de mon mieux pour rester stoïque. Un de ses doigts tournait au bord du cendrier vide sur notre table, un tour, deux, dix… Comme je gardais le silence, elle a repris dans un souffle :

« Tu as entendu ce que j'ai dit ?

— Oui, j'ai entendu. Et alors ?

— Pour lui, c'était sérieux. Moi, j'ai préféré que cela ne le soit pas.

— C'est… terminé ?

— Oui. Il y a très peu de temps. Il était charmant, attentionné, fiable… ennuyeux.

— Avocat ?

— Comment tu as deviné ?

— Je n'ai pas deviné. C'était juste comme ça, au hasard.

— Tu l'as rencontré, d'ailleurs. Il y a quelques années. Peter Buckley.

— C'est le conseiller juridique de ta boîte, non ? » Elle a hoché la tête. « Mais il bosse à New York, pourtant ?

— Il a plein d'affaires sur la côte ouest, donc il n'arrêtait pas de faire des aller et retour…

— Toi aussi, alors, tu en as fait ? »

Elle a placé sa main devant la bouche comme si elle avait commis une gaffe.

« Un peu, oui. Pardon. »

Le serveur est revenu. Nous n'avons pas trinqué. Lizzie a avalé une bonne gorgée de son martini, les yeux soudain embués sous la montée de l'alcool. Je lui ai envié ce stimulant.

« Je voulais que tu saches une chose, Ned, et tu dois me croire : ça n'a commencé qu'après notre séparation.

— Compris.

— J'avais tellement la haine contre toi…

— Et maintenant ?

— Je… je ne sais pas.

— Tu me manques, Lizzie. Je ne peux pas dire à quel point tu me…

— Je préfère que tu arrêtes ça, Ned.

— C'était une erreur stupide, une connerie d'ivrogne.

— Cela ne l'excuse pas pour autant.

— Je ne cherche pas d'excuses.

— Ce n'est pas seulement que tu me trompes avec une autre. C'est ta manière de mettre des distances entre nous. Moi, je voulais t'aider, et tu m'as détestée à cause de ça.

— Je ne t'ai jamais détestée.

— Tu n'as pas voulu avoir un enfant avec moi !

— Moi ? Moi ? J'ai paniqué, c'est tout.

— Pourquoi tu ne me l'as pas dit, à l'époque ?

— Parce que… parce que j'avais la trouille d'admettre que j'avais la trouille.

— Tu n'as jamais su parler avec moi, tu le reconnais ? Surtout quand il s'agissait de choses sérieuses. Ne pas montrer ses faiblesses, ses angoisses… tu ne pensais qu'à ça.

— C'est vrai. À présent, je comprends que j'aurais dû me confier beaucoup plus.

— Moi aussi. Il y avait trop de non-dits entre nous.

— Beaucoup trop. Et je le regrette, vraiment.

— Moi aussi, je regrette ce qui s'est passé. » Elle a vidé la moitié de son martini. « Mais, bon… »

J'ai posé ma main sur la sienne.

« Reviens, Lizzie. »

Elle s'est dégagée.

« J'ai vu un avocat, hier.

— Ah.

— Ça devrait être très simple, si tu acceptes le divorce. »

J'ai contemplé les bulles dans mon verre.

« Tu veux réellement que ça soit fini entre nous ?

— Je pense, oui.
— Tu *penses* ? !
— Oui, je *pense*.
— Donc tu n'es pas certaine, donc tu… »
Elle a encore consulté sa montre.
« Pas maintenant, Ned.
— C'est juste que… C'est superdur pour moi, Lizzie, tu comprends ? J'aurais voulu que…
— Il faut que j'y aille.
— On pourra se voir, à ton retour ? »
Elle s'est levée.
« Je ne sais pas. Pour moi aussi, c'est dur. »
Après avoir effleuré ma main de ses doigts, elle s'est éclipsée sans me laisser le temps d'ajouter quoi que ce soit. J'ai failli lui courir après, mais je me suis ravisé. Alors je suis demeuré là, seul, fixant d'un regard morne le reste du martini. Soudain, j'ai attrapé son verre, je l'ai porté à mes lèvres, mais je l'ai reposé sans y avoir touché. Je ne me suis pas senti renforcé par cette preuve de volonté. J'étais trop déprimé pour ça. J'ai demandé l'addition : 18 dollars pour un martini et une eau minérale. Salauds. J'ai abandonné à contrecœur un billet de 20 sur la table et battu en retraite.

J'étais déjà dans le hall de l'hôtel quand le serveur m'a rejoint, essoufflé.

« C'est à vous, monsieur, m'a-t-il déclaré en fourrant le billet dans ma main. La dame avec qui vous étiez a payé en partant. »

La gorge serrée, des larmes sous les paupières, j'ai à peine articulé un « merci ».

De retour au loft, ne sachant que faire de ma peau, j'ai allumé la télé, mais j'étais incapable de me concentrer. Lizzie et Ballantine. Lizzie et Peter Buckley. Lizzie et cet enculé de Jerry Schubert. À tous les coups, c'était son esprit malfaisant qui avait conçu l'idée de confier à Mosman & Keating les relations publiques de Ballantine

Industries. Et il avait sans nul doute demandé que Lizzie Howard s'occupe personnellement de ce nouveau client : après m'avoir pris dans son filet, il voulait l'y attirer, elle aussi, afin de me piéger définitivement.

J'ai essayé de dormir, en vain. À quatre heures du matin, après une éternité passée à contempler le plafond, j'ai pris ma décision. Je jouais mon va-tout, mais c'était la seule solution. Je me suis levé, douché, habillé, je suis sorti et parti à l'ouest vers la 8e Avenue, à pied. J'ai tué le temps dans un bar ouvert toute la nuit en ingurgitant des litres de café noir. Je me disais que c'était le moment ou jamais de recommencer avec la cigarette, mais j'ai réussi à résister à la tentation.

Il était cinq heures et quart quand j'ai remonté la 20e Rue jusqu'à un bel immeuble en pierre. Là, j'ai attendu. Cinq minutes plus tard, une longue limousine noire est venue se garer le long du trottoir. Peu après, Lizzie est sortie de l'immeuble où habitaient Ian et Geena. Elle se dirigeait vers la voiture lorsqu'elle m'a aperçu en train de traverser la rue à sa rencontre. Sur son visage, l'incrédulité a fait place à la consternation.

« Oh, Ned ! Pourquoi tu… »

Mais elle s'est arrêtée brusquement. Elle avait vu en moi ce que seule une vraie compagne est capable de discerner : la peur, nue, incontournable.

« Qu'est-ce qui s'est passé ?

— S'il te plaît, Lizzie. Laisse-moi t'accompagner à l'aéroport. »

Elle a hésité un quart de seconde avant de me faire signe de la suivre.

Installé près d'elle dans la limousine, j'ai remarqué que la vitre de séparation était baissée. Comme si elle avait lu mes pensées, Lizzie a demandé au chauffeur de la remonter. Quand elle a été hermétiquement close, elle s'est tournée vers moi.

« Alors…

— Alors… »

Et je lui ai tout raconté, tout ce qui s'était passé depuis que Jerry m'avait prétendument sauvé, sans lui épargner le moindre détail, sans tenter de dissimuler mes erreurs. Elle est restée muette pendant ce grand déballage, mais ses yeux se sont ouverts de plus en plus grands, surtout lorsque je lui ai décrit les circonstances de la mort de Peterson et la manière dont Jerry me tenait à sa merci. Elle n'a pas cherché à m'interrompre, et cependant je savais ce qu'elle était en train de penser : « Quoi, et je vais devoir travailler avec ces gens-là ? »

Quand j'ai terminé, il y a eu un silence prolongé. J'ai approché ma main de la sienne, m'attendant à ce qu'elle l'ignore ou la repousse. Mais non, elle l'a prise et l'a serrée. Fort.

4

ELLE M'A PROPOSÉ DE L'ARGENT, un billet d'avion pour la destination de mon choix. Je devais disparaître, a-t-elle dit, me fondre dans le grand vide américain, me dissimuler sous une nouvelle identité en espérant que cela serait suffisant pour convaincre Jerry que je ne chercherais pas à rompre le silence. Je pourrais même lui laisser une lettre dans laquelle je résumerais ma proposition : « Tu m'oublies, je t'oublie. »

« Ça ne marche pas comme ça, avec lui, lui ai-je expliqué. Ou bien on est dans son équipe, ou bien on est dans le camp ennemi. Et l'ennemi, il faut l'exterminer. J'aurai à peine quitté New York qu'il mettra tout le FBI à mes trousses, je t'assure.

— Dans ce cas, tu dois aller tout dire à la police.

— Et ça donnera quoi ? Ils me prendront pour un malade du caisson, un type qui voit des conspirations partout. En deux temps trois mouvements, ils me placeront chez les fous. Et puis, une fois que Jerry les aura tuyautés, je serai inculpé de meurtre. Il leur suffira que le type du "Hyatt" me reconnaisse. Ça, plus le témoignage des deux cents témoins qui m'ont vu m'engueuler avec Peterson, c'est pain bénit, pour eux. Du coup, je ne serai plus dingue, mais bouclé à perpète à Bridgeport ou dans je ne sais quel QHS du Connecticut.

— Je n'arrive pas à croire la situation aussi désespérée.

— Elle l'est, et complètement. Crois-moi. »

Elle a plaqué ses deux paumes contre ses yeux.

« Mais quel imbécile tu fais ! Pourquoi, pourquoi tu as accepté ce job ? Tu avais des doutes, tu te méfiais et tu es tombé dans le panneau.

— J'étais sans argent. Sans toit, sans avenir. Et il y avait le nom de Jack Ballantine. Additionne tout ça, et tu comprendras. »

Elle a retiré ses mains pour me regarder.

« Tu m'en veux ? a-t-elle chuchoté.

— Pas du tout.

— Moi, je m'en veux.

— Tu as tort.

— J'ai été sans pitié.

— Je t'avais blessée.

— Oui, et j'ai voulu te le faire payer. Et tu as payé, mon Dieu, au centuple !

— C'est moi qui ai fait les mauvais choix, pas toi.

— Mais c'est moi qui t'ai poussé dans cette impasse.

— Non, j'ai paniqué à force de me répéter que c'était la seule solution. Et quand on panique, on n'a plus de recul. »

La limousine s'est arrêtée devant le terminal d'American Airlines à Kennedy. Le chauffeur est allé chercher la valise de Lizzie dans le coffre à bagages et l'a posée sur le trottoir.

« Je ne sais pas… Je ne vois pas comment t'aider, a-t-elle murmuré.

— Je pourrai t'appeler, au moins ?

— Je pense, oui… »

Puis elle a ouvert la portière, a saisi sa valise et elle est partie. Sans se retourner.

Le chauffeur m'a reconduit en ville. Je lui ai demandé de me laisser sur Broadway, à la hauteur de Spring

Street. Il était à peine sept heures. Je suis allé à la première cabine téléphonique.

« Désolé de vous embêter si tôt, Phil.

— Pas de blême, chef. Vous êtes dans le pétrin, toujours ?

— Oh que oui. Alors, vous avez trouvé quelque chose, à propos de ce Simeone ?

— Ouais. Un gros bonnet de l'alimentaire, avec des usines en Géorgie, Caroline du Sud et Alabama. Mais il fait du business encore plus au sud, aussi.

— Quel genre ?

— Une fabrique de ketchup à Mexico, des ateliers où il fait trimer les locaux à Bogotá et à Medellín…

— Medellín ? C'est pas la capitale mondiale de la coke, ça ?

— Je vois que vous lisez régulièrement le *National Geographic*, chef. Bon, en tout cas, personne ne m'a dit qu'il était impliqué d'une manière ou d'une autre dans le trafic de la poudre. Mais il doit certainement connaître des gus qui sont de la partie, eux. Vous êtes en affaires avec ce branque, chef ?

— Oh, je me contente de livrer une partie de son fric en liquide à une banque off shore, c'est tout.

— C'est du joli !

— Je n'ai pas le choix, Phil.

— Ouais. Vous êtes dans un sacré merdier, à ce que je pige.

— Il faut que vous me répondiez nettement par oui ou par non, Phil. D'après vous, tout considéré, cet argent que je transporte pourrait-il provenir du sud de la frontière ?

— D'après moi, tout considéré, c'est foutrement affirmatif, chef. Parce que la came, c'est toujours en cash que ça se traite, non ? Et cette thune, après, il faut bien la caser quelque part, *capito* ?

— Bon, merci.

— Chef ? Laissez tomber ce truc.

— C'est ce que je ferais. Si je pouvais. »

Revenu dans ce qui me servait de chez-moi, je me suis assis sur le lit. Quelques secondes plus tard, je dormais. L'après-midi s'achevait lorsque j'ai été réveillé. Par le téléphone, vers lequel j'ai titubé, encore groggy.

« Où tu étais passé, bon Dieu ? » Jerry. « J'ai dû essayer de te joindre une bonne dizaine de fois, au bureau, sur ton portable. Je suis toujours à L.A.

— Je n'ai pas pu fermer l'œil de la nuit, alors je me rattrapais...

— Tu es censé bosser pour nous, tu as oublié ? Ce qui signifie assurer les horaires de travail habituel.

— Eh, tu pousses un peu ! Un coursier, ça ne tient pas des “horaires habituels” !

— Quand j'ai besoin de toi, je veux que...

— À vos ordres, monseigneur.

— Tu vas à Dallas demain.

— Super.

— Rendez-vous à l'aéroport, comme l'autre fois. Le représentant d'un associé du fonds, Chuck Battersby, t'attendra. Ensuite, direction Nassau *via* Miami. Je vais te faire porter les billets à l'appart.

— Extra.

— Ah, mister B. m'a dit qu'il avait passé un dîner délicieux avec ta femme, hier. Pardon, avec ton ex-femme ! Une “charmeuse-née”, il l'a appelée. “Brillante, belle, marrante comme tout... Allen a dû déconner ferme pour perdre un joyau pareil.” Je le cite texto.

— Tu cherches quoi, là, Jerry ? ai-je demandé d'une voix furibonde.

— Rien du tout ! Simplement, je voulais que tu le saches : nous avons chargé Mosman & Keating des relations publiques de M. Ballantine... et j'ai exigé personnellement que ce soit Lizzie Howard qui s'en occupe chez eux. »

Il ne fallait pas que j'aie l'air au courant, qu'il en déduise que j'avais parlé à Lizzie. J'ai donc joué le dindon de la farce.

« Très bien joué, mec. D'abord moi, maintenant elle…

— Ça s'appelle "rester en famille", mon vieux. Tu sais à quel point nous avons l'esprit de famille, chez Ballantine. Et comme nous prenons soin les uns des autres. Tiens, à ce propos, j'ai appris que ta photo était dans tous les journaux et à la télé.

— Que… QUOI ?

— Enfin, pas vraiment ta photo. Un portrait-robot, plutôt… Bon, je dois prendre mon avion. Amuse-toi bien à Dallas. »

J'ai raccroché et je me suis jeté sur la télécommande pour brancher New York One. Le bulletin d'information est arrivé au bout de dix longues minutes. L'affaire Peterson était le troisième titre. Après avoir annoncé un « rebondissement » dans la mort inexpliquée du cadre supérieur de GBS, le présentateur a passé l'antenne à Mary Shipley, toujours aussi revêche, toujours plantée devant le sinistre passage à niveau dont la seule vue m'a fait battre le cœur.

« En effet, Fred, le mystère entourant le décès brutal de Ted Peterson s'épaissit de jour en jour puisque, de source officielle, on vient d'apprendre que l'autopsie a révélé un fort taux d'alcoolémie dans le sang de la victime. Selon les services du médecin légiste en chef de Stamford, il était dix fois supérieur à la limite légale, mais on ne sait pas encore si M. Peterson conduisait sa voiture avant d'être renversé par l'express de New Haven. Ce que l'on a appris, en revanche, c'est qu'il a été vu auparavant quittant le "Hyatt Regency" en compagnie de CET homme… »

Sur l'écran est apparu le visage dessiné d'un type d'une trentaine d'années, des poches sous les yeux, les lèvres serrées, avec l'expression à la fois hagarde et butée qu'ont toujours les criminels en cavale sur les portraits-robots. Je me suis senti soulagé par le peu de ressemblance entre ce croquis et moi.

« ... que la police désire interroger au plus vite. Blanc, la trentaine, peu corpulent, environ un mètre quatre-vingts, cheveux blond clair, il était vêtu d'un costume gris le soir de la mort de M. Peterson. J'ajoute, Fred, qu'un homme répondant à cette même description a été remarqué par un contrôleur dans le train qui desservait New York, une heure après le décès. Et les enquêteurs avancent l'hypothèse qu'il pourrait encore s'agir de la personne que le conducteur du train fatal a aperçue dans ses phares, sur la voie, juste avant l'accident. En direct d'Old Greenwich, pour New York One... »

J'ai coupé le téléviseur. Pas si ressemblant, le portrait... Mais il devait déjà s'étaler dans toute la presse à grand tirage, et toutes les chaînes allaient le rediffuser lors des infos du soir. Quelqu'un, quelque part, finirait par me repérer si je m'aventurais dehors.

Essayant de ne pas céder à la panique, j'ai interrogé mon répondeur téléphonique au bureau. Il n'y avait qu'un message, de Lizzie : « Bonjour, c'est moi. Je t'appelle d'un avion, là. Désolée de ne pas avoir répondu à tes messages tous ces derniers temps, mais j'avais vraiment besoin d'un peu d'espace. Enfin, je crois qu'il est temps qu'on commence à envisager ensemble un point final. Donc, si tu veux me joindre, je serai à l'agence à L.A. à partir de une heure de l'après-midi, heure de là-bas. »

D'abord, je me suis gratté la tête. Puis j'ai compris : elle cherchait à me couvrir, ne souhaitant pas révéler que nous nous étions rencontrés la veille si Jerry espionnait mon répondeur ou m'avait branché sur écoute – deux hypothèses parfaitement plausibles, connaissant le personnage... Comme le téléphone de l'appartement n'était pas plus sûr et que je ne voulais pas utiliser mon portable, j'ai bien été obligé de me risquer dehors pour la rappeler. Alors, je me suis affublé de lunettes noires et d'une casquette de base-ball, juste pour le cas où je croiserais quelqu'un qui venait de feuilleter le *New York Post*.

À l'épicerie du coin, j'ai changé un billet de 5 dollars en pièces. J'ai trouvé une cabine tranquille sur King Street, composé le numéro de Lizzie à Los Angeles et inséré 3,75 dollars comme on me le demandait. Sa secrétaire m'a fait attendre un moment qui m'a paru interminable avant de me la passer.

« Tu peux me rappeler ? Je n'ai que deux minutes de communication, là.

— On n'a pas besoin de plus. Quand est-ce que tu retournes à Nassau ?

— Demain.

— Pour un autre versement ?

— Évidemment.

— O.K. Eh bien, pendant que tu seras à la banque, tu devrais en profiter pour ouvrir un compte au nom de Jerry Schubert.

— Tu… tu plaisantes ?

— Non, je suis très sérieuse. Et comme il ne nous reste plus qu'une minute et demie, je t'en prie, pour une fois dans ta vie, tais-toi un peu et écoute-moi ! »

C'est ce que j'ai fait. Quatre-vingt-dix secondes plus tard, Lizzie a raccroché. Je suis retourné au loft et je me suis mis à chercher le passeport de Jerry.

Je n'ai pas eu de mal à le trouver dans le tiroir de son secrétaire, qui n'était pas fermé à clé. Il portait des tampons récents de Colombie, d'Équateur, du Brésil, des îles Caïmans, du Luxembourg, mais pas des Bahamas. J'ai examiné sa signature sur la première page. Je m'étais attendu à quelque paraphe prétentieux et compliqué, mais ce n'était qu'un gribouillis maigrelet que j'ai été en mesure de reproduire sans difficulté, après une vingtaine d'essais sur une feuille blanche que j'ai ensuite déchirée et jetée dans les toilettes. Toujours muni du passeport, qui me donnait ses date et lieu de naissance, j'ai rempli à son nom les deux demandes d'ouverture de compte que MacGuire m'avait offertes, je les ai signées. À la ligne visant à préciser si le demandeur désirait se voir adresser des relevés bancaires chez lui, j'ai coché la case « non ».

Le lendemain après-midi, je remettais les deux formulaires au banquier de Nassau.

« Ainsi, votre ami, M... Schubert, désire devenir client chez nous ?

— Pour tout vous dire, ai-je répondu en déposant le passeport de Jerry devant lui, c'est mon patron. C'est lui qui a créé Excalibur, et sur chaque dépôt que nous faisons il touche une commission de vingt pour cent, qu'il veut placer en lieu sûr.

— Vingt pour cent ? a répété Oliver MacGuire en me dévisageant d'un œil soupçonneux. C'est ce que j'appelle une commission tout à fait substantielle... »

Je me suis baissé pour ramasser la sacoche remplie de l'argent que j'avais récupéré le matin même à l'aéroport de Dallas, et j'ai commencé à empiler les liasses sur son bureau.

« Ouais, il se taille la part du lion. Mais regardez aussi tout ce qu'il rapporte à notre fonds...

— Combien, aujourd'hui ?

— 410 000.

— Dont, si je comprends bien... » Il a jeté une volée de chiffres sur son bloc-notes. « ... dont 82 000 devraient être versés sur le compte de M. Schubert, alors ?

— Exactement. »

Il a étudié les formulaires sous toutes les coutures avant de relever la tête en haussant les épaules.

« Bon, bon. Ce n'est pas comme si vous ouvriez un compte à votre nom, évidemment… Puis vous avez son passeport, et sa signature correspond à celle qui s'y trouve. Ce qui me conduit à conclure que tout cela est en ordre… ou que vous êtes d'une inquiétante ingéniosité ? » Sans me laisser le temps de proclamer mon innocence, il a posé un doigt sur ses lèvres. « Non, s'il vous plaît, monsieur Allen, ce n'est pas une question que je vous posais là. Voyez-vous, je n'ai pas à savoir et surtout, surtout, je ne *veux* pas savoir. Un léger détail, cependant : M. Schubert aurait dû vous donner un établissement bancaire de référence. Mais puisqu'il est votre supérieur et qu'il participe donc aux activités du fonds, lequel dispose déjà d'un compte chez nous, je pense que nous pouvons nous passer de cette formalité.

— Il vous en sera très reconnaissant. »

Il a quitté le bureau avec la sacoche. Un quart d'heure plus tard, il était de retour. Il m'a tendu un petit livret, au nom de Jerome D. Schubert.

« Voilà, c'est officialisé. »

Je lui ai rendu le document.

« Vous pouvez garder ça ici.

— Vous voulez dire que M. Schubert ne tient pas à contrôler les opérations effectuées sur son compte ?

— Il me fait confiance.

— Je le crois, oui, a-t-il rétorqué en commençant à rédiger les formulaires d'encaissement.

— Je lui donnerai les reçus chaque fois, d'ailleurs.

— J'en suis certain, oui.

— Ah, je voulais vous demander quelque chose. Est-ce que vous lui envoyez les relevés du compte d'Excalibur ? »

Il m'a décoché un regard glacial.

« Le compte Excalibur n'appartient pas à M. Schubert, que je sache.

— Mais oui, me suis-je hâté d'approuver pour faire oublier ma bévue. Aucune personne privée n'est nommément liée à ce compte, donc personne ne reçoit les relevés.

— C'est cela. Cependant… » Il m'a fait signe de me rapprocher. « Cependant, je vais vous confier un petit secret. Après chacune de vos visites, l'avocat de votre fonds, Parkhill, me passe un coup de fil pour vérifier que l'argent est bien arrivé. Il me demande à chaque fois quelle somme a été versée, précisément.

— Et maintenant que les versements partent sur deux comptes distincts, vous lui direz quoi ?

— Je continuerai d'agir comme avant : je lui donnerai le montant total de ce que vous avez versé. Rien d'autre. À moins, évidemment, qu'il ne réclame la position du compte Excalibur. Dans ce cas, je serai obligé de la lui communiquer.

— Je peux vous demander un service ?

— Vous pouvez essayer. »

J'ai réfléchi quelques secondes, pesant mes mots.

« S'il en vient à vous demander effectivement ce renseignement, est-ce que vous pourriez me téléphoner ? »

À son tour, il a observé un instant de réflexion.

« Eh bien, je ne pense pas qu'un simple coup de fil contrevienne à la réglementation bancaire. Donc… »

Il a poussé vers moi son bloc-notes, sur lequel j'ai inscrit le numéro de mon cellulaire. Puis je me suis levé pour prendre congé.

« J'apprécie énormément votre compréhension, monsieur MacGuire. »

Il m'a serré la main en me regardant avec attention.

« Vous jouez un jeu très singulier, monsieur Allen. J'espère seulement que vous suivez une stratégie quelconque, en la matière. »

Non, j'improvise au fur et à mesure. C'est ce que je pensais, mais je ne le lui ai pas dit, bien sûr.

Avant de quitter la banque, j'ai réussi un petit tour de passe-passe que j'avais mijoté dans l'avion pour Nassau. Je me suis arrêté devant le comptoir où travaillait Muriel, l'employée de MacGuire qui s'était chargée de m'appeler un taxi chaque fois que je repartais. La cinquantaine enrobée, les cheveux permanentés, un goût prononcé pour le rouge à lèvres, elle adorait flirter. Lorsqu'elle m'a vu, elle s'est écriée :

« Eh, bonjour, Crésus ! Combien d'argent vous nous avez apporté, aujourd'hui ?

— Pas assez pour gagner votre cœur, Muriel.

— Ça, c'est sûr. Parce que moi, je ne suis pas donnée, là !

— Je m'en doute bien.

— Un taxi pour l'aéroport, bel homme ?

— S'il vous plaît. »

N'ayant pas de téléphone à son poste de travail, elle a dû se rendre dans un bureau adjacent. Dès qu'elle a été hors de vue, et après avoir vérifié que personne ne me regardait, je me suis emparé d'un carnet de reçus neuf et d'un cachet de la banque qui se trouvaient à portée. Mon larcin ne m'a pas demandé plus de trois secondes, y compris le temps de faire disparaître les deux objets dans ma sacoche. J'ai toutefois eu un moment d'inquiétude quand elle est revenue. Allait-elle remarquer leur disparition ? Non, elle était trop occupée à me sourire.

« Le taxi va être là tout de suite, bel homme.

— Alors, je vous enlève, cette fois ?

— C'est une avance que vous me faites, là ?

— Mais oui.

— Eh bé, vous perdez pas votre temps, vous !

— Jamais.

— M'est avis que je devrais en parler d'abord à mon

mari. Il risque de ne pas être d'accord… Et puis, je crois que vous avez déjà assez de problèmes comme ça, mon joli. »

Pendant tout le vol jusqu'à Miami, la dernière remarque de Muriel n'a cessé de me hanter. Est-ce que j'avais l'air flippé à ce point, ou MacGuire et ses collègues étaient-ils plus au fait de mes petits ennuis qu'ils ne voulaient bien le montrer ? Sans doute étaient-ils curieux de savoir l'origine du million de dollars que j'avais déposé en l'espace d'une semaine chez eux. Moi aussi, d'ailleurs.

Dans la salle d'embarquement à Miami, j'ai appelé Lizzie d'une cabine à pièces.

« Tu l'as ouvert, ce compte ?

— Oui.

— Ça s'est bien passé ?

— Le directeur a un peu sourcillé, mais quand il a vu les 410 000 dollars que je lui apportais, il a préféré mettre ses doutes dans sa poche.

— Normal. La demande était en règle, le compte est en règle. Il t'a donné des reçus ?

— Oui.

— Alors, ne laisse pas traîner ceux qui concernent le compte de Jerry, hein ?

— J'ai réussi à barboter le carnet et le cachet, aussi.

— Ç'a a été dur ?

— Je suis doué pour la fauche, visiblement.

— Bon. Écoute, je retourne à New York dimanche. Je viens juste d'apprendre que la boîte m'a trouvé un appart à sous-louer pendant trois mois. 74e Rue, à la hauteur de la 3e Avenue.

— Je peux aller te chercher à l'aéroport ?

— On ne vit plus ensemble, Ned. Ça n'a pas changé.

— C'est juste que je pensais…

— Quoi ?

— Que tu as été super, voilà.

— J'essaie de t'aider, c'est tout, et Dieu sait à quel point tu en as besoin. Mais il n'y a rien de plus. Compris ?

— Euh, oui, compris.

— Rappelle-moi demain, qu'on fasse le point. Ah, et puis, si tu peux, débrouille-toi pour regarder dans l'ordinateur de Jerry. Ta seule chance d'en sortir, c'est de découvrir comment le fonds récolte tout cet argent. Et pourquoi Peterson a fini sous un train. »

À un kiosque à journaux de la galerie marchande, j'ai demandé s'ils avaient des tampons encreurs en réserve.

« Le seul que j'ai est vendu avec un jeu complet de personnages de Walt Disney, a répondu la fille.

— J'achète. »

L'avion de New York étant à moitié vide, j'ai pu prendre mes aises sur toute une rangée de sièges. Après le décollage, j'ai sorti le carnet de reçus, j'en ai rempli un au nom d'Excalibur pour la somme de 410 000 dollars, j'ai apposé le cachet de la banque dessus après l'avoir humecté sur le tampon encreur de Disney. Jerry aurait ainsi la preuve que l'entièreté des fonds récupérés à Dallas avait été versée au compte d'Excalibur.

Il était dix heures passées quand je suis rentré. De la rue, j'ai remarqué que toutes les lumières du loft étaient éteintes mais, ne voulant rien laisser au hasard, j'ai posé la sacoche dans un placard à balais au bout du couloir avant d'appeler l'ascenseur. Pourtant, Jerry n'était pas tapi dans l'ombre à guetter mon retour, prêt à me sauter à la gorge en me demandant ce que son passeport était devenu. Je l'ai donc remis tranquillement en place, je me suis assis à sa table et j'ai allumé l'ordinateur. Aussitôt, une ligne de commande est apparue : « Entrez le mot de passe. » Grosse déveine, bien que prévisible étant donné sa manie du secret.

J'ai fouillé le tiroir dans l'espoir qu'il aurait noté le sésame dans un agenda ou au dos du manuel d'instructions de l'ordinateur. Mais le simple fait qu'il négligeait de le fermer à clé m'a confirmé ce dont je m'étais douté : il n'y avait rien de confidentiel là-dedans. Je me suis donc résigné à improviser une série de mots de passe possibles :

JERRY
JSCHUBERT
JS
J.S.
JERRYS
BALLANTINE
JB
BALLANTINE IND
BALIND
EXCALIBUR
EXCA
FONDS
SUCCÈS
BRUNSWICK
HOCKEY
CROSSE
TIR
TIR AU BUT
GAGNER

Comme je commençais à être à court d'idées, j'ai tenté sa date de naissance. Non. Les mêmes chiffres inversés. Non plus. J'avais repris son passeport et je m'apprêtais à entrer le numéro lorsque j'ai perçu le lointain déclic que faisait l'ascenseur en s'arrêtant à l'étage. Je n'ai eu que le temps d'éteindre l'ordinateur et l'écran, puis de me jeter sur le canapé. Jerry est apparu dans l'entrée.

« Quoi, pas encore couché ? a-t-il remarqué en laissant tomber sa mallette dans un coin. Tout s'est bien passé à Dallas ?

— Au poil.

— Et tu as eu la correspondance pour Nassau ?

— Avec une demi-heure d'avance.

— Tu as le reçu ?

— Un peu », ai-je répondu négligemment en cherchant le papier dans la poche de ma chemise.

Il l'a examiné rapidement avant de le glisser dans son portefeuille.

« Et toi, c'était comment, L.A. ?

— D'enfer. La dernière œuvre de mister B. soulève des passions en Californie. J'ai trouvé un nouveau financier pour Excalibur, en plus.

— Ah.

— Si bien que la Cité des Anges t'attend ce lundi, tu vois. J'ai déjà appelé notre agence de voyages. La petite t'a trouvé un vol d'American qui se pose là-bas à six heures du soir. Tu auras amplement de quoi régler tes "affaires" puisque tu es booké sur le vingt-deux heures pour Miami. Ensuite, tu prends le premier vol de Nassau le lendemain matin, à sept heures.

— Ah bon », ai-je fait en me disant que, au point où j'en étais, traverser le continent dans les deux sens en une seule journée ne ferait que me donner un aperçu inédit du jet lag.

Jerry est allé au frigo, en a sorti une bière, l'a décapsulée et a bu une longue gorgée au goulot.

« Euh, je voulais te poser une question, Ned. Ne te méprends pas, hein : c'est pas pure gentillesse de ma part.

— Ouais ? »

Il a pris une autre rasade.

« Qu'est-ce que tu dirais si je sortais avec Lizzie ? »

J'ai gardé un masque impassible. Du moins je crois.

« On n'est plus ensemble, non ? Donc, qui elle fréquente ou pas, ce n'est plus vraiment de mon ressort.

— On a déjeuné ensemble, hier.

— Quoi ? »

Là, mon parti pris de flegme en avait pris un coup.

« On a déjeuné tous les deux à West Hollywood hier. Business-business, bien sûr : avec le lancement du nouveau bouquin de mister B., on a des tas de réglages à faire. Mais franchement, très franchement, c'est une femme exceptionnelle.

— Je suis au courant, oui.

— Alors, naturellement, il m'est venu des idées de… Bon, je me suis dit que je tenterais bien ma chance. D'autant qu'elle revient à New York. Et puis j'ai eu la nette impression qu'elle serait loin d'être contre, elle-même. Je peux me tromper, d'accord, mais… »

Je m'étais levé pour me diriger vers la porte.

« Mais tu peux avoir raison, aussi. O.K., je vais prendre un peu l'air.

— Oh, je t'ai embêté, avec mes histoires ?

— Oui. C'est le mot. »

Incapable d'attendre l'ascenseur, j'ai dévalé l'escalier jusqu'en bas, récupéré la sacoche et foncé à la première cabine publique. Il était tard mais c'était sa dernière journée de travail à Los Angeles, alors il y avait une chance qu'elle soit encore au bureau. Elle avait à peine décroché que je hurlais dans le combiné :

« Qu'est-ce que c'est que ces histoires de déjeuner avec Schubert, bon sang ?

— Des histoires de boulot. Et parle-moi sur un autre ton, tu veux ?

— Il raconte que le courant passait entre vous plus fort que dans une centrale nucléaire !

— Oh, non, tu commences !

— Et qu'il a senti que tu répondais au quart de tour, même !

— Dans ses rêves, oui. Maintenant, si tu arrêtes un peu tes gamineries, je…

— Tu me manques, merde ! Tu me manques, tu me manques, tellement, tellement… »

Elle est restée silencieuse jusqu'à ce que mes sanglots s'éteignent.

« Ça va, Ned ?

— Non.

— Écoute, il faut que tu me fasses confiance. Pour moi, ce type est une merde ambulante.

— Là, d'accord.

— Mais, parce qu'il y a un mais, je dois traiter avec lui. Et je suis certaine que ça vaut la peine de le chauffer un peu. Il est comme presque tous les hommes, tu comprends : dès qu'il pense qu'il a une chance, il commence à se déboutonner. C'est comme ça qu'hier après-midi…

— Oui, quoi ?

— Il m'a demandé si nous fréquentions Ted Peterson et sa femme, dans le temps.

— Quoi, il voulait savoir ça ?

— Oui, il voulait savoir ça.

— Mais pourquoi ?

— Bon, il a amené le sujet comme ça, en passant, genre qu'il avait lu dans un journal ce qui était arrivé à Peterson, qu'il était au courant de tes démêlés avec lui… Et *en passant* aussi, il m'a demandé si nous connaissions sa femme, si elle était du style à s'intéresser aux affaires de son mari, à se tenir au courant de ses histoires de boulot. Je lui ai répondu la vérité : que je ne les avais jamais rencontrés, ni elle ni lui. Mais ça m'a amené à penser que… »

Elle s'est interrompue et, après un moment, c'est moi qui ai poursuivi son raisonnement.

« … qu'il a peur qu'elle soit tombée sur une preuve quelconque, une preuve qu'il aurait laissée chez eux ?

— Dans le mille, Sherlock. »

5

SI JE NE ME SUIS PAS PRÉCIPITÉ CHEZ MEG PETERSON le lendemain matin, c'est pour deux raisons. La première était le titre que j'ai aperçu en page trois de la section « Métro » du *New York Times* : « La maison de la victime vandalisée pendant ses obsèques. » J'ai lu l'article d'un œil horrifié : « Une semaine après la mort de Ted Peterson sur la ligne de New Haven à Old Greenwich, un nouvel élément est venu renforcer les soupçons de la police du Connecticut quant à son caractère criminel. Hier, en revenant des obsèques de M. Peterson, les membres de sa famille ont en effet constaté que leur domicile d'Old Greenwich avait été cambriolé. Selon le capitaine de police James Hickey, “les malfaiteurs n'ont, semble-t-il, emporté aucun objet de valeur, mais ont fouillé systématiquement les lieux”. Ils se seraient, en particulier, acharnés sur le bureau et la chambre à coucher du défunt. “Ou bien ils recherchaient quelque chose de précis, commente le capitaine Hickey dans une déclaration écrite, ou bien ils ont été surpris par le retour de la famille et ont dû s'enfuir sans mener jusqu'au bout leur forfait, qui, dans les deux cas, suscite le dégoût et l'indignation.” »

Jerry Schubert. Pas le moindre scrupule quand il s'agissait de parvenir à ses fins répugnantes. L'intuition de Lizzie s'était révélée tout à fait fondée. Craignant que Peterson n'ait conservé quelque document compromettant chez lui, il avait monté ce simulacre de cambriolage dont l'objectif n'était évidemment pas l'argenterie ni les bijoux de Mme Peterson, mais les tiroirs, l'ordinateur, les disquettes de son ancien homme de main. Et, pour ce faire, il n'avait rien trouvé de mieux que de choisir le moment où parents et amis l'accompagnaient de leurs prières dans la tombe…

Du coup, il m'avait pris de vitesse, moi aussi. Mais il y a eu une seconde raison pour m'obliger à abandonner mon expédition à Old Greenwich : l'intervention de la force publique. Car, à neuf heures du matin ce lundi, le téléphone a sonné au bureau. L'inspecteur Tom Flynn, de la police du Connecticut, était « de passage à Manhattan pour la journée » et aurait été heureux de profiter de cette occasion pour s'arrêter à mon travail afin de me poser quelques questions au sujet de Ted Peterson. Quand je lui ai expliqué que je devais partir à Los Angeles en début d'après-midi, il a répondu du tac au tac :

« Mais sans problème ! Je viens juste d'expédier un rendez-vous 48e Rue Est. Je peux être chez vous dans moins d'une demi-heure.

— Euh, c'est que ma matinée est chargée, vous…

— Dix, quinze minutes, c'est tout ce qu'il me faut », a-t-il rétorqué, et il a raccroché sans me laisser l'occasion de protester.

Râblé, noueux, la dégaine d'un James Cagney vieillissant échoué dans l'univers banlieusard du Connecticut, il a surgi comme annoncé.

« Merci de m'accorder un peu de temps, a-t-il glissé en s'installant sur la chaise en face de moi.

— De rien, ai-je répondu d'un ton qui se voulait dégagé.

— Que je mette tout de suite les choses au clair, monsieur Allen : il ne s'agit pas d'un interrogatoire en bonne et due forme. Officiellement, vous n'êtes pas un suspect, et c'est donc votre droit le plus strict de ne pas répondre à mes questions. Nous ne faisons que bavarder un moment, d'accord ?

— Merci de cette précision.

— Vous êtes installé à votre compte ? a-t-il demandé en considérant mes modestes locaux.

— En quelque sorte, oui. Je représente un fonds commun de placement international pour l'Amérique du Nord.

— Un fonds quoi ? » m'a-t-il arrêté, déjà occupé à prendre des notes dans un petit calepin noir.

Je lui ai servi un bref exposé sur ce type d'investissement, ajoutant que je sillonnais le pays à la recherche de financiers potentiels. Visiblement, il a avalé mon baratin.

« Mais vous étiez dans le secteur de l'informatique, avant, non ?

— Dans la presse informatique, oui. J'étais chef des ventes régionales du magazine *CompuWorld*.

— Jusqu'à ce que…

— Jusqu'à début janvier, quand le journal a fermé. »

Il a jeté un coup d'œil à son calepin.

« Et c'est à ce moment que vous avez agressé votre patron, M…, euh, Klaus Kreplin ? »

J'ai eu un haut-le-cœur. Il avait commencé à fouiller sérieusement mon passé, donc.

« Oui, il y a eu, hmmm… M. Kreplin et moi, nous avons eu un clash après la vente du titre. »

La tête de nouveau baissée sur ses notes, il a poursuivi :

« Il a dû être hospitalisé ? Et vous, vous avez été appréhendé ?

— Il n'y a pas eu de plainte déposée contre moi.

— Oui, je suis au courant, monsieur Allen. Je sais aussi qu'entre M. Ted Peterson et vous ce n'était pas le grand amour.

— On peut le dire, oui.

— On peut même dire plus, non ? D'après sa secrétaire… » J'ai cru entendre encore la voix de cette harpie. « … vous avez eu un accrochage sérieux avec lui juste avant Noël. Et d'après ce que nous a déclaré l'inspectrice Debra Kaster, de la police de Hartford, vous auriez rendu Peterson responsable du suicide de l'un de vos collègues. Est-ce exact ? »

Regarde-le dans les yeux, bon sang !

« Oui… Oui, c'est exact.

— Ensuite, il y a eu cette altercation publique au cours d'une réception, ici, à Manhattan, la veille de son décès.

— Euh, oui. C'était la première fois que je lui reparlais depuis… eh bien, depuis avant Noël.

— Plusieurs mois s'étaient écoulés, donc. Pourtant, vous l'avez pris à partie plutôt rudement…

— Il avait causé un énorme tort professionnel à ce collègue dont vous parliez, Ivan Dolinsky, et à moi. »

Coup d'œil au calepin.

« M. Dolinsky, qui s'est suicidé à Hartford en mars dernier, c'est bien cela ? Oui. Donc, vous le détestiez, Peterson ? »

Prudence, ici.

« Comme je vous l'ai dit, je ne le portais pas dans mon cœur, non.

— Alors, vous avez appris sa mort avec plaisir ? »

Il avait posé la question en passant, un simple constat aurait-on dit, et cependant j'ai marqué le coup, ne répondant qu'après un silence.

« Personne ne mérite une fin pareille, quand même.

— Non. Et vous êtes en mesure de prouver où vous vous trouviez le soir de sa mort, je pense ?

— Oui, j'étais à Miami. Pour affaires.

— Ainsi que je vous l'ai précisé d'entrée, monsieur Allen, ceci n'est pas un interrogatoire et vous n'avez donc pas l'obligation de me présenter une preuve de ce que vous affirmez. Évidemment, si vous aviez quelque chose qui atteste ce voyage, tout de suite, cela permettrait de vous exclure de la…

— Bien entendu », l'ai-je interrompu.

J'ai ouvert un de mes tiroirs, examinant plusieurs chemises qui s'y trouvaient avant d'en sortir une intitulée « Miami », j'en ai extrait la souche du billet d'avion et la facture de la compagnie de location de voitures, que j'ai tendues à l'inspecteur Flynn. Il les a étudiées soigneusement, notant certains éléments dans son calepin, puis m'a rendu les documents.

« Vous êtes souvent sur la route, à ce que je comprends ?

— Plusieurs fois par semaine, mais ça ne dure jamais plus de deux jours.

— Donc, si j'ai besoin de vous recontacter…

— Quand vous voulez. »

Il s'est levé.

« Eh bien, merci, alors.

— De rien, inspecteur. »

Il avait déjà tourné les talons lorsqu'il s'est ravisé.

« Ah, un dernier point ! a-t-il fait en sortant un papier de son attaché-case. Cette tête, ça vous dit quelque chose ? »

C'était le portrait-robot de l'inconnu du « Hyatt ».

« Rien du tout, non.

— Vous êtes sûr qu'il ne vous rappelle personne ?

— Des types dans ce genre, je dois en connaître une centaine. Ça court les rues. »

Il m'a dévisagé quelques secondes.

« Oui, c'est très vrai… »

Sur ce, il a pris la porte.

L'après-midi, avant de monter dans l'avion, j'ai appelé Lizzie. C'était sa première journée dans ses nouvelles fonctions à New York et elle avait l'air surmenée.

« Je n'ai pas trop le temps de parler, Ned. Je ne suis rentrée qu'hier soir, tu sais.

— Comment est ton appart ?

— Aseptisé.

— Quand est-ce que je pourrai te rendre visite et y jeter un coup d'œil ?

— Tu n'écoutes jamais ce qu'on te dit, toi !

— Si, si. Mais tu ne crois pas que je vais te laisser partir sans me battre !

— Tu n'as pas à me "laisser partir", Ned. Je suis déjà partie, compris ? »

Mieux valait changer de sujet, rapidement.

« Dis, tu as vu le *New York Times* ?

— Hallucinée, j'étais. Faire une chose pareille…

— Tu avais deviné juste, en tout cas. Il a eu la trouille que l'autre ait gardé de quoi le mettre dans le bain. Mais bon, si c'était le cas, ça a disparu, maintenant.

— Oui, mais si j'étais toi j'irais quand même voir sa femme.

— Sous quel prétexte ?

— Elle pourrait avoir un truc intéressant à te raconter.

— Quoi, par exemple ?

— Je ne sais pas. Je suis à court d'idées, aujourd'hui.

— Moi de même. Et comme si tout n'était déjà pas assez compliqué, j'ai eu droit à une visite des flics, ce matin. »

Sa voix s'est tendue, de nouveau.

« Comment ça s'est passé ?

— Pas trop mal. J'ai montré au gars la preuve que j'étais à Miami le fameux soir.

— Il y a cru ?

— Visiblement, oui. »

Dans les haut-parleurs autour de moi, la dernière annonce pour mon vol a retenti.

« Bon, mon zinc va décoller, là.

— Encore un de tes voyages ?

— Eh oui…

— Mais comment… comment tu as pu te fourrer dans un pétrin pareil ?

— Comme on fait toujours : on marche sans regarder et on est dedans.

— Fais gaffe à toi », a-t-elle murmuré.

Dans le hall d'arrivée, à l'aéroport de Los Angeles, j'ai remis ma sacoche à l'envoyé d'un certain Tariq Issac et je me suis assis sur une banquette. Il est revenu quelques minutes plus tard, s'est installé à côté de moi en posant le sac entre nous et a glissé entre ses dents : « 612 000. » Après son départ, j'ai attendu pendant quatre heures ma correspondance pour Miami. Dans l'avion, je me suis assoupi, les bras croisés sur la sacoche. À sept heures du matin, heure de la côte est, j'ai pris le coucou qui desservait Nassau, et à neuf heures et demie tout l'argent était déposé, soit 489 600 dollars au compte d'Excalibur et 122 400 pour Jerome D. Schubert. De retour à New York en milieu d'après-midi, je suis allé droit chez Jerry, j'ai récupéré le sac que j'avais caché dans le placard à balais et je suis monté à l'appartement, où j'ai déballé mon matériel pour préparer un reçu de 612 000 dollars, dûment estampillé au nom d'Excalibur, que j'ai laissé sur la table de la cuisine à l'attention de mon hôte. Puis j'ai rangé les deux reçus authentiques de la banque dans l'enveloppe où se trouvaient les précédents et l'ai remise dans le sac avec le tampon encreur, le cachet et le carnet.

L'idée de le dissimuler de nouveau au rez-de-chaussée ne me séduisait pas : si jamais le concierge finissait par le découvrir, il parcourrait tous les étages à la recherche de son propriétaire et mes chances de survie se réduiraient alors à néant. Je suis donc parti en taxi à une papeterie de la 45e Rue qui, je le savais, louait des boîtes postales au mois. Après avoir payé 20 dollars de caution et 20 autres pour le premier loyer, j'ai pris possession de la boîte 242, dans laquelle j'ai entreposé mon butin. La sacoche, désormais inutile, a échoué dans une poubelle au coin de la rue. Ensuite, j'ai foncé au bureau.

Je traversais le hall de l'immeuble lorsque Jack Ballantine est sorti de l'ascenseur, accompagné par deux mastards. Le visage de l'un d'eux m'était plus que familier : c'était Monsieur Organisation.

« Eh, mais voilà mon partenaire de tennis favori ! s'est exclamé le grand homme en me tendant la main.

— Comment allez-vous, monsieur Ballantine ?

— Il faut qu'on se fasse une autre partie, bientôt.

— Quand vous voudrez. »

Il s'est penché vers moi pour me glisser à mi-voix :

« Jerry m'a tenu au courant de tout l'excellent travail que vous réalisez pour le fonds. »

J'ai jeté un coup d'œil à Monsieur Organisation, qui a préféré regarder ailleurs.

« S'il est content, je suis content.

— Je sais que ce n'est pas exactement ce à quoi vous vous attendiez, mais… »

Autre coup d'œil prudent à l'exécuteur des basses œuvres.

« Effectivement, j'ai été un peu, euh, surpris par certains aspects de l'emploi.

— Eh bien, ne doutez pas que j'apprécie le zèle avec lequel vous accomplissez votre tâche. Dès que j'en aurai fini avec cette tournée de promotion, nous allons parler, vous et moi, autour d'un bon déjeuner. Parler de votre avenir. Qu'est-ce que vous en dites ?

— Ce sera avec plaisir, monsieur Ballantine.

— Ah, et puis je voulais vous donner un conseil, mon cher : cette ravissante épouse que vous avez, à votre place, moi, je remuerais ciel et terre pour la faire revenir. Elle m'a produit une forte impression. D'ailleurs... » Il s'est penché encore un peu plus pour me chuchoter dans l'oreille : « ... je sais que quelqu'un d'autre est sérieusement parti à l'assaut, si vous voyez ce que je veux dire. » J'ai hoché la tête. « À propos, Ned : vous n'avez jamais parlé de notre, euh, association à Lizzie, n'est-ce pas ?

— Bien sûr que non.

— Excellent. Allez, bon courage et encore bravo. »

Après m'avoir décoché une bourrade d'entraîneur de rugby, il s'est hâté vers la voiture qui l'attendait devant le perron. En passant devant moi, Monsieur Organisation a fait comme si j'étais l'homme invisible.

« Quelqu'un d'autre est sérieusement parti à l'assaut. » Oui, et comme ce quelqu'un se trouvait être mon boss, plus, mon seigneur et maître, il pouvait parfaitement décider de se débarrasser de moi en m'expédiant n'importe où pendant quinze jours, le temps de soumettre ma femme à une cour assidue. Non seulement il le pouvait, mais c'est ce qu'il a mis en pratique dès le lendemain matin, lorsqu'il m'a confié une liasse de billets d'avion et m'a demandé de retenir par cœur – pas question de noter quoi que ce soit, évidemment – l'itinéraire compliqué que j'allais devoir assurer : Memphis, Dallas, Los Angeles, Miami, Detroit, encore Miami, Denver, encore L.A., Houston, New Orleans, et pour finir Miami, chacune de ces escales devant être suivie d'un passage à Nassau.

« Ça ne reviendrait pas moins cher d'expédier tout ça par Federal Express ? ai-je remarqué, pince-sans-rire.

— Tu crois que nos investisseurs seraient prêts à confier tout ce fric à un service de postage ? De plus, le fait que tu te déplaces en personne, c'est un plus dans nos relations avec les clients. Et c'est aussi une garantie que leur argent arrive sans encombre à la banque. Fiabilité et discrétion, c'est notre mot d'ordre ! »

« Nos investisseurs »… Il fallait lui reconnaître une chose, à ce type : il paraissait absolument convaincu des fadaises qu'il débitait. Je me suis retenu de lui balancer : « Entre toi et moi, ne te donne pas tant de peine, et reconnais que tu joues les banquiers pour des individus plus que louches. » Grâce à Phil et à ses « amis », en effet, je commençais à accumuler un sérieux dossier sur les fameux investisseurs…

« Bon, toute la vérité et rien que la vérité sur m'sieur Tariq Issac, m'a ainsi annoncé Phil quand je l'ai appelé de l'aéroport de Miami, entre deux vols. Né au Liban, installé en Californie et très, très actif dans le trafic de pétoires. »

Une semaine plus tard, lorsque je l'ai joint de Denver, il savait presque tout sur notre partenaire de Houston :

« Manny Rugoff, oui ? Trader indépendant dans le pétrole. Il bouge beaucoup au Guatemala, en Équateur et au Venezuela. Et il a la réputation d'être à tu et à toi avec toute une équipe de gros bonnets de la came.

— Extra. »

Au cours de mon périple, je suis aussi resté en contact régulier avec Lizzie. Jerry lui livrait un siège en règle, comme prévu.

« Mon bureau commence à ressembler au salon funéraire d'un ponte de la mafia, m'a-t-elle annoncé un après-midi que je l'appelais d'une salle d'embarquement.

— Comment ça ?

— Un bouquet de fleurs de la part de M. J. Schubert tous les matins.

— C'est pas vrai !

— Il a de la suite dans les idées, tu dois lui reconnaître.

— Il t'a invitée, aussi ?

— Une vingtaine de fois, oui.
— Et ?
— J'ai fini par accepter de dîner avec lui demain soir.
— Ah, super…
— Ingrat que tu es ! »

Le lendemain, j'ai téléphoné à son appartement, depuis l'hôtel du terminal de Dallas où je passais la nuit. Elle n'a pas paru enchantée en répondant.

« Tu te prends pour qui ? Mon père ?
— Je me faisais du souci, c'est tout.
— Il est une heure du matin, Ned !
— Et tu es… seule ?
— Je devrais te raccrocher au nez, tu sais ?
— Je voulais juste vérifier que…
— Que quoi ? Que je ne l'ai pas ramené dans mon lit ?
— Eh bien…
— Tu es complètement ravagé.
— Oui, à force de flipper à cause de toi. »

Elle a réprimé un rire.

« Coucher avec Jerry Schubert… Mais ce serait la faute de goût totale !
— C'est un tombeur, non ?
— Et un assassin, en plus. Ça, crois-moi ou pas, ça ne me le rend vraiment pas séduisant.
— Ah oui ? Tu m'étonnes. Il t'a fait du rentre-dedans ?
— Il m'a emmenée dans un resto très sympa…
— Où ?
— "Jo-Jo's", 64e Rue Est.
— On y est déjà allés tous les deux, non ?
— Mais oui. Pour le deuxième anniversaire de notre mariage.
— Une supersoirée, non ?
— Je ne te suivrai pas sur ce terrain, Ned.

— Tu vois, dans la séduction, il n'y a que deux styles possibles. Ou bien le mec arrive à faire tellement rire la fille qu'il se retrouve dans son plumard rien qu'en blaguant. Ou bien il se pointe la bouche en cœur, plein d'attentions et de belles déclarations, en attendant le bon moment pour frapper un grand coup. Jerry, d'après moi, c'est la seconde technique, j'en mets ma main au feu. »

Un autre rire étouffé.

« Allez, bonne nuit, Casanova. »

Trois jours plus tard, profitant d'une correspondance à Miami – le train-train, quoi –, j'ai réussi à l'attraper à son bureau.

« Ah, j'espérais que tu appelles, justement !

— Eh, ça me plaît, ça…

— Tu peux être de retour quand ?

— Encore deux jours de livraison, ensuite c'est quand tu…

— Tu as lu le *New York Times* ce matin ?

— Pas eu le temps, non.

— La maison de Peterson a été cambriolée une seconde fois.

— Putain de Dieu ! Ils ont emporté des choses ?

— Rien de notable, non. Mais d'après l'article ils l'ont retournée de la cave au grenier.

— Alors… alors c'est que Jerry et sa bande n'avaient pas eu ce qu'ils cherchaient, hein ?

— J'y ai pensé, oui. Ou bien, c'est que sa femme l'a mis en lieu sûr, ailleurs. Ou encore, c'est que… »

J'avais suivi le même raisonnement dans ma tête.

« … que Peterson l'avait fait lui-même.

— Oui. Et peut-être dans un lieu très, très sûr… Comme les Bahamas?

— Peut-être. »

Avant de sauter dans mon avion, j'ai eu le temps d'acheter le journal. Deux heures plus tard, j'entrais dans le bureau d'Oliver MacGuire.

« Vous savez que vous êtes maintenant notre meilleur client, vous ? a-t-il constaté après avoir examiné le contenu de la sacoche que j'avais posée sur sa table.

— C'est gentil. L'affaire tourne bien, oui.

— À 4,2 millions de versements en même pas quinze jours, c'est le moins que l'on puisse dire, en effet. Surtout si vous touchez une commission de vingt pour cent, comme M. Schubert…

— Ouais, il ne doit pas être loin de la brique sur son compte, à l'heure actuelle.

— Vous êtes jaloux ?

— Il le mérite, ai-je répondu froidement.

— J'en suis persuadé, a-t-il concédé en levant les sourcils. Alors, combien m'apportez-vous, aujourd'hui ?

— 141 000.

— Modeste, compte tenu de vos habitudes. »

En effet. Bill Pearle, caïd du matériau de récupération à Denver, n'était sans doute qu'un petit joueur, comparé aux autres…

Quand Muriel a emporté la somme pour le décompte, j'ai laissé tomber mon exemplaire du *New York Times* sur le bureau du banquier.

« Cahier deux, page cinq.

— Vous voulez parler du second cambriolage chez feu M. Peterson ?

— Là… là, vous êtes décidément trop fort pour moi.

— C'est révoltant, cette histoire, non ? Que pouvaient-ils bien chercher, vous avez une idée ?

— Et vous ?

— Moi ? Pourquoi ?

— Parce que vous étiez son banquier off shore. Et parce qu'il n'avait pas seulement un compte chez vous. Il avait un coffre, aussi.

— Ça, vous ne pouvez pas le savoir.

— Non, mais je suis prêt à parier gros que oui. Enfin, si j'avais de quoi parier quoi que ce soit.

— Vous comprenez bien, monsieur Allen, que même dans le cas où votre hypothèse se révélerait exacte je ne serais pas en mesure de vous confirmer l'existence de ce coffre ?

— Mais vous seriez en mesure de la confirmer à sa veuve, il me semble ?

— À partir du moment où elle me fournirait certains documents indispensables, ce serait possible, oui.

— Donc, il avait bien un coffre ! »

Il a laissé échapper un soupir amusé.

« Je ne me risquerais pas à vous proposer une partie de poker, monsieur Allen.

— Ces documents indispensables, ce serait quoi ?

— Leur certificat de mariage, celui du décès de M. Peterson ainsi que son testament authentifié prouvant qu'il a légué tous ses avoirs bancaires à son épouse.

— C'est tout ?

— Oui, c'est tout… Encore que nous vous serions reconnaissant, à votre convenance évidemment, de nous restituer la souche de reçus et le cachet que vous nous avez empruntés, à l'occasion.

— Ah… Je vois. Accordez-moi encore quelques jours.

— Heureusement pour vous que vous êtes un aussi bon client… »

Ce soir-là, j'ai raté ma correspondance à Miami et en conséquence passé la nuit dans un hôtel de l'aéroport, où j'ai téléphoné à mon bureau afin de vérifier le répondeur. Il n'y avait qu'un message : « Ici l'inspecteur Flynn, police de Greenwich. Pourriez-vous me rappeler aussi vite que possible, soit au travail, soit chez moi, au… »

Neuf heures et quart à ma montre. J'ai composé son numéro personnel.

« Ah, merci de votre appel, monsieur Allen. Vous êtes à New York ?

— À Miami.

— Et vous rentrez quand, s'il vous plaît ?

— Pas avant une semaine.

— Vous ne repasserez pas par New York avant ?

— Pas si je veux garder mon job, non.

— Bon, je vais devoir être très direct : nous avons besoin de vous au plus vite.

— Pour quoi faire ?

— Pour participer à une séance d'identification.

— Une quoi ? me suis-je étranglé. Mais je croyais que vous m'aviez rayé de votre liste de…

— C'était le cas, oui. Jusqu'à ce que nous réussissions à nous procurer quelques photos prises lors de cette fameuse réception de SOFTUS. Il se trouve qu'ils avaient engagé un photographe pour se promener dans la salle et tirer le portrait de chaque invité. Une opération de relations publiques destinée à la brochure qu'ils voulaient publier après leur semaine commerciale, à ce que j'ai compris. Il se trouve aussi que, dans le lot, il y a une série de clichés où l'on vous voit en grande "discussion" avec Peterson. Un peu brouillées, celles-là, mais on les a quand même montrées hier matin, avec toutes les autres, à Martin Algar, vous savez, le maître d'hôtel du "Hyatt Regency". On a tenté le coup, comme ça, en se disant qu'il reconnaîtrait peut-être le type qui était sorti du restaurant avec Peterson. Or, il se trouve enfin, monsieur Allen, qu'il a choisi votre photo dans tout le tas en disant que vous lui faisiez beaucoup penser à cet individu. »

J'avais envie de bondir hors de la chambre et de m'enfuir sur les routes, mais j'ai pris ma respiration en essayant de recouvrer mon calme.

« Ça ne tient pas debout ! J'étais à Miami ce soir-là et je vous en ai montré la preuve.

— Je le sais bien, oui. Je sais aussi que cette photo est un peu floue, et j'ai noté que M. Algar a seulement dit qu'il "pensait" que vous étiez l'homme qu'il a aperçu en compagnie de Peterson. De plus, le fait que vous me rappeliez ce soir chez moi prouve votre volonté d'aider à cette enquête.

— Je ne suis pas celui que vous recherchez, c'est tout.

— Je suis heureux de l'entendre, monsieur Allen. Mais puisque ce témoignage nous a donné quelque raison de… comment dire ? vérifier votre présomption d'innocence, nous sommes dans l'obligation de vous demander de vous prêter à cette séance d'identification. Ainsi, l'affaire sera réglée une fois pour toutes, et s'il ne maintient pas sa position vous n'entendrez plus jamais parler de nous, promis. Alors, vous pouvez être de retour quand ? »

Gagne du temps, gagne du temps…

« Mardi ?

— Impossible, monsieur Allen ! Ça fait presque une semaine, dites !

— Mais j'ai des entretiens déjà prévus tous ces prochains jours et…

— Et moi je dois enquêter sur un meurtre, monsieur Allen. Enquête dans laquelle vous occupez une place importante, à présent. Vous savez que si Algar vous avait reconnu formellement j'aurais émis un mandat d'arrêt contre vous, à ce stade ? Mais bon, étant donné les circonstances je vous accorde quarante-huit heures à partir de demain matin pour vous présenter à mon bureau. Dans le cas où je ne vous vois pas devant moi d'ici vendredi neuf heures, je vous promets que je l'aurai, ce mandat ! C'est clair ?

— Oui. Très clair.

— Un dernier point : à cette séance d'identification, la présence d'un avocat à votre côté serait peut-être une bonne chose. On ne sait jamais… »

Après avoir raccroché, je me suis laissé aller sur le lit, terrassé. Quelques secondes plus tard, cependant, j'étais de nouveau accroché au téléphone. J'allais appeler les renseignements, demander le numéro du domicile d'Edward Peterson à Old Greenwich, quand je me suis ravisé : les sbires de Jerry ayant visité la maison à deux reprises, ils en avaient certainement profité pour mettre la ligne sur écoute. Or, dans le court délai auquel Flynn avait consenti, tous mes essais devaient être des coups au but…

J'ai joint Lizzie chez elle, à la place. Dès qu'elle a répondu, j'ai soufflé dans le combiné :

« Je suis dans une merde terrible, Lizzie.

— Ah, d'accord, a-t-elle répondu d'un ton étonnamment désinvolte.

— Tu… Ça va ?

— Oui, très bien. Simplement… ce n'est pas trop le moment, là.

— Comment ça, pas le moment ? C'est la cata, je te dis !

— Je ne *peux* pas parler, maintenant », a-t-elle précisé dans un murmure.

En un éclair, j'ai compris.

« Oh, bon Dieu…

— Il faut que je raccroche.

— Il est avec toi, c'est ça ?

— Tu me rappelles demain.

— Jerry est là, c'est ça ?

— Oui.

— Oh, merde…

— Fais-moi confiance », a-t-elle chuchoté.

Et elle a coupé.

6

J'AI ATTRAPÉ LE PREMIER AVION DU MATIN pour New York. Avant d'embarquer, j'ai éteint mon portable. Au cours des prochaines vingt-quatre heures, il fallait que je demeure injoignable, non repérable.

À l'aéroport de La Guardia, j'ai réservé deux places sur une correspondance de l'après-midi pour Nassau, *via* Miami, puis j'ai loué une voiture. J'étais à Old Greenwich à dix heures. En descendant Sound Beach Avenue, l'artère principale, j'ai rentré la tête dans les épaules au cas où l'inspecteur Flynn passerait par là, ou encore le digne Martin Algar…

Si le plan démentiel que j'avais concocté durant la nuit avait une chance de marcher, Meg Peterson devait se trouver chez elle. Et elle devait accepter d'écouter mon histoire. Autrement, je n'avais plus qu'à tailler la route puisque l'issue d'une séance d'identification ne faisait aucun doute : ce serait la taule, direct.

J'avais parcouru la moitié de la route de la marina en direction de la maison des Peterson lorsqu'une Ford Explorer m'a croisé en sens inverse. Il m'a fallu quelques secondes pour encaisser l'information : c'était la femme que j'allais voir qui était au volant. J'ai freiné brutalement et effectué un demi-tour précipité.

Pendant un désagréable instant, j'ai vraiment cru avoir perdu la Ford. Puis je l'ai aperçue au moment où elle s'engageait dans une rue latérale. Me résignant à griller un stop, je l'ai suivie le long d'une allée résidentielle, Park Avenue, jusqu'à une ruelle près du centre où elle s'est engagée dans un parking, au pied d'une banque. Je me suis garé à côté dans un grand bruit de pneus quand Meg Peterson en est sortie. Elle semblait accablée de fatigue et de tristesse.

« Madame Peterson ? » l'ai-je hélée.

Elle s'est tournée pour me considérer d'un œil dégoûté.

« Si vous êtes encore un de ces journalistes, je n'ai rien à vous dire ! »

Je me suis approché, les deux mains en l'air, prenant mon air le plus conciliant.

« Non, madame, non, je ne suis pas de la presse.

— Ah oui ? Cette ordure du *Post*, c'est ce qu'il a prétendu, lui aussi...

— Vous me connaissez, madame Peterson. Nous nous sommes déjà rencontrés.

— Moi ? Jamais de la vie.

— Mais si ! En décembre dernier, devant chez vous. Je m'appelle Ned Allen, je travaillais pour le magazine *CompuWorld*, à l'époque, et vous m'avez découvert endormi dans mon auto...

— Oui, oui, je me rappelle, à présent. Ted m'avait expliqué que vous le pourchassiez pour je ne sais quelle histoire de budget publicitaire. Et qu'il avait décidé de vous tirer d'affaire quand il avait compris que vous risquiez de perdre votre job pour ça.

— C'est exact. Votre mari a été vraiment super, dans cette...

— Rien du tout ! Ted n'a jamais été super avec qui que ce soit. C'était contre sa religion. Maintenant, si vous permettez...

— Il faut que je vous parle. C'est capital, réellement.

— Ah oui ? Eh bien, pas pour moi ! Je viens de passer des jours et des jours à parler, à la police, aux journalistes, aux avocats, et surtout à mes enfants, qui ne savent plus où ils en sont, les pauvres. Alors, parler, je ne peux plus… »

Elle s'est laissée aller contre une voiture en stationnement, refoulant un sanglot.

« S'il vous plaît, madame Peterson. »

Là, j'ai commis l'erreur de poser une main qui se voulait réconfortante sur son bras.

« Ne me touchez pas !

— Pardon. Je ne voulais pas…

— Fichez le camp ou j'appelle au secours.

— Écoutez-moi cinq minutes ! Rien que cinq minutes.

— Allez, du balai ! »

Quelques usagers du parking qui passaient par là se sont arrêtés, alertés par ses cris. Il ne me restait plus qu'une carte, une seule, que je devais jouer tout de suite.

« Je sais qui a tué votre mari », ai-je prononcé à voix basse.

Au début, elle a paru ne pas comprendre.

« Vous… quoi ?

— Je sais qui a tué votre mari », ai-je répété sur le même ton de conspirateur.

Elle m'a jaugé des pieds à la tête, avec une incrédulité très visible.

« Comment vous pourriez savoir ça, vous ?

— Parce que j'étais sur les lieux. » Elle a baissé les yeux au sol, sans rien dire. « Écoutez, est-ce qu'on peut aller prendre un café ensemble ? Je vous invite.

— Allez-vous-en, a-t-elle articulé lentement. Je ne veux pas… je ne veux pas savoir.

— Cinq, dix minutes, pas plus.

— Comment je pourrais être sûre…

— De quoi ?

— Que vous n'êtes pas *avec eux* ?

— Qui, eux ?

— Ceux qui ont cambriolé ma maison, deux fois de suite.

— Je ne suis pas *avec eux*, non. Mais je dois travailler pour eux. Et ils essaient de me coller le meurtre de votre mari sur le dos. » Elle a frissonné en silence. « Dix minutes, madame Peterson. Où vous voulez. »

Elle a détourné le regard, cherchant à prendre une décision qui lui coûtait terriblement.

« Je vais à la banque, maintenant », a-t-elle finalement annoncé en se mettant en route. Après trois pas, cependant, elle s'est retournée vers moi. « Il y a un salon de thé sur Sound Beach. Soyez-y dans cinq minutes. »

Grâce au ciel, l'établissement était désert. Après avoir choisi une table au fond, j'ai surveillé ma montre avec une nervosité grandissante, me répétant qu'elle allait surgir avec les bourres dans son sillage. Mais lorsqu'elle est enfin apparue, un quart d'heure plus tard, elle était seule.

« Il y avait une de ces queues, au guichet, a-t-elle soupiré en s'asseyant.

— Je vous remercie vraiment de…

— Stop ! Je ne vous connais ni d'Ève ni d'Adam, et après ce que je viens de vivre je ne suis pas disposée à croire qui que ce soit sur cette terre, à part mes pauvres enfants. Donc, vous dites ce que vous avez à dire, et terminé ! »

J'ai raconté toute l'histoire depuis le début, ne lui épargnant aucun détail. La crise autour du cahier publicitaire, le mouvement de panique de Peterson en entendant évoquer Grande Caïman, son soulagement et sa fureur quand il avait compris que je n'avais dans ma manche qu'une lamentable tentative de viol – à l'évocation de l'incident avec Joan Glaston, tout le visage de

Meg s'est crispé –, son acharnement à m'empêcher de retrouver une place dans la profession, sa responsabilité dans le suicide d'Ivan. Puis ma descente aux enfers, l'intervention miraculeuse d'un ancien copain de classe, Jerry Schubert, qui travaillait pour Jack Ballantine et qui avait par ailleurs recruté Peterson lui-même…

« Jack Ballantine ? m'a-t-elle interrompu. Le fameux Ballantine ? »

Oui, en personne. Alors, je l'ai entraînée dans les méandres du fonds Excalibur, lui expliquant qu'il s'agissait d'une simple façade dissimulant un réseau destiné à recycler d'énormes quantités d'argent sale, lui révélant que son mari s'y était trouvé mêlé d'une manière ou d'une autre, que Jerry avait ourdi notre rencontre prétendument fortuite à la réception de SOFTUS, puis notre simulacre de dîner de réconciliation le lendemain, puis…

Elle a gardé la tête baissée pendant ma description du meurtre, n'a pas bronché lorsque je lui ai décrit comment j'étais devenu un pion entre les mains de Jerry, comment j'avais découvert que Peterson disposait d'un compte personnel dans une banque des Bahamas, ainsi que d'un coffre où était certainement conservé ce que les cambrioleurs avaient cherché avec une telle frénésie chez elle. Ce n'est que quand j'ai précisé que je devais me présenter à une séance d'identification dans les quarante-huit heures qu'elle a retrouvé la voix. Ce serait ma fin, lui ai-je déclaré, à moins que…

« À moins que quoi ?

— À moins que le contenu de ce coffre-fort puisse me laver de tout soupçon.

— Et pour y accéder, vous avez besoin de moi, c'est ça ?

— Absolument. À la banque, ils ne veulent voir que votre certificat de mariage, le testament authentifié de

Ted, son certificat de décès et votre passeport, évidemment… Vous avez bien un passeport ? »

Elle a ignoré cette dernière question.

« Non, mais vous êtes complètement cinglé ou quoi ?

— Je sais que ça paraît très…

— Donc, vous attendez que je laisse tout tomber et que je saute dans le premier avion pour les Bahamas avec VOUS ? Alors que vous risquez bien d'être le type qui a effectivement poussé mon imbécile de mari sous ce train ? Alors que vous pouvez parfaitement être une de ces crapules qui sont venues mettre à sac ma maison pendant que j'étais au cimetière, et qui ont remis ça, en plus ? Alors que vous êtes très capable de m'assommer dès que j'aurai été assez bête pour monter dans votre voiture ? »

Elle ne vociférait pas encore, mais presque.

« Madame Peterson, attendez…

— Rien. Je m'en vais.

— Écoutez juste ce que…

— J'en ai entendu assez.

— Vous avez des dettes, n'est-ce pas ?

— Comment ?

— Des dettes. Il en a laissé beaucoup, non ?

— Mêlez-vous de ce qui…

— D'accord, vous avez raison. Mais n'oubliez pas une chose, au moins : il y a toujours un compte au nom de votre mari à la Banque commerciale des Bahamas. Je ne sais pas exactement combien il renferme, mais c'est une somme non négligeable. Si vous acceptez de m'écouter encore deux petites minutes, je vous expliquerai de quelle manière vous pourriez avoir droit à 1 million de dollars, en plus. »

Elle est restée silencieuse une éternité.

« Deux minutes, pas plus. »

Il m'en a fallu cinq, mais elle a tout écouté sans m'interrompre. À la fin, elle m'a demandé :

« Cette banque, ils ont un téléphone ? »

J'ai écrit le numéro sur mon agenda, que j'ai poussé sur la table devant elle. Sans le regarder, elle a ouvert son sac, en a retiré un cellulaire, a composé le zéro et a demandé les renseignements internationaux d'AT&T.

« Nassau, Bahamas, oui. Je voudrais le numéro de la Banque commerciale des Bahamas. Attendez, attendez… » Elle a attiré l'agenda vers elle, suivant du doigt chaque chiffre que l'opératrice était en train de lui confirmer. « Bien, merci. »

Cette vérification achevée, elle a reporté son attention sur moi.

« O.K., il y a bien une banque à ce nom. Le directeur, comment s'appelle-t-il ?

— Oliver MacGuire. Mais si vous voulez le joindre tout de suite, vous ne devriez pas vous servir de votre portable, ce n'est pas prudent.

— Il faut savoir prendre des risques, des fois, a-t-elle rétorqué d'un ton sec en commençant à pianoter sur les touches. Allô, oui, monsieur MacGuire, s'il vous plaît… De la part de la veuve de Ted Peterson. Et dites-lui que j'appelle sur les conseils de M. Ned Allen. »

Je me suis pris la tête dans les mains. Il ne restait plus qu'à espérer que Jerry ne soit pas en train d'espionner les communications de cette femme, et l'espoir était ténu.

« Monsieur MacGuire ? »

Elle s'est levée d'un bond et s'est éloignée rapidement à l'autre bout de la salle, ne voulant pas que j'écoute. Elle est revenue s'asseoir au bout d'un moment et a rangé son portable en me fixant.

« Il m'a dit qu'il n'est pas autorisé à confirmer ou à démentir l'existence d'un compte et-ou d'un coffre-fort au nom d'Edward Peterson… mais que si je viens le voir avec tous les documents requis il se fera un plaisir de m'“aider”. D'après lui, on peut vous faire confiance, aussi.

— J'ai deux billets sur le vol de Miami à unc heure et demie, en faisant vite on y arrivera.

— Attendez ! Et si ce MacGuire était à votre solde ? S'il me faisait miroiter un compte en banque off shore pour que je tombe dans votre filet ?

— C'est à vous seule d'en décider. »

Elle a réfléchi une longue minute, et s'est soudain remise debout.

« Vous, vous restez ici. Je risque d'en avoir pour un moment. »

Elle a quitté le salon de thé à onze heures moins vingt-trois. Épuisé comme je l'étais, et à bout de nerfs, et mort de peur, je me suis aperçu avec surprise que mon estomac était vide. J'ai donc commandé un petit déjeuner monstre, œufs brouillés, saucisses, pommes sautées... Mais quand il m'a été servi, je n'ai été capable que de mâchonner un toast, les yeux braqués sur la pendule, la gorge nouée. Onze heures dix, onze heures et demie... J'en suis venu à craindre le pire : elle avait cédé à la panique, elle avait appelé l'inspecteur Flynn. À onze heures trente-huit, la clochette de la porte a tinté. Meg Peterson est arrivée au pas de course, un petit sac de voyage à la main.

« Si on veut attraper cet avion, on ferait mieux d'y aller tout de suite », m'a-t-elle lancé.

Dans ma voiture de location, nous avons descendu la I-95 vers le sud. À plusieurs reprises, j'ai eu l'impression qu'une Cutlass argentée nous suivait, mais comme je l'ai perdue de vue dans les embouteillages à l'entrée de New York je me suis dit que c'était de la pure paranoïa.

« Il faut que je sois rentrée demain midi, dernier délai.

— Sans problème.

— Quand sera-t-on à Nassau, ce soir ?

— À six heures, si on ne rate pas la correspondance.

— Mais la banque sera fermée, non ?

— Si MacGuire sait que je dois venir, je pense qu'il nous attendra. »

Aussitôt, elle a repris son portable et appuyé sur la touche de répétition du dernier numéro.

« Mieux vaut appeler d'une cabine, je vous assure !

— Je ne partirai pas tant que je ne serai pas certaine de le voir ce soir.

— Ils doivent vous écouter, madame Peterson…

— Ce n'est pas la CIA, quand même ! Allô, oui, monsieur MacGuire, s'il vous plaît. Meg Peterson à nouveau… Oui, rebonjour, monsieur. Donc, j'arrive de Miami à six heures avec M. Allen. Mais il faut absolument que je sois de retour avant midi demain… Vous êtes sûr, c'est faisable ?… Super. O.K., c'est vraiment gentil à vous. À tout de suite, alors. » Elle a éteint le cellulaire. « Il dit qu'il nous attendra à la banque. Il a l'air très, très serviable.

— Je suis un bon client.

— Comme vous dites.

— Qui va s'occuper de vos enfants ?

— Ma sœur. Elle habite Riverside. Elle va aller les chercher à l'école et ils dormiront chez elle.

— Vous lui avez raconté quoi ?

— Oh, juste que le suspect numéro un dans le meurtre de Ted m'emmenait passer une nuit aux Bahamas…

— Hein ?

— Vous n'avez aucun sens de l'humour, vous !

— Je l'ai perdu le 2 janvier dernier.

— Qu'est-ce qui s'est passé, le 2 janvier dernier ?

— Tout s'est mis à mal tourner pour moi, voilà ce qui s'est passé.

— Oui, je connais cette impression. Dans le même genre, moi, ma date fatidique, c'est le 27 juillet 1987.

— Qu'est-ce qui s'est passé, le 27 juillet 1987 ?

— J'ai épousé Ted Peterson. »

Elle a commencé à se raconter un peu. Enfance aux environs de Philadelphie, études à Wheaton, le grand départ pour New York, des débuts prometteurs dans la publicité jusqu'à sa rencontre avec le fabuleux Ted.

« Le fils prodigue de la côte est. Le superprofessionnel. Le foireux total que le destin m'avait réservé pour mari.

— Pourquoi l'avoir choisi, alors ?

— Il me rappelait tellement mon père… »

Au bout de deux ans, elle étouffait déjà avec lui. Mais il avait été muté au siège de GBS à Stamford et elle s'était retrouvée enceinte du Mouflet Numéro Un.

« Résultat, à nous la vie de banlieue chic ! Et puis, j'ai fait la bêtise d'écouter Ted : j'ai arrêté de travailler.

— Vous auriez pu refuser, non ?

— Il faut croire que je suis programmée pour être malheureuse. »

À la naissance du Mouflet Numéro Deux, dix-huit mois plus tard, elle avait eu le choc de sa première découverte des infidélités du sieur Peterson.

« Une petite serveuse dans le bar où il allait picoler tous les soirs après le bureau.

— Quelle classe…

— N'est-ce pas ?

— Comment vous vous en êtes rendu compte ?

— Un jour, elle a appelé à la maison. Complètement paf. Elle s'est mise à tout me raconter en pleurnichant, que Ted lui avait promis monts et merveilles, même de lui payer un mobil-home rien que pour elle. Il a tout nié, bien sûr. Comme il a nié avoir dilapidé 200 000 dollars dans un vignoble du Bordelais qui n'a jamais rien donné, ou en avoir perdu 150 000 autres dans une opération de capital-risque mal ficelée depuis le début, ou avoir pris une seconde hypothèque sur la maison sans rien m'en dire… En fait, il nous a mis dans une telle situation que j'ai été obligée d'emprunter 10 000 dollars à Papa le mois dernier. Et là, vous arrivez et vous m'annoncez qu'il avait son petit bas de laine depuis des années ! Il devait garder ça pour son grand moment, le jour où il mettrait les voiles en nous faisant cadeau de ses dettes. Il laissait souvent entendre qu'il ne rêvait que de ça.

— Il était dans le rouge de combien, exactement ?

— 600 000 claqués en diverses débilités, c'est impressionnant, non ?

— Eh ben…

— Eh oui. Au travail, il avait la réputation du gagneur, du faiseur de miracles, mais en réalité il était complètement dans un trip d'autodestruction. C'était du n'importe quoi. On aurait dit qu'il voulait voir jusqu'à quel point il pouvait aller dans ses délires. Bon, au moins, quand il a fini sous ce train, son assurance vie m'a donné dans les 300 000. Mais ça ne fait que la moitié de la dette. Donc, si ce compte sous les tropiques ne vient pas me sauver la mise, je suis bonne pour mettre la maison aux enchères.

— Faites-moi confiance, ça va marcher.

— "Confiance" ? Ne prononcez plus jamais ce mot-là devant moi !

— Oh, désolé…

— Confiance, confiance… C'était sa litanie, ça. "Fais-moi confiance, je ne couche avec aucune autre femme…" Non, je la saute, c'est tout. "Fais-moi confiance, nos affaires sont resplendissantes… Mais est-ce que les gosses ont tant besoin que ça de chaussures neuves ?" Il en avait plein la bouche, de sa confiance !

— Pourquoi vous êtes restée avec lui, alors ?

— Lâcheté ? Bêtise ? Manque de confiance en soi ? Oh, toutes les raisons habituelles de la bonne épouse. Mais quand même, il y a un mois environ, je lui avais dit que c'était terminé. À tel point que certaines de mes amies, qui savaient que je lui avais parlé divorce, se sont demandé s'il ne s'était pas jeté sous un train par désespoir. D'après vous, je leur ai répondu quoi ? "Ted, se suicider pour quelque chose d'aussi insignifiant qu'une famille en miettes ? Vous voulez rire ?"

— Mais la catastrophe financière dans laquelle il vous avait entraînée, ça le désespérait, tout de même ?

— Oui, au point de tomber dans les bras de ruffians genre votre Jerry Schubert !

— Croyez-en mon expérience, madame Peterson : le désespoir est un très mauvais conseiller. »

Juste avant d'arriver à La Guardia, j'ai jeté un coup d'œil dans mon rétroviseur. Il m'a semblé apercevoir encore la Cutlass, mais cela n'a duré qu'une fraction de seconde.

Nous avons réussi à prendre les deux vols prévus, et le soir tombait quand nous sommes arrivés à la banque. J'ai bien vu que Meg Peterson était désagréablement surprise par l'aspect miteux de cette vénérable institution. Mais les manières de gentleman de MacGuire l'ont instantanément conquise. Il a examiné avec soin les documents requis, surtout le testament, puis il a demandé son passeport à Meg Peterson avant d'émettre son verdict.

« Sur la foi de ce que vous m'avez présenté, madame Peterson, je suis en mesure de confirmer que votre époux détenait effectivement un compte dans notre établissement. Que vous soyez la légataire des sommes ici déposées ne fait aucun doute. Cependant, je ne puis vous laisser en prendre possession tant que je n'aurai pas reçu la décision de justice autorisant le déblocage de ces fonds.

— J'appelle mon avocat dès demain.

— Dès que j'aurai obtenu ce feu vert, l'argent sera à vous.

— De combien parlons-nous, au fait ? »

Il a effectué quelques commandes sur son clavier d'ordinateur avant d'annoncer, les yeux fixés sur l'écran :

« 1 128 750 dollars, madame. »

Elle en est restée muette un instant, puis elle a murmuré :

« Vous êtes sérieux, là ?

— Très sérieux. »

Un pâle sourire est apparu sur ses lèvres.

« Alors, si vous êtes très sérieux, moi je suis très, très contente. Euh, vous voulez bien répéter ce chiffre, monsieur MacGuire ? » Il s'est exécuté. « Merci.

— En ce qui concerne le coffre-fort, maintenant, a poursuivi le banquier. Puisque feu M. Peterson a laissé des instructions précises selon lesquelles son légataire devrait en recevoir le contenu au cas où il viendrait à disparaître, je pense qu'il n'est pas nécessaire d'attendre une notification en bonne et due forme. D'autant qu'il avait pris récemment une précaution peu habituelle : il m'avait expédié la clé par la poste en me demandant de la conserver en lieu sûr. »

De l'un de ses tiroirs, il a tiré un gros trousseau ainsi qu'une petite clé reliée à une pastille marquée « B 21 ». Nous l'avons suivi le long d'un étroit couloir jusqu'à une lourde porte blindée, dont il a déverrouillé posément les cinq serrures. Nous sommes entrés dans une pièce sombre qui contenait seulement une table et quelques chaises, mais dont deux des murs étaient constitués de coffres encastrés. Après avoir placé la clé dans la serrure du numéro B 21, MacGuire a invité Meg à la tourner. La petite porte a été repoussée par un vérin hydraulique. Le banquier a sorti une longue boîte métallique et l'a déposée sur la table.

« Voilà. Si vous préférez demeurer seule pour l'examiner…

— Je voudrais que vous restiez là, tous les deux.

— Vous êtes sûre ?

— L'union fait la force », a-t-elle édicté en soulevant le couvercle.

Sous nos yeux sont apparus un magnétophone de poche, une vingtaine de mini-cassettes, une liasse de documents et une lettre pliée en quatre que Meg a d'abord parcourue avant de me la passer :

> Si quelqu'un lit ce mot, c'est qu'ils m'auront eu.
>
> Toute l'histoire est sur ces cassettes. Ils savent que je les ai. Ce qu'ils ignorent, c'est où je les ai cachées. Et comme j'ai ouvert le compte de leur prétendu fonds ici, ils n'auront jamais l'idée de chercher dans cette banque. Elles sont juste sous leur nez, en fait, et c'est pourquoi ils ne les verront pas.
>
> À première vue, la proposition m'avait paru honnête. Et puis, j'ai appris la vérité à Grande Caïman. Mais depuis le début, sans me l'avouer, je la connaissais. Depuis le début.
>
> Une dernière remarque : j'ai toujours pensé que j'étais le roi des salauds… jusqu'à ce que je fasse la connaissance de Jerry Schubert.
>
> Edward Peterson

J'ai tendu la lettre à MacGuire. Meg a attendu qu'il finisse sa lecture pour parler, à voix basse.

« Le roi des salauds, oui… Avec tout ce qu'il avait mis de côté ici, il aurait pu nous tirer d'affaire en une minute. C'était bien sa réserve, sa cagnotte pour prendre le large…

— Mais puisqu'il se méfiait de Jerry, ai-je remarqué, pourquoi ne pas avoir filé au plus vite et disparu dans la nature ?

— Je pense qu'on devrait écouter ces cassettes, d'abord », a-t-elle répondu.

Il nous a fallu plus de trois heures pour aller jusqu'au bout des enregistrements, de dix minutes chacun. Et encore trois pour en effectuer une copie complète sur le Dictaphone de MacGuire, qui était allé exhumer une vingtaine de cassettes vierges dans les réserves de matériel de bureau. Et encore une, le temps de nous rendre en voiture chez un de ses amis, Caryl Jenkins, notaire de son état, devant lequel Meg a signé une déclaration autorisant MacGuire à transmettre les cassettes à la direction de Manhattan du FBI, au cas où elle ou moi décéderions brusquement. Puis nous sommes retournés à la banque pour placer les enregistrements originaux dans un nouveau coffre, immatriculé cette fois au nom de Megan Peterson, et soudain il a fait jour, il était sept heures du matin.

Oliver MacGuire a insisté pour nous raccompagner à l'aéroport dans son véhicule.

« Vous craignez peut-être que Jenkins parle de ce qui vient de se passer à l'avocat du fonds, Me Parkhill, nous a-t-il dit en roulant. Mais vous n'avez aucun souci à vous faire, sur ce plan : j'ai choisi Caryl précisément parce qu'il ne peut pas le souffrir.

— Je ne vous remercierai jamais assez, a déclaré Meg en posant une main sur son bras.

— Oh, ce fut une nuit pleine d'enseignements pour moi, vraiment. Mais je vous en prie, ne tardez pas à obtenir la décision du tribunal. Aussitôt, je ferai passer le compte à votre nom, et vous en aurez immédiatement l'usufruit. »

Dans le hall des départs, alors que nous nous serrions la main, je n'ai pu m'empêcher de lui demander :

« Pourquoi vous m'avez laissé partir avec le cachet et les reçus, l'autre jour ?

— Parce que j'étais convaincu que vous n'en feriez pas un usage qui puisse porter atteinte à la réputation de notre établissement.

— Et comment en étiez-vous si certain ?

— L'instinct, a-t-il rétorqué avec un haussement d'épaules. L'instinct, et un certain faible pour les originaux sympathiques.

— Vous m'avez beaucoup aidé. Beaucoup. »

Il a affecté un ton très professionnel.

« Dès lors qu'ils ne me demandent pas d'enfreindre la loi, je suis toujours ravi d'être de quelque secours à mes clients – dans la mesure de mes moyens, évidemment. Or, tout ce que vous attendiez de moi restait dans le cadre de la légalité, donc…

— En tout cas, vous êtes un ami. »

Il a souri.

« Oui, mais un banquier, aussi. »

En approchant de la vétuste machine à rayons X dont l'aéroport de Nassau était toujours équipé, j'ai soudain pensé que les cassettes risquaient d'y être endommagées, voire effacées. Le préposé, auquel j'ai offert d'ouvrir mon sac devant lui plutôt que de le déposer sur le tapis roulant, m'a demandé :

« Qu'est-ce qu'il peut bien y avoir, là-dedans ? »

J'ai lancé un bref regard à Meg Peterson. Et j'ai ravalé la réponse que j'avais sur le bout de la langue.

« De la dynamite ! »

7

NOUS VENIONS DE DÉBARQUER À MIAMI quand mon portable s'est mis à sonner.

« Ned ? Ici Oliver, à Nassau.

— On ne vient pas de se dire au revoir ?

— Je voulais vous appeler depuis une demi-heure déjà, mais vous étiez dans l'avion. »

Il paraissait très tendu, ce qui ne cadrait pas du tout avec son flegme habituel.

« Il y a un problème ?

— Vous vous rappelez que vous m'aviez demandé de vous prévenir si l'avocat d'Excalibur réclamait la situation du compte ?

— Oh non…

— Désolé, Ned. Il a téléphoné à la première heure ce matin. J'ai dû lui communiquer le chiffre exact. C'est le représentant légal du fonds, tout de même…

— Merci de m'avoir tenu au courant, Oliver.

— Faites attention à vous. »

J'ai aussitôt rapporté la nouvelle à Meg.

« Donc, ce type va informer Schubert qu'il y a 1 million de dollars en moins ?

— Exactement. Et il va se dire que c'est moi qui l'ai détourné, j'en suis… »

Le bip de mon portable, encore.

« Ned ! » C'était Lizzie. Plus que nerveuse, elle aussi. « Ne rentre pas à la maison, surtout !

— Hein ?

— Ne retourne pas au loft. Ils t'attendent là-bas.

— Qui, ils ?

— Mais la bande de Jerry ! Ils savent tout, où tu étais parti, avec qui… et ils sont prêts à te tomber dessus. Il ne faut pas que Mme Peterson rentre chez elle, non plus.

— Comment tu l'as su ?

— C'est Jerry lui-même qui me l'a dit.

— Il a passé la nuit avec toi ? »

J'ai aussitôt regretté ma question.

« Tu es lamentable, vraiment…

— Pardon.

— Bon, alors écoute, pour une fois ! Il a débarqué sans prévenir pour me dire qu'il venait d'apprendre quelque chose de grave. Apparemment, les flics du Connecticut ont un témoin qui va te désigner comme l'assassin de Peterson. »

Et merde ! C'était Jerry qui leur avait repassé les photos de la réception…

« Pourquoi il s'est pointé comme ça, avec ses airs de collégien-chevalier servant à la noix, je l'ai compris tout de suite : il croyait que j'allais t'envoyer bouler sur-le-champ et lui tomber dans les bras, cet abruti. Mais je n'ai jamais voulu tourner la page avec toi, Ned, jamais ! Dieu sait que j'ai essayé, pourtant… Enfin, j'ai joué le jeu, j'ai fait comme si j'étais presque soulagée d'apprendre que tu étais sur le point de te retrouver sous les verrous, je l'ai chauffé à blanc, et puis au moment où il se disait que ça allait être sa grande nuit j'ai sorti le truc imparable : "problème de femme", "mauvaise période du mois", etc. Puis quand j'ai réussi à m'en débarrasser, j'ai tenté de te joindre deux cents fois, seulement ton portable était tout le temps coupé. J'ai failli devenir folle, tu sais ! Surtout lorsqu'il m'a téléphoné hier soir pour me raconter que tu t'étais enfui avec Meg Peterson, et que la police du Connecticut surveillait le loft et la maison à Old Greenwich pour vous pincer au retour, et que je devais le prévenir immédiatement si tu venais chez moi, et toutes ces salades…

— Calme-toi, Lizzie. Ça va aller.

— Non, ça ne va pas aller ! Ils vont te tuer !

— Écoute, voilà ce que tu vas faire : rappelle Jerry, dis-lui que tu as eu de mes nouvelles, que j'ai préféré me planquer à Miami quelques jours, le temps de me faire oublier. Dis-lui aussi que je suis descendu à l'"Hôtel Delano". Il y enverra ses sbires aussi sec.

— Compris. Et toi, tu comptes faire quoi ?

— Je reviens à New York et j'essaie de me tirer de ce pétrin.

— Ne prends pas de risques, je t'en prie ! »

J'ai éteint le portable. Meg Peterson me couvait d'un regard inquiet.

« Vos enfants sont bien avec votre sœur, n'est-ce pas ? » lui ai-je demandé.

Elle est devenue blanche comme un linge.

« Oh, ne me dites pas que…

— Jerry vous a organisé un petit comité d'accueil, alors vous devriez téléphoner à votre sœur et lui dire de ne pas approcher de chez vous… Et même lui suggérer d'aller faire une balade pour la journée avec les petits. » Elle avait déjà sorti son cellulaire. « Une cabine, Meg, c'est préférable, l'ai-je arrêtée en lui montrant un téléphone public dans la salle d'embarquement.

— Compris ! »

Le dernier appel pour notre vol a retenti. Meg était toujours à l'appareil. Un steward est venu en courant vers nous.

« Monsieur, madame ! Il faut embarquer tout de suite, s'il vous plaît. »

Meg a enfin raccroché, et nous nous sommes engagés au pas de course sur la passerelle.

« Ils vont bien, Dieu merci ! m'a-t-elle informé en chemin. Ils doivent rendre visite à une cousine qui habite Milford, aujourd'hui… Ah, que je vous dise : les journaux du Connecticut affirment qu'un suspect dans le meurtre de Ted va être arrêté d'ici à demain.

— Ouais. Sitôt que Monsieur "Hyatt Regency" m'aura reconnu, vous voulez dire ! »

Nous nous sommes assis tout au fond de l'avion. Le roulage avait commencé quand mon portable a sonné une troisième fois.

« Voilà ce que tu vas faire : rappelle Jerry, dis-lui que tu as eu de mes nouvelles… »

Mon sang s'est figé en reconnaissant sa voix. D'un ton sardonique, il citait les propres termes que j'avais utilisés quelques minutes plus tôt.

« Je t'avais dit quoi, à propos des cellulaires ? Hein, Allen ? Ils arrivent bien à écouter celui du prince Charles, alors pourquoi pas le tien ? Mais tu n'as plus à te soucier de ce genre de détails, mec, parce que tu es mort. Mort et enterré. Quant à la salope qui te sert de femme, elle va… »

Une hôtesse avait fondu sur moi.

« Vous éteignez ce téléphone tout de suite, s'il vous plaît ! Il y a des risques d'interférence avec les appareils de navigation. »

J'ai obéi, puis je me suis penché vers Meg pour lui chuchoter à l'oreille :

« Il faut qu'on sorte de cet avion avant qu'il décolle.

— QUOI ? !

— C'était Jerry Schubert. Ils ont espionné toutes nos conversations. Croyez-moi, on aura à peine le temps de débarquer à La Guardia qu'ils nous tomberont dessus. »

À cet instant, l'avion a viré d'un coup pour s'engager sur la piste d'envol, réacteurs à plein régime.

« Trop tard », a-t-elle murmuré.

Remarquant le téléphone à carte installé dans mon accoudoir, je me suis retourné d'un coup vers l'hôtesse, sanglée sur son siège de service pour le décollage.

« Ça, je peux m'en servir ? » lui ai-je lancé en brandissant l'appareil à son intention.

Elle m'avait à peine donné son accord d'un signe de tête que je glissais ma carte de crédit dans la fente prévue à cet effet. N'obtenant aucune réponse, je l'ai retirée pour la renfoncer aussitôt. Un message est apparu sur le prompteur : « Crédit insuffisant. »

« Merde et merde… »

Meg avait déjà sorti son American Express, qu'elle m'a agitée sous le nez :

« Celle-ci, elle devrait marcher. »

En effet. Quelques secondes plus tard, Lizzie décrochait chez elle.

« Pars immédiatement ! ai-je haleté. Il nous a écoutés. Il sait que tu m'as mis au courant et il veut se venger !

— Oh non…

— Ne va pas au bureau, ni nulle part où il pourrait te coincer. Disparais, et ne m'appelle surtout pas ! Tu n'as qu'à aller… je ne sais pas, moi. Au musée, tiens !

— Ah, tu te souviens de cette soirée de charité où on s'était rendus, en octobre ?

— Pigé. »

L'appel suivant a été pour Phil Sirio.

« Vous m'appelez d'un zinc, chef ?

— Et du merdier pas possible dans lequel je suis.

— Je peux aider ? »

Il a suffi de quelques mots d'explication pour qu'il propose une solution : son frère et lui nous attendraient à l'aéroport et nous conduiraient dans un lieu sûr où nous pourrions rester aussi longtemps que nécessaire.

« D'accord pour Mme Peterson. Mais moi j'ai des trucs à régler à New York.

— Comme vous voulez. Vous vous posez à quelle heure ?

— Onze heures. C'est le vol 11-32, American Airlines.

— On y sera, chef. »

J'ai annoncé à Meg que nous étions désormais sous la protection des frères Sirio, puis je lui ai expliqué à voix basse le plan que je suivrais dès que je serais à Manhattan. Elle a écrit le numéro de son portable dans mon agenda quand je lui ai dit que je la contacterais au moment nécessaire. Un silence tendu s'est ensuite installé entre nous jusqu'à notre arrivée à La Guardia.

Nous avons été les derniers à quitter l'avion. Phil et Vinnie, son frère, un petit costaud en chemise de soie ouverte sur plusieurs chaînes en or, nous attendaient à la porte. À l'instant où je leur adressais un signe de loin, j'ai aperçu Monsieur Organisation qui se précipitait vers nous. Il allait me saisir par le bras lorsque Vinnie, qui s'était jeté en avant, a tapé sur son épaule. L'autre s'est retourné pour recevoir le poing massif du frérot entre les deux yeux. Il s'est écroulé au sol, provoquant un certain émoi alentour. Vinnie lui a expédié un coup de pied entre les jambes, histoire de s'assurer qu'il ne chercherait pas à nous poursuivre, et nous sommes partis tous les quatre au galop.

« On est garés là ! nous a annoncé Phil une fois dehors en montrant du doigt une Oldsmobile rutilante en stationnement interdit sur la file des taxis. On vous dépose à Manhattan, chef ?

— Non. Occupez-vous de Meg, c'est tout. Je vous appellerai quand j'aurai besoin de vous. Vinnie…

— Ouais ?

— Ravi d'avoir fait votre connaissance. »

J'ai attrapé un tacot, je lui ai donné une adresse 44e Rue et je me suis laissé aller contre le dossier en fermant les yeux. À mon réveil, nous étions presque arrivés. Encore vaseux, j'ai payé la course et je suis entré dans la papeterie où j'avais ouvert une boîte postale. J'en ai retiré le contenu, que j'ai placé dans ma sacoche, je suis ressorti en hâte, j'ai hélé un autre taxi, qui m'a déposé Madison Avenue, entre les 53e et 54e Rues.

Dans le hall de l'immeuble, contrairement à ce que je craignais, je n'ai croisé que le vigile de service, qui m'a adressé un bref salut. Au dix-huitième étage, pas de barbouzes non plus. Après m'avoir observé quelques secondes à travers la porte vitrée, la réceptionniste a dû estimer que j'étais assez présentable – même hors d'haleine et plutôt échevelé – puisqu'elle m'a fait entrer en appuyant sur le bouton du déverrouillage électrique.

« Je peux vous être utile, monsieur ?

— Je ne crois pas, non », ai-je répliqué en passant comme une flèche devant elle.

Accompagné de ses protestations, j'ai dévalé le couloir, les yeux fixés sur la porte du fond, un lourd et imposant machin en acajou qui ne pouvait que protéger le maître des lieux. J'entendais des pas précipités derrière moi, mais j'étais décidé à arriver le premier. Je me suis jeté de tout mon poids contre le battant et j'ai atterri dans le saint des saints : chez Jack Ballantine.

Il trônait derrière une vaste table qui n'était pas sans rappeler celle du Bureau ovale à la Maison-Blanche, mais mon arrivée précipitée l'a fait bondir sur ses pieds. Jerry Schubert, qui devait avoir été assis dans le fauteuil en face de lui, s'était déjà abattu sur l'interphone.

« Jenny ? Appelez la sécurité, tout de suite ! »

Elle était déjà arrivée, la sécurité, en l'espèce d'un cogneur qui m'était tombé sur le dos et m'immobilisait d'une prise à l'épaule. À sa taille et à ses manières, j'ai reconnu le second larron de la promenade fatale à Ted Peterson. Ballantine s'est approché de nous en secouant la tête d'un air navré.

« Vous me décevez, Ned ! Moi qui vous croyais prêt à jouer dans les professionnels… Mais non, je dois constater que vous restez chez les juniors, les amateurs – tout en prétendant affronter les grands, en plus.

— Amène-le dans mon bureau, a ordonné Jerry à sa brute.

— Vous avez commis l'erreur classique, Ned, a poursuivi Ballantine. En étant trop perso, on finit toujours par se faire plaquer et par perdre la balle. »

De ma main libre, j'ai sorti de ma veste un petit Dictaphone.

« Avant que vous ne m'envoyiez à l'infirmerie, je pense que vous devriez écouter ça ! »

Montant le volume au maximum, j'ai déclenché la cassette.

« Vous êtes en train de me dire que Jack Ballantine est derrière ce fonds de placement ? – Exactement. Et c'est pourquoi vous vous exposez à des tas d'ennuis, vous et vos proches, si vous ne jouez pas franc jeu avec nous. Ballantine, c'est comme le Dieu de l'Ancien Testament, vous voyez : lorsqu'on le trahit, il vous le fait payer au centuple. Et même plus. »

Jerry avait fondu sur moi.

« Donne cette putain de cassette ! a-t-il jappé.

— Pas si vite ! s'est interposé Ballantine. Repassez ça encore une fois. »

J'ai rembobiné et réappuyé sur « Play ». Ballantine a écouté de toutes ses oreilles. Quand Jerry a fait mine de m'arracher le magnétophone de la main, il l'a attrapé au collet et l'a repoussé sans ménagement.

« Bas les pattes, mon petit ! Vous risquez de vous blesser. » Et il l'a fait tomber dans un fauteuil avant de se tourner à nouveau vers moi : « L'autre, qui est-ce ?

— Ted Peterson. Feu Ted Peterson. Et si vous jetez un coup d'œil dans ma sacoche là-bas, vous verrez que j'ai encore dix-neuf cassettes. Toutes des enregistrements de conversations entre MM. Peterson et Schubert. Et toutes extrêmement compromettantes pour vous. » Il a ramassé le sac, a inspecté l'intérieur. « Ah, monsieur Ballantine, je dois aussi vous informer que mes associés attendent que je leur passe un coup de fil d'ici à un quart d'heure, maximum. Au cas où ils n'auraient pas de nouvelles de moi, ils devront conclure au pire et seront contraints de remettre l'original de ces enregistrements au FBI.

— Il bluffe, monsieur Ballantine ! » a crié Jerry.

J'ai ignoré son interruption.

« Je vous conseille de me prendre très au sérieux, monsieur. Et j'aimerais aussi que vous disiez à ce grand singe de me lâcher. Immédiatement. »

Après un moment d'hésitation, Ballantine a fait signe à la barbouze de me libérer. Le type a obéi, pour aller se poster devant la porte.

« Bon, je peux vous raconter mon histoire, maintenant ?

— C'est un sale maître chanteur, rien d'autre ! a vociféré Schubert.

— Jerry ? a fait calmement Ballantine. Je ne le redirai pas deux fois : Fermez-la ! » Puis, à mon intention : « Allez-y, Allen.

— Je ne suis pas là pour vous faire chanter, non. Juste pour vous vendre une idée. "Vendre, c'est savoir raconter une histoire." C'est bien ce que vous avez écrit dans un de vos livres, pas vrai ? Alors, voici la mienne. Il était une fois un cadre de GBS et par ailleurs connard patenté, Ted Peterson, qui fait la connaissance de Jerry Schubert à un cocktail, il y a environ un an. Ce soir-là, Jerry lui parle du fonds commun de placement qu'il a en tête, ce qui intéresse beaucoup Peterson. Pourquoi ? Parce qu'il a beau recevoir un salaire plutôt juteux, il est infoutu de gérer convenablement son argent et endetté jusqu'au cou. Donc, les deux entrevoient une bonne affaire, surtout que ledit Peterson fait partie d'un comité restreint au sein de GBS, spécialisé dans la recherche-développement, qui étudie tous les nouveaux produits que des boîtes moins importantes ont mis au point et qui décide si ça vaut la peine de les acheter ou non. Pas du tout gêné de soutirer des infos aussi confidentielles, Jerry commence à lui verser 5 000 dollars mensuels, rubis sur l'ongle. En même temps, il refile ces tuyaux à tous vos amis friqués, qui, à leur tour, investissent dans les sociétés s'apprêtant à être cotées en Bourse. Tout le monde est content, donc.

» Tout le monde, sauf Jerry. Lui, il voit plus loin que ça. Le délit d'initié, c'est marrant, mais il y a mieux. Il sait que vos copains pleins aux as sont toujours à la recherche de coups fumants et aussi, souvent, de moyens de blanchir de l'argent sale. Alors, il monte Excalibur et propose à Peterson de devenir la tête chercheuse du nouveau fonds. L'autre accepte tout de suite : cinq pour cent de commission, c'est une entrée d'argent inespérée. En prime, Jerry lui demande de consacrer quelques week-ends à de petits voyages à travers le pays, histoire de rencontrer les "investisseurs". Imaginez la surprise de Peterson quand il voit que ces prétendus financiers de haute volée lui confient des sacoches bourrées de billets de banque… "Ce fric, j'en fais quoi ? demande-t-il à Jerry. – Ah oui, on vient d'ouvrir un compte à Grande Caïman, lui répond le loustic ; tu n'as qu'à sauter dans un avion et le verser là-bas."

» Résultat, Peterson se retrouve bientôt à faire la navette chaque fin de semaine. D'abord les amis pleins aux as de M. Ballantine, tellement séduits par son baratin qu'ils le couvrent de cash ; ensuite la banque de Grande Caïman, qui opère sept jours sur sept, bien entendu. Et dimanche soir, retour dans la petite famille Peterson à Old Greenwich. En très peu de temps, le compte est positif de 15 millions. Mais là, Jerry fait une révélation à son coursier : il n'est pas question d'investir ces sommes sur de petits génies de l'informatique, non. Excalibur, c'est un prête-nom, rien de plus ; l'étape suivante, c'est de blanchir cette thune. Parce qu'elle a besoin d'un bon coup de lessive. Parce qu'elle est sale, très sale : drogue, armes, pornographie infantile… À ce propos, vous me pardonnerez l'aparté, monsieur Ballantine, mais vous avez des types vraiment peu communs, dans vos relations !

— Ne vous dispersez pas, Allen.

— Oh, que non ! Là, Peterson flippe sec. Entre refiler des infos commerciales en loucedé et recycler un argent pareil, il y a quand même une sacrée différence. Il prend peur et déclare forfait. Mais puisque Jerry menace de raconter à ses chefs comment il monnayait les petits secrets de GBS, Peterson décide de se couvrir. Il achète un magnétophone de poche et se met à enregistrer toutes ses rencontres avec Jerry. Pour finir, après que celui-ci lui a promis les feux de l'enfer s'il parle – et votre fureur "divine", vous l'avez entendu, monsieur Ballantine –, Peterson capitule. Il se triture un peu les méninges et a l'idée de monter une boîte d'informatique à Budapest, Micromagna. Bidon, évidemment. Sur le papier, ils inondent les pays de l'Est de leurs programmes de traitement de texte. En réalité, ils vendent des disquettes vierges à des sociétés aussi inexistantes de Varsovie, Bucarest, Bratislava, qui paient les factures fictives avec les "investissements" généreusement octroyés par le fonds Excalibur. C'est le circuit idéal pour blanchir l'argent : personne ne débourse ni n'encaisse rien, mais les billets les plus sales ressortent tout propres au bout de la chaîne…

» Le système fonctionne au poil, à un détail près : Peterson n'est absolument pas satisfait des minables 22 000 dollars qu'il a reçus en récompense d'un travail aussi impeccable. Jerry lui promet de faire mieux la prochaine fois et sur ce, hop ! il l'envoie collecter une donation d'un groupe de relations d'affaires à vous, au Mexique et plus au sud encore : 6,5 millions d'un coup. C'est une somme… voyante, ça, alors ils décident de se diversifier un peu et d'aller essayer les ressources bancaires aux Bahamas. Voilà notre Peterson qui débarque à Nassau et qui se paie les services d'un avocat du cru, lequel l'aiguille vers la Banque commerciale des Bahamas. Peterson y ouvre un compte pour Excalibur et, comme le banquier lui suggère d'en prendre un autre à son nom afin d'y verser les commissions qu'il pourrait recevoir, il a une illumination : c'est le moment de prendre sa part du gâteau, raisonne-t-il dans sa petite tête, et une bonne part, même ! Alors, il demande au banquier de mettre 5,5 millions pour Excalibur et de placer le million restant sur son compte personnel.

» Quand il apprend cette opération, Jerry n'est pas vraiment ravi. Il invoque des représailles physiques contre Peterson et sa famille si cet argent ne lui est pas rendu immédiatement. Alors, l'acolyte sent que le moment est venu de montrer les muscles : ce million, il se le garde, ou bien il rendra publics tous les enregistrements qu'il a réalisés à l'insu de Jerry. En prime, il exige une rallonge mensuelle de 15 000, juste pour ne pas être tenté de cracher le morceau… Oh, il faut que vous les entendiez, ces deux-là, monsieur Ballantine ! Et que je te menace, et que je te contre ! Franchement, au début, je n'ai pas compris pourquoi Peterson n'avait pas empoché son million avant de disparaître dans la nature. Ensuite, j'ai écouté le passage où Jerry lui décrit les choses monstrueuses qu'il fera à ses gosses si jamais il met cette idée en pratique. Même une ordure complète telle que Peterson ne pouvait que se tenir à carreau, je vous assure. »

Jerry a fait mine de protester, mais son patron l'a fusillé du regard et il s'est tassé sur son siège.

« À ce stade, donc, Peterson est dans une situation impossible : il a 600 000 dollars de dettes d'un côté, et 1 million bien au chaud de l'autre, dont il ne peut pas se servir. Jerry n'est pas content, lui non plus. Parce que cet argent détourné par Peterson ne lui appartient pas, non ; il est la propriété d'individus qui n'aiment pas, mais alors pas du tout, qu'on leur vole ne serait-ce que 1 penny.

» C'est aussi à ce moment que j'apparais dans le tableau, moi. Et là, Jerry voit la lumière. Le moyen de résoudre la crise Peterson d'un coup d'un seul. Aussi sec, Peterson passe sous un train, et moi sous la coupe de Jerry. Pendant qu'il m'oblige à reprendre le sale boulot de Peterson, il fait mettre à sac sa maison par deux fois, à la recherche des fameuses cassettes. Lesquelles, comme vous le savez maintenant, étaient cachées ailleurs… »

Je me suis assis.

« Voilà donc toute l'histoire, monsieur Ballantine. Elle est confirmée de bout en bout par les enregistrements que j'ai ici. Très instructives, ces cassettes, surtout quand on bosse pour le FBI… »

Jerry s'est levé d'un bond, l'écume aux lèvres.

« J'ai quelque chose à dire, moi !

— Je ne suis pas prêt à l'entendre, a tranché Ballantine.

— Je m'en fous ! Je parlerai si ça… »

Son employeur a pris un air féroce, mais il a gardé un ton posé pour le rappeler à l'ordre :

« Non. Vous vous taisez. Et assis, tout de suite. »

Jerry a lancé un coup d'œil à la porte comme s'il pensait s'enfuir. Le gorille en faction a fait silencieusement non de la tête, avec une expression qui signifiait : « N'y pense même pas, mon pote ! » Il s'est renfoncé dans son fauteuil, vaincu.

« C'est là toute l'histoire, monsieur Allen ? » m'a demandé Ballantine.

Je n'ai pu m'empêcher de sourire. Il me donnait du « monsieur », soudain…

« Non. Vous l'avez écrit vous-même : "Dans le business, il n'y a jamais une seule et unique version de l'histoire, il en existe toujours plusieurs." Deux cas de figure, maintenant : ou bien ces enregistrements parviennent aux services concernés et à la presse, et ce sera la version que je viens de donner qui sera retenue, avec toutes les conséquences catastrophiques que cela signifie pour vous ; ou bien une version moins négative est trouvée. Elle ne demande pas beaucoup d'imagination, d'ailleurs : il suffit de faire porter le chapeau à Schubert. Après tout, il n'existe aucune preuve impliquant votre compagnie dans Excalibur. C'est Jerry qui a créé ce fonds de placement, c'est lui qui a embauché Peterson, ensemble ils ont ouvert le compte à Grande Caïman, ensemble ils ont blanchi de l'argent, ils ont fini par avoir un conflit d'intérêts, et Jerry l'a expédié sous un train. Voilà "toute l'histoire", si on veut… »

Jerry s'était levé de nouveau. D'un seul doigt tendu vers lui, Ballantine l'a fait rasseoir.

« Intéressante, cette version, a-t-il commenté. Mais est-ce que les investisseurs initiaux ne risquent pas d'être compromis là-dedans ?

— Pourquoi ? L'argent a été recyclé, il n'y a pas de reçus, aucune trace écrite. Même si Jerry se met à lâcher des noms, il n'aura rien pour prouver ses dires.

— C'est appréciable, en effet. Cependant… Et les sommes qui ont été versées dans la dernière période, alors ?

— Là, cela vous pose un problème différent, certes, mais qui n'a rien d'insurmontable. Il vous suffit de reprendre contact avec vos financiers et de leur annoncer que vous leur rendez leur argent, avec dix pour cent d'intérêt en prime, parce que vous avez découvert que Jerry Schubert, votre indigne bras droit, celui que vous considériez comme un fils mais qui a trahi votre confiance, avait détourné une bonne part de ces versements.

— Foutaises ! a hurlé Jerry. Le voleur, c'est lui, c'est Allen ! J'en ai la preuve, ici même ! » Il s'est mis debout pour tirer de sa poche un bout de papier qu'il a frénétiquement agité devant Ballantine. « C'est un fax de notre avocat de Nassau. Il nous annonce que plus de 1 million de dollars a disparu sur les sommes qu'Allen devait déposer là-bas ! »

Ballantine lui a arraché des mains le document, l'a lu de bout en bout avant de se tourner vers moi :

« C'est la vérité ? Un million !

— La vérité vraie ! Oui, un million de dollars manque sur le compte d'Excalibur. Et pour cause, puisqu'il a été versé au crédit du sinistre Jerry Schubert. »

L'intéressé a voulu me bondir dessus, mais la barbouze s'est placée entre nous et l'a maîtrisé.

« Monsieur Ballantine... Jack ! C'est un sale menteur, je vous jure ! Jamais je ne vous aurais fait une chose pareille, jamais ! »

Rapidement, j'ai exhumé l'enveloppe contenant les reçus de la Banque commerciale des Bahamas.

« Regardez plutôt, monsieur Ballantine. Il m'a donné l'ordre d'ouvrir ce compte à son nom et de...

— Salopard !

— Vous avez ici son livret et tous les formulaires d'opérations. Pour votre gouverne, il se réservait vingt pour cent sur les sommes versées, rien que ça. Heureusement, j'ai pris soin de noter l'origine des fonds à chaque dépôt que j'ai effectué. Il suffit donc de reprendre nom par nom pour rembourser vos créanciers, en ajoutant les vingt pour cent qu'il a détournés... et les intérêts que vous ne manquerez pas de leur offrir, j'en suis certain.

— Et vous, monsieur Allen, que vais-je vous offrir ?

— Nous y arriverons dans un moment. Tout d'abord, il faut considérer la situation de Mme Peterson. Elle m'a chargé de négocier avec vous en son nom. Vous êtes conscient des épreuves qu'elle vient de subir, bien entendu : la disparition tragique de l'homme qui pourvoyait aux besoins du foyer, ledit foyer ravagé par des cambrioleurs à deux reprises, ses enfants surveillés par des individus sans scrupule... Vous n'ignorez plus désormais qu'elle a en sa possession assez de preuves pour vous envoyer à l'ombre jusqu'à la fin de vos jours, n'est-ce pas ? Cela dit, vous pouvez me croire sur parole : tout ce qu'elle désire, c'est qu'on la laisse tranquille. Ainsi qu'une modeste compensation pour le préjudice subi, évidemment. Donc, faisons les comptes, et je suis sûr que le résultat vous paraîtra des plus raisonnables : un, elle garde le million que Peterson avait bloqué aux Bahamas, ce qui lui permettra d'éponger les dettes de son mari et de lever la première hypothèque prise sur son domicile ; deux, elle en reçoit un autre de vous, qu'elle prévoit d'investir dans des établissements financiers res-pec-ta-bles afin d'assurer un revenu mensuel correct à sa progéniture et à elle-même.

— Et les cassettes ?

— Le jeu que j'ai avec moi est pour vous. Les originaux restent en lieu sûr. Des instructions précises ont été données pour qu'ils soient remis aux services fédéraux dans le cas où Mme Peterson ou moi serions amenés à connaître une fin... brutale. Mais cela ne se produira pas, exact ?

— Comment aurai-je la garantie que vous ne vous en servirez pas encore pour... "négocier" avec moi ?

— C'est simple : sans vouloir être désobligeant, une fois que nous aurons conclu cet entretien, j'espère bien ne plus jamais vous revoir. Quant à Mme Peterson, elle ne veut même pas vous connaître. Alors... » J'ai sorti mon portable. « ... marché conclu ?

— Un marché qui me coûte cher !

— En tout, votre arrangement avec Mme Peterson et la couverture du manque à gagner subi par vos partenaires devraient vous coûter, disons, dans les 3 millions. C'est peu cher payer votre liberté, votre existence même ! Et puis, et puis, pour Jack Ballantine, 3 millions, c'est quoi ? De l'argent de poche… »

Il a renâclé à cette dernière pique, mais s'est aussitôt repris.

« Donnez-moi ce téléphone.

— L'appel est déjà programmé. Vous n'avez qu'à appuyer sur la touche "Envoi". »

Il s'est exécuté.

« Allô, madame Peterson ? Jack Ballantine à l'appareil. Je viens de passer un long moment avec votre… représentant, M. Ned Allen. Oui. J'ai le plaisir de vous informer que j'accepte vos propositions. Je vous passe M. Allen, donc. »

Il m'a tendu le cellulaire.

« Hello, Meg !

— Il… il a vraiment dit oui à tout ? a-t-elle interrogé, apparemment surprise.

— C'est un homme de parole, ai-je affirmé sans le quitter du regard.

— Vous devez être incroyablement persuasif, alors.

— Les seules cartes que je pouvais jouer, c'est celles que j'avais reçues. Et vous m'avez donné un carré d'as, Meg… Comment ils vous traitent, les frangins ?

— Très bien… sauf qu'ils n'arrêtent pas de me repasser des vieux disques d'Al Martino !

— Eh oui, il y a un prix à payer pour tout…

— En tout cas, ils méritent bien une récompense… Vous pensez qu'ils accepteraient 10 000 dollars ?

— J'en doute. Phil a plus de principes qu'il ne veut l'admettre… Bon, il faut que j'y aille, Meg. » J'ai coupé. « Elle est très contente.

— Je n'en doute pas, a rétorqué sèchement Ballantine. Maintenant, comment puis-je vous contenter, vous ? 1 million ? Un nouveau job ? Quel est le prix à payer ?

— Moi ? Je ne vous demanderai que deux choses. La première concerne demain matin, à neuf heures : je dois prendre part à une séance d'identification organisée par la police du Connecticut, et le maître d'hôtel du "Hyatt Regency", un certain Martin Algar, va me désigner à tous les coups comme le suspect numéro un. Ce que je désire, c'est que vous persuadiez M. Algar, espèces sonnantes et trébuchantes à l'appui, de pointer du doigt quelqu'un d'autre à ma place. Jerry Schubert, pour tout dire. »

Celui-ci aurait voulu protester contre ma proposition, mais le gorille s'est contenté de resserrer un peu sa prise pour lui faire retrouver son calme.

« C'est lui qui a donné l'ordre de supprimer Peterson, ai-je ajouté. C'est un assassin par procuration. À lui de trinquer.

— D'accord », a décidé Ballantine.

Soudain, Jerry a écrasé le pied gauche du gorille sous son talon et s'est libéré pour se jeter vers la porte.

« Rien du tout ! » a-t-il crié en disparaissant dans le couloir.

L'homme de main allait se lancer à sa poursuite lorsque Ballantine l'a arrêté.

« Contactez la sécurité. Qu'ils le rattrapent, eux. »

Pendant que l'homme lançait des consignes dans l'interphone, j'ai demandé à son patron :

« Vous n'avez pas peur qu'il arrive à s'enfuir ?

— Il ne sortira pas d'ici, vous pouvez me croire, a-t-il répliqué comme s'il énonçait une évidence. Bien, où en étions-nous, monsieur Allen ?

— On allait passer à ma seconde et dernière condition.

— À savoir ?
— Je m'en vais et vous m'oubliez.
— Quoi, c'est tout ?
— Oui, c'est tout.
— Et ce million dont je parlais ?
— Vous êtes sérieux ?
— Vous l'avez dit vous-même, monsieur Allen : je suis un homme de parole. Et cette somme n'est pas tout. J'ai besoin d'un nouveau bras droit, à présent. 200 000 annuels, plus bénéfices, cela va de soi. L'ensemble est à vous, si vous voulez. »
J'ai hésité un instant.
« Non merci.
— Ne me dites pas que cela ne vous tente même pas !
— Bien sûr que si.
— Un million de dollars et un emploi de haut niveau, cela résoudrait beaucoup de vos problèmes…
— Mais ça en créerait d'autres, aussi… Non, monsieur Ballantine, vous jouez dans une division qui n'est pas à mon niveau. Je ne suis pas assez salaud pour. »
Il a eu un sourire pincé.
« Vraiment dommage, Ned. Parce que, voyez-vous, ce sont toujours les salauds qui gagnent. Enfin, vous vivez votre vie…
— Oui. J'aimerais, en tout cas.
— Je n'y vois aucun inconvénient, pour ma part. Ce maître d'hôtel, quel nom vous avez dit, déjà ?
— Algar. Martin Algar du "Hyatt Regency", à Old Greenwich.
— C'est noté ? a lancé Ballantine à son sbire.
— Oui, monsieur.
— Proposez-lui 25 000, pas plus, lui a ordonné le Grand Motivateur. Et trouvez une photo de Schubert à lui apporter. Je suis sûr que ça va bien se passer.

— Du gâteau, oui, a approuvé l'autre en quittant la pièce.

— Eh bien..., a soupiré Ballantine en s'étirant. Jeu, set et match pour vous, Ned. Je suis impressionné.

— Merci. Euh, je peux vous poser encore une question ?

— Faites.

— Jerry, vous comptez réellement le livrer aux flics ?

— Qu'en pensez-vous ?

— Vous allez faire quoi de lui, alors ?

— Ce ne sera pas très joli. Mais cela aura tout l'air d'un accident, je vous assure.

— C'est... c'est vraiment nécessaire ?

— Je suis un salaud, vous oubliez ?

— Ça va vous faire du tort, beaucoup de tort...

— Rien de définitif. Je m'en tire toujours.

— Je le sais, monsieur Ballantine. Tout le monde le sait, d'ailleurs. »

Il m'a tendu la main. Comme je refusais de la prendre, il a haussé les épaules, l'air de dire : « Ça non plus, je n'en mourrai pas... »

« Et maintenant, Ned ?

— Maintenant, je vais marcher un peu.

— Mais après, je voulais dire ?

— Pour l'instant, je pense seulement à ça, monsieur Ballantine. À marcher un peu.

— Soyez prudent. »

J'ai soutenu son regard.

« Vous aussi. »

Je suis redescendu en ascenseur. Dehors, j'ai trouvé un taxi presque tout de suite. Je lui ai demandé de me déposer 77e Rue, entre Central Park Ouest et Columbus.

« Tu te souviens de cette soirée de charité où on s'était rendus, en octobre ? » Mais oui. Une réception très collet monté qui se tenait dans la salle des dinosaures du musée d'Histoire naturelle.

Arrivé devant l'édifice, je me suis précipité à l'intérieur, j'ai payé en hâte à la caisse et je suis monté à toutes jambes au quatrième étage. Mais quand je l'ai aperçue de loin, debout à côté du *Tyrannosaurus Rex*, j'ai freiné des quatre fers.

Doucement, là. N'en fais pas trop.

J'ai battu en retraite sur le palier et pris dans ma poche mon agenda, un stylo.

Lizzie,

La matinée a été mouvementée mais la tempête est derrière nous, je crois. J'ai encore une petite chose à régler, tout de suite. Ensuite, je compte prendre un café à « Nick's Burger Joint », 76e Rue près de Broadway. D'ici à une demi-heure, à peu près. Ça me ferait tellement plaisir de te voir ! Mais si tu ne viens pas, je comprendrai.

Je t'aime.

J'ai arraché la page et je me suis dirigé vers un gardien qui se tenait debout non loin.

« Vous pourriez me rendre un service ?

— Ça dépend quoi.

— Vous voyez la femme là-bas, à côté du tyranno-machin ? Vous voulez bien lui donner ce mot ? »

Il a jeté un coup d'œil inquiet au bout de papier, se demandant sans doute s'il ne renfermait pas quelque obscénité.

« Lisez d'abord, si vous préférez. Mais je suis son mari, de toute façon.

— C'est ça, et moi j'suis le pape », a-t-il grommelé en m'arrachant la feuille des doigts.

Je l'ai suivi des yeux tandis qu'il s'approchait de Lizzie et lui remettait le message, puis je me suis esquivé.

En prenant sur Amsterdam, j'ai marché jusqu'à une papeterie au coin de la 79e Rue.

« Vous avez des enveloppes matelassées ? ai-je demandé à la vendeuse.

— Mais oui ! Grandes comment ? »

J'ai extirpé de ma poche le cachet de la Banque commerciale des Bahamas.

« Grandes pour ça. »

Elle m'en a donné une de bonne taille, sur laquelle j'ai inscrit le nom et l'adresse d'Oliver MacGuire. Puis j'ai déchiré une autre feuille de mon agenda et j'ai gribouillé quelques mots :

Oliver,

J'ai conclu. Grâce à vous.

Ned

J'ai placé le tout dans l'enveloppe.

« Si vous voulez, je vous mets les timbres et je vous l'envoie, m'a proposé la vendeuse.

— Ce serait super, oui.

— Ah, c'est pour les Bahamas ? a-t-elle constaté. Il faut que je colle la déclaration de douane, dans ce cas. La description de l'envoi, ce serait quoi ? »

J'ai réfléchi deux secondes.

« Un souvenir, disons. »

Elle m'a lancé un regard amusé.

« Un souvenir de quoi, si ce n'est pas trop indiscret ?

— Du temps perdu. »

Je suis reparti à l'ouest. J'allais – ou du moins c'était ce que j'espérais – à la rencontre d'une femme qui pourrait être encore ma femme. Ou qui ne le voudrait plus.

J'essayais de ne pas penser à ce que je devrais dire, ou faire, ou suggérer, ou à la façon dont je devrais me comporter. Ce n'était pas un rendez-vous d'affaires, je n'avais rien à vendre. Il s'agissait de prendre un café ensemble, rien de plus. Si elle venait, évidemment. Une simple tasse de café. Une désastreuse tasse de café, peut-être. Mais, quelle que soit l'issue, j'étais prêt à l'accepter.

C'est aussi ça que vous apprend le métier de vendeur : la route est longue, et jamais facile. Et nous passons le plus clair de notre vie dessus, à tirer la langue. Mais tout de même, il peut nous arriver de souffler un instant. Simplement, de nous asseoir avec quelqu'un pour prendre un café, par exemple.

Et quand vous prenez un café avec quelqu'un, c'est déjà un début. C'est toujours un début.

ÉGALEMENT CHEZ POCKET
LITTÉRATURE « GÉNÉRALE »

ABGRALL JEAN-MARIE
La mécanique des sectes

ALBERONI FRANCESCO
Le choc amoureux
L'érotisme
L'amitié
Le vol nuptial
Les envieux
La morale
Je t'aime
Vie publique et vie privée

ANTILOGUS PIERRE
FESTJENS JEAN-LOUIS
Guide de self-control à l'usage des conducteurs
Guide de survie au bureau
Guide de survie des parents
Le guide du jeune couple
L'homme expliqué aux femmes
L'école expliquée aux parents

ARNAUD GEORGES
Le salaire de la peur

BARJAVEL RENÉ
Les chemins de Katmandou
Les dames à la licorne
Le grand secret
La nuit des temps
Une rose au paradis

BERBEROVA NINA
Tchaïkovski

BERNANOS GEORGES
Journal d'un curé de campagne

BESSON PATRICK
Le dîner de filles
L'orgie échevelée

BLANC HENRI-FRÉDÉRIC
Combats de fauves au crépuscule
Jeu de massacre
Démonomanie

BOISSARD JANINE
Marie-Tempête
Une femme en blanc

BORDONOVE GEORGES
Vercingétorix

BORGELLA CATHERINE
Marion du Faouët, brigande et rebelle

BOTTON ALAIN DE
Petite philosophie de l'amour
Comment Proust peut changer votre vie
Le plaisir de souffrir
Portrait d'une jeune fille anglaise

BOUDARD ALPHONSE
Mourir d'enfance
L'étrange Monsieur Joseph

BOULGAKOV MIKHAÏL
Le Maître et Marguerite
La garde blanche

BOULLE PIERRE
L'épreuve des hommes blancs
La planète des singes
L'énergie du désespoir

BOVÉ JOSÉ
Le monde n'est pas une marchandise

BRAGANCE ANNE
Anibal
Le chagrin des Resslingen

BURGESS ANTHONY
L'orange mécanique
Le testament de l'orange
L'homme de Nazareth

BURON NICOLE DE
Chéri, tu m'écoutes ?

BUZZATI DINO
Le désert des Tartares
Le K
Un amour

CARR CALEB
L'aliéniste
L'ange des ténèbres

Carrière Jean
L'épervier de Maheux
Achigan
L'indifférence des étoiles

Carrière Jean-Claude
La controverse de Valladolid
Le Mahabharata
La paix des braves
Simon le mage
Le cercle des menteurs
Entretiens sur la fin des temps

Cesbron Gilbert
Il est minuit, docteur Schweitzer

Chang Jung
Les cygnes sauvages

Chateaureynaud G.-O.
Le congrès de fantomologie
La faculté des songes

Chazal Claire
L'institutrice
À quoi bon souffrir ?

Chimo
J'ai peur
Lila dit ça

Cholodenko Marc
Le roi des fées

Clavel Bernard
Le carcajou
Les colonnes du ciel
1. La saison des loups
2. La lumière du lac
3. La femme de guerre
4. Marie Bon Pain
5. Compagnons du Nouveau Monde

La grande patience
1. La maison des autres
2. Celui qui voulait voir la mer
3. Le cœur des vivants
4. Les fruits de l'hiver

Jésus, le fils du charpentier
Malataverne
Lettre à un képi blanc
Le soleil des morts
Le seigneur du fleuve
L'espagnol
Le tambour du bief
Les petits bonheurs

Collet Anne
Danse avec les baleines

Comte-Sponville André/ Ferry Luc
La sagesse des Modernes

Condé Maryse
Ségou
1. Les murailles de la terre
2. La terre en miettes

La colonie du Nouveau Monde
Désirada
La migration des cœurs
Le cœur à rire et à pleurer

Courrière Yves
Joseph Kessel

Cousteau Jacques-Yves
L'homme, la pieuvre et l'orchidée

Decaux Alain
L'abdication
C'était le XXe siècle
1. De la belle époque aux années folles
2. La course à l'abîme
3. La guerre absolue
4. De Staline à Kennedy

Histoires extraordinaires
Nouvelles histoires extraordinaires
Tapis rouge

Deniau Jean-François
La Désirade
Mémoires de 7 vies
1. Les temps nouveaux
2. Croire et oser

Deviers-Joncour Christine
Opération bravo

Evans Nicholas
L'homme qui murmurait à l'oreille des chevaux
Le cercle des loups

Faulks Sebastian
Charlotte Gray

Fitzgerald Scott
Un diamant gros comme le Ritz

Forester Cecil Scott
Aspirant de marine

Trésor de guerre
Retour à bon port
Pavillon haut
Le seigneur de la mer

FRANCE ANATOLE
Crainquebille
L'île des pingouins

FRANCK DAN, VAUTRIN JEAN
Les aventures de Boro
La dame de Berlin
Le temps des cerises
Les noces de Guernica
Mademoiselle Chat

GALLO MAX
Napoléon
1. Le chant du départ
2. Le soleil d'Austerlitz
3. L'empereur des rois
4. L'immortel de Sainte-Hélène

La Baie des Anges
1. La Baie des Anges
2. Le Palais des fêtes
3. La Promenade des Anglais

De Gaulle
1. L'appel du destin
2. La solitude du combattant
3. Le premier des Français
4. La statue du commandeur

GENEVOIX MAURICE
Beau François
Bestiaire sans oubli
La forêt perdue
Le jardin dans l'île
La Loire, Agnès et les garçons

GIROUD FRANÇOISE
Alma Mahler
Jenny Marx
Cœur de tigre
Cosima la sublime

GRÈCE MICHEL DE
Le dernier sultan
L'envers du soleil – Louis XIV
La femme sacrée
Le palais des larmes
La Bouboulina
L'impératrice des adieux

HALIMI GISÈLE
Fritna
Le lait de l'oranger

HAMILTON JANE
La carte du monde

HERMARY-VIEILLE CATHERINE
Un amour fou
Lola
L'initié
L'ange noir

HIRIGOYEN MARIE-FRANCE
Le harcèlement moral

JACQ CHRISTIAN
L'affaire Toutankhamon
Champollion l'Égyptien
Maître Hiram et le roi Salomon
Pour l'amour de Philae

Le Juge d'Égypte
1. La pyramide assassinée
2. La loi du désert
3. La justice du Vizir

La reine soleil
Barrage sur le Nil
Le moine et le vénérable
Sagesse égyptienne

Ramsès
1. Le fils de la lumière
2. Le temple des millions d'années
3. La bataille de Kadesh
4. La dame d'Abou Simbel
5. Sous l'acacia d'Occident

Les Égyptiennes
Le pharaon noir
Le petit Champollion illustré

JANICOT STÉPHANIE
Les Matriochkas

JOYCE JAMES
Les gens de Dublin

KAFKA FRANZ
Le château
Le procès

KAUFMANN JEAN-CLAUDE
Le cœur à l'ouvrage

KAZANTZAKI NIKOS
Alexis Zorba

Le Christ recrucifié
La dernière tentation du Christ
Lettre au Greco

Kennedy Douglas
L'homme qui voulait vivre sa vie
Les désarrois de Ned Allen

Kessel Joseph
L'armée des ombres
Le coup de grâce
Pour l'honneur

Lainé Pascal
Anaïs nue

Lamy Michel
Les Templiers

Lapierre Alexandra
L'absent
La lionne du boulevard
Fanny Stevenson
Artemisia

Lapierre Dominique
La cité de la joie
Plus grands que l'amour
Mille soleils

Lapierre Dominique et Collins Larry
Cette nuit la liberté
Le cinquième cavalier
Ô Jérusalem
... ou tu porteras mon deuil
Paris brûle-t-il ?

Lê Linda
Les trois Parques

Lesueur Véronique
Nous, les infirmières

Levi Primo
Si c'est un homme

Lewis Roy
Le dernier roi socialiste
Pourquoi j'ai mangé mon père

Loti Pierre
Pêcheur d'Islande

Lucas Barbara
Infirmière aux portes de la mort

Mallet-Joris Françoise
La maison dont le chien est fou
Le rempart des Béguines
Sept démons dans la ville

Manfredi Valerio
Alexandre le Grand
1. Le fils du songe
2. Les sables d'Ammon
3. Les confins du monde

Mauriac François
Le sagouin

Michener James A.
Alaska
1. La citadelle de glace
2. La ceinture de feu
Mexique

Milovanoff Jean-Pierre
La splendeur d'Antonia
Le maître des paons
Le russe blanc

Mimouni Rachid
De la barbarie en général et de l'intégrisme en particulier
Le fleuve détourné
Une peine à vivre
Tombéza
La malédiction
Le printemps n'en sera que plus beau
Chroniques de Tanger

Miquel Pierre
Le chemin des Dames

Mitterrand Frédéric
Les aigles foudroyés
Destins d'étoiles
Lettres d'amour en Somalie

Monteilhet Hubert
Néropolis

Montupet Janine
La dentellière d'Alençon
La jeune amante
Un goût de miel et de bonheur sauvage
Dans un grand vent de fleurs
Bal au palais Darelli
Couleurs de paradis
La jeune fille et la citadelle

MORGIÈVE RICHARD
Fausto
Sex vox dominam
Cueille le jour

NAKAGAMI KENJI
Mille ans de plaisir

NAUDIN PIERRE
Cycle d'Ogier d'Argouges
1. Les lions diffamés
2. Le granit et le feu
3. Les fleurs d'acier
4. La fête écarlate
5. Les noces de fer
6. Le jour des reines
7. L'épervier de feu

NIN ANAÏS
Henry et June (Carnets secrets)

O'BRIAN PATRICK
Maître à bord
Capitaine de vaisseau
La « Surprise »
L'île de la Désolation
La citadelle de la Baltique
Expédition à l'île Maurice

ORBAN CHRISTINE
Une folie amoureuse
Une année amoureuse de Virginia Woolf
L'âme sœur
L'attente

PEARS IAIN
Le cercle de la croix

PEREC GEORGES
Les choses

PEYRAMAURE MICHEL
Henri IV
1. L'enfant roi de Navarre
2. Ralliez-vous à mon panache blanc !
3. Les amours, les passions et la gloire
Lavalette, grenadier d'Egypte
Suzanne Valadon
1. Les escaliers de Montmartre
2. Le temps des ivresses
Jeanne d'Arc
1. Et Dieu donnera la victoire
2. La couronne de feu

PICARD BERTRAND, BRIAN JONES
Le tour du monde en 20 jours

PURVES LIBBY
Comment ne pas élever des enfants parfaits
Comment ne pas être une mère parfaite
Comment ne pas être une famille parfaite

QUEFFELEC YANN
La femme sous l'horizon
Le maître des chimères
Prends garde au loup
La menace
Noir animal

REVEL JEAN-FRANÇOIS
Mémoires
La grande parade

REY FRANÇOISE
La femme de papier
La rencontre
Nuits d'encre
Marcel facteur
Le désir

REYNAERT FRANÇOIS
Nos années vaches folles

RICE ANNE
Les infortunes de la Belle au bois dormant
1. L'initiation
2. La punition
3. La libération

RIFKIN JEREMY
Le siècle biotech

RIVARD ADELINE
Bernard Clavel, qui êtes-vous ?

ROUANET MARIE
Nous les filles
La marche lente des glaciers
Les enfants du bagne

SAGAN FRANÇOISE
Aimez-vous Brahms..
... et toute ma sympathie
Bonjour tristesse
La chamade
Le chien couchant

Dans un mois, dans un an
Les faux-fuyants
Le garde du cœur
La laisse
Les merveilleux nuages
Musiques de scènes
Répliques
Sarah Bernhardt
Un certain sourire
Un orage immobile
Un piano dans l'herbe
Un profil perdu
Un chagrin de passage
Les violons parfois
Le lit défait
Un peu de soleil dans l'eau froide
Des bleus à l'âme
Le miroir égaré
Derrière l'épaule...

Saint-Exupéry Consuelo de
Mémoires de la rose

Salinger Jerome-David
L'attrape-cœur
Nouvelles

Sarraute Claude
Des hommes en général et des femmes en particulier
C'est pas bientôt fini !

Saumont Annie
Après
Les voilà quel bonheur
Embrassons-nous

Sparks Nicholas
Une bouteille à la mer

Steinberg Paul
Chroniques d'ailleurs

Stocker Bram
Dracula

Tartt Donna
Le maître des illusions

Thibaux Jean-Michel
Pour comprendre l'Egypte ancienne
Pour comprendre les celtes et les gaulois
Pour comprendre la Rome antique

Valdès Zoé
Le néant quotidien
Sang bleu *suivi de* La sous-développée
La douleur du dollar

Vanier Nicolas
L'odyssée blanche

Vanoyeke Violaine
Une mystérieuse Égyptienne
Le trésor de la reine-cobra

Vialatte Alexandre
Bananes de Königsberg
Chronique des grands micmacs
Dernières nouvelles de l'homme
L'éloge du homard et autres insectes utiles
Et c'est ainsi qu'Allah est grand

Villers Claude
Les grands aventuriers
Les grands voyageurs
Les voyageurs du rêve

Waltari Mika
Les amants de Byzance
Jean le Pérégrin

Wells Rebecca
Les divins secrets des petites ya-ya

Wickham Madeleine
Un week-end entre amis
Une maison de rêve

Wolf Isabel
Les tribulations de Tiffany Trott

Wolfe Tom
Un homme, un vrai

Xénakis Françoise
« Désolée, mais ça ne se fait pas »